신학서설

최종호 지음

대한기독교서회

신학서설

ⓒ 최종호 2003

2003년 8월 25일 초판 1쇄

지은이/최종호
펴낸이/정지강
펴낸곳/대한기독교서회
편집책임/정길호

등록/1967년 8월 26일 제1-77호
주소/135-090 서울시 강남구 삼성동 169-1
전화/출판 553-0873~4, 744-9046~7 · 영업 553-3343
팩스/출판 3453-1639, 744-9051 · 영업 555-7721
cls1890@chollian.net
www.clsk.org

직영서점/기독교서회
종로 5가 기독교회관 1층, 전화 744-6733, 팩스 745-8064

값 14,500 원/책번호 825
ISBN 89-511-0595-4 93230

The Christian Literature Society of Korea, Seoul
Printed in Korea

신학서설
神學序說

책 머 리 에

신학은 아름답다!

Theologia est pulchra!

창세기를 보면 하느님이 인간을 어떻게 지으셨는가가 나온다. 하느님께서는 말씀으로 삼라만상 — 빛, 하늘, 땅, 채소, 나무, 해, 달, 물고기, 각종 짐승들 — 을 지으셨다. 그리고 그 작품들이 '좋았다'고 하셨다.

이제 하느님은 마지막으로 인간을 손수 흙을 빚어서 자신의 형상으로 만드셔서 '생기'를 불어넣어 복을 주셨다. 그리고 점수를 주었는데 '참 좋았다'고 하셨다. 하느님은 삼라만상의 모든 것을 지으시고는 '우'를 주시더니 인간을 만드시고는 '수'를 주신 것이다. '나'는 누구인가? '너'는 누구인가? '우리'는 누구인가? 인간은 '하느님의 형상'(imago Dei)대로 지음받은 하느님의 위대한 걸작품이다.

헬라철학에서 인간은 영(spirit)과 정신(mind)과 육체(flesh)로 구성되어 있다고 한다. 어느 것 한 가지도 소홀히 할 수 없는 구성요소들이다. 육체를 지배하는 다섯 개의 감각 기관들, 즉 눈(시각), 코(후각), 혀(미각), 귀(청각), 피부(촉각) 등으로 되어 있다. 정신은 합리적으로 생각하고, 판단하는 이성적 기관을 말한다. 영은 거룩한 영(holy spirit)이 거할 수 있는 장소를 말한다. 따라서 인간은 '육체적'이며, '정신적'이며, '영적' 피조물이다. 인간은 하느님의 '거룩한 영' 안에서 '새 피조물'(new creation)이 된다.

하느님의 영을 받은 사람들은 "예수 그리스도-세상의 생명", "예수 그리스도-세상의 빛", "예수 그리스도-세상의 희망"이라고 고백한다. 이것은 관점의 변화를 말한다. 신학은 이러한 관점에서 시작한다. "나는 예수 그리스도가 세상의 생명, 빛, 희망이라고 믿는 사람이다." 믿는 사람은 그분의 성격, 행동 — 그 모든 것을 연구할 수 있어야 한다. 그럴 때 믿음이 더욱 깊어진다.

신학자 안셀무스(Anselmus)는 "나는 알기 위해서 믿는다." (credo ut intelligam)라는 명제를 말했다. 알아야 믿을 수 있다는 것이 아니라, 우선 믿어야 알 수 있다는 것이 그의 위대한 고백이다. 믿고 난 후 알아 가는 작업을 통해 놀라운 감격과 감사함을 우리의 다섯 개의 감각과 상상력을 통해서 체득하는 것이다. 신학은 믿고 고백한 것을 연구하는 작업이다. 그분을 믿고 난 후 연구를 하는 자는 연구를 하면 할수록 신학적 정열에 사로잡히게 되어 "신학은 아름답다."는 귀결에 이르게 된다. 어떤 의미에서 신학은 사랑하는 기술에 비유할 수 있다. 한번 믿고 결정했으면 더 깊은 사랑을 위해 그분을 알아 가는 것은 참으로 아름다운 일이다.

『신학서설』은 인간의 지적 만족을 위한 철학 책이 아니다. 『신학서설』은 신앙고백을 한 사람이 읽을 수 있는 책이다. 『신학서설』은 조직신학의 서론(Prolegomena)으로서 신학의 기초적인 훈련을 위해 쓰였다. 이 책은 모두 제4부로 나누어 엮어졌다. 제1부는 신학과 성서, 제2부는 기독교의 배경과 역사, 제3부는 기독교의 교파들과 신학 사상,

제4부는 에큐메니컬 신학이다. 독자는 이러한 주제들을 숙지하는 동안에 신학이 무엇인가, 예수 그리스도는 누구인가, 기독교란 무엇인가 그리고 신학 사상은 어떻게 형성되었는가 등을 배우게 될 것이다.

성서의 인용은 『공동번역성서』(1977)를 사용했다. 이 성서에서는 신명을 '하느님'이라고 하고 있는데, 바로 그것은 기독교의 토착화를 위해서뿐만 아니라, 에큐메니컬적인 차원을 고려하여 필자도 신명을 '하느님'으로 표기했다. 바라옵기는 이 책이 신학을 공부하는 학생들은 물론 기독교를 알고 싶어하는 일반인들에게도 좋은 지침서가 되었으면 한다.

끝으로 이 책의 출판을 허락한 대한기독교서회의 서진환 출판국장님과 대한기독교서회 관계자 여러분들께 감사의 마음을 표한다.

2003년 황령산 기슭에서
최 종 호

차례 | CONTENTS

책 머리에: 신학은 아름답다!

제 1 부 신학과 성서 · 15

I _ 신학은 아름답다! · 17
1. 신학도의 실존 · 17
2. 신학의 카리스마 · 21
3. 신학적 사고 · 24
4. 신학의 표현 · 29

II _ 신학과 신앙 · 35
1. 신학의 개념 · 35
2. 신학의 분야 · 41
3. 신앙과 지식 · 44
4. 복음과 율법 · 49

III _ 신학의 내용 · 59
1. 예수의 탄생과 그 의미 · 62
2. 예수의 소년기 · 64
3. 예수 그리스도의 사역 · 67
4. 십자가 처형과 그 의미 · 71
5. 예수의 부활과 그 의미 · 76
6. 예수 그리스도의 오늘의 의미 · 80

IV _ 성서의 권위와 해석 • 85

1. 성서는 어떤 책인가? • 85
2. 성서와 성경 • 90
3. 성서의 내용 구성 • 92
4. 구약과 신약의 관계 • 95
5. 성서의 형성 과정 • 99
6. 성서 번역 • 104
7. 성서의 특성 • 107
8. 성서 해석의 방법과 예 • 111

제 2 부 기독교의 배경과 역사 • 119

V _ 이스라엘의 역사와 메시아 출현 • 121

1. 이스라엘의 역사 • 121
2. 이스라엘의 생활 환경 • 124
3. 이스라엘의 종교 • 127
4. 유대인의 메시아 사상과 예수의 출현 • 130

VI _ 기독교의 발생 • 136

1. 초기 예루살렘 교회 형성 • 136
2. 디아스포라 교회 • 139
3. 로마 제국에서 카타콤 교회 • 143
4. 순교자들 • 145

VII _ 기독교의 교리 형성 • 150

1. 교리의 발전과 변천 • 150
2. 고전적 그리스도론의 형성 • 154
3. 동양의 고대 기독교 • 164
4. 동방교회와 서방교회의 분열 • 165

VIII _ 중세의 기독교 • 170

1. 기독교의 공인과 발전 • 170
2. 정치와 종교 • 173
3. 중세의 기독교 사상 • 181
   1) 교부철학 • 181
   2) 스콜라철학 • 187

제 3 부 기독교의 교파들과 신학 사상 • 199

IX _ 기독교의 교파들 • 201

1. 로마 가톨릭 교회 • 201
2. 동방 정교회 • 210
3. 개신교 • 218
   1) 루터교회 • 219
   2) 장로교회 • 224
   3) 성공회 • 228
   4) 침례교회 • 234
   5) 감리교회 • 236

  6) 성결교회 • *239*
  7) 안식일교회 • *240*
  8) 구세군 • *243*
  9) 오순절교회 • *248*

X _ 보수주의 신학 • *251*

 1. 정통주의 신학 • *251*
  1) 루터와 루터주의자들 • *252*
  2) 칼뱅과 칼뱅주의자들 • *256*
 2. 근본주의 • *263*
  1) 사상적 배경 • *263*
  2) 근본주의 운동 • *264*
 3. 보수주의와 신신학 • *267*

XI _ 신정통주의 신학 • *272*

 1. 신학적 배경 • *272*
 2. 신학적 방법론 • *273*
 3. 신정통주의 신학자들 • *275*
  1) 칼 바르트 • *275*
  2) 에밀 브루너 • *276*
  3) 루돌프 불트만 • *278*
  4) 파울 틸리히 • *279*
  5) 라인홀드 니버 • *280*
 4. 신정통주의 특징 • *281*
 5. 과제와 의미 • *284*

제 4 부 에큐메니컬 신학 · 287

XII _ 기독교와 한국 교회의 미래 · 289
   1. 기독교란 어떤 종교인가 · 289
   2. 한국 교회의 새로운 미래를 위해 · 291
      1) 방향 모색 · 291
      2) 한국 개신교의 보수성 · 292
      3) 에큐메니컬 사고로의 전환 · 298
   3. 종교개혁을 위한 길 · 300

XIII _ 에큐메니컬 신학 · 303
   1. 에큐메니컬 사고의 요청 · 303
   2. 에큐메니컬의 의미와 그 변천 · 305
   3. 에큐메니컬의 성서적, 신학적 의미 · 308
   4. 세계교회협의회의 형성 배경과 성격 · 312
   5. '에큐메니컬'의 신학적 논제들 · 322
      1) 하느님의 선교 · 322
      2) 다양성과 일치 문제 · 325
   6. 의미와 제안 · 328

XIV _ 에큐메니컬 운동의 실제 · 331
   1. 일치 운동을 위한 출발 · 331
      1) 기도 · 332
      2) 하느님의 초청을 통해 모두가 새로운 공동체로 태어난다 · 333
      3) 공동찬송가와 공동번역성서 · 334

2. 일치를 위한 구체적 프로그램 • *335*
　　1) 함께하는 절기 운동을 통한 일치 모색 • *335*
　　2) 교파의 일치를 위한 실천 모색 • *337*
3. 사회에 사랑의 실천을 위한 프로그램 • *338*
　　1) 가난한 사람 돕기 • *338*
　　2) 비그리스도인과의 대화 • *339*

XV _ 생태신학 • *342*

1. 생태계의 위기 • *344*
2. 창조된 생태계 • *349*
3. 생태계와 신학적 고찰 • *355*
4. 생태계 위기에 대한 신학적 반성 • *361*
5. 생태신학의 과제 • *367*
6. 실천적 과제 • *372*

제 I 부

신학과 성서

I 신학은 아름답다!
II 신학과 신앙
III 신학의 내용
IV 성서의 권위와 해석

I 신학은 아름답다!

1 _ 신학도의 실존

신앙적 결단(믿음) - 신학적 작업(지식) - 신앙인의 생활(실천)

신학을 연구하는 신학도의 갈 길은 험난하다. 그래서 사람들은 이러한 결단을 내리는 것에 주저한다. 이 길은 세상 사람들이 가는 길과는 다르기 때문이다. 그러나 다른 만큼 그 의미도 크다. 프로스트(Rovert Prost)의 "가지 않는 길"을 명상하므로 신학의 길에 들어서 보자.

노란 숲 속에 길이 두 갈래 났었습니다. 나는 두 길을 다 가지 못하는 것을 안타깝게 생각하면서 오랫동안 서서 한 길이 굽어 꺾어 내려간 데까지, 바라다볼 수 있는 데까지 멀리 바라다보았습니다. 그리고 똑같이 아름다운 다른 길을 택했습니다. 그 길에는 풀이 더 있고 사람이 걸은 자취가 적어 아마 더 걸어야 될 길이라고 나는 생각했던 거지요. 그 길을 걸으므로 그 길은 같아질 것이지만 그날 아침 두 길에는 낙엽을 밟은 자취는 없었습니다. 아, 나는 다음날을 위하여 한 길을 남겨 두었습니다. 길은 길에 연하여 끝없으므로 내가 다시 돌아올 것을 의식하면서. 훗날에 나는 어디선가 한숨을 쉬며 이야기할 것입니다. 숲 속에 두 갈래 길이 있었다고, 나는 사람이 적게 간 길을 택하였다고 그리고 그것 때문에 모든 것이 달라졌다고.

이제 신학의 길에 들어서면서 몇 가지 실존적 질문 앞에 서 보자.

첫째, 왜 나는 신학생이 되었나? 둘째, 신학생이 되기 전과 된 후에 달라진 것은? 셋째, 왜 목사가 되려고 하나? 넷째, 목사가 된 후와 목사가 되기 전을 비교해 볼 때 달라진 것이 무엇일까?

인간은 누구나 화려한 인생 길을 선택할 수 있다. 그러나 신학도는 세상 사람들이 생각하는 인생관과는 다른 길에 서 있는 것이다. 신학의 길은 십자가의 고난의 길을 결단했다는 점에서 우선 참으로 장하고 귀한 일이라고 할 수 있다. 왜냐하면 신학도들은 가시밭과 같은 목회 전선에 진출하고자 하는 비장한 각오를 가지고 출발한 목사 후보생들이기 때문이다.

신학도는 신학교에서 어떤 훈련을 받아야 하는가? 첫째, 학문에 전력해야 한다. 대학은 지성인들이 모인 '지성의 전당'이다. 대학은 배우는(lernen) 곳이라기보다는 연구하는(studieren) 곳이다. 이제 스스로 책과 인터넷을 통해 보다 넓고 깊은 세계를 경험하고 삶의 폭을 넓혀 갈 수 있는 좋은 기회가 주어진 것이다. 대학생의 보람은 학문 연마의 기쁨에 있다. 강의를 듣고 진지한 대화와 열띤 토론을 통해 자신의 신학적 사고가 성숙되면서 전문인이 되어 가는 것이다.

둘째, 경건 훈련이다. 강의실에서 진행되는 강의와 각자가 연구한 신학적 지식은 경건의 훈련과 병행되어야 한다. 신학도로서 매일 성서 읽기와 묵상 시간(Quiet Time) 등으로 경건을 훈련하는 일은 필수적이다. 경건을 통해 학문이 빛난다. 경건 없는 신학은 죽은 신학이요, 학문 없는 경건은 전문인이 될 수 없다. 학문과 경건의 관계는 상호 보완적인 것이어야 하며, 그것을 통해 영적 생동감이 넘치게 된다.

셋째, 선교다. 신학교는 세계를 향해 선포하는 선교적 사명을 자각할 수 있어야 한다. 우리는 '세계라는 집(oikos)'이 망가져 가고 있는 그곳에 하느님 자신이 이 역사의 주인이 되어 구원의 일을 시작했다는 복음(good news)을 선포해야 한다. 그것은 '하느님 나라 운동'에 가담하는 일이다.

우리는 신학 연구를 통해 새로운 세계를 접한다. 만약 목회자가 되고자 하는 사람이 정규 교육을 무시하고, '믿음만 있으면 되지.' 하면서 기도를 많이 하고 성서를 여러 번 통독한 것으로 다 되었다고 생각한다면 그것은 큰 오산이다. 신학생은 성서에 대한 전문인으로서 늘 '신학적 사고'(theological thought)를 할 수 있어야 한다. 신학 교육에서는 값싼 은혜주의, 적당주의는 통할 수 없다.

신학은 진리에 참여하는 것이다. 강의실에서 학생들이 강의를 듣는 것은 단지 교수의 어떤 사상이나 주장을 배우는 것만이 아니라, 교수가 전하는 그 제목과 내용들이 학생들에게 제시됨으로써 교수와 학생들은 모두 한 주제 속에 끌려 들어가게 된다. 그것은 진리를 수용하든가 아니면 반항하고 거절하든가 양자택일이 요구된다. 이 응답은 순간적으로 일어날 수 있지만 또한 과정으로 진행될 수도 있다. 물론 여기서는 회의와 주저함도 이 도전과 응답의 길에서 '참여'의 한 면이다. 신학자 파울 틸리히(Paul Tillich)는 신학의 대가가 된 후에도 강의실에 들어가는 것은 항상 전율과 공포를 자아낸다고 하였다. 그에게서 청중은 질문이며 도전이었다. 신학은 이와 같이 '너-나'의 긴장에서 신학적 인식의 실존으로 이루어진다.

키에르케고르는 냉소와 절망 가운데 휩쓸리는 현대의 인간 속에서 '죽음에 이르는 병'을 보았다. 인간은 결국 분리된 상태, 즉 하느님이 없는 상태에서는 자기 스스로가 '거짓말'을 하게 되며, 곧 타인을 분류해 놓는다. 바로 그것이 죄다. 인간은 자기 자신의 근본적인 분리 상태를 쉽게 간과해 버리고 도덕적인 노력과 종교적인 형태 또는 사회 프로그램으로 자기의 상태를 극복하려고 애쓴다. 그러나 그것은 결국 절망의 궁지로 나아가는 결과만을 초래한다. 틸리히는 "내가 어떻게 해야 구원을 얻으리까?"(행 16:30)라는 질문에 "나는 아무것도 아니다. 정말 아무것도 아니다."라고 대답한다.

구원은 처음부터 끝까지 은혜의 문제다. 즉 인간의 분리와 소외를 치유하는 구원은 인간이 "은혜에 부딪칠 때"에만 가능하다. 이것은 '신앙'은 인간의 행위와는 상관없이 이루어지는 은혜라는 말이다. 인간은 하느님께 '허락'되었다. "그대는 수락되었다. 지금 무슨 일을 하려고 애쓰지 말라. 훗날에 많은 일을 할 수 있으리라. 무엇을 구하지 말라. 다만 그대가 수락되었다는 사실만 수락하라."(P. Tillich, The shaking of the foundation) 그는, 신학은 계시의 언어이고 모든 신학적 언어 속에는 성령의 현실성이 있다고 본 것이다.

1960년 미국의 발레리 세이빙(Valerie Saving)은 자신의 실존적인 위치를 다음과 같이 말한다. "나는 신학생이다. 나는 또한 여자다." 그녀는 당시 여성이 신학을 하는 것이 생소하게 보였던 때에 여성과 신학 이 두 주제를 한 데 묶음으로써 앞으로 전개될 여성신학의 근본 전제, 즉 신학적 인식을 "그 주체의 성의 구별에 따라 그리고 그의 성으로서의 경험의 특이성에 의해 영향을 받는다."는 사실을 밝혀 주었다. 신학을 하는 것은 하느님께 자신을 드리는 것과 같다. 하느님은 우선 첫 번째로 당신의 마음을 드리는 것을 원한다.

신학을 한다는 것은 결정적으로 "믿음으로 의롭다 인정을 받는다."(justification by faith)는 은총에 대한 고백에서 출발하는 것이다. 그것은 행복이 아니라 기쁨이다. 행복은 사건들에 의존하지만, 기쁨은 예수에 의존한다. 예수는 길이요, 진리요, 생명이다. 예수는 나의 마음을 변화시켰다. 그의 이름은 사랑, 기쁨, 평화 그리고 용서를 의미한다. 그것이 복음의 힘이다.(롬 1:16) 오직 복음만이 나를 완전히 변화시킬 수 있다. 그때 새로운 존재(new being)로 용기를 가지게 된다.

신학생은 오늘의 현실을 뛰어넘어 은총의 세계 속에서 신학을 시작한 것이다. 우리가 궁극적인 것에 관심(종교적 체험, 실존적 성격)을 가지고 우리의 대상으로 만들려고 할 때는 언제나 우리가 그의 대상이 되어 버리는 무한한 정열과 흥미를 자아낸다.(키에르케고르) 신학도는 마치 사관생도가 훈련받는 것처럼 철저하게 묵상 시간(Quiet Time)과 성서 읽기 등의 경건 훈련은 물론 신학적 작업을 소홀히 하지 말아야 한다. 매일 십자가에 달리신 분(the crucified)을 명상하라! "나는 큰 죄인이다. — 그리스도는 위대한 구주다."(I am a great sinner. — Christ is a great savior.)

2_ 신학의 카리스마

신학을 하는 그리스도인과 일반 직업을 가진 그리스도인 사이의 구별은 무엇인가? 그것은 봉사의 직분과 관계된다. 성서의 표현을 사용하면 '카리스마'(charisma)의 구별이다. 성서적 의미에서 카리스마는 초자연적이고 초인간적이며, 일상적인 것이 아닌 것으로 하느님에 의해 선사된 것을 의미한다. 이런 의미에서 신학의 카리스마는 하느님에 의해 부여받은 신학 자체의 고유한 사명을 말하는 것이다. 그러면 신학의 카리스마는 무엇인가?

첫째, 신학은 내용을 문제 삼는다. 신학의 내용은 예수 그리스도다. 우리가 믿는다고 할 때 믿음의 대상을 분명히 해야 한다. 교회 안에는 신학 자체의 필요성을 느끼지 못하는 사람도 있다. 신앙이면 되지 신학은 무엇 때문에 필요한가? 오히려 신학을 공부하면 할수록 더욱 신앙에 손상을 입지 않을까 염려한다. 이것은 무지에서 온 것이다. 우리는 가끔 자신이 믿는 신앙에 전체를 내걸고 헌신하고자 하는 열심 있는 신앙인들에게서 신학에 대한 부정적 또는 소극적 견해를 접하게 된다. 그러나 신앙은 단순히 경건한 열정이나 감정으로 맹목적일 수 없다.

신앙인은 "당신이 믿는 것이 무엇이오."라는 질문을 받을 때 "잘 모르겠다."고 대답할 수 없다. 신앙의 대상과 그 내용을 말할 수 있어야 한다. 신앙인은 신앙의 대상과 그 내용을 떠나서는 생각할 수 없다. 참된 신앙이 되기 위해서는 그 신앙의 대상과 믿는 내용의 깊은 데까지 알아야 한다. 따라서 참된 신앙이란 철저한 확신만이 아니라, 확실한 지식이며 또한 확실한 고백이어야 한다. 신앙은 무지와 혼돈 속에 있는 것이 아니고, 믿는 바를 정확하게 그리고 질서 있게 말할 수 있을 때 그 의미가 있다.

둘째, 신학은 신앙을 기초로 한다. 신학은 "내가 믿습니다." (credo)라는 신앙고백의 학문이다. 여기서 신앙은 단순히 경건한 감정이나 비이성적이며 맹목적일 수 없다. 신앙은 '누구'라는 대상과 '무엇'이라는 내용을 믿는 것이다. 따라서 신앙의 행위는 신학적 사유로 이어져야 한다. 안셀무스(Anselmus)가 말한 "내가 알기 위해서 믿는다."(credo ut intelligam)는 명제는, 신학적 지식에 이르는 길은 먼저 믿어야 알게 된다는 신학적 착상이다. 이것은 철학적인 용어 사용을 금하지 않는다는 말이기도 하다. 신학은 성서와 전통에 따라서 형성된 신앙을 체계적으로 표현하게 되며, 이러한 의미에서 신학도는 누구나 두 가지 문제점을 안고 신학을 연구하게 된다. 하나는 신앙(faith)의 문제요, 다른 하나는 지식(knowledge)의 문제다. 신학도는 자기가 믿는 것과 복음이 무엇인지를 인식하고 이해하고 파악할 수 있어야 한다.

셋째, 신학은 성서를 해석한다. 신학은 성서가 맨 처음 쓰인 '삶의 자리'(Sitz im Leben)에서 성서 주석을 하고 오늘의 '삶의 자리'에서 다시 성서를 새롭게 해석하는 일을 한다. 성서가 문자에 매일 때 성서의 의미는 되살아나지 못한다. 성서는 바른 신학적 해석을 통해서 그 뜻이 드러난다. 신학은 성서를 빼놓고 논할 수 없다. 20세기 변증법적 신학자인 칼 바르트(Karl Barth)는 성서를 소홀히 함으로써 신학의 명확한 개념을 상실하고 있었던 19세기 자유주의 신학에 대하여 확고한 대답을 주었다. 그에게서 신학은 '하느님 말씀의 신학'으로서 우선 성서에 근거를 두고 있다. 그에 의하면 복음이 올바르게 선포되기 위해서는 항상 성서가 증언하는 복음에 기초해야 한다. 그러나 그것은 단순히 성서의 기사를 반복하는 것이 아니라, "성서 → 성서 주석 → 성서 해석 → 선포"의 형식을 통해 현대인들에게 설득력 있는 메시지로 전달되어야 한다. 여기서 신학은 성서가 말하는 진리를 바르게 가르치려고 하는 하나의 '지시 손가락'(index finger)과 같은 것이다.

넷째, 신학은 교회에 봉사하는 학문이다. 신학은 그리스도의 몸인 교회에 봉사하는 학문이 되어야 한다. 신학은 교회의 참모습이 무엇인지를 질문하면서, 지금의 모습을 비판하고 변화를 추구하면서 공동체에 봉사한다. 신학은 '학문 그 자체로서의 사명'(A. von Harnack)에 있지 않고, 철저하게 '봉사의 학문'(K. Barth)이다. 신학은 교회 선교에 봉사하는 학문으로서 절대적이고 유일한 계시, 즉 예수 그리스도를 믿게 하는 것을 사명으로 한다. 그것은 지금의 교회 모습을 그대로 인정하고, 그것을 연장 혹은 확장시키는 데 그 목적이 있지 않다. 신학은 성서와 신앙고백을 근거로 교회의 선포 행위를 그리스도의 진리와 그에 상응하는 말씀을 바탕으로 삼아 비판적으로 문제시하는 봉사의 기능인 것이다. 이 점에서 신학적 진술은 언제나 사고에서 삶으로 이행하는 실천신학이어야 한다.

따라서 신학자나 복음을 전파하는 전도자는 계시를 가리키는 (pointing) 일에 담대해야 하고 자신에 대해서는 항상 겸허해야 한다. 만일 자신이 시도한 신학이 유일한 신학, 유일의 표준, 정론, 법통, 정통이라고 고집한다면 그것은 하나의 독단이다. 그것은 곧 남을 비판하고 심판하는 것이 되어, 결국은 교회의 분열을 초래하게 된다. 독선과 아집에 빠지는 일은 체험주의 신앙에서도 나타난다. 신학은 각자의 체험을 중요시하지만 절대화하지 않는다. 이와 같이 신학은 어떠한 교리, 체험, 교회, 심지어 성서 자체까지도 절대화하지 않는다.

다섯째, 신학은 현실을 문제 삼는다. 신학은 현장을 떠나서 생각할 수 없다. 신학적 언어는 그 자체가 행동 언어다. 최근 제3세계에서의 행동하는 신학(doing theology), 하느님의 선교(missio Dei)에 참여하는 신학 등은 신학적 실존의 자리를 말해 주고 있다. 신학은 전통적인 신학 이론이나 교회의 전통적인 교리를 변증하고 옹호하는 데 그 목적이 있는 것이 아니다. 신학은 '지금 여기에'(here and now)라는 현실을 살아야 하는 것을 과제로 삼는다. 그것은 우선 오늘을 산다는 것이 어떤 의미가 있느냐는 물음을 제기하면서 그리스도인의 자기 정체성(christian identity)을 질문한다. 신학의 정체성은 하느님의 관심인이 세계 구원을 위해 무엇을 어떻게 할 것인가를 과제로 삼는다. 오늘의 구원은 세계주의(cosmopolitanism)와 무관하지 않지만 그렇다고 전통적인 교리를 생략할 수 없다. 이제 신학은 그 진리를 새 세대를 위해서 해석하기 시작한다.

3_ 신학적 사고

오늘 우리는 정신병원과 같은 현실 속에서 살아가고 있다. 우리가 사는 지구는 계속적인 개발로 말미암아 생태계의 파괴, 각종 오염, 살상 핵무기, 가진 자의 행패, 가난한 자의 무력의 현실 속에서 하느님을 비웃는 세계가 되었다. 또한 우리가 살아가는 세계는 세계 경제, 자연과학, 기술 운동, 예술, 유행, 이데올로기 등에 의해 복음이 무력하게 들리는 세계가 되었다. 그러면 교회는 어떠한가? 우리의 교회는 분파, 분열, 탈선, 위선, 정치적 음모, 숨은 이기심 등으로 '썩은 교회'라는 비난을 받고 있지 않는가?

우리는 왜 신학을 배우는가? 신학적 사고(theological thought)를 하기 위해서다. 우리가 살고 있는 이 세계는 철학의 세계다. 철학의 세계는 문화의 세계요, 도덕의 세계이며, 이성과 합리성과 계산의 세계다. '신학적 사고'를 하는 것은 이 세계와 차원(dimension)을 달리한다. 신학의 세계는 신앙과 고백과 기적과 약속의 세계요, 은총의 세계요, 영의 세계다. 신학적 사고는 이 세계가 가난한 자, 묶인 자, 병자, 억눌린 자에게 '은총의 해'가 선포된 세계라는 것을 지시해 준다. 신학적 사고는 바로 이 세계와는 다른 새로운 차원에서 철학, 심리학, 과학 등의 모든 학문에 비판적으로 침투한다. 또한 신학적 사고는 '초자연적 삶'(supernatural life)이 진행되는 세계다. 여기서는 용서와 화해가 이루어진다. "누가 오른뺨을 치거든 왼뺨마저 돌려대고"(마 5:40)라는 말씀이 실현될 수 있는 세계다.

이 세계에서는 '자연적 삶'(natural life)이 시대의 정신이다. 시대정신에 따라 사는 삶은 거룩한 역사와 은총의 세계를 모른다. 예수의 제자들 중 가룟 유다는 시대정신에 굴복된 사람이었다. 결국 그는 스승 예수를 팔고 후회하면서 양심에 가책이 되어 '자살'로 생을 마감했다. 그러나 베드로의 경우는 달랐다. 그도 위기에서 예수를 부인했지만, 후회와 회개를 하고 은총의 신비의 세계에 들어와 최후를 마쳤다. 가룟 유다가 도덕적 삶을 살았다면, 베드로는 약속과 은총의 삶을 산 것이다. 이 세계의 사고가 "나는 생각한다. 나는 존재한다."(cogito ergo sum)라는 '이성적 사고'라면, 신학적 사고는 "나는 생각된다. 나는 존재한다."(cogitur ergo sum)라는 허락의 사고, 즉 '은총의 사고'다.

마가복음 10장을 보면 젊은 부자 청년 이야기가 나온다. 그는 지식, 물질, 지위, 종교를 다 갖춘 사람이다. 그는 "살인하지 말라, 간음하지 말라, 도둑질하지 말라, 거짓 증거하지 말라, 남을 속이지 말라, 부모를 공경하라."고 한 모든 계명을 어려서부터 지켜 온 모범적인 인물이었다.(막 10:19) 도덕과 문화의 세계에서 보면 그는 이상적 종교가요, 고상한 인물이라고 할 수 있다. 성서에 보면 그는 "제가 무엇을 해야 영원한 생명을 얻겠습니까."(막 10:17)라는 인간의 궁극적 질문(ultimate concern)으로 또 하나의 세계를 동경하기 시작했다.

인간의 궁극적 관심은 이 세계가 아니다. 이 세계의 방식으로는 전혀 경험할 수 없는 영생의 세계다. 예수는 그에게 영생의 세계를 차지하기 위해서는 이 세상의 삶의 방식(life style)을 포기하라고 한다. "너에게 한 가지 부족한 것이 있다. 가서 가진 것을 다 팔아 가난한 사람들에게 나누어 주어라. 그러면 하늘에서 보화를 얻게 될 것이다. 그러니 내가 시키는 대로 하고 나서 나를 따라 오너라."(막 10:21) 그 부자 청년은 재산이 많기 때문에 이 말씀을 듣고 결국에는 울상이 되어 근심하며 떠나갔다고 했다.(막 10:22)

은총의 세계, 약속의 세계에 들어가기가 얼마나 어려운지를 부자 청년의 이야기는 말해 준다. "다시 나시오." "회개하시오." 이것은 그 부자 청년에게는 이해될 수 없는 말이었다. 그는 아직 그런 경험을 해본 적이 없었다. 그래서 그 청년은 육의 세계에서는 부유하지만, 하느님의 영이 하시는 '존재의 새로 남'의 신비를 이해할 수가 없었다. 그는 문화와 도덕의 세계에서, 자신의 종교적 가치의 세계에서 살고 있었지만, 영적 세계는 전혀 알지 못한 것이다. 그래서 이 부자에게 요구되는 것은 가난하게 되는 것이었다. 그것이 그를 새로운 세계로 인도하는 길이었기 때문이다. 그러나 그것은 사람의 힘으로는 할 수 없지만, 하느님은 하실 수 있다는 것이 본문의 좋은 결론이다.(막 10:27) 중요한 것은 마음을 열어 놓는 것이다. 어떻게 그것이 가능할까? 그것은 우리의 사고에 조용한 혁명을 일으키는 성령의 역사로 말미암아 가능하다. 성령의 역사는 우리가 신학적 사고를 하도록 한다.

신학적 사고는 사고의 혁명을 위해 우리가 사는 세계를 가로지른다. 우리의 상황(context)을 형성하고 있는 것이 무엇인가? 우리는 매일 신문, 라디오, TV, 인터넷 등에서 무수한 사건들을 접한다. 사건은 우리의 상황을 형성한다. 그리고 전통, 관습, 교리, 경험 등은 우리의 상황의 구성 요소들이다. 만약 우리가 이러한 상황에 몰입되어 산다면 우리는 진정한 그리스도인이라고 할 수 없다. 매일 일어나는 사건 그 자체를 하나의 사실로만 받아들이고, 그대로 믿고 분석하는 것으로 취급해 버린다면 우리는 어느새 사건주의에 빠져 버리고 말 것이다. 신학자 칼 바르트는 "한 손에는 신문을, 또 한 손에는 성서를!"이라는 슬로건 속에서 그리스도인의 실존의 자리가 어떠해야 하는가를 밝히고 있다.

인간의 세계 그 자체로서는 아직 구원이 없다. 상황은 하나의 아주 새로운 세계, 즉 성서의 세계와 만나야 된다. 신학은 바로 상황과 성서의 만남을 시도하는 학문이다. 신학은 현실이라는 상황에서 하느님 말씀을 선포한다. 따라서 상황에 대한 텍스트의 적용은 불가피하다. 그러나 그것은 간단하지 않다. 그러므로 신학에 대한 전문인이 필요하다. 그 전문인이 신학자다. 신학자는 성서를 보는 눈을 가져야 한다. 신학자는 신학의 텍스트, 즉 성서를 '지금 여기서'(here and now) 공동체 속에 있는 나에게 들려오는 말씀으로 읽을 수 있어야 한다.

따라서 세속문화의 소용돌이 속에서 신학적 사고를 한다는 것은 얼마나 고귀하고 가치가 있는가! 신학은 사고의 관점을 바꾸는 것이다. 사고가 새로워지는 것, 즉 사고의 전환이 이루어지는 것이다. 신학은 비판적이며 혁신적인 성격을 띠고 있다. 왜냐하면 신학의 주제는 새로운 세계, 새로운 인간을 문제 삼기 때문이다. 따라서 신학은 현실과 타협하지 않는다. 가령 전쟁의 불가피성을 논하는 경우, 신학적 사고는 빼앗기고 죽어 가는 자의 편에 선 시각, 즉 그리스도의 시각으로 연대하는 것이다. 하느님이 여기서 내가 무엇을 하기를 원하시는지를 생각하고 결단하기 위해 하느님 앞에서 영성을 가져야 한다. 고통과 신음 소리를 듣는 영성은 죽음을 두려워하지 않고 죽음을 뛰어넘는 영성이다.

그래서 신학의 표지를 '십자가'라고 한다. 십자가 없이 새로운 세계는 출현될 수 없기 때문이다. 십자가 없는 신학은 하나의 공상이다. 하느님은 인류를 구원하시기 위해 그의 독생자를 버리셨다. 여기서 '하느님의 아픔'은 절정에 이른다. '하느님의 아픔'의 신학은 인간에게 새로운 지평을 열어 준다. 인간의 아픔(억압, 가난, 질병 등의 고난)이 희망이 될 수 있다는 표징이다. 신학적 사고는 상처 입은 자들의 입장에 서서 사고하고 결단하며 행동으로 이어지는 사고다.

여기서 더 나아가 배고픔과 가난의 문제를 가지고 신학적 사고를 해보자. 신약성서를 읽으면 예수가 40일 동안 아무것도 먹지 않고 금식한 이야기가 나온다. 금식하는 동안에 예수는 시험을 받는다.(마 4:1-11, 막 1:12-13, 눅 4:1-13) 광야에 널려 있는 돌들을 보고 배가 고프면 "이 돌더러 빵이 되라고 해보시오."(마 4:3)라는 꼬임이었다. 배고픈 예수는 당장 배고픔을 해결할 수 있겠고, 세상의 수많은 배고픈 사람들의 빈곤 문제도 해결할 수 있는 그럴듯한 제안이었다. 그러나 예수는 사람이 빵으로만 살 것이 아니라고 한다.(마 4:4) 가난과 배고픔에 대한 관심은 계속된다. 예수의 하느님 나라 운동의 첫 일성은 "가난한 이들에게 복음"을 전하는 일이었다.(눅 4:18) 그리고 산상설교에서도 해결해야 할 문제를 가난의 문제로 보았다. "마음이 가난한 사람은 행복하다. 하늘나라가 그들의 것이다."(마 5:3) 그는 가난의 문제를 경제적 부로 해결하지 않고, 가난한 마음(마 5:3)에 위로와 희망을 줌으로써 해결의 가닥을 잡은 것이다.

　　예수께서는 가난에 대한 도전을 받고, 그는 끝내 가난의 문제를 경제적 해결보다는 하느님의 말씀이라는 정신적 재화로 그 대안을 선택한 것이다. 그것은 예수의 하느님 나라의 비유에서 파악된다. 하루는 한 부잣집에서 잔치를 베풀고 사람들을 초대했는데, 초대받은 사람들이 이 핑계 저 핑계로 응하지 않아 결국은 길가에서 헤매는 거지들을 초대했다는 이야기에서 더욱 뚜렷해진다. 하느님 나라의 주인공은 돈 많고 세상 일에 분주한 사람들이 아니라 길거리에서 헐벗고 굶주리는 가난한 사람들이라는 것이다. 그는 경제적 가난에는 총체적 결함과 빈곤이 수반되기 때문에, 단순히 경제적 가난 극복만으로는 거기서 파생될 총체적 빈곤을 해결할 수 없다고 본 것이다. 예수는 이미 공생애 시작 전에 자신이 배고픈 경험을 하고 난 후 그 경험을 되새기면서 그 너머에 있는 또 하나의 중요한 차원(dimension)을 보신 것이다. 그 표현은 "사람이 빵으로만 사는 것이 아니라 하느님의 입에서 나오는 모든 말씀으로 살리라."(마 4:4)이다. 바로 이것이 신학적 답변이다.

　　가난과 배고픔의 문제는 현실적인 육체적 고통의 문제로 가장 긴급하고도 절박한 문제들이다. 그런데 왜 예수는 인간이 빵으로만 살지 않는다고 했을까? 사람들은 식량이 되는 곡류와 가공식품 등을 보존하려고 온갖 노력 끝에 방부제를 만들었다. 썩지 않게 보존하기 위해서였다. 그래서 한쪽에서는 썩지 않게 보관하는 창고가 모자라고, 다른 곳에서는 굶주림과 아사가 그치지 않게 되었다. 이것은 자연을 거스르는 일이다. 썩을 것은 썩어야 한다. 썩어야만 생명의 약동이 그곳에서 다시 시작되기 때문이다. 이런 노력의 목적은 더불어 살기 위함이 아니라 돈을 벌기 위함이다. 예수의 말씀의 의미를 다음과 같이 생각할 수 있을 것이다. "빵을 나눠라. 적게 만들고 남기지 않는 밥상공동체를 일궈라. 이 땅에서 방부제를 영원히 걷어 내는 생명공동체를 가꿔라!" 이런 일로 지구촌 곳곳의 기아 문제를 해결할 수 있어야 한다고.

　　이것을 오늘의 세계 경제 질서에서 다시 생각해 보자. 오늘의 세계 질서는 지구적(global) 시장 메커니즘에 걷잡을 수 없이 떠밀려 가고 있다. 이 시장 체제는 경제적 힘의 질서가 지배하는 세계다. 시장 질서를 조종하는 국가 기관도 이 거대한 세계시장 앞에 무력해지고 있는 실정이다. 도대체 이 막을 길 없는 자본의 힘 앞에 빈곤이 설자리는 어디일까? 가난을 없애기 위한 노력도 필요하고, 가난한 자에 대한 정책 배려와 복지사업도 중요하다. 그러나 앞서 선행되어야 할 과제는 가난을 세계 질서 밖으로 밀어 내지 말라는 것이다. 동정심이나 자선으로 가난한 자를 돕는 것도 좋고, 제도나 법과 정책으로 가난의 문제를 타개해 나가는 일도 중요하다. 그러나 이 모두에 앞서 빈곤이 우리 사회의 구조적 모순에서 배태된 우리의 문제라는 것을 인식하고, 지배적 자세와 차별의 안목을 버리고, 우애와 책임감을 갖고 더불어 나누며 살겠다는 의식의 대전환이 더 중요하다.

우리는 어떻게 가난을 신학적으로 이해하고 실천할 수 있을까? 음식을 남기지 않는다는 뜻은 필요 이상의 음식을 만들지 않는다는 말이다. 간소한 식생활은 결국 남과 함께 나누는 밥이다. 풍성한 식탁은 남을 굶주리게 하는 지름길이다. 음식을 남기는 것과 버리는 일, 음식을 썩지 않도록 보존하는 일은 모두 함께 살려는 사람들의 일이 되어서는 안 된다. 인간은 숨을 쉬고 있는 한 늙어 간다. 인간은 인생을 알게 되면서부터 사랑하는 사람을 만나고, 서로가 서로를 아끼고, 그리워하고, 질투하고, 미워하고, 좋아하고, 기뻐하고, 괴로워하면서 인생을 경험한다. 인간이 먹고 자고 배설하며, 성을 즐기고, 일하고, 뛰고, 놀고, 춤추고, 술에 취하고, 병에 걸려 죽어 가는 모든 영역에서 그 삶의 의미를 찾으며, 그 삶의 아름다움과 괴로움을 느끼고 그 삶의 궁극적 목적을 끈질기게 묻는다. 그러다가 죽음과 죽음 저쪽에 대해서까지 묻는다. 이 점에서 인간은 신학을 피할 수 없다. 인간은 신학하는 동물이다.

4_ 신학의 표현

신학은 아름답다.(theologia est pulchra.) 신학은 아름다운 학문이다. 왜 그런가? 신학은 하느님의 위대함을 가리키는 '지시 손가락'(index finger)과 같기 때문이다. 우리는 성서와 성서를 연구한 신학자들의 도움으로 '신학적 사고'가 무엇인지를 배우며, 신학을 하는 즐거움을 가지게 된다. 일반적으로 신학을 한다는 것은 하느님에 대해 알아보고, 말하며 배우는 인간의 지적 활동이라고 말한다. 그러나 우리는 우리 몸 전체로 신학을 할 수 있다. 오감(five senses)을 둘러싸고 있는 육체(flesh), 지성(knowledge), 감정(feeling), 의지(will)로 구성된 혼(mind)과 그리고 하느님의 영(holy spirit)이 거할 수 있는 영(spirit)으로 신학을 표현할 수 있을 것이다.

'십자가에 달리신 하느님'(The crucified God)을 명상해 보라! 왜 하느님이 십자가에 달리셨는가? 그분을 만나야 한다. 신학의 진정한 표현은 하느님과의 만남에서 형성된다. 그 만남은 한 인간을 통해서, 사건을 통해서, 자연을 통해서 시작될 수 있다. 어떤 사람은 교회의 훌륭한 목사님과의 만남을 통해서 하느님을 만나게 된 사람이 있는가 하면, 미션 스쿨에서 수업시간에 강제로 읽게 된 성서를 통해서 하느님의 음성을 듣게 되고 하느님을 만나게 되는 사람도 있다. 또 어떤 사람은 천둥 치며 비가 오는 험악한 어느 날 친구와 둘이서 산길을 걷다가 커다란 고목이 벼락에 맞아 쓰러지면서 함께 가던 친구를 넘어뜨리는 일로 하느님과의 격렬한 만남을 갖기도 한다. 어떤 사람은 밤을 지새우면서 기도하다가 하느님을 만나기도 한다. 설교 말씀을 듣는 중에, 찬송을 부르다가, 성화를 감상하다가, 복음송을 부르다가 하느님을 경험한다. 또 어떤 경우에는 떠오르는 태양이나 서쪽 바다로 노을이 지는 붉은 햇빛의 석양을 통해서도 하느님을 만난다.

신학은 이러한 깊은 소중한 종교적 경험을 말과 글과 예술로써 표현하는 것이다. 그리고 신학은 체계를 세워서 그 종교적 경험의 원천과 내용을 설명하며 그 의미가 무엇인지 연구하는 일을 한다. 따라서 신학은 인간의 지성만이 아니라 온 몸을 총동원하는 것이다. 신학의 즐거움은 하느님에 대한 인간의 경험을 표현하는 모든 행위와 활동을 말한다. 그 경험은 인간 존재의 총체적 경험일 수 있다. 종교적 체험은 마치 사랑하는 사람과의 관계에서처럼 자라는 것이기도 하다. 사랑이라는 느낌은 한 번으로 끝날 수도 있지만, 성장하고 성숙하기도 한다. 처음에는 씨알 같던 것이 커다란 열매로 자라나고 나무 잎사귀처럼 무성해지고 나무 기둥처럼 든든하게 자란다. 마찬가지로 신앙적 경험을 위해 성서를 읽고, 기도하고, 설교를 들을 때 씨알처럼 작은 신앙의 경험이 신학이라는 지적 작업을 통해서 자라날 수 있다. 사랑해야 안다. 신학을 하는 것은 신앙적 경험을 키워 나가는 일이다. 신학의 아름다움은 사랑을 키우고 성숙시키기 위해서 편지, 전화, 애무로 표현하듯이 역시 글, 말, 음악, 그림, 연극, 문학, 춤을 통해 하느님의 경험을 표현하는 것이다.

이런 점에서 신학의 인식론은 사랑의 인식론과 비슷하다. 한 인간이 다른 인간을 사랑한다는 것은 어떻게 보면 말로 표현하기 어려울 정도로 광범위한 것이고, 가장 구체적인 것 같으면서도 또한 가장 추상적인 것 같기도 하다. 그래서 사랑의 경험은 포괄적이고 신비롭고 아름답고 즐겁기도 하지만 때로는 고통스럽기까지 한 것으로, 단적으로 표현하기 어렵다. 한 젊은 사람이 한 인간을 사랑하여 순간적 만남(encounter)으로 깊은 사랑에 빠지게 될 때, 상대방에 대해 믿음이 생기고 무엇이든지 다 말하고 싶어지며 무엇이든 다 주고 싶어한다. 뿐만 아니라 상대방이 하는 일이 모두 다 좋게 보이고, 그와 기쁨, 슬픔, 즐거움과 아픔을 함께 나누고 싶어진다.

사랑은 받는 것 이상으로 주고 싶어지는 감정인 것 같다. 사랑이 무르익으면 이것이 육체적 차원인지, 감정의 차원인지, 머리로 생각하는 이성의 차원인지 분명하지 않다. 몸 전체가 한 사람에게 끌리는 것이다. 그래서 존재 전체로 사랑을 느끼고 주고받고 나누며 함께 아파하고 기뻐하는 것이다. 여기에 내가 사랑하고 있다는 것을 어떻게 객관적으로 설명할 수 있을까? 사랑의 편지를 쓰고 있다는 사실, 올해 크리스마스 선물로 나의 길고 긴 머리채를 잘라 팔았다는 사실, 나의 눈을 빼서 그의 눈을 뜨게 했다는 사실 등으로 증명할 수 있을까? 중요한 것은 그러한 객관적 사실들을 넘어서 내가 느끼고 있는 이 간절한 사랑을 나만이 아는 것이다.

이와 마찬가지로 신학적 지식에는 하느님과의 만남의 경험이 있다. 그것은 객관적 지식이 아니라 관계의 지식이고, 하느님을 배워서 아는 지식이 아니라 직접 만나 본 사람의 지식이다. 신학은 신앙을 더욱 성숙하게 이끌어 간다. 인간의 사랑 경험 없이 신앙의 경험을 말한다는 것은 어쩌면 공허하게 들린다. 한 인간을 깊이 사랑한다는 그 사랑 속에서 참신앙이 우러나올 수 있고, 하느님을 사랑하는 깊은 신앙심 속에서 인간 사랑의 경험을 느끼게 될 수 있다고 보기 때문이다. 신학을 연구한다는 것은 신앙의 경험을 말과 글로 그리고 다른 인간적 방법을 통해 남이 알아듣고, 알아보고 느낄 수 있게 하는 일을 말한다. 그 환상적 경험의 원칙과 내용을 설명하고 그 의미를 묻는다.

신학의 실존적 물음은 억눌려 지내는 사람이 절망하여 야훼께 부르짖고 호소하는 기도와 같다고 할 수 있다. "야훼여, 내 기도를 들어주소서. 내 부르짖는 소리, 당신께 이르게 하소서. 내가 곤경에 빠졌을 때, 당신의 얼굴을 나에게서 돌리지 마소서. 당신 이름을 부를 때, 귀를 기울이시고 빨리 대답하소서. 나의 세월은 연기처럼 사라지고 뼈마디는 수풀처럼 타 버립니다. 내 마음은 풀처럼 시들고, 식욕조차 잃었사옵니다. 장탄식에 지쳐 버려 뼈와 살이 맞닿았습니다. 나는 마치 사막 속의 사다새같이 마치도 폐허 속의 올빼미처럼 지붕 위의 외로운 새와도 같이 잠 못 이루웁니다."

위의 호소의 기도는 다윗의 것으로 믿어지는 시편 102편 중의 일부를 공동번역성서에서 발췌한 것이다. 여기서 호소로서 기도는 실존적 물음이며, 그것은 동시에 신학적 물음이다. 신학하는 일의 특징은 무수한 질문을 던지는 일로부터 시작한다. 인간은 어디서 왔는가? 어머니 뱃속으로부터 왔다는 대답이 있는데도 불구하고 만족하지 않고 인간의 근원을 묻는다. 예수는 인간이 빵으로만 살지 않고 하느님의 말씀으로 산다고 대답했는데, 도대체 그것이 무슨 말인가? 우리는 아침 일찍 새벽의 어둠을 뚫고 솟아오르는 태양의 강렬한 햇빛을 보면서 생명을 느끼고 희망과 우주를 느끼기도 한다. 자연의 위대하고 광활함과 더불어 인간의 왜소함을 느끼며, 그 광활한 우주 속의 인간의 자리와 생명의 신비함을 느끼고 질문하게 된다.

우리가 동해 바다에서 붉게 떠오르는 아침 해를 보면서 "하느님이 지으신 세계"를 찬양할 때, 아침 해를 말하고 있는 것이 아니라 하느님과 창조의 힘과 세계라고 하는 자연 전체를 말하고 있는 것이다. 이 광대한 우주 속의 인간의 자리는 무엇인가? 석양에 산 너머 지는 해를 보면 인생의 저녁이란 무엇인가? 인생은 어디를 향해 가는 것이며, 그 인생의 의미란 무엇인가? 이 세계는 신학적 질문으로 가득 차게 된다. 나는 누군가, 내가 어디에 있는가 그리고 어디에 있었는가? 신학은 협동이다. 함께한다. 그리고 세상을 섬긴다. 당신이 느끼는 것을 우리가 느끼게 하소서. 우리의 신앙을 다이아몬드처럼 강하게 하소서. 삶이 아닌 것에 종지부를 찍기 위해, 후회 없는 삶을 위해 신학을 연구한다. 신학은 삶의 목적이다. 나는 하느님의 자녀다. "하느님의 뜻 가운데서 우리를 위대하게 하소서."

모나미 볼펜을 자세히 들여다보면 '모나미 153'이라는 글귀가 있다. 모나미 회사 사장은 모나미 회사를 세우기 전 여러 사업을 하다가 실패하여 실의에 빠지게 되자, 자신의 사업을 놓고 기도했다. 그러는 동안에 부활하신 예수께서 디베랴 바다에서 밤새도록 고기 한 마리 잡지 못한 일곱 제자들 앞에 나타나셔서 그물을 배 오른편에 던지라는 말씀이 떠올랐다. 요한복음 21장을 보면 실의에 빠진 제자는 말씀대로 그물을 던진 결과 153마리의 큰 수확을 얻어 이웃 동료들과 함께 나누고 주님과 함께 밥상공동체를 가진 아름다운 사건이 있다. 모나미(MonAmi)는 프랑스어로 '나의 친구'라는 뜻으로 예수를 가리키며, '153'은 제자들이 잡은 물고기의 숫자로 주님의 놀라운 은혜를 가리킨다. '모나미 153'에는 언제 어디서나 어떤 어려움에 처하든지 나의 친구가 되시는 예수를 모시고 경영하면 풍성한 결실을 얻고, 그것을 주님을 위해 사용한다는 정신이 담겨 있다. 모나미 회사 사장은 그리스도인으로서 '모나미 153'이라는 글귀를 볼펜에 새겨 자신의 신앙을 표현하여 간증하고 있는 것이다.

"눈을 감아 보라! 무엇이 보이는가! 나는 이 세상 지붕 꼭대기에서 야성을 지르노라. 세속적인 것이 연구를 망칠까봐 작은 방을 택했어!" 하는 한 신학자의 고백이 들린다. 믿음과 행함은 양 바퀴에 해당한다. 믿음을 믿음 되게 하는 것은 행함이다. 실천이 없으면 믿음이 식어진다. 팔다리를 움직여서 행해야 믿음이 살아난다. 행함이 없는 죽은 믿음을 보고 예수는 "믿는 자를 보겠느냐."고 묻고 있다. 행하지 않으면 주님을 모른다. 지식과 상식은 풍부한데 행함이 없을 때 그것은 거짓말하는 자나 다름없다. 그리스도인이 행동할 수 있는 것은 도덕적이고 윤리적인 의무에서가 아니라 우리의 정신과 마음속에 사는 예수 때문이다. 행복(happiness)이 우발적이고 유희적인 행위나 행사에서 일어난다면, 샘솟는 기쁨(joy)은 예수로부터 나온다. 예수는 우리의 보물이다.(Jesus is our treasure.)

II 신학과 신앙

1_ 신학의 개념

우리는 신학이라는 용어를 대단히 빈번하게 사용하고 있다. 신학생, 신학자, 신학대학, 성서신학, 조직신학, 실천신학…. 이와 같이 빈번하게 사용되고 있는 '신학'이라는 개념은 도대체 무엇을 뜻하는가? 이 질문은 특히 오늘날 신학적 상황에서 대단히 중요한 질문이 된다. 왜냐하면 우리는 여러 가지 신학 사상의 홍수 속에서 살아왔기 때문이다. 많은 신학자들은 우리의 관심을 불러일으킬 수 있는 여러 가지 신학 사조를 재창하였다. 우선 종교개혁 이후에 개신교를 중심으로 하여 나타난 신학의 이름만 보더라도 정통주의 신학, 아르미니우스주의 신학, 자유주의 신학, 신정통주의 신학이 있었고, 20세기 중반을 넘어서면서부터 토착화신학, 세속화신학, 신 죽음의 신학, 해방신학, 흑인신학, 제3세계 신학, 아시아 신학, 아프리카 신학, 민중신학, 여성신학이 있었으며, 최근에는 포스트모던 신학, 생태신학, 생명신학 등이 논의되고 있다. 이와 같은 신학 사상의 물결 속에서 우리는 다시 한번 신학의 근원을 묻지 않을 수 없다.

신학이라는 말은 하느님을 말하는 신(神, theos)과 논리나 말씀을 뜻하는 학(學, logos)의 복합어다. 신학이란 말은 역사적으로 헬라철학의 인식론에서 비롯된 것이다. 호머(Homer)와 헤시오도스(Hesiodos)의 신화적 시에는 신비신학(theologia mysthica)이 등장하고, 플라톤(Platon)과 아리스토텔레스(Aristoteles)의 철학에 보면 일종의 종교철학에 해당하는 자연신학이 등장한다. 신에 대한 이러한 합리적 고찰은 기독교 자체에서도 나타나는데, 신학을 소위 '기독교 철학'(philosophia christiana)으로 불려 온 것이다. 신학에 대한 이러한 철학적 합리적 사고는 결국 기독교 또는 신앙의 본질을 인간의 지식으로 설명하는 것이 되고 만다. 이러한 설명은 기독교를 단지 타종교와 나란히 하여 취급할 경우에만 가능한 일이다. 헬라철학자들이 신학이라 부른 것을 기독교에서는 '기독교 신학'이라고 하여 구별하였다.

우선 신학의 이름들은 역사적으로 교의학 또는 조직신학의 각론으로 다루어져 이해되었다. 신학은 지식과 신앙이라는 두 개의 교각을 연결하는 다리와도 같다. 신앙에서 지식으로, 다시 지식에서 신앙으로 발길을 옮기고 당기는 가운데서 신학은 성립된다. 어원적으로 보면 신학은 신에 관한 학(學), 즉 하느님에 관한 학문을 뜻한다. 신학(theos+logos)의 의미는 강조점에 따라 다음과 같이 두 가지의 서로 다른 의미가 부각될 수 있다.

첫째, 신(神, theos)을 강조할 경우에는 신이 직접 하는 학문이 된다. 신의 주격성이 강조될 때, 신학 그 자체의 의미가 크게 부각될 수 있다. 그러나 문제는 이럴 경우에 어느 신학 자체를 절대화하는 위험이 따르게 된다. 왜냐하면 우리는 어느 누구도 사람이 작성한 신학의 체계나 사상을 절대화할 수 없고, 또한 해서도 안 되기 때문이다. 로마 가톨릭 교회가 교황의 절대 무오와 베드로 성당을 절대화하는 것이나, 17-18세기의 정통주의 교리와 신학 사상이 절대화되는 일이 그 문제점이 될 수 있다. 둘째, 학(學, logos)을 강조할 때, 신은 그 사람이 하는 학문의 대상이 되고 목적이 된다. 여기서 신학은 신에 관한 인간의 학문이 된다. 따라서 인간이 주체가 되고 신은 객체가 된다. 이때의 신학은 지나치게 상대화될 위험이 있다. 왜냐하면 모든 신학은 단순한 이성과 사유의 소산물로 떨어지기 때문이다. 급진주의 신학 가운데 신 죽음의 신학, 자유주의 신학, 세속화신학 등이 그러한 위험이 있다.

　우리는 앞에서 신학이 강조점에 따라 절대화되고 상대화되는 것을 살펴보았다. 인간은 순, 절대, 정통이라는 말을 써서 자기의 사상을 합리화하려고 하거나 자유와 행동 등의 급진적 태도로 신의 자리를 차지하려는 오류를 범한다. 신과 학을 동시에 강조해서 얻어진 신학은 모든 시대와 역류를 관통하여 화해를 이루어 가는 것이다. 신학이 화해를 이룰 때는 항상 지식과 신앙이 만나는 다리 위에서만 가능하다. 이 점에서 신학은 '나그네의 신학'(theologia viatorum)이다.

　앞에서 언급한 바대로 신학은 두 개의 차원, 즉 '초월적 차원'(神)과 '언어적 차원'(學)을 가지고 있어서 이 둘이 하나가 되어야 하는 과제 때문에 신학의 술어에는 거침돌(paradox)이 있다. 이 거침돌을 치울 수 있어야 신학이 가능하다. 여기서 이 거침돌을 치울 수 있는 것은 제3의 차원, 즉 성령을 전제할 때만 신학이 가능해진다는 말이다. 그런 의미에서 신학은 유비적(analogical)이지 않고 변증법적(dialectical)이며 동시에 허락(permission)을 전제로 한다. 신학은 그 자체의 이런 전제와 특수성에서 살아야 한다. 신학의 언어는 언어 일반, 경험 일반으로 말할 수 없다. 이 학문은 단순히 인문학이 아니라, 창조자이신 신에 관하여 인간의 응답을 통해 형성되는 하나의 신앙고백으로서의 학문이다. 모든 신학은 계시의 언어이고 모든 신학적 언어 속에는 성령의 현실이 있다. 바로 신학 그 자체가 설득시킬 수 있는 능력이다.

　신학의 역사는 기독교가 형성될 때 헬라철학자들로부터 받아들인 개념이다. 이 개념의 창시자는 플라톤이라고 알려져 있다. 이어서 아리스토텔레스와 스토아 학파들, 특히 신플라톤주의에 이르면서 신론은 전체 철학의 구조적 기초가 되었다. 이 개념은 초기 교회에서 좁은 의미로 사용되어 신론, 특히 삼위일체론을 뜻하였다. 중세기에 이르러서 신학은 신론뿐만 아니라 창조론, 인간론, 그리스도론, 교회론 등 교의학의 모든 분야를 포괄하게 되었다.

후기 스콜라 신학자 토마스 아퀴나스(Thomas Aquinas)의 『신학대전』(summa theologica)을 보면 신학(theologia)이라는 말이 나오는데, 이때 신학은 신론, 구원론, 창조론, 종말론 등을 일컫는 총체적 개념이었다. 그 후 그러한 총체적 개념은 17세기 개신교 정통주의에 이르러서는 교의학(dogmatics)이라는 이름으로 사용되었다. 오늘날은 대부분 조직신학(systematic theology)이라는 이름으로 교의학을 대신하여 사용하고 있다. 그 외에도 신학을 표현하는 명칭으로는 칼뱅(J. Calvin)의 『기독교 강요』(Institutio Religionis Christiane), 멜란히톤(Phillip Melanchthon)의 『기초신학논집』(loci praecipui theologici) 등의 이름도 있다.

교의학으로서 신학은 일종의 '종교철학'(Religionsphilosophie)이나 '신비철학'(theologia mystica) 혹은 '자연신학'(theologia naturalis)과 같은 것과 다르다. 위의 표현들은 신과 신의 본질을 '합리적으로' 이해하고 표현한 것에 불과한 것이다. 그렇게 되면 결국 신학이란 단순히 이성의 한계 안에 있는 종교를 설명하는 '기독교 철학'(philosophia christiana)이 되고 만다. 이것은 기독교를 이성의 범주 안에서 취급하게 되며, 그렇게 될 때 기독교란 종교가 지닌 특성과 유사성을 일반적인 합리적 입장에서 설명하는 일이 되고 말 것이다. 따라서 기독교 철학은 엄밀한 의미에서 철학이지 신학이 될 수 없다.

교의학(doctrine)이란 '기독교 신학'의 다른 이름으로서 기독교의 진리 전체를 연구하고 기술하는 학문이다. 교의학의 어원인 라틴어 'doctrina'는 '교리'나 '교의'를 의미하며 '도그마'(dogma)의 기본이 되는 것을 말한다. 교의학은 '위로부터의 신학', 즉 '계시학'을 뜻한다. 따라서 교의학은 '신앙의 조항'(articles of faith), 즉 복음, 은혜, 계시, 하느님의 말씀을 출발점으로 한다. 교의학은 결코 자연, 철학, 인간, 역사의 경험 등을 해석하는 것으로 출발점을 삼지 않는다. 그것은 복음과 신앙고백을 근거로 하여 시작한다.

따라서 우리는 신학의 올바른 의미를 조직신학 또는 교의학 등의 명칭에서 발견하게 된다고 볼 수 있다. '인간이 만든 이론들'(man-made theories), '세상적 사고'(wordly thinking), '회의주의'는 교의학이 될 수 없다. 이런 것들은 오히려 고백적이고 성서적인 영적 자원들을 잃게 만든다. 그러나 교의학은 하느님에 관한 진리의 근원적 파악과 이의 지적 표현과의 근본적 관계에서 일어나는 문제를 다룬다. 개신교 신학자 게르하르트(J. Gerhard)는 교의학을 "하느님의 말씀으로부터 형성된 것으로서 참된 신앙과 경건한 생활 가운데서 영원한 생명으로 가르침을 받는 이론"으로 신학 전반을 가리키는 용어라고 정의했다. 바르트(K. Barth)는 교의학을 "하느님의 말씀과 일치된 교회의 선교의 내용을 밝히는 학문"이라고 하였다. 다시 말해서 교의학은 신앙고백(confession)에서 이루어진 지적 표현이라고 할 수 있다. 따라서 신학의 출발점은 '교의학적'이어야 한다고 할 수 있다.

신학의 서론은 프롤레고메나(Prolegomena)다. '프롤레고메나'의 의미는 머리말(foreword), 서문(preface), 안내(introduction), 개론(survey)이 아니라, 그 자체가 서론이며 본론이다. 그것은 교의학에서 앞자리를 차지하는 기술적 이름으로 신학의 개념, 대상, 과제, 방법을 취급한다. 프롤레고메나는 신학이 걸어야 할 인식의 길의 해명, 즉 신학적 인식의 방법론이다. 신학은 하느님의 말씀과 예수 그리스도를 중심으로 하는 원이다. 그 원의 둘레에는 서론, 신론, 그리스도론, 창조론, 인간론, 종말론, 교회론, 성령론이 있다. 신학은 원으로서 어디서든지 시작할 수 있다. 신학의 서론을 처음에 다루는 것은 편의상의 기술적인 취급이고, 결코 본질적 구별은 아니다. 서론을 시작하면서 본격적인 신학에 들어선 것이다.

신학은 상호 교통적이다. 삼위일체 하느님의 진리에 대한 신학적 접근은 상호 교통적이며 대화적이다. 그런 의미에서 신학은 영구적 신학이 아니라, 나그네의 신학이다. 그것은 논증적 신학이 아니라, 이야기 신학이요, 전기로서의 신학이다. 신학은, 하느님의 백성이 하느님이 거하시는 자유의 땅을 향하여 나아가도록 한다. 따라서 신학은 하느님의 나라와 그의 의를 위한 열정으로부터 생성된다는 점에서 선교신학이며, 이 시대의 고난에 동참케 한다는 점에서 공적 신학(public theology)이다. 이런 삶의 나눔과 친교 속에서 신학은 에큐메니컬(ecumenical)할 수밖에 없다.

우리가 하느님을 말할 때 신 자체, 존재 자체, 신의 본질을 말하지 않고 먼저 하느님이 인간과 세계와 역사에 대하여 행동한 사건, 즉 계시를 주제로 한다. 하느님은 우리의 대상이 아니고 우리의 주격인 의미에서 대상이다. 그것은 영원하고 초월이신 하느님이 우리의 인식의 대상이 되었음을 의미한다. 이것은 하느님의 낮아짐이다. 구약의 야훼 하느님, 신약의 예수는 인간에게 대상이 되기 위해 낮아지신 하느님이다.

우리는 이 하느님을 성서, 즉 하느님의 말씀에서 만난다. 루터는 하느님의 말씀과 사람의 말의 차이를 이렇게 말한다. "하느님의 말씀은 설교될 때마다 하느님 앞에서의 인간의 양심을 행복하게 하고 광대하게 하며 확고한 것으로 한다. 왜냐하면 그것은 용서의 말씀이며 놀랍고 유익한 말씀이기 때문이다. 그러나 사람의 말은 설교될 때마다 인간의 양심을 저절로 비참하게 하고 협소하게 하며 불안하게 한다. 왜냐하면 그것은 인간이 해야 할 일을 게을리 했던 모든 것과 해야 할 일체의 일을 지탄하는 바 율법과 분노의 죄의 말이기 때문이다."

기독교 신학의 방법론은 다음과 같이 요약될 수 있다.

첫째, 신앙고백의 산물인 성서를 근거로 하여 신학을 세운다. 둘째, 그리스도 중심의 신학을 전개시킨다. 그것은 성령의 신학에서 가능케 된다. 셋째, 신과 인간, 신앙과 지식, 신학과 철학, 신앙과 과학, 성서와 현실을 변증법적으로 엮어 간다. 넷째, 신학은 항상 참된 선포와 거짓된 선포를 구분하면서 교회의 세상을 향한 본래의 위임받은 소명을 자각하고 실천케 하는 일을 한다. 다섯째, 신학은 신학 자체를 위해 있지 않고 오직 하느님의 영광을 위하여 그 사명이 있다.

따라서 신학을 하는 자는 언제나 하느님 앞에서 서 있다는 것을 잊을 수 없다.

2_ 신학의 분야

신학은 성서를 바르게 이해하고 적용하기 위한 '하나의 시도'다. 신학은 성서 자체가 아니다. 신학은 성서를 해석하는 일을 한다. 신학은 신앙 자체가 아니다. 신학은 믿는 것의 내용을 밝히는 지적 작업이다. 신학은 진리 자체가 아니라, 진리를 지시하는 '지시 손가락'(index finger)과 같다.

신학은 하느님 말씀에 봉사하며, 신앙고백을 설명하고 동시에 새로운 고백을 준비한다. 따라서 신학은 하느님의 형상인 계시 사건과 관계한다. 그러나 신학은 계시 사건 그 자체가 아니라 계시 사건에 봉사하기 위해 존재한다. 이러한 봉사를 위해 다음과 같은 신학의 분야가 있다.

첫째, 성서신학은 구약신학 분야와 신약신학 분야로 나누어진다. 성서신학은 성서의 내용에 근거한 학문이다. 이것을 위해 성서의 배경을 연구하고, 성서 언어를 배우고, 성서 주석을 하며, 신구약성서 개론과 신학을 연구한다. 둘째, 역사신학은 2000년간의 교회의 역사와 교회사의 발생, 논쟁 그리고 체계 등을 연구한다. 셋째, 조직신학은 교의학이라고도 불리며, 성서의 의미를 종합적으로 체계화해서 통일성 있는 신의 메시지를 파악하여 오늘의 문제 속에서 성서 해석을 시도한다. 넷째, 실천신학은 예수 그리스도의 복음이 효과적으로 선포되도록 하는 것으로 설교학, 교회교육, 목회상담, 전도학, 교회관리, 교회행정, 교회정치 등이 있다. 다섯째, 특히 오늘날에는 실천신학의 분야에서 현장으로 직접 마주치는 신학의 분야들이 독립된 신학의 분야로 등장하였다. 예를 들면 여성학, 선교학, 기독교교육, 기독교윤리, 생태신학 등은 신학의 독립된 항목으로 발전되어 가는 추세에 있다.

신학은 성서에 대한 바른 해석을 목표로 한다. 그러기 위해서는 우선 성서가 쓰인 그 당시의 정황을 보면서 왜 그렇게 기술했는가를 살펴보아야 한다.(성서 주석) 나아가 그 말씀은 오늘의 정황 속에서 다시 해석되어 전달되도록 해야 한다.(성서 해석) 그러므로 신학은 성서의 권위 문제와 더불어 성서 해석의 문제를 논하게 된다. 성서 해석에 봉사하는 신학은 교회를 가르치고 지도해 온 교부들과 사상가들이 어떤 신학을 가지고 교리를 만들고 교회의 규범을 만들어 왔는가, 그 사상은 서구 사회의 문화와 사상과 어떤 접촉과 대결과 변화를 가져왔는가 등의 질문을 던진다.(교리사, 기독교 사상사)

예를 들면, 신학의 틀을 형성하는 데 이바지한 아우구스티누스 사상, 아퀴나스 사상, 루터와 칼뱅의 종교개혁 사상, 칸트와 헤겔로부터 영향 받은 자유주의 신학 사상 등을 연구한다. 조직신학은 기독교의 신앙의 근거를 묻고 그 신앙을 체계화하는 방법이 어떤 것이며 그 체계화된 내용들, 즉 신론, 삼위일체론, 구원론, 교회론, 인간론, 창조론 등의 교의학적 내용과 더불어 현실적 적용을 묻는다. 그런 다음 단계로 이어지는 것은 교회와 사회를 염두에 둔 실천신학이 요구된다. 따라서 신학은 성서신학, 역사신학, 조직신학, 기독교윤리 등을 함께 연구하지 않으면 안 된다.

신학은 원래 신론 혹은 교의학이었다. 우리가 흔히 교의학(Dogmatik)이란 말을 들을 때 '교리'(Dogma)가 주는 의미가 딱딱하고 율법적이고 편협하며 법적으로 강요된 사고처럼 들린다. 그러나 교의학은 성서에 대한 바른 고백을 근거로 엮인 신학이라는 점에서 그 의미가 큰 것이다. 이러한 신앙고백적인 산물이란 기독교 독특성 때문에 신학의 방법론, 소위 종교철학적인 방법과는 출발점부터 다르다. 기독교 신학은 신화, 철학, 기독교 철학의 방법론으로 추구되어서는 안 된다. 기독교 신학은 신앙을 전제로 하여 출발한다. 그 신앙은 결코 인간의 감정이나 이성에 의해 이해될 수 없다. 신앙은 우리의 머리에서 또는 양심에서 나오는 것이 아니라, 오히려 대상에 의해 주어지는 것이다.

초기 교회에서 신학(theologia)은 신론, 특히 삼위일체론을 의미했다. 그러다가 중세 스콜라철학에서는 신학은 교의학의 각론, 즉 신론, 창조론, 인간론, 그리스도론, 교회론 등을 의미했다. 17세기 정통주의에 이르러서는 신학은 교의학으로 이해되었고, 계몽주의 시대를 거치면서 성서 비평학과 역사학의 발전으로 성서신학과 교회사학이 각각 신학의 독립된 분야로 나타났다. 19세기에 이르러서는 철학적 신학과 역사적 신학으로 나란히 하여 '실천신학'이 등장하여 '왕관의 신학'으로 일컬어 그 중요성이 부각되었다.

이러한 신학의 발달 역사와 더불어 신학교 교과과정도 일반적으로 구약신학, 신약신학, 교회사, 조직신학, 실천신학, 기독교윤리, 기독교교육 등으로 나누어져 있다. 그러나 신학의 독립성을 주장한다면 그것의 내적 통일성을 상실할 위험성이 있다. 여기서 실천신학자 보렌(R. Bohren)의 말은 시사적이다. "먼저 신학은 하나의 분리될 수 없는 전체라는 점에서 출발해야한다. 어느 분야를 막론하고 이러한 분리될 수 없는 전체성을 가지고 있다. 모든 분야는 이처럼 신학의 통일성이라는 지평에서만 독자성을 유지한다."

가장 최근 신학의 분야는 신학을 다른 학문과의 관계에서 연구하고 있는 특징을 갖고 있다. 요즈음 과학, 의학, 정치학, 법학, 사회학 등 특별히 세분화되고 전문화되어서 상호 배타적이 되고 서로 충돌하는 곳에서 신학이 통합의 기능을 수행할 수 있음을 지적했다. 하이델베르크 조직신학 교수인 리츨(D. Ritschl)은 "신학과 의학"이 서로 대화해야 함을 주장했다. 신학이 유전공학, 안락사, 낙태 등의 의학윤리적 문제에서 신학적 대답을 함으로써 의학에 공헌할 수 있다고 보고 있다. 그 뿐만 아니라 가령 한 생명이 경제적 어려움 때문에 치료를 받지 못하여 죽어 간다면 신학은 생명의 신학으로 나타나야 한다. 여기서 신학은 생명을 살리기 위하여 의학, 사회학, 정치학, 법학 등 타 학문과의 대화를 시작해야 한다. 이렇게 본다면, 신학은 모든 학문의 도움이 필요한 종합적 학문이기도 한 것이다. 중세 신학자들은 신학을 '학문의 여왕'이라고까지 일컬었던 것이다.

3_ 신앙과 지식

　　기독교 신앙은 바로 예수가 주님이시고 하느님이 그를 죽은 자들 가운데서 부활시켜 주셨음을 믿는 신앙에서 출발한다. 기독교 신앙의 본질이 사건을 일으킨 것이다. 그 사건에 대한 참여와 응답이 신앙이다. 여기에 방법론의 혁신이 일어난다. 신앙의 본질을 알기 위해서는 우리가 믿는 대상에 깊은 참여, 즉 신앙 사건에서부터 시작해야 한다.

　　사도신경은 "내가 믿습니다."(credo)라는 말로써 시작하여 '아멘'이라는 응답송으로 끝난다. '믿는다'와 '아멘'은 그리스도인들의 신앙생활에서 떠날 수 없는 핵심적 요소다. 우리는 신앙에 대해서 많이 듣고 말한다. "신앙이 좋다." "신앙이 없다." "신앙이 약하다." "신앙만으로 구원을 얻는다." "신앙만으로는 부족하다."

　　도대체 신앙이란 무엇인가? 인간은 서로를 신뢰하면서 살아간다. 신뢰는 우리의 일상생활의 다반사다. 버스 운전사에게 몸을 맡긴다. 약을 지어 준 약사를 믿는다. 길을 걸어가면서 마주쳐 오는 차량이 차도를 갈 것을 확신한다. 콜라를 안심하고 마신다. 이처럼 신뢰는 삶의 터전이다. 신뢰 없이 개인의 삶과 사회적 관계들은 지속될 수 없다. 그러면 사도신경의 "내가 믿습니다."는 어떤 의미를 가지는가? 그것은 일상생활에서 지속되어야 하는 신뢰의 차원을 훨씬 넘어선다. 여기서 신뢰는 불안과 공포로부터 완전히 해방케 하는 하느님을 신뢰하는 것이다. 그것은 일상생활로 머무는 차원이 아니라, 어두운 길에서 빛을 주고 죽음에서 새벽을 주는 인간 구원의 차원을 의미한다. 그러므로 우리에게 참신뢰를 주는 하느님은 누구이며 그분을 어떻게 이해할 것인가라는 문제는 인간의 자유와 해방을 위해서 매우 중요하다.

　　"내가 믿습니다."는 고백은 어떠한 강요나 억압으로 일어날 수 없다. 성서적인 신앙은 분명히 인격적 대상을 갖고 있다. 이 대상이 믿음을 일으키고 각성케 한다. 이 대상이 믿음을 새롭게 하고 보석처럼 빛을 발하게 한다. 신앙인은 이 대상에 의존하고 대상으로 살아간다.

이 대상이 그리스도요, 삼위일체 하느님이다. 시몬 베드로는 "선생님은 살아 계신 하느님의 아들 그리스도이십니다."(마 16:16)라는 신앙고백을 한다. 베드로의 신앙고백은 무슨 의미를 가질까? 예수의 답변에서 그 의미를 볼 수 있다.(마 16:17ff.) 첫째, 베드로가 그렇게 고백할 수 있었던 근거는 사람이 아니라 하느님으로부터 왔다. 둘째, 그렇게 고백을 한 자는 이미 복을 받은 자다. 셋째, 그 고백에 기초하여 그리스도는 새로운 고백공동체, 즉 교회를 세우신다. 넷째, 그 교회는 하느님의 능력에 힘입어 하느님 나라를 선포하고 하느님의 일에 가담하는 제자직의 사명을 수행하도록 요구된다.

예수는 이와 같은 신앙으로 엮인 관계의 신비를 포도나무와 그 가지의 관계를 통하여 설명한다. "너희는 나를 떠나지 말라. 나도 너희를 떠나지 않겠다. 포도나무에 붙어 있지 않는 가지가 스스로 열매를 맺을 수 없는 것처럼 너희도 나에게 붙어 있지 않으면 열매를 맺지 못할 것이다. 나는 포도나무요 너희는 가지다. 누구든지 나에게서 떠나지 않고 내가 그와 함께 있으면 그는 많은 열매를 맺는다. 나를 떠나서는 너희가 아무것도 할 수 없다."(요 15:4-5) 신앙은 모험이다. 신앙은 미지의 세계로, 그러나 확실한 세계로 신뢰와 결단을 요구한다. 신앙은 확고한 하느님을 의지하고 자신을 내맡기는 모험을 하는 것이다.

이 비유는 신앙이 무엇인지를 지시해 주고 있다. 가지 된 신자는 자신의 지혜와 능력으로 무엇을 성취하는 자가 아니다. 포도나무 가지는 포도나무에 붙어 있다는 데 그 의미를 갖는다. 가지가 원줄기에 붙어 있지 못하면 수액을 빨아들이지 못하기 때문에 무기력해지고 곧 말라 버린다. 비록 가냘픈 넝쿨이라도 뿌리로부터 수액을 충분히 공급받고 찬란한 햇빛을 받아들여 원기 왕성하게 성장하며 가지는 굵어지고 튼튼해진다. 시간이 지나면서 그 가지는 싱그럽고 향기로운 풍성한 열매를 맺는다. 이와 같이 가지 된 신자는 생명력을 공급하는 그리스도와 연합된 자다. 이렇게 될 때 신자는 하느님의 능력과 그리스도의 생명력에 참여하여 새로운 차원의 삶으로 초대된 것이다. 그러므로 "나는 믿습니다."(credo)는 말은 "나의 생명은 하느님의 손에 있다. 하느님은 나의 생명의 능력이시고 나를 구원하시는 전능한 주님이시다."라는 고백이 된다.

　　우리는 앞에서 신앙의 신비적 차원 속에서 전능하신 하느님께 이르는 신앙을 언급했다. 이제 이 고백을 이해할 수 있는 작업을 해야 한다. 그것이 신학이다. 기독교 신학은 기독교 신앙을 전제로 하여 출발한다. 그 신앙은 결코 인간의 감정이나 이성에 의해 이해될 수 없다. 신학의 연구는 신앙과 지식이라는 두 축에서 인식되고 파악된다. 중세기 신학자 안셀무스(Anselmus)가 신앙과 지식을 대비하면서 '지성을 질문하는 신앙'(fides quaerens intellectum)이란 기본 명제에서 신학을 발전시키고 있는 것에서 배울 수 있다. 그는 지식에 이르기 위해서 우선 믿어야 한다는 대명제를 말했다. "나는 알기 위해서 믿는다."(credo ut intelligam) 이러한 기독교의 독특성 때문에 신학의 방법론은 소위 종교철학적인 방법과는 달리 신앙에서 출발해야 한다.

　　우리는 먼저 무엇을 믿고 있는지, 누구를 믿고 있는지를 자문해 보아야 한다. 자기 자신에게 말씀하시는 분이 하느님 자신인지 아니면 인간이 상상으로 지어낸 우상이나 미신인지, 냉철하게 검증해 보아야 한다. 기독교 신앙은 자신을 운명에 맡기는 맹목적인 것이 아니다. 예수 그리스도의 아버지 되시는 하느님은 인간이 지어낸 사변이나 짐작으로 상상해 낸 모호한 하느님이 아니다. 이런 점에서 신학은 비판의 칼을 댄다. 참된 신앙은 확실한 인식으로 이해되어야 한다. 신앙인은 내가 무엇을 믿는가를 알고 있으며, 그것이 분명한 사실임을 알고 있다고 말할 수 있다. 이러한 확신을 깨달아 알기 위하여 우리는 신학을 연구한다. 그러므로 신학자는 알기 위해서 노력을 해야 한다.

　　계몽주의자 레싱(Lessing)은 근대의 신학적 계몽주의가 태동할 무렵에 자기 자신을 가리켜 머리로는 이방인이요, 마음으로는 루터교 신자라고 고백한 일이 있다. 이러한 경향은 그 후 계속 이어져 지식과 신앙, 주일과 평일, 신학과 과학 사이의 의식상의 균열 현상이 유산처럼 물려 온 것이다. 이제는 그러한 균열에 마음이 상하지 않을 정도로 만성이 되어 버렸다. 무언가를 알려고 하면 아무것도 믿을 수가 없다고 말하는 사람이 있는가 하면, 신학을 공부하는 사람은 신앙을 잃고 만다고 하는 사람도 있다. 양편 모두가 하느님을 도무지 알 수 없는 것이라는 점에서 의견을 같이한다.(불가지론) 따라서 하느님은 아예 존재하지도 않으며(무신론) 죽었다고(사신론)까지 주장하는 사람이 있는가 하면, 이와는 반대로 알지 못해도 믿어야 한다는(유신론) 주장도 있다. 신앙적 항목들을 알기 위해서는 종교철학과 같은 인간 나름의 신학이 담고 있는 일반적 인식 능력으로는 이해될 수 없다. 그것은 바로 신앙의 대상인 하느님 자신이 계시하신·역사를 통해서만 이해될 수 있을 뿐이다.

이러한 지식과 신앙의 분리의 사고 때문에 신앙은 맹목적인 것이 되어 버렸고, 지식은 하느님을 저버린 것이 되어 버리고 말았다. 기독교 신앙의 현실과 과학으로부터 퇴각하여 자신의 내면성으로 몰입하여 하느님을 내면으로만 추구하고 외면으로는 추구하지 않으면 않을수록 무신론과 사신론은 더욱 자명한 위치를 차지하게 될 것이다. 따라서 참된 신학자는 그리스도의 부활과 함께 하느님과 세계에 빛과 생명과 참미래를 제시할 수 있어야 한다. 신학은 지식과 신앙이라는 두 개의 교각을 연결하는 다리와 같다. 그런 의미에서 신학은 신앙에서 지식으로, 다시 지식에서 신앙으로 발길을 옮기는 과정을 끊임없이 시도한다. 이런 의미에서 신학은 '하나의 좋은 시도'이며, 그것은 비록 단편적이기는 하지만 항상 그 자체를 넘어 모든 결실을 약속의 미래로 향하게 하는 미래 지향적인 '희망의 지식'이다. 왜냐하면 그것은 그리스도가 죽은 자 가운데서 부활하심으로써 죽은 자들을 부활시키고 전 세계를 하느님의 나라로 새롭게 만들어 주신다는 약속을 통하여 성취되어 나타나기 때문이다.

하느님의 계시 사건을 우리는 성서에서 만난다. 아브라함과 이삭과 야곱의 하느님, 모세의 하느님, 예언자들의 하느님, 그리스도의 아버지이신 하느님은 우리에게 계시된 하느님이다. 신학의 추진력은 바로 그러한 계시 사건에서부터 출발한다. 그 계시는 이미 성서에서 주어졌고, 그 계시 사건은 세상에 전할 교회가 세워졌다. 그리스도의 부활로 말미암아 형성된 신앙공동체인 교회는 그리스도의 부활이 세상 속에서 "하느님이 모든 것 중의 모든 것"(고전 15:28)이 된다는 위대한 미래가 펼쳐질 것을 암시하는 말이다. 다시 말하면 인류와 만물의 구원이 부활 사건을 통하여 선취되었다고 확신하는 것이다. 따라서 부활 신앙으로 이루어진 교회는 신학적 진술을 귀담아 들어야 한다. 반면에 신학은 교회의 봉사를 위한 학문이 되어야 한다.

기독교 신학이 역사를 말할 때 구약에 나타난 하느님의 약속의 역사와 신약이 말하는 죽은 자들 가운데서 부활한 그리스도 역사 속에서 기독교적인 신 인식에 접근할 수 있는 것이다. 성서는 하느님이 어떤 분인가를 계시해 준다. 우리는 하느님이 모든 민족과 인류를 위하여 어떤 분인지를 알기 위해서는 이스라엘 역사와 나사렛 예수로부터 시작해야 한다. 이것은 유일회적 사건으로 기독교 신학에 중심을 이룬다. 우리는 신학을 통하여 이러한 사건을 보편적이고 모두를 위한 해결책으로 제시할 수 있어야 한다. 인간은 자신의 입장에서 하느님을 여러 가지로 말할 수 있다. 그러나 신학에서 하느님을 말한다고 할 때 그것은 하느님 자신이 말한다는 뜻이다. 따라서 신학자는 하느님을 말해야 하지만 자신의 생각을 말할 수 없다. 신학자는 성서의 내용이 오직 성령으로 말미암아 일깨워 주신다는 사실을 믿어야 한다. 신학자는 하느님을 말해야 하는 당위성과 동시에 어쩔 수 없는 불가능성을 알고 긴장 속에 있다. 그 긴장은 제3의 차원의 가능성, 즉 성령의 역사 속에서 현실성이 된다.

신학자는 진리를 가리키는 '지시 손가락'이 되어 진리의 증인이 된다. 손가락이 지시한 그분은 성서에 이미 계시되어 있고, 지금도 그분은 현재와 미래를 투시하는 활력적인 희망이 되어 사건으로 임한다. 우리는 그분이 바로 야훼의 하느님이시고 예수 그리스도이신 하느님을 고백하고 영광을 돌리게 된다. 신학의 아름다움은 바로 이러한 고백과 '교의학적 진술'에서 이루어진다. 그것은 절대 요구요 동시에 위임받은 사항이고, 최후적으로 구속력을 지닌 것이요 동시에 무조건적이고 신뢰할 수 있고 확실성 있는 것이라고 말해야 하며 그럴 수 있는 것이다. 그것은 몸에 박힌 가시 바늘처럼 모든 신학적, 교파적, 세계적 의식을 괴롭히는 소명이요 확신이다. 왜냐하면 교의학적 진술이란 구속력 있는 확실한 진술을 내리는 것을 목표로 삼고 있기 때문이다.

그러나 우리가 신학을 교의학적으로 단정하여 말할 수 있으며 '절대적 은총'을 이루어 낼 수 있다는 말인가? 여기에 신학의 위험이 있다. 신학이 교리적으로 매여 있어 죽은 정통주의 속에 매몰되어 있는 한 그 의미를 상실하고 말 것이다. 신학이 과거의 전통과 교리에만 갇혀 있을 때 신학의 역동성이 사라진다. 신학의 아름다움은 신학이 인간이 구축해 놓은 세계라는 울타리를 부수고 하느님의 진리를 발견하기 위해 구원이냐 멸망이냐, 신앙이냐 불신앙이냐, 야훼냐 바알이냐를 선택하도록 결정적인 문제를 제시해 줄 때 구현된다. 만약 신학자가 전통이나 교리에 머물러 있다면 그것은 신학적 게으름의 죄를 범하고 있는 것이다. 신학은 결코 자만하지 못하게 하며 나아가 완벽한 만족스러운 결과란 있을 수 없음을 깨닫게 해주는 것이다. 그것이 신학을 특징짓는 역동성, 생동성, 관계성이라고 볼 수 있다.

신학이 세계의 구원을 위한 것을 과제로 삼는다면 신학이 결코 담을 쌓고 방주로 묘사되는 교회에 머물러 있는 것으로 만족할 수 없다. 신학은 세상이 알아들을 수 있는 언어와 사상과 문화를 동원하여 그리스도 안에 나타난 모든 인류를 향한 하느님의 진리를 찾고 설명해 주어야 한다. 기독교 신학이 세계에 복음을 전하기 위해서는 결코 교리적 전통만을 고집하고 안주할 수 없다. 신학이 세상의 언어를 접할 때, 신학은 어렵고도 위험한 학문이 된다. 그러나 신학은 그러한 과제를 실행하는 과정에서 모든 학문 중에서 가장 아름다운 학문이 된다.

4_ 복음과 율법

우리가 어떻게 하느님과 올바른 관계를 가질 수 있을까? 바울은 하느님과 올바른 관계를 가지는 길은 그리스도 예수를 믿는 것이라고 한다. 관계성의 회복은 믿음에 있는 것이지 결코 율법에 있지 않다.(갈 2:16) 인간이 하느님과 올바른 관계를 가지려면, 의롭지 않으면 불가능하다. 왜냐하면 하느님은 의로우신 분이기 때문이다. 어떻게 죄인인 사람이 의롭게 될 수 있을까? 바울은 "믿음으로 의롭게 된다."는 이신득의(以信得義)의 교의를 말하고 있다. 이 사상은 기독교의 가장 근본적 교리로서 바울 서신 가운데 로마서, 에베소서, 갈라디아서의 중심 교리를 형성하고 있다.

복음이란 '오직 믿음으로'(sola fide) 의롭게 된다는 데서 온 것이다. 율법을 행하여서 의롭게되는 것이 아니라, 복음을 믿음으로 의롭게 된다. 그것은 곧 구원을 말한다. 따라서 '이신득의' 사상은 교회의 사활이 걸려 있는 신앙 조항이다. 여기서 우리는 기독교가 율법의 종교냐, 은총의 종교냐는 고전적 질문을 할 수 있다. 기독교는 율법을 지킴으로써 구원에 이른다는 유대교에 머물지 않는다. 기독교의 구원은 하느님의 은총의 선물인 복음으로 가능하다. 행함을 강조하는 율법과 믿음을 강조하는 복음 사이에 분명한 것은 율법에서가 아니라, 복음에서 구원의 길로 인도하는 것이다. 기독교의 '이신득의' 교리는 율법의 종교를 배제한다.

바울이 복음과 율법에서 복음을 택한 것은 그의 인간관에 대한 이해에서 나왔다. 인간은 죄를 범해 하느님의 영광에서 떠난 존재로 타락했다. "모든 사람이 죄를 지었기 때문에 하느님이 주셨던 본래의 영광스런 모습을 잃어 버렸습니다."(롬 3:23) 죄를 지은 인간은 자신 스스로 노력하여, 거룩하시고 의로우신 하느님께 나아갈 수 없다. 바울은 율법종교가 불가능하다는 것을 고백적 탄식으로 말한다. "나는 육정을 따라 사는 사람으로서 죄의 종으로 팔린 몸입니다. 나는 내가 하는 일을 도무지 알 수가 없습니다. 내가 해야겠다고 생각하는 일은 하지 않고 도리어 해서는 안 되겠다고 생각하는 일을 하고 있으니 말입니다." (롬 7:14-15)

바울의 이러한 고백은 아우구스티누스의 생애에서, 종교개혁자 마르틴 루터에게서 다시 나타난다. 아우구스티누스는 인간이 구원에 이를 수 있는 길은 율법을 행함에서가 아니라, 인간이 자신의 한계성과 죄성을 깊이 깨닫고 하느님의 절대 은총(sola gratia)에 의지하는 것으로 보았다. 그는 인간의 죄성을 밝히기 위해 원죄론(original sin)을 말하였고, 행함으로 구원을 얻는다는 펠라기우스 사상을 거부하고 '오직 은총으로'(sola gratia) 구원을 받는다는 교리를 내놓음으로써 바울의 복음 전통에 서게 되었다. 이 사상은 루터에게 나타나 종교개혁(Reformation)의 모토가 되었다. '오직 믿음으로'(sola fide), '오직 은총으로'(sola gratia)는 당시 가톨릭의 교권과 교리로부터 해방과 자유하는 복음이 된 것이다. 복음은 단순히 개혁(reform)이 아니라, 하나의 형태를 바꾸는 변형(transformation)이었다. 루터의 믿음은 "복음만이 변형시킬 수 있다."(Only gospel can transform.)는 것이었다. 이러한 복음은 기독교의 핵심 교리의 고전으로 자리잡았다.

그렇다면 율법을 어떻게 이해하여야 하는가? 우리는 여기서 율법의 적극적 기능을 생각해 볼 수 있다. 그것은 율법과 복음이란 관계의 순서가 아니라, 역으로 복음과 율법의 관계에서 살펴볼 수 있다. 율법을 통해 우리는 우리의 한계성을 발견한다. 어떻게 율법을 지킬 수 있을까? 인간은 한계성, 나약성, 피조성, 벽성(璧性)을 느낀다. 율법은 인간의 한계성, 나약성, 피조성, 벽성(璧性)을 깨닫게 해 준다. 즉 율법이 우리를 도와 주는 것은, 우리의 힘으로는 우리 자신을 구원할 수 없다는 사실을 깨닫게 하여, 그리스도에게로 나아가도록 우리를 준비시켜 주는 것이다. 바울은 이러한 율법의 역할을 우리의 '후견인'이라고 하였다. "율법은 그리스도께서 오실 때까지 우리의 후견인 구실을 하였습니다."(갈 3:24)

루터는 "믿음으로 의롭다함을 받는다."는 이 말을 무조건적인 말로 이해해야 한다고 강조했다. 그는 이외의 어떤 조건도 개입될 수 없다고 본 것이다. 이어서 누군가가 신앙의 성취를 율법을 행하는 사랑에 의해서 이루어진다고 말하는 것은 거짓과 속임수라고 바울은 단정하였다. 그리스도가 무엇을 하였기에 우리가 그를 믿음으로만 구원을 얻는다고 할까? 루터는 이 물음에 대한 대답으로 "그리스도는 우리를 죄, 악 그리고 영원한 죽음으로부터 구하였다."고 했다.

　　신학자 리처드 니버(H. Richard Niebuhr)는 어느 날 길에서 전도인으로부터 "당신은 구원을 받았습니까?"라는 도전을 받았을 때 이렇게 대답했다. "나는 그리스도께서 행하신 일에 의하여 이미 구원을 받았다. 나는 지금도 구원받고 있다. 그리고 하느님 나라가 올 때 나는 구원받게 될 것이다. 나는 그리스도가 행한 일에 의하여 구원받을 것이다." 그리스도는 우리와 하느님 사이의 죄를 멸하시고 화해시켰다. 그래서 그리스도 때문에 우리는 하느님으로부터 의롭다 인정을 받게 된 것이다. 그것이 우리에게 주어진 복음이다. 복음의 내용인 성육신하신 그리스도는 우리의 길이요, 진리요, 생명이 되었다. 인간이 멸망의 길에서 구원의 길로 들어설 수 있는 것은 하느님의 은총의 사건, 즉 복음이었다. 그는 인간을 사랑하셔서 세상에 오셨고, 세상을 구원하는 구주였다.(요 3:16)

　　이제 복음과 율법의 관계를 보다 적극적 의미로 생각해 보자. "믿음에 의하여 의롭게 여김을 받는다."(Justification by faith)는 칭의 사상에서 우리는 '믿음에 의하여'(by faith)의 의미를 확실히 할 필요가 있다. 첫째, 믿음은 하느님께 돌아와서 그에게 우리 자신을 내맡기는 것이다. 다시 말해서 참회를 통해 하느님과 관계를 가진 것이다. 둘째, 믿음은 하느님의 용서에 대한 감격과 감사의 응답으로 시작된다. 셋째, 믿음은 하느님의 뜻에 완전히 복종하는 자세와 실천적 삶을 의미한다. 다시 말해서 '믿음에 의하여'라는 말에는 자신으로서는 회개와 하느님께는 감사의 응답 그리고 하느님의 뜻에 자발적으로 순종하는 삶으로 이어지는 것을 의미한다. 하느님의 부르심에 '아멘' 하는 믿음에서 믿음과 생활이 분리되지 않고, 이 둘은 하나가 된다. 믿음이냐, 행함이냐는 양자택일의 물음은 올바른 믿음을 갖지 못한 데서 야기된 것이다. 우리가 이신득의(以信得義) 사상을 믿는다면 복음과 율법 신앙과 실천이 분리될 수 없다. 이러한 생각은 더 나아가 개인과 사회가 분리될 수 없다는 것에 이르게 된다.

　　니체(Friedrich Nietsche)는 바울은 "최초의 기독교인이고 기독교의 발명자"라고 하였다. 바울 이전에는 소위 기독교란 유대교를 믿는 한 소수의 종파 정도로 생각했기 때문이다. 하르낙(A. von Harnack)은 "기독교 종교를 유대교로부터 추출한 것은 바울이었다."고 했다. 바울은 율법의 종교를 폐지하고 예수 그리스도의 복음을 '새로운 종교'로서 '구원의 메시지'로 믿고 전했다. 바울은 그리스도의 복음을 지리적으로 팔레스타인의 국경선을 넘어 전 세계로, 인종적으로 유대 민족에게만 국한시키려던 예루살렘 기독교 지도자들의 반대를 꺾고서 복음을 모든 민족에게로 전파하여 기독교가 세계적 종교로 발전할 수 있도록 기틀을 세웠다. 바울은 그리스도의 복음의 본질과 내용을 교리화하고 신학화했던 최초의 신학자였다. 화이트체트는, 유럽의 철학적 전통은 플라톤에 대한 일련의 각주로 성립되어 있듯이 기독교의 신학 역시 사도 바울에 대한 일련의 각주라고 하였다.

바울이 어떻게 율법의 종교에서 복음의 종교로 바꾸었는가? 바울은 어떻게 돌연히 '열광적인' 그리스도인이 되고, 이방 사람들 가운데서 복음을 전파하는 사도가 되었는가(행 1:16)를 살펴보자. 바울은 사울이라는 히브리 이름으로 불리었던 자로 예수와 거의 동년배의 사람이었다. 바울은 외국에 가서 해외 교포, 즉 디아스포라 가정에서 태어났다. 그의 출생지는 시리아 지방의 다소(Tarsus)라는 곳이었다.(행 22:3) 이곳은 오랜 역사를 자랑하는 고대 도시였고, 대도시로서 유대인을 비롯한 여러 인종들이 모여 사는 자유도시였다. 이곳은 상업 중심지이기도 했지만 당시의 알렉산드리아와 아테네에 못지 않은 학문의 중심지였다. 바울의 부친은 베냐민 지파로 유대교를 신봉하는 바리새파에 속하였다. 그의 부모는 모두 유대인으로서 언제부터 어떤 경로를 통해서인지 모르나 로마 시민권을 가지고 있었고, 역시 바울도 로마 시민권을 가지고 있었다. 청년 바울은 청년 시절에 해외 유대인(디아스포라)에게서 '고향의 고향'이고 성지인 예루살렘에 유학을 가서 당시 최고의 권위와 명성을 떨치던 석학 가말리엘의 문하생으로 유대 민족사와 종교와 율법을 공부하였다. 그는 유대교를 사랑했고 율법을 통달한 율법 박사였다.

바울은 최초의 기독교 순교자였던 집사 스데반을 돌로 쳐 죽일 때 그 현장에 있었다. 그가 스데반을 살해하는 이 사건에 바울이 어떤 역할을 했는지, 어느 정도 관여했는지는 알 수 없으나 스데반의 살해를 전적으로 승인했다(행 8:1)고 기록된 것을 보면 그가 적지 않은 역할을 했던 것 같다. 남달리 유대교에 광신적이다시피 했던 바울은 예수의 종파에 공격적인 복음 전파에 적지 않은 우려와 불안을 느꼈던 것 같다. 그는 국수주의적이고 극우적인 유대교 소장파 지도자로 스데반의 살해만으로 만족할 수 없어 '이단적인' 예수 종파를 싹쓸이 할 요량으로 집집마다 돌아다니며 남녀를 가리지 않고 끌어 내어 감옥에 쳐 넣었다(행 8:3)고 기록하고 있다.

바울이 얼마나 많은 그리스도인들을 적발, 체포했는지는 알려지지는 않았지만, 유대교에 대한 그의 광신적 열성은 스데반의 살해와 가가호호 색출 등의 박해로 예수의 제자들 일부가 다마스커스로 도피했다는 정보를 입수하고 그들을 체포하기 위해 대제사장과 장로들의 의회로부터 특별 위임장을 발부받았다. 이러한 바울의 모습을 사도행전에서는 "살기를 띠고 주의 제자들을 위협하며"(행 9:1)라고 표현했다. 이렇게 바울은 예수를 믿는 자들을 찾아내기 위해 다마스커스로 내리달리었다. 다메섹에 도달했을 때 한낮에 돌연히 하늘로부터 눈부신 빛이 폭우 쏟아지듯 쏟아져 바울의 앞길을 막았다. 그는 땅바닥에 쓰러졌다. 이때 하늘로부터 음성이 들려왔다. "사울아, 사울아, 너는 왜 나를 박해하느냐?" 바울은 "주님, 당신은 누구십니까?"라고 물었다. 이때 들려온 음성은 "나는 네가 박해하는 예수다."라는 것이었다.

이 사건은 바울을 회심케 하는 결정적인 사건이었다. 이 사건에 관한 기록이 사도행전에 보면 반복적으로 나온다. 이 빛을 만난 바울은 눈이 멀어 앞을 보지 못하게 되었고 결국 그 음성이 지시하는 대로 다마스커스 시내로 들어가서 예수의 제자 아나니아를 만나게 된다. 거기서 그는 아나니아의 도움으로 눈을 뜨게 되었고, 전적으로 '새로운 존재'(new being)가 되었다. 예루살렘에서는 사울로서 왔지만, 이제 다마스커스에서 그는 '변화된 바울'이 된 것이다. 이제 바울은 예수를 믿는 사람들을 박해하려던 계획과 목적을 전적으로 포기하고, 오히려 예수를 믿고 그를 따르며 무리들의 일원이 되었으며, 예수를 증거하는 사람으로 변하고 있었다. 이것을 우리는 회심 또는 개종이라고 한다. 그는 율법의 종교인 유대교에서 복음의 종교인 기독교로 개종한 것이다.

어떻게 이것이 가능했는가? 바울의 다마스커스 도상에서 극적인 회심 경험은 바울 자신에 의해서 일어나지 않았다. 회심이란 인간에게서 출발하거나 인간의 자력으로 가능한 것이 아니고 성령의 힘에 의해 가능하다. 율법에서 복음으로의 전환은 하느님의 은총으로 일어난다. 은총은 인간의 공로로부터 오지 않는다. 그것은 하느님의 선물이다. 율법에서 복음으로 전환한 바울의 회심 사건은 소명의 사건으로 직결되었다. 이 복음의 세계화는 곧 세계의 혁명이다. 복음은 세계 변혁적 성격을 가지고 있다. 그것은 인간 혁명과 세계 혁명을 일으킬 수 있는 것이다.

몰트만(J. Moltmann)은 진리가 세상을 변혁하는 주도권을 갖지 않으면 그것은 기존하는 세상의 한 신하로 존재할 뿐이라고 했다. 바울이 율법의 열심에서 복음의 열심으로 바뀐 것은 예수를 만난 이후다. 바울이 예수를 직접 만났거나 예수의 명성이나 활동에 관해 듣고 알았을 가능성을 배제할 수는 없지만, 그에 관해 적극적인 관심을 가지게 된 것은 예수의 부활, 승천 직후에 사도들이 적극적으로 복음의 공세를 취하였던 때였다. 바울은 '작은 사람'이라는 뜻이다. 이 작은 사람, 바울 한 사람의 회심과 선교가 역사의 방향을 바꾸고 세계를 변혁시켰다면, 두 명, 이십 명, 이백 명이 참회할 때 이 세계는 과연 어떻게 될까?

갈라디아서에서 복음을 언급하면서 인간이 하느님에게 접근하는 것을 방해하는 요소 가운데 모든 인간적 요소들, 즉 권위, 제도, 관습, 율법 등을 열거하고 있다. 이것은 갈라디아 교회 안에 있던 논쟁점이 되었기에 바울은 율법에 복종함으로써 구원을 받는다는 생각을 뒤집어 엎고 그리스도의 십자가의 은총으로 구원을 받는다는 것을 천명한 것이다. 이 점에서 갈라디아서가 가장 혁명적 문서 중의 하나라고 보기도 한다. 바울은 갈라디아 교우들이 복음에서 이탈되어 '다른 복음'을 따라가고 있는 것에 대하여 실망과 놀라움을 금치 못하면서 "여러분이 그렇게도 빨리 하느님을 외면하고 또 다른 복음을 따라가고 있다니 놀라지 않을 수 없습니다."(갈 1:6)라고 나무라고 있다. 더 나아가 "우리가 이미 전한 복음과 다른 것을 여러분에게 전한다면 그는 저주를 받아 마땅합니다."(갈 1:8)고 한다. 교회의 화목과 평화와 일치를 깨고 이렇게 타협의 여지없이 심한 공격을 퍼붓는 것은 오히려 모멸과 다툼과 혼란을 예상할 수 있다.

그러나 문제의 초점이 되고 있는 '다른 복음'을 기독교의 존망의 문제로 인식한 것이다. 올바른 복음이 옹호되느냐 아니면 사이비 복음이 옹호되느냐는 중대한 기로에 처해 있다고 볼 수 있다. 예수의 복음 운동은 당시 유대교의 전통과는 달랐다. 바울이 '다른 복음'을 전하는 자들에 대해 공격하고 있는 것은 갈라디아 교회에 속한 자들이 유대교 전통 성향을 가지고 있었기 때문이다. 갈라디아 교회에 목회자로 온 자들은 유대주의자들로 바울을 사도로 인정하는 것을 거절하여 권위를 없애고, 비판을 가하는 자들이었다. 유대주의자들의 입장을 다음과 같이 두 가지로 요약할 수 있다.

첫째로, 선민 사상을 내세운다. 하느님은 이 세상의 모든 민족 가운데 유대 민족만을 선택하셨고, 사랑하신다. 구원은 인종적, 민족적 요소가 중요하다. 그래서 먼저 유대인이 되어야 한다는 것이다. 예수를 믿는 것은 유대인에게 주어진 기회다. 만약 외국인으로서 예수를 믿고 구원을 받으려는 사람이 있으면 먼저 유대인으로 귀화해야 한다. 둘째로, 유대교의 율법과 전통을 고수한다. 율법과 전통의 고수는 구원과 직결된다고 본다. 비유대인이 유대인으로 귀화하는 절차는 유대인의 모든 율법과 종교적 전통을 수락해야 하고 이를 준수해야 하며, 동시에 남자의 경우 할례를 받아야 한다. 유대교 안에는 여러 교파가 있지만 대체로 정통 유대교와 개혁 유대교로 나눈다. 개혁 유대교는 진보적이고 개방적이지만, 정통 유대교는 매우 보수적이고 폐쇄적이다. 폐쇄적 유대교도 가운데는 유대인으로 귀화하는 것을 환영하지 않는다. 그들은 생리적, 혈연적으로 유대인만이 유대인이라고 보는 극단적 민족주의자들이다. 유대교의 구원관은 율법과 전통을 지키는 것으로 보았다.

그러나 바울의 입장은 달랐다. 유대주의자들 가운데 바울이 전한 복음을 무력하게 하기 위하여 바울의 사도직 자체를 불신하고 문제 삼았다. 사실 바울은 예수의 열두 사도 중의 한 사람도 아니었고, 이들 열두 사도들에게 인정받은 사도도 아니었다. 그러나 바울의 관점은 달랐다. 어떤 사람이 사도라고 하는 것은 인간적 권위나 형식적 절차에 근거하는 것이 아니라 하느님과 그리스도로부터 직접적 소명에 근거해야 한다는 것이다. 구원의 근거가 하느님의 은총으로부터 온 것이듯이, 이 구원의 복음을 전파하도록 이 세상에 보냄을 받은 사도가 되는 근거도 하느님의 은총으로 온다는 것이었다.

바울은 교회들에게 보내는 편지에서 "나 사도 바울은…"이라고 시작함으로써 자신을 사도가 아니라는 사람들에게 정면으로 도전하고 있는 것을 볼 수 있다. 이어서 그는 "사도직은 사람에게서나 사람을 통해서 받는 것이 아니라 예수 그리스도와 … 하느님 아버지로부터 받은 것입니다."라고 말함으로써 말씀의 권위를 세우고 있다.

이러한 바울의 복음적 사고는 복음이 민족주의적인 것에 묻혀 버릴 수 없다는 것이었다. 그는 누구든지 예수를 믿는 사람들이라면, 유대인이든, 헬라인이든, 로마인이든, 문명인이든, 야만인이든 모두 구원을 받는다는 것을 천명한다. 구원은 인간의 제도나 공로나 율법을 준수해서 이루어지지 않는다. 구원은 인간에 의해서 정초되지 않는다. 왜냐하면 인간은 죄인으로서 우리 자신을 구원할 수 없다. 바울은 죄 아래 있는 자신의 비참함과 속수무책의 실존적 상황에서 율법주의적이고 제사종교적인 유대교가 자신을 구원해 주지 못한다는 것을 다음과 같은 탄식으로 고백하고 있다.

"나는 육정을 따라 사는 사람으로서 죄의 종으로 팔린 몸입니다. 나는 내가 하는 일을 도무지 알 수가 없습니다. 내가 해야겠다고 생각하는 일은 하지 않고 도리어 해서는 안 되겠다고 생각하는 일을 하고 있으니 말입니다."(롬 7:14-15) 바울은 예수 없는 자신의 실존을 다음과 같이 말했습니다. "나는 과연 비참한 인간입니다. 누가 이 죽음의 육체에서 나를 구해 줄 것입니까?"(롬 7:24) 바울은 우리가 구원을 받은 것은 그리스도를 믿음으로 전적으로 하느님의 은총에 의해서만 가능하다고 본 것이다. 그때의 복음을 자유의 복음이라고 할 수 있다. 그 자유는 하느님의 자유를 따라서 율법이 복음을 능가할 수 없고, 그 반대로 복음이 율법을 능가하는 것이었다.

III 신학의 내용

신학의 내용은 삼위일체의 하느님이다. 인간이 절대자이신 하느님께 이르는 길은 인간의 이성으로 생각해서 만들어 낸 신으로부터가 아니라, 오직 계시를 통해서만 가능하다. 그 계시가 예수다. 예수는 누구인가?

우리는 예수의 얼굴을 본적도 없고 또한 그의 목소리도 들은 적이 없다. 초기 교회에서는 성스러운 사람의 얼굴은 그릴 수 없다는 두려움과 겸손 탓으로 얼굴 대신에 물고기, 새끼 양, 보리 이삭, 포도넝쿨 등의 상징을 사용해서 그들의 주님을 표현했다. 그 후 카타콤 시대에는 예수는 수염이 없는 그리스의 젊은이의 모습으로 그려졌다. 그러다가 마침내 5세기 이후의 비잔틴 미술의 영향으로 우리에게 익숙한 하나의 정형을 이룬 예수의 얼굴이 만들어진 것이다. 거기서 예수는 파란 눈, 어깨까지 늘어진 머리카락, 곱슬한 수염, 광대뼈가 약간 드러난 야윈 하얀 용모를 가진 모습을 띠고 있다. 당시의 화가들은 자신들의 슬픔이나 기도, 당대의 고충과 비원을 다해 예수의 얼굴을 지어낸 것이다.

그런데 최근 영국 BBC 방송국에서는 예루살렘에서 발견된 1세기 팔레스타인 사람의 두개골을 바탕으로 최근의 법의학적 지식과 컴퓨터 기술을 통하여 역사적 예수의 모습을 합성하여 발표했다.(2001.

4) 그렇게 해서 나온 예수의 상은 뭉뚝한 코에 까만 곱슬머리, 짙은 갈색의 피부를 한 전형적 농사꾼의 모습이었다. 그러나 성서가 예수의 얼굴에 대하여 거의 아무 말도 하지 않는 이상 우리들은 그것에 대하여 더듬어 생각할 수밖에 없다. 예수는 고대 팔레스타인의 유대인처럼 검은 머리를 중간에 갈라 어깨까지 드리우고 턱수염과 콧수염을 기르고 있었다고 생각할 수 있다. 그리고 마가복음에 따르면 그는 제자들에게 한 벌 속옷과 신발만을 지니라고 허락한 것으로 보아 약간 허술한 복장을 하고 있었을 것이다.

요한복음에는 30대의 예수를 보고 50세도 못되었는데(요 8:57)라고 말하고 있는 것으로 보아 나이보다 늙어 보였는지 모른다. 나이보다 늙어 보인 것은 그 면모에 뭐라고 할 수 없는 고통에서 비롯되었다고 볼 수 있다. 그러나 중요한 것은 예수의 말씀과 그의 삶 자체다. 여기서 우리는 예수의 간단한 이력서와 그의 생애에 관한 시 한 편을 소개하는 것으로부터 출발하고자 한다.

성　명 : 예수 / 나사렛 예수
생년월일 : 기원후 1년 / 기원전 4년
출생지 : 베들레헴
본　적 : 나사렛 사람
부　모 : 요셉과 마리아
직　업 : 목수 견습생
학　업 : 정규교육을 받지 않음.
결　혼 : 독신의 삶
언　어 : 갈릴리 토착어(=아람어)

여기 한 고독한 생애가 있노라.
그가 나신 곳은 이름 없는 한 벽촌.
그의 어머니는 보잘것없는 시골 여인.
그는 나이 삼십에 이르기까지도 오히려 이름 없는 비천한 목수.

그 후 삼 년, 그는 방황하는 전도자.

그에겐 한 권의 저서도 없으며,
그에겐 아무런 지위도 없으며,
그에겐 따뜻한 가정도 없으며,
그에겐 대학의 학력도 없으며,
그에겐 큰 도시의 견문조차도 없이,
그의 여행은 기껏 800리도 못되는 거리.

진실로 그에겐 세상의 소위 위대하다는 것이라곤 아무것도 없이
그가 내어놓을 수 있는 이력서는 오로지 그 자신의 삶 하나 뿐,

그 자신의 삶은 그러나 이토록 비참했노라.
삼 년의 전도와 사랑의 실천 끝에도
그에게 돌아온 것은 오히려
무리들의 배척,
제자들의 배신과 부인,
그리고는 원수에게 넘기어 조롱과 재판을 받고
마침내는 십자가에 못박혀 죽기까지!

그러나 그 후 2000년이 흘러간 오늘.
그는 오히려 인류의 역사를 영도해 온 중심 인물.

보라. 이 인류의 역사에 그토록 당당하게 호령하던 장군들은 얼마나 많았던가.
그토록 중대하게 국사를 논의하던 정객들은 얼마나 많았던가.
그토록 화려하게 영화를 누리던 제왕들은 얼마나 많았던가.

그러나, 이 모든 사람들로도

인류 역사에 남기지 못했던 한 큰 일을 이룩하셨던 것은
예수 그리스도 — 그의 "한 고독한 생애".
　　　　　　　　　– 한 고독한 생애(작자 불명, 나채운 박사 의역)

'예수 그리스도'란 "예수는 그리스도다."라는 하나의 고백이다. 그는 약속된 메시아다. 초기 교회에서 예수라는 인물은 교회의 신앙과 기대의 중심이었다. 신학의 내용은 예수 그리스도의 인격과 업적을 통해 이루어진 신앙 형태의 총체를 말한다. 예수 그리스도는 누구인가? 그의 가르침은 무엇인가? 그리고 그의 죽으심과 부활은 무엇을 의미하는가? 우리는 성서에서 '역사적 예수'라고 말할 수 있는 갈릴리와 유대에 살면서 메시지를 선포했던 자를 만난다. 그러나 더 깊은 의미에서 보면, 그는 그리스도 공동체 안에 현존하고 그 공동체를 통해 자신의 사역을 계속하는 부활한 주님이다. 성서가 보여 준 예수에 대한 기록은 고백된 케리그마 그리스도라는 대전제에서 엮였다. 이제 그의 탄생, 삶, 죽음, 부활 그리고 예수 그리스도의 오늘의 의미를 다루어 보자.

*1*_ 예수의 탄생과 그 의미

예수의 탄생은 로마의 아우구스투스(Augustus) 황제가 통치할 때 이루어졌다. 황제가 전 로마 제국에 걸쳐 인구조사를 하도록 영을 내렸을 때, 요셉도 정혼한 마리아와 함께 호적하기 위해 '갈릴리 나사렛 동네'(the town of Nazareth in Galilee)에서 '다윗의 동네인 유대 베들레헴'(the David's town of Bethlehem in Judea)에 가게 되었다. 요셉이 베들레헴에 간 것은 다윗이 그의 조상이었기 때문이다. 그런데 마리아가 이미 성령으로 잉태되어 해산할 날이 찼는데 여관이 모두 차서 마구간의 말구유에 아들을 낳은 것이다.(눅 2:1-7) 그의 이름이 "자기 백성을 저희 죄에서 구원할 예수"였다. 하느님이 육신을 입고 이 세상에 오셨다.(요 1:14) 구세주의 탄생의 소식을 천사는 이렇게 전한다.

"두려워하지 말라. 나는 너희에게 기쁜 소식을 전하러 왔다. 모든 백성들에게 큰 기쁨이 될 소식이다. 오늘 밤 너희의 구세주께서 다윗의 고을에 나셨다. 그분이 바로 주님이신 그리스도이시다."(눅 2:10-11) 그리스도의 탄생은 인근에서 밤새도록 양을 지키던 목자들과 별을 연구하는 동방의 박사들에 의해서 주목되었다. 그들은 하늘에 나타난 큰 별을 보고 찾아와 이 아기 예수께 경배한 첫 사람들이 된 것이다.

예수가 이 땅에 태어날 때의 역사적 정황은 정치적, 문화적, 종교적 혼돈의 상황이었다. 하느님이 빛을 창조하시기 이전의 상황처럼, 예수 탄생 이전은 새벽을 기다리는 어둠과 같았다. 예수는 로마 제국의 유대 나라 작은 고을 베들레헴에 비천한 사람의 모습으로 마구간에서 태어난 것이다. 그러나 그것은 하나의 결정적 사건이었다. 헬라인들은 시간을 나타내는 개념을 카이로스(kairos)와 크로노스(chronos)를 구별하여 사용했다. 예수의 탄생은 하나의 카이로스 사건이었다. 이 사건이 일어나기 위해서는 거기에 대한 모든 준비가 갖추어져 있는 어느 특별한 역사적 순간이 필요했던 것이다.

헬라어 '카이로스'(kairos)는 질적 시간, 특별한 기회, 무언가 어떤 행동이 일어날 것 같은 순간을 말한다. 이 개념은 우리가 흔히 쓰는 시간의 개념인 크로노스와는 다르다. 크로노스가 되풀이되는 연대기적 시간이라면 카이로스는 단 한 번밖에 없는 결정적인 시간을 말한다. 예수의 탄생은 카이로스에 해당한다. 우리가 연대를 말할 때 '그리스도 탄생 이전'(Before Christ)과 '주님의 해'(Anno Domini)를 기준으로 삼아 영어의 BC와 라틴어의 AD를 사용한다. 이렇듯 예수의 탄생은 세계사의 분기점이 되었다. 하느님이 기원후 1년(그러나 연구에 의하면 기원전 4-6년) 이 땅에 아기로 태어난 것이다.

신약성서에 의하면 예수는 보통 사람처럼 태어나지 않고, 한 특수한 방식, 즉 성령으로 잉태되어 처녀 마리아를 통해서 태어났다.(마 1:23-25) 메시아의 '처녀 탄생'에 관해서는 이미 600여 년 전 이사야에 의해 예언되었다.(사 7:14) 마리아는 자신의 몸 속에 위대한 약속이 천천히 이루어지고 있다는 것을 아직은 모르고 있었다. 마리아는 "주여,

내가 남자를 모르는데 어찌 아이를 갖는단 말입니까." 하고 질문을 던진다. 엄청난 비약이 거기에 있었다. 처녀 탄생은 새 역사의 시작을 알리는 표적이었다. 그것은 예수의 탄생 과정에 남성의 영향력이 배제된 채, 하느님이 직접 개입하셨다는 뜻이다.

하느님의 섭리는 '마리아의 찬가'(Magnificat)에서 그 의미가 드러난다. "내 영혼이 주님을 찬양하며 … 주께서 여종의 비천한 신세를 돌보셨습니다. 이제부터는 온 백성이 나를 복되다 하리니 전능하신 분께서 나에게 큰일을 해 주신 덕분입니다. … 주님은 전능하신 팔을 펼치시어 마음이 교만한 자들을 흩으셨습니다. 권세 있는 자들을 그 자리에서 내치시고 보잘것없는 이들을 높이셨으며 배고픈 사람은 좋은 것으로 배불리시고…." (눅 1:46-55) 이 마리아 찬가에서 보여 준 메시아 탄생의 의미는 억압과 착취와 폭력과 전쟁이 계속되었던 힘의 문화, 군사 문화가 종식되고, 하느님이 다스리는 새 세계의 질서가 시작된다는 것이다.

2_ 예수의 소년기

예수의 유년기와 청소년기의 삶의 기록은 다소의 전승이 있기는 하나 자세한 기록은 거의 없다. 복음서 중에서 마태와 누가가 이에 관하여 약간 언급할 정도다. 아기 예수는 유대교의 관습에 따라 태어난 지 8일만에 예루살렘 성전에 올라가, 모세의 율법에 따라 할례를 받았을 때, 예언자 시므온이 나타나 아기를 품에 안고 축복하면서 예수를 '구원', '이방을 비추는 빛', '이스라엘의 영광'이라고 찬양하였다는 기록이 있다.(눅 2:28-32) 그리고 갓난아기 때 헤롯의 학살을 피해 이집트로 피난 갔던 이야기(마 2:13-15), 피난에서 돌아와 갈릴리 나사렛 동네에서 부모와 함께 어린 시절을 보냈던 이야기가 있다.(마 2:22-23) 그는 학교에서 정규교육을 받지 않았다.

예수의 소년 시절에 관한 기사는 12세가 되는 해 예루살렘에 상경하였을 때 일어났던 한 사건이 누가복음에 기록된 것뿐이다.(눅 2:41-52) 이 사건은 그의 소년 시절의 정신적 자세를 잘 보여 주고 있어 그의 전 생애를 살펴보는 데 대단히 중요한 자료가 되고 있다. 예수의 부모는 관례에 따라 유월절이 되어 예루살렘에 순례하여 왔다. 이번에는 예수를 데리고 상경한 것이다. 예수는 유월절 기념행사를 위해 부모와 함께 예루살렘을 방문하면서 유대인의 회당, 약탈하는 로마 병정, 피 끓는 나사렛의 젊은이들의 분노, 성전의 경이로운 모습 앞에 무릎 꿇는 유대인의 모습 그리고 성전의 구조와 주변들을 보았을 것이다. 소년 예수도 성인이 되어 속죄양을 들고 그 성전에 섰다. 그러나 이 천진한 얼굴을 보고 누가 그를 메시아라고 할 수 있을까?

  예수는 열두 번째 생일을 맞으면서 성인이 되었으며, 그때부터 율법을 스스로 지켜야 할 책임이 뒤따랐으며, 법정에서 증인으로 설 수 있고, 유대인 회당에서 말씀 공부의 낭독과 토론에 참가할 수 있었다. 예수에게도 유대의 전통에 따라 율법의 아들로서 '바 미츠와'라는 의식이 회당에서 행해졌다. "오 하느님, 나의 조상의 하느님이여, 내가 소년에서 성년이 되는 이 거룩하고 경건한 날에 나는 내 눈을 당신에게 높이 뜨고, 온정성과 진실함으로 선언하옵나니, 나는 이제부터 당신의 율례를 지키고 당신을 향한 나의 행동에 책임을 지겠습니다. 나의 어린 시절에도 이스라엘에 주신 당신의 경건한 약속 안에서 자라왔지만 이 선택받은 회중 안에 오늘 다시 들어와 하나의 책임 있는 능동적인 회원으로서 모든 민족의 얼굴 앞에서 당신의 거룩한 성호를 전하기를 쉬지 않겠습니다." 성인이 된 예수는 일정한 종교적 책임을 감수하기 위해 예루살렘에서 벌어지는 유월절에 참여한 것이다.

  마을 회당의 예배는 랍비가 율법서를 읽으면서 시작된다. 그 다음 예언서를 읽고 공부한다. 예언서는 모인 회중 가운데서 읽는 것이 상례다. 예수가 앞으로 나아가 두루마리를 들고 읽기 시작했다. "주의 성령이 내게 임하셨으니 이는 가난한 자에게 복음을 전하시려고 내게 기름을 부으시고 나를 보내사 포로 된 자에게 자유를, 눈먼 자에게 다시 보게 함을 전파하며 눌린 자를 자유케 하고 주의 은혜의 밝은 해를 전파하게 하려 하심이라." 예수는 책을 덮으며 조용히 말했다. "이 글이 오늘 너희 귀에 응하였느니라." 그러자 회중이 수군거리기 시작했다. 이 사람이 요셉의 아들 목수가 아니냐?

예수는 "선지자 중 고향에서 환영을 받는 자가 없었소. 누구든지 나를 부끄러워하지 않는 자는 복 되다."고 한다. 율법의 권위자인 종교지도자들과 변론하여 그의 탁월한 성격을 나타냈다는 기사가 성서에 기록(눅 2:41-52)된 그의 유일한 소년의 모습이다. 그가 목수 요셉의 아들 아닌가 하면서 의아하게 생각할 정도로 그의 식견이 월등했다. 예수에게 형제가 몇이 있었는지 확실치 않다. 성서에 의하면 야고보, 요셉, 시몬, 유다 등의 네 형제와 자매가 있었다.(마 15:55, 막 6:3)고 하나 그것이 친형제자매인지 아니면 사촌 형제자매인지 정확하지 않다. 왜냐하면 히브리어에는 사촌을 가리키는 정확한 말이 없기 때문이다.

예수가 자란 갈릴리 나사렛 거리에는 도처에 불쌍한 인생이 눈에 띤다. 이곳은 지금도 구걸하는 맨발의 어린이들, 손을 내미는 장님, 절름발이, 거지, 폐수에 더럽혀진 언덕 양쪽에는 좁고 어두운 작은 집들과 가게가 있다. 성서를 보면 나사렛과 그 주변에 비참한 불구자와 병자가 곳곳에 살고 있었다. 사실 이곳에는 낮에는 무덥고 밤에는 춥기 때문에 옛부터 동풍이 부는 계절에는 폐렴으로 죽는 자가 많았다. 예수 시대에 이곳은 유대인들에게 거의 관심 밖의 거리에 지나지 않았다. 나사렛에서 무슨 선한 것이 나겠느냐는 것이었다.(요 1:46)

예수는 아버지를 따라 목수 일을 하고 있었고, 사실 목수라고 해도 자질구레한 일을 하는 목공이었을 뿐이었다. 갈릴리 목수의 대부분이 순회 노동자인 것을 감안하면 그도 일정한 점포 없이 나사렛의 거리와 그 주변을 요청에 따라 떠돌아다니면서 일을 했던 순회 노동자로 여겨진다. 따라서 그는 가난과 생활의 고통, 일하는 가난한 사람들의 땀 냄새를 알고 있었고, 갖가지 질병으로 인간다운 삶을 살지 못하는 것도 충분히 경험하였다. 나사렛에서 예수가 전한 하느님 나라의 메시지를 가난한 자, 애통하는 자, 병든 자들을 향하여 전한 것이 그것을 입증한다.

3_ 예수 그리스도의 사역

세례 요한이 요단강에서 "독사의 자식들아 … 회개의 합당한 열매를 맺어라."(눅 3:1-9)고 외친 회개의 세례 운동은 당시 유대인들에게 놀라운 반응을 일으키고 있었다. 복음서에 의하면 예수는 30세쯤 되어 요단 강에서 세례 요한으로부터 세례를 받을 때, 하늘로부터 "이는 내 사랑하는 아들, 내 마음에 드는 아들이다."(마 3:17)라는 음성을 듣는다. 예수의 세례는 "죄 사함을 받게 하는 회개의 세례"(막 1:4)가 아니었던 것은 분명하다. 그는 "세상 죄를 지고 가는 하느님의 어린양"으로서 사명을 의식하면서 그의 공생애를 시작하는 상징적 의례로서 세례를 받았던 것으로 생각된다.

예수의 공생애는 하느님 나라를 선포하면서 사역을 하는 것으로 더욱 구체화된다. 그가 택한 곳은 갈릴리다. 갈릴리는 로마와 유대 지배 세력에서 소외된 지역으로 가난한 자들, 병든 자들, 눌린 자들, 다시 말해서 사회 중심부에서 주변부로 밀려난 사람들로 가득 채워져 있었다. 이들은 '목자 없는 양'처럼 지쳐 있었다.(막 6:34) 이러한 정황에서 예수는 "수고하고 무거운 짐을 진 사람들은 다 내게로 오라.", "나는 잃어버린 자를 찾아 구원하러 왔다."고 외치고, "나를 본 자는 하느님을 본 것이다."라고 하면서 실의에 찬 민중들에게 새 희망을 주었다. 그는 소외된 자들과 함께 먹고 마시고, 공동 전선(solidarity)을 형성해 나갔다. 예수 그리스도(=메시아)의 선포의 내용은 "때가 왔다. 하느님 나라가 임박했다."는 것이었다. 예수는 갈릴리를 중심으로 가난한 자, 병든 자, 눌린 자, 갇힌 자, 죄인, 세리, 여자 등 소외된 자들을 잃은 양(마 15:24)으로 생각하여 그들에게 하느님 나라를 선포하는 것으로 사역을 시작하였다.

예수는 새 시대의 여명을 선포하게 될 표적을 제시한다. 소경이 눈을 뜨며, 귀머거리가 듣게 되고, 절름발이가 사슴처럼 뛰며, 벙어리가 기쁘게 노래할 것이다. 예수의 메시지는 분명했다. 너희는 너희 영혼을 헐값에 팔았노라. 너희들은 하느님께 대가 없이 용서함을 받아라. 건강한 자에게는 의원이 쓸데없고 병든 자들에게 쓸데 있나니 내가 의인을 부르러 온 것이 아니라, 죄인을 회개시키러 왔다. 우선 그는 악령을 쫓는다. 거라사 지방의 귀신 들린 자(막 5:1-20), 가다라 지방의 귀신 들린 두 사람(마 8:28-34), 가버나움의 귀신 들린 자(막 1:21-28), 귀신 들린 간질병 환자(마 17:14-18), 일곱 귀신 들린 막달라 마리아(막 16:1, 9-11), 귀신 들려 벙어리 된 자(마 9:32-34), 귀신 들려 눈멀고 벙어리 된 자(마 12:22-24) 등 그들에게서 귀신을 쫓고 병을 고친다. 또한 그는 허다한 무리 가운데 있는 한 문둥병자(마 8:1-4)와 열 명의 문둥병자들(눅 17:11-19)을 깨끗이 고쳐 준다.

구걸하는 한 소경(눅 18:35-43), 소경이며 거지인 바디매오(막 10:46-52), 벳새다의 소경(막 8:22-26), 날 때부터 소경 된 사람(요 9:1-33), 두 소경(마 9:27-31, 20:29-34) 등 수많은 소경들이 고침을 받는다. 예수는 한 백부장의 하인의 중풍병을 고친다.(마 8:5-13) 열두 해 동안 혈루증으로 앓는 여인도 고친다.(마 9:20-22) 십팔 년 동안을 귀신 들린 앉은뱅이(눅 13:10-12), 걷지 못하는 삼십팔 년 된 병자(요 5:1-18), 가버나움의 중풍병자(마 9:1-8)를 고친다. 그리고 대제사장의 한 종의 잘라진 귀를 다시 붙여 낫게 한다.(눅 22:49-51) 제자 베드로의 장모의 열병을 고친다.(마 8:14-15) 가버나움에서 한 신하의 아들의 열병을 고친다.(요 4:46-53) 벙어리면서 귀머거리인 사람을 고친다.(막 7:31-37) 손 마른 사람을 고친다.(마 12:9-14) 고창병 든 사람을 고친다.(눅 14:2-4)

예수는 각종 질병을 고친 것 이외에도 수많은 기적을 행했다. 그는 상식을 뛰어넘어 깊은 곳에 그물을 던져 많은 고기를 잡게 한다.(눅 5:4-9, 요 21:4-11) 물 위에 걷고 또 베드로를 걷게 한다.(마 14:22-33) 물고기를 잡아 입 속에 있는 돈으로 세금을 바치게 한다.(마 17:24-27) 굶주린 백성들을 위해 오병이어의 기적을 베푼다.(마 15:32-39) 폭풍을 잔잔케 한다.(마 8:23-27) 무화과나무를 저주하므로 죽게 한다.(마 21:18-22) 가나 혼인잔치에서 물이 포도주가 되게 한다.(요 2:1-12) 예수는 죽은 자들을 살리신다. 그는 죽은 지 나흘이 된 나사로를 살리고

(요 11:38-44), 나인 성 과부의 죽은 외아들을 살린다.(눅 7:11-17)

　　예수가 관심을 가진 자들은 사회에서 무시를 당하고, 죄인 취급 당하는 세리, 고아, 가난한 자, 떠돌이, 어부, 다시 말해서 '암 하레츠', 즉 '땅의 백성들'이 그의 친구였다.(막 2:15) 특히 소외된 여인들에 대한 관심도 두드러진다. 예수의 옷을 만진 여인(막 5:25-34), 사마리아 여인과의 만남(요 4:5-26), 마리아와 마르다를 찾으시는 예수(눅 10:38-42) 등이 그 예다. 예수는 어린아이들을 축복하고(막 10:13-16), 어린아이를 통해 어른들에게 교훈을 주었다.(막 9:33-37) 외국인들에 대한 예수의 태도도 눈여겨볼 만하다. 로마 장교의 하인을 고치고(눅 7:1-10), 한 이방 여인의 절규하는 외침을 외면하지 않았다.(막 7:24-30)

　　"새 술은 새 부대에!"(막 2:22)라는 슬로건 아래 예수는 "십자가를 지고 나를 따르라."(눅 14:26-27)고 한다. 그는 십자가의 고난과 죽음을 생각하면서 제자들을 향해 "너희는 내가 마시는 잔을 마실 수 있느냐."(막 10:38-39, 마 20:22)는 물음으로 목숨까지 버리지 않는 자는 선교의 대열에 합당하지 않다(마 10:37-38)는 것이다. 왜냐하면 "자기 목숨을 얻으려는 사람은 잃을 것이며 나를 위하여 자기 목숨을 잃는 사람은 얻을 것이다."(마 10:39) 예수는 이러한 단호한 메시지를 외쳤고, 자신이 달려야 할 십자가 형틀을 처형장까지 메고 골고다 언덕에서 처형되었다. 그러나 그의 가르침은 부활한 예수의 신앙 속에서 제자들, 특히 사도 바울 등의 전도로 널리 로마 제국에 전파되어 곳곳에 예수의 몸을 이루는 교회들이 탄생되었다.

　　예수의 죽음은 "밀알 하나가 땅에 떨어져 죽지 않으면 한 알 그대로 남아 있고, 죽으면 많은 열매를 맺는다."(요 12:24-25)는 말씀 그대로 그리스도인의 말씀의 선포와 성만찬을 통해 인류에게 '새 생명'으로 이어진 것이다. 예수의 권위는 세상의 권위와는 달랐다. 그는 하늘의 권세를 가지고 하느님 나라의 도래를 전파하고, 행복한 삶이 무엇인지를 일깨워 주었으며, 병자를 고치고 기적을 행하며 인간을 극도로 사랑했다. 그는 과격한 열심당원인 바라바를 바라보았다. 그는 폭력을 통해 나라를 찾겠다는 그에게 예수는 이웃을 사랑하고 너를 박해하는 사람에게 채찍 대신에 기도하라고 말씀하셨다. 예수는 백부장을 만났다. 로마 장교인 백부장은 유대인에게는 원수나 다름없었다. 그러나 그의 어깨에 따뜻한 손까지 얹었다. 이 만남을 목격한 일부 과격파들은 예수를 매국노로 몰아 세웠다. 예수는 간음하다 현장에서 붙잡힌 여자를 끌고 온 유대인들에게 누구든지 죄 없는 자가 이 여자에게 돌로 치라고 말하였다. 그 여자는 그녀를 정죄하려던 무리의 손에서 벗어났다. 그는 그녀를 무조건 용서했다. 그러나 하느님 나라에 역행되는 일에 대해서는 빈틈을 주지 않고 날카로운 비판을 가했다.

예수의 사역 중에 두드러진 것은 그의 메시지에 있다. 그의 가르침은 짧고, 활기차며, 예리하다. 그는 강도 만난 자에 대한 이웃의 비유(눅 10:25-37), 소금과 빛의 비유(마 5:13-16), 씨 뿌리는 자의 비유(마 13:1-9), 곡식과 가라지의 비유(마 13:31-33), 겨자씨와 누룩의 비유(마 13:31-33), 하느님 나라의 비유(마 13:44-50, 20:1-16), 용서할 줄 모르는 종의 비유(마 18:21-35), 두 아들의 비유(마 21:28-32), 결혼잔치의 비유(마22:1-14), 열 처녀의 비유(마 25:1-13), 달란트의 비유(마 25:14-30) 등의 비유를 통해 민중들을 가르쳤다.

예수가 가르친 가장 중요한 계명은 사랑의 계명인데, 그것은 하느님 사랑과 이웃 사랑이었다.(막 12:28-34) 그리고 인생의 참다운 행복을 '산상설교'(마 5:1-12)를 통해 제시하였다. 예수는 새로운 삶의 방식을 위한 기초를 위해 소금과 빛의 교훈(마 5:13-16), 율법의 자리 (마 5:17-20), 분노에 관한 교훈(마 5:21-26), 간음에 관한 교훈(마 5:27-30), 이혼에 관한 교훈(마 5:31-32), 맹세에 관한 교훈(마 5:33-37), 보복에 관한 교훈(마 5:38-42), 원수 사랑에 관한 교훈(마 5:43-48) 등의 지침을 제시했다. 종교적인 의무로는 구제(마 6:1-4)와 기도(마 6:5-15)와 금식(마 6:16-18)을 들었고, 새로운 가치를 위해서는 하늘의 보화(마 6:19-21), 몸의 등불(마 6:22-23), 물질적 소유와 근심(마 6:24-34)을 말했다.

예수의 공생애는 기존 세력들에게 언제나 날카로운 질문과 공격적인 적대감을 불러일으켰다. 하느님께서 주신 선한 규례를 오히려 인간의 행동을 억압하는 멍에로 변형시키고 있을 때, 예수는 가차없이 그들을 질타했다. 하느님만이 할 수 있는 사죄 선언을 하고 있는 이 예수는 누구인가? 안식일의 준수 규정을 깨뜨리고 거룩한 성전 예배를 무시하는 예수는 누구인가? 도덕적으로 문란한 창기들, 사회에 버림받은 병자들, 세리들, 고아와 과부들, 죄인들과 함께 먹고 마시는 예수는 누구인가? 귀신들을 쫓고 병자들을 고치며 성난 파도조차 잠재우는 그는 누구인가? 그는 이단 설교가인가?

그 당시 죄인 취급했던 세리를 아브라함의 자손(눅 19:9-10)으로 인정하고, 병든 여인을 아브라함의 딸(눅 13:16)로 여긴 그는 누구인가? 그것은 당시 지배 계급과 종교지도자들에 대해 도전이 되었다. 그는 단호하게 "하느님은 이 돌들로도 아브라함의 자녀를 만드실 수 있다."(마 3:9, 눅 3:8)고 하였다. 그는 유대인들의 신앙적, 정신적 전당인 성전을 헐라(막 14:53-65)고 할 만큼 그는 '혁명적'이었다. 그의 종교 비판은 "이 성전을 헐라."는 단호성에서 아주 강하게 나타난다. "나는 사람의 손으로 지은 이 성전을 헐어 버리고 손으로 짓지 않은 새 성전을 사흘 안에 세우겠다."(막 14:58, 마 26:61, 요 2:19) 이것은 하느님의 백성이 되기 위해서는 '새 출발'을 해야 한다는 것이었다. 다시 말해서 그것은 관점의 전이(paradigm shift)였다. 바로 이러한 것이 그 당시 권력층인 헤롯 왕가를 비롯해 제사장들, 바리새인들 서기관들에게 커다란 걸림돌이었다. 그들은 어떻게 해서든지 구실을 만들어 예수를 없이 하려고 기회만 노리고 있었다.

4_ 십자가 처형과 그 의미

'갈보리로 가는 길'(the road to Calvary)은 이미 정해져 있었다. "너희가 이 성전을 헐라. 내가 사흘만에 다시 일으키리라." 예수는 40년 걸려 지은 성전을 헐라고 했고, 사흘만에 다시 성전을 짓겠다고 했다. 그리고 거짓 행동에 대한 사함을 위해 제사 드리는 면죄부를 예수는 인정할 수 없었다. 이제 그들의 부정한 죄를 위해서 자기의 몸을 산

제물로 드리겠다는 표현이었다. 이제 예수는 그것의 상징을 위해 최후의 만찬을 제자들과 나눈다. "이 빵은 너희의 영생을 위한 나의 몸이다." "이 포도주는 너희 죄를 위하여 흘리는 나의 피다." 그 후 그는 십자가에 달려 자신의 몸을 찢고 피를 흘리셨다. "내가 목마르다. 다 이루었다. 나의 하느님 나의 하느님 어찌하여 나를 버리셨습니까." 하면서 숨을 거두었다.

무슨 죄목으로 예수가 십자가에 처형된 것인가? 예수를 고소한 사람들은 유대인들, 특히 유대교 지도자들이었다. 그들은 예수가 "하느님을 모독했다."는 신성모독 죄로 고소했다.(막 14:55-56) 당시 팔레스타인은 로마 식민지 통치 아래 있었지만 예루살렘에 사는 유대인들은 어느 정도의 자치권을 행사할 수 있었다. 그래서 그 지역을 관장하는 로마 총독 빌라도와 분봉왕 헤롯은 유대인들의 민심을 잘 파악하기 위해서라도 원만한 협조 관계를 유지할 필요가 있었다. 특히 종교지도자인 유대교 랍비들과 제사장들은 유대인 지도자들로서 기회가 있을 때마다 백성들을 늘 선동했다. 재판을 맡은 빌라도는 '신성모독 죄'만으로는 사형을 시킬 수 없었다. 그래서 그는 유대인들의 비위를 맞추어 예수를 사형시키기 위해 정치범으로 몰고 간다.

이는 빌라도가 예수에게 "네가 유대인의 왕인가?"(막 15:2)하고 질문하는 데서 그러한 의도를 갈파할 수 있다. 당시 로마의 집권층에게 예수는 눈에 가시 같은 존재였다. 예수를 따르는 무리들이 언제든지 폭도화할 가능성을 배제할 수 없었기 때문에 결국 예수는 이번 기회에 예수를 처형하기로 결정하고 있는 것이다. 그의 죄목은 '유대인의 왕'이 되고자 했다는 것이다. 요즈음 용어를 사용한다면 '정부 전복 기도죄', '쿠데타 음모죄'에 해당된다고 할 수 있다. 그들은 예수가 종교적 전통을 무시하고 신성을 모독한다는 구실을 삼아 정죄하고자 하였다. 그래서 그들은 예수가 군중을 선동하여 자칭 왕으로 로마 황제에게 반역한다는 이유로 관원에게 고소하였다.

예수의 제자 중 한 사람인 가롯 유다(Judas Iscariot)가 변절하여 예수를 잡을 수 있는 기회를 제공함으로써 드디어 예수는 집권자들의 손에 넘어가게 되었다. 그 다음 그들은 우매한 군중들을 선동하여 인민의 결의 형식으로 로마 총독인 빌라도에게 예수의 사형 선고를 강요하였다. 열심당원들은 예수가 대중을 선동시켜 쿠데타를 일으킬 수 있는 인물이 되기를 기대했는데 그의 무력함에 실망한 것이다. 바리새인들은 예수가 자신들을 향해 회개하라는 외침을 싫어했다. 제사장들이나 사두개인들은 불법적인 종교 운동이 전개되는 것에 몹시 분개했다. 헤롯 왕가는 주변 사람들에게 메시아로 여겨지는 사람을 즉시 제거하고자 하는 일로 거의 미치광이가 되어 있었다.

결국 예수는 이스라엘 민중들의 기대와는 달리 정치적 메시아가 되지 않고, "빌라도에게 고난을 받고" 십자가에 가장 비참하게 처형된 것이다. 예수의 죽음은 하느님을 빙자한 종교의 악으로 독선의 교리를 앞세운 종교지도자들(제사장, 서기관, 바리새인)과 정치권력의 악으로 세계의 왕권을 자랑하는 로마권력(분봉왕 헤롯, 로마 총독 본디오 빌라도)에 의해 이루어진 것이다. 가룟 유다는 이 두 가지 악을 이용한 사탄이었다. 예수의 죽음은 그의 생애에서 가장 중요한 사건(event)이다. 예수 당대 최고회의는 사형을 행할 권한이 없었으므로 평상시에는 그들이 증오했던 로마의 주둔군과 협작을 하고 결탁한 끝에 그들의 손을 빌리는 데 성공한 것이다. 로마의 총독 빌라도의 눈에 비친 예수는 유대인의 초라한 종교가에 불과했고, 그 당시 제사장과 서기관과 바리새인들에게는 예수는 유대교를 파괴하려는 위협적인 존재로서 보았던 것이다.

예수는 누구인가? 유대인들이 기다리는 것은 정치적 메시아였다. 그러나 하느님께서 보내신 메시아는 그런 정치적 메시아가 아니라, 인류를 대속하기 위해 자신을 속죄물로 바치는 어린양과 같은 자였다. 그는 높은 자리에 올라가서 이 세계를 호령하고 정복한 것이 아니라, 섬기는 종의 모습으로 오셔서 이 세상을 섬기고 결국 이 세상의 권력에 자기 자신을 죽음으로 내주신 것이다.(마 20:28) 요한은 그를 보고 "세상 죄를 짊어지고 가는 하느님의 어린양"이라고 예언한 바 있었다. 그는 권력의 자리에서 이 세상을 심판한 것이 아니라 스스로 십자가에 처형당함으로써 이 세상을 심판한 것이다. 예수는 이스라엘이 기다리던 메시아가 아니라, 하느님이 보내신 세상을 구원할 메시아였다. 골고다에서 십자가 형틀에 살이 찢기고 피를 쏟으면서 인류를 구원하기 위한 그의 희생적 사랑은 '아가페'(agape), 즉 '무조건적 사랑'이었다.

    십자가는 예수가 탄생되기 수세기 전 고문과 사형의 도구로서 사용되었다. 기원전 519년 페르시아 왕 다리우스 I세는 바빌로니아의 3,000명의 정치인들을 십자가에 처형하였다. 이러한 사형제도는 로마인들에 의해 이어졌다. 로마의 수비대는 포로로 잡힌 탈주병, 점령 지역의 살인자, 강도, 반역자, 흉악범 그리고 노예들을 십자가로 처형하였다. 그러나 모욕과 저주의 상징인 십자가 처형은 로마인들에게는 적용되지 않았다. 간혹 중대한 범죄와 대역죄를 범한 로마인들에게 적용된 적이 있었는데 그것은 커다란 비판거리였다. 십자가형은 그 처형의 가혹성과 잔인성, 수치와 저주 때문에 교양 있는 로마인들, 헬라인들은 십자가를 떠올리기만 해도 불쾌해 했다. 십자가 처형은 유대인들에게도 저주의 상징이었다. "나무에 달린 자는 저주받은 자"로 여겨졌다.(신 21:13)

    예수 그리스도가 갈보리 언덕에서 우리 죄를 짊어지셨을 때(벧전 2:24), 십자가는 새로운 의미가 되었다. 거기서 구주는 그의 십자가의 피를 통하여 우리를 심판의 형벌에서 면하게 해 주었고 하느님과 화해를 이루게 하셨다.(골 1:20-21) 사도 바울은 십자가의 의미를 이해했다. 그래서 그는 자신이 가졌다고 자랑했던 모든 것들을(고후 11:16-12:13) 십자가 앞에 내려놓았다. 그는 그리스도의 십자가 외에는 자랑할 것이 없다고 말한다.(갈 6:14) 예수가 우리를 위해 십자가에 달리셨다는 것을 이해한다면 우리도 역시 겸손하게 될 것이다. 우리의 노력들은 주님의 십자가 앞에서 무(無, nothing)일 뿐이다. 그러나 주님의 역사는 우리의 모든 것(everything)이다! 예수가 우리를 대신해서 십자가에 처형된 것을 믿음으로 온전한 용서를 얻게 된다. 그리스도의 십자가는 하느님과 인간 사이의 다리다.

    우리는 여기서 "예수가 매여 달려 있는 십자가"를 보면서 선지자 이사야가 그린 '고난받는 종'의 모습을 생각해 보자. "… 그의 몰골은 망가져 사람이라고 할 수가 없었고 … 그는 메마른 땅에 뿌리를 박고 가까스로 돋아난 햇순이라고나 할까? 늠름한 풍채도, 멋진 모습도 그에게는 없었다. 눈길을 끌 만한 볼품도 없었다. 사람들에게 멸시를 당하고 퇴박을 맞았다. 그는 고통을 겪고 병고를 아는 사람, 사람들이 얼굴을 가리고 피해 갈 만큼 멸시만 당하였으므로 우리도 덩달아 그를 업신여겼다. … 그를 찌른 것은 우리의 반역죄요, 그를 으스러뜨린 것은 우리의 악행이었다. … 우리 모두 양처럼 길을 잃고 헤매며 제멋대로들 놀아났지만, 야훼께서 우리 모두의 죄악을 그에게 지우셨구나. 그는 온갖 굴욕을 받으면서도 입 한 번 열지 않고 참았다. 도살장으로 끌려가는 어린양처럼 가만히 서서 털을 깎이는 어미 양처럼 결코 입을 열지 않았다. 그가 억울한 재판을 받고 처형당하는데 그 신세를 걱정해 주는 자가 없었다. 그렇다. 그는 인간 사회에서 끊기었다. 우리의 반역죄를 쓰고 사형을 당하였다. 폭행을 저지른 일도 없었고 입에 거짓을 담은 적도 없었지만 그는 죄인들과 함께 처형당하고, 불의한 자들과 함께 묻혔다. 야훼께서 그를 때리고 찌르신 것은 뜻이 있어 하신 일이었다. …그 극심하던 고통이 말끔히 가시고 떠오르는 빛을 보리라. 나의 종은 많은 사람의 죄악을 스스로 짊어짐으로써 그들이 떳떳한 시민으로 살게 될 줄을 알고 마음 흐뭇해 하리라. …"(사 52:13-53:12)

그리스도의 죽음은 인류를 구원하기 위한 온전한 사랑이었다. 바울은 예수의 죽음은 우리의 죄를 용서하기 위한 죽음이었다고 한다. 그는 예수의 피흘림으로써 우리가 의롭다 인정을 받았다는 '칭의의 교리'를 말했다.(롬 5:6-11) "… 그리스도 한 분이 모든 사람을 대신해서 죽으셨으니 결국 모든 사람이 죽은 것입니다."(고후 5:14) 이제 우리는 그리스도 안에서 옛 자아가 죽은 것이다. 예수의 죽음은 우리를 새로운 피조물로 바꾸어 놓은 것이다. "누구든지 그리스도를 믿으면 새 사람이 됩니다. 낡은 것은 사라지고 새것이 나타났습니다."(고후 5:17) 예수의 죽음은 온 세상의 운명과도 바꿀 수 없는 복음이었다. 이제 하느님은 우리를 통해서 자신의 모습을 드러내시기를 원하신다. "그리스도께서 이렇게 죽으신 것은 사람들이 이제는 자기 자신을 위하여 살지 않고 자기들을 위해서 죽으셨다가 다시 살아나신 분을 위하여 살게 하시려는 것이었습니다." (고후 5:15)

정리하면 나사렛 예수는 로마의 아우구스투스(Augustus) 황제의 통치 아래 태어났고 유대의 작은 마을 나사렛에서 살다가 30세가 되어 공생애를 시작하면서 하느님 나라의 태동을 알리면서 열두 제자를 택하여 복음을 전파했다. 그 핵심의 내용은 "원수를 사랑하라."는 것이었다. 그것은 초자연적 삶을 살라는 외침이었다. 결국 예수는 티베리우스(Tiberius) 통치 밑에서 유대인의 지도자들, 바리새인, 서기관, 제사장의 미움을 사게 되어 본디오 빌라도의 재판을 받아 십자가에 달리게 된 것이다. 그것은 인류의 구원과 명예, 희생, 고난 등을 뜻하는 것이었으며, 인류의 죄를 대신하는 구원의 의미를 내포하고 있었다. 따라서 십자가는 기독교를 상징한다.

참고로 로마 시대의 형틀로서는 +, ×, I, T자형도 사용되었다. 그 가운데 예수 그리스도가 못박혔던 형틀은 +자형이었다고 전해진다. 그 뒤 기독교가 로마 국교(392 AD)가 되자 십자가는 사형 도구로 쓰이지 않고, 오히려 기독교를 상징하며, 인류의 구원과 명에, 희생, 고난 등을 뜻하게되었다. 사실 어느 누구도 십자가에 달리고 싶지 않을 텐데, 왜 기독교는 역설적으로 그 십자가를 지붕 꼭대기 위에 달아 놓는가? 바울의 말처럼 예수의 십자가는 유대인에게는 거리끼는 것이 되고 헬라인에게는 어리석은 것이 된다. 그러나 십자가는 믿는 자들에게는 인류를 향한 구원으로 다가온다.

5_ 예수의 부활과 그 의미

십자가에 달려 침묵한 지 사흘만에 부활 소식이 전해졌다. "나는 부활이요 생명이니 나를 믿는 자는 죽더라도 살겠고, 또 살아서 믿는 사람은 영원히 죽지 않을 것이다." (요 11:25-26) 예수는 사망의 권세를 부수고 생명으로 부활하셨다. 부활 후 주님은 '신비한 몸'으로 닫혀 있는 방안에 모여 있던 제자들에게 홀연히 나타나기도 했고(눅 24:36-37), 제자들과 음식을 먹기도 했고(눅 24:43), 제자들이 그의 몸을 만질 수도 있었다.(요 20:24-43)

  예수 그리스도의 부활은 '역사적 예수'에 대한 새로운 조명을 가져다주었다. 예수의 부활 소식과 함께 형성된 새 공동체는 원수들의 조소를 받고 사람들과 하느님에게 버림을 받아 처참하게 죽어 간 예수가 다시 부활했다는 것을 믿고, 그를 선포하기 시작했다. 베드로는 십자가에 못박힌 예수가 곧 주님이요, 그리스도라고 설교하였다.(행 2장) 바울은 다메섹에 가던 중 부활하신 그리스도를 만나 회심하고 난 후에 십자가에 달린 예수를 '하느님의 아들'과 '주님'으로서 고백하였다.(빌 2:6-11) 저주의 십자가 형틀에 처형당한 예수가 우리를 죄와 죽음에서 해방하는 길이요, 진리요, 생명이라고 믿은 것이다. 그는 '우리를 위하여' 온갖 수난을 겪고 처참하게 죽어 간 것이다. 그의 죽음에서 죄와 죽음의 세력이 꺾이고, 그 대신에 하느님의 전투적인 사랑이 드러났다. 하느님은 예수의 십자가의 죽음을 통해서 우리의 삶이 끝장난 바로 거기에서 우리를 찾고 구속하신 것이다. 그것이 부활이다.

  유대인들은 하느님이 보내신 메시아가 로마의 지배로부터 자기들을 해방시킬 것으로 생각했다. 그러나 나사렛 예수는 정치적 해방자로 오시지 않고 사람들을 섬기는 사람으로 오셨다. 그는 사람들의 생각처럼 정치적 메시아가 아니라, 어둠 속을 헤매는 백성들에게는 큰 빛이었으며(사 9:2-7), 하느님의 백성을 다스리는 통치자였다.(미 5:2-9) 예수는 혁명을 하기 위해 오셨지만 그것은 정치적인 혁명은 아니었다. 그것은 그가 만난 사람들을 삶의 한가운데로 세우는 혁명이었다. 예수는 오셔서 사람들에게 전혀 새로운 삶을 제시했다. 그는 사랑으로 세계를 하나로 묶었다. 그는 음부의 권세가 더 이상 세상에서 왕노릇하지 못하도록 하였다.

  예수의 부활은 그의 탄생의 의미를 전혀 다른 새 차원으로 끌고 갔다. 그의 탄생은 하느님이 인간이 되었다는 구원의 복음으로 이해되었다. 그가 온 목적은 세상을 구원하기 위해서였다.(요 3:16) 마가 요한의 다락방에서 성령에 충만한 부활공동체는 주를 그리스도와 살아 계신 하느님으로 믿었다. 팔레스타인 유대인 그리스도인들은 예수를 기다렸던 '메시아'가 왔다고 했다. 특히 마태는 유대인을 염두에 두고 유대인들이 기다리던 메시아가 바로 나사렛 예수라고 증언한다. 마가는 로마인들을 향해 예수를 '하느님의 아들'(Son of God)이라고 증언한다. 제자들은 헬라 세계 속에서 메시아를 '로고스' 또는 '그리스도'로 번역하였다.

　　예수 제자들의 부활의 경험은 새로운 삶의 신비를 주는 동시에 생의 방향을 전환해 주었다. 놀라운 것은 예수의 제자들이 그를 '하느님의 아들'로 경배했다는 사실이다. 베드로는 "주는 그리스도시요, 살아 계신 하느님의 아들"이라고 고백했고, 도마는 '주 나의 하느님'이라고 했다. 세례 요한이 고백한 대로 그는 우리의 죄를 대속해 주신 '하느님의 어린양'(요 1:36)이었으며, 나다나엘이 고백한 대로 '하느님의 아들'이요, '이스라엘의 임금'이었다.(요 1:49) 요한은 헬라인들이 신적 개념 로고스를 사용하여 예수 그리스도가 태초부터 하느님과 함께 있던 하느님의 말씀으로서 로고스(ho logos)였다고 하였고, 거기에 근거하여 예수의 생애와 교훈을 기록하였다. 바울은 예수를 영광 가운데 오신 '승리자'로 선포했으며, 히브리서 기자는 예수를 '대제사장'으로 묘사하여 우리 죄를 씻어 주시는 분으로 증언하고 있다.

　　예수는 그리스도다. 그리스도란 '기름 부음을 받은 자'를 말한다. 구약의 전통에 의하면 왕, 선지자, 제사장에게 기름을 부었다. 그러므로 그리스도란 의미는 왕(King), 선지자(Prophet), 제사장(Priest)의 의미를 가진다고 볼 수 있다. 예수는 "내가 세상을 이겼다."고 했다. 세상의 사탄을 이긴 자라는 의미에서 그는 '참된 왕'(True King)이요, '왕 중의 왕'이다. 예수는 하느님을 만나는 길을 제시했다. "나는 길이요, 진리요, 생명이다."라고 한 예수에게서 우리는 '참예언자'(True Prophet)의 모습을 본다. 세상 짐을 지고 가는 어린양으로서 예수는 '참제사장'(True Priest)이었다. 그러나 세상 사람들은 예수가 누구인지 잘 몰랐다. 연민의 정을 가진 선지자 예레미야라고 했다. 세례 요한과 같은 사회 운동가라고 하기도 했다. 어떤 이는 그 시대 영적 운동을 전개시키는 엘리야라고 했다. 그러나 그는 예언자도, 사회 운동가도, 영적 지도자도 아니었다. 그는 자신이 진리(Truth)요, 길(Way)이요, 생명(Life)이었다.

우리는 부활의 빛 속에서 십자가를 찬양한다. 다시 말해서 하느님은 '저 낮은 곳을 향하여' 오셨고(incarnation), 인간은 사람이 된 하느님을 향해 '저 높은 곳을 향하여' 하면서 경배(worship)와 찬양(praise)을 한다. 성서 기자들은 그의 부활과 함께 거슬러서 십자가의 구원, 동정녀 탄생 그리고 그리스도의 선재를 기록했다. 그것이 복음서들이 된 것이다. 부활 사건은 예수의 생애 전체, 즉 동정녀 탄생, 십자가 구원 사건, 육체의 부활, 영생, 재림 등을 고백하는 케리그마가 형성되도록 한 것이다. 이와 같이 예수가 부활했다는 케리그마는 '단 한 번'(ein für allemal)의 사건으로 그치는 것이 아니라 계속해서 새로운 고백으로 이어진 것이다. 과거에 한 번 일어난 사실의 역사(Historie)는 오늘 여기서 다시 사건이 되는 또 하나의 역사(Geschichte)다. 부활 사건은 역사적 예수를 케리그마 그리스도로 현재화한다. 예수 그리스도의 부활의 역사에 참여한 자는 이미 증인으로서 '하느님의 백성들의 모임'을 만들어 선교의 방향을 세워 나간다.

예수의 생애와 죽음과 부활은 인간 존재 가운데 역사하여 변화를 불러일으켜 인간을 새로운 존재로 창조케 한다. 나사렛 예수는 30대 청년으로 세상을 떠났지만 그가 남긴 영향력은 마침내 부활 신앙과 성령의 역사를 통해 인류의 역사를 그의 탄생을 기점으로 계산할 만큼 절대적인 것이었다. 그리스도 탄생 이후 몇 세기 동안은 아무도 그리스도 탄생을 기점으로 연표를 생각하지 않았다. 그러나 기원후 6세기에 이르러 수도사 디오니시우스(Dionysius)는 부활절 환산표를 만들면서 그리스도의 탄생을 기점(Anno Domini nostri)으로 새로운 연도 계산법을 만들어 낸 것이다. 사실 예수 탄생의 연도는 당시 인구조사(눅 2:1-2)를 명령했던 시리아 총독 구레뇨(P. Sulpicius Quirinius)로 본다면 기원전

6-4년경이 되고 헤롯의 죽음 연도(4 BC)를 보아도 예수 탄생은 그 이전이라고 추론할 수 있다. 이러한 착오는 디오니시우스의 착오였다.

끝으로 예수의 부활이 우리에게 주는 의미를 정리해 보면 다음과 같다. 첫째, 부활은 십자가의 고난과 죽음에 대한 대답이었다. 십자가와 부활은 질문과 대답으로 하나로 관계지어 있다는 것을 보여 준다. 둘째, 부활은 이 세상의 힘의 지배가 승리할 수 없다는 징표이며, 동시에 낮아져 섬기는 '케노시스'(kenosis) 그리스도가 인류의 빛이요, 생명이요, 소망임을 인식케 한다. 셋째, 부활은 이 세상에서 악이 정복되었다는 표징이다. 따라서 그리스도를 믿고 따르는 자는 세상에서 이미 '이긴 싸움'을 싸우고 있는 것이다. 마지막으로, 부활은 인간의 죽음 문제를 해결해 준다. 이 세상에서의 죽음은 생명의 주이신 그리스도와 함께 영원한 생명에 동참할 수 있음을 보여 준다. 예수의 부활은 "잠자는 자들의 첫 열매"(고전 15:20)가 된 것이다.

6_ 예수 그리스도의 오늘의 의미

여러 세대를 통하여 예수 그리스도만큼 전 세계의 주목을 끌고 있는 사람이 어디 있는가? 예수는 역사의 흐름을 바꾸어 놓은 분이다. 나사렛 예수의 탄생, 삶, 고난, 죽음 그리고 부활로 이어지는 그의 생애는 역사의 연대기를 그의 탄생을 기점(AD, BC)으로 헤아릴 만큼 인류에게 새로운 시작을 말하고 있다. 예수 그리스도 안에서 세계는 천지 창조 이후 다시 한번 긍정적으로 받아들여졌다.

바울은 예수 그리스도의 형상을 이렇게 말한다. "하느님께서는 자신을 비우시고 종의 신분을 취하시어 우리와 똑같은 인간이 되셨다."(빌 2:7) 그것은 종의 모습을 취하시는 '케노시스'(kenosis)의 형태다. 그는 가난한 자, 눌린 자, 죄인, 버림받은 자, 소외된 자의 친구가 되셨고 마침내 고난받는 종의 모습으로 십자가에 달리셨다. 그의 십자가의 죽음은 바로 하느님에 대한 인간의 반역과 죄의 실상, 고독, 죽음,

비참 속에 빠진 인간 실존의 본질을 말하는 것이었다. 그는 고난을 당하는 사람과 자신을 동일시했고, 죽음을 극복하기 위해서 죽음을 당하였다.

예수의 죽음은 창조를 위협하고 인간의 비참한 운명으로 몰아넣는 우주적인 악과 죄의 세력을 부정, 극복하고 인간을 그것으로부터 해방시킨 것이었다. 이것은 하느님과 인간의 화해이며, 우리의 죄의 용서와 구원의 결정적 행동이다. 이것은 하느님이 인간들에게 베푼 계시요, 선물이요, 은총이다. 그것은 십자가의 의미를 부각시켜 주기 때문이다. 루터(M. Luther)의 체험은 매우 인상적이다. 그는 사탄이 책을 펴서 우리의 죄를 하나씩 헤아린다는 생각을 하면서 십자가의 의미를 기억했다. 그는 예수 그리스도의 십자가에서 흘린 피가 우리 죄를 씻었다(요 1:7)는 확신 속에서 자유함을 가졌다. 그는 사탄은 우리에게 죄를 주지만 예수 그리스도의 피는 우리에게 죄 씻음을 주었다고 인식함으로써 예수를 대속주로 고백한 것이다.

우리의 가슴속에 있는 예수는 누구인가? 앞에서도 잠시 언급했듯이 영국 맨체스터대학 연구팀이 첨단 법의학 기법과 컴퓨터 그래픽을 이용해서 복원해 낸 예수의 얼굴은 우리에게 새로운 생각을 하게 했다. 예수의 얼굴의 복원의 과정은 예루살렘 근처에서 발견된 1세기 유대인의 두개골과 3세기에 그려진 유대인 프레스코 벽화를 참고했다고 한다. 복원된 예수의 얼굴은 큰 코에 짙은 올리브색 피부, 짧은 고수머리와 턱수염을 한 시골 농부 모습(참조, 사 53:2-4)과 같아서 우리에게 친숙한 중세 이후의 비잔틴 작품 속의 이미지와 상당한 차이를 나타내면서 화제가 되었다. 우리는 어쩌면 화려하고 위엄스러운 예수상을 가슴속에 품고 경배와 찬양을 하며 그분을 영적으로만 표현해 왔는지 모른다.

최근 복원된 예수상은 달랐다. 물론 이 얼굴이 예수의 얼굴과 똑같다고 볼 수는 없을 것이다. 그러나 최근 컴퓨터 그래픽을 통해 복원된 예수의 상에서 우리의 자화상과 같은 것을 만나게 된다. 그는 너무나 수수하고, 인간미 넘치는 순박함을 지닌 시골 아저씨와 같았다. 이제 그분의 말씀이 더 친근감을 가지고 우리에게 다가온다. 그는 이웃과 더불어 사랑을 나누어 주며 살았던 하느님이었다. 그는 우리의 가슴속에서 네 이웃을 발견케 하는 분이었다.

우리가 예수 이름을 부를 때 성령은 역사한다. 성령이 역사하면 예수가 누구인지를 고백하게 된다. 성령이 우리 안에 거하면 우리는 예수를 메시아(Messiah)로, 그리스도(Christ)로, 하느님의 아들(Son of God)로 그리고 하느님(God)으로 고백한다. 행복(happiness)이 우발적이고 유희적인 행위나 행사에서 일어난다면, 샘솟는 기쁨(joy)은 예수로부터 나온다. 기독교 2000년 역사는 바로 그리스도를 말해 온 역사다.

우리는 예수가 그리스도라는 이름과 더불어 두 개의 공동체를 만난다. 하나는 부활 전 갈릴리 예수공동체다. 예수가 이 땅에 온 목적은 하느님 나라 선포에 있었다. 그는 사회에서 밀려나 억눌려 살고 있는 민중(ochlos)의 해방자로서 이 땅에 오셔서 숙명론적 체념과 노예의식에 찌들었던 민중에게 소망을 갖게 하고, 새 역사 창조의 주체가 되게 한다. 이와 같이 예수는 이 땅에 오셔서 새로운 변혁을 일으키는 해방자로서 하느님 나라의 태동을 선포했고, 또한 하느님 나라 운동을 몸소 펼치다가 정치범으로 십자가 형틀에 살해된다. 그러나 부활한 후의 공동체에서는 예수에 대한 고백이 달라졌다.

예수의 부활은 우리의 인식의 코페르니쿠스적 전환을 가져다주었다. "내가 세상을 이겼노라."는 부활한 주님이신 예수는 온 인류에게 희망과 생명과 빛이었다. 그는 인류를 구원하는 구세주로 믿고 따를 주님이었다. 예수공동체가 예수를 사람의 아들로서 따름과 실천의 민중 해방자로 보고 있다면, 그리스도공동체에서는 예수를 우리 죄를 속죄하는 믿음과 제의의 대상으로서 고백하고 있다. 하느님과 사랑의 사귐을 갖는 사람은 모두가 그(역사적 예수)를 그리스도라 부른다. 그를 알고 받아들이지만 구원의 사실과 관계없는 단순한 인간으로 대한다면 그의 이름은 영원히 예수로 그치고 만다.

세상은 예수가 누구인지를 잘 몰랐다. 예레미야라고 했다. 물론 그는 예레미야처럼 연민을 가진 사람이었다. 세례 요한이라고 했다. 물론 그는 세례 요한처럼 사회 운동가적인 기질을 보여 주었다. 그를 엘리야라고 하였다. 물론 그는 엘리야처럼 영적 운동을 하였다. 그러나 그는 예레미야, 세례 요한, 엘리야가 아니었다. 베드로는 예수 앞에서 "선생님은 살아 계신 하느님의 아들 그리스도이십니다."라고 고백한다.(마 16:13-20, 막 8:29, 눅 9:18-21, 요 6:66-71) 그는 구세주요, 이스라엘 백성들이 학수고대하면서 기다리던 메시아였다. 그는 길이요, 진리요, 생명이신 그리스도였다. 그는 세상의 죄를 짊어지고 십자가에 달리셨고, 다시 부활하여 세상의 빛과 생명과 희망이 되었다.

  군인들은 그를 패배시킬 수 없었다. 학자들은 그를 설명할 수 없다. 정치인들은 그를 죽일 수 없었다. 바리새인들은 그를 혼란시킬 수 없었다. 사람들은 그를 붙들 수 없었다. 더 생각해 보자. 네로는 그를 박살 낼 수 없었다. 히틀러는 그를 침묵시킬 수 없었다. 뉴에이지 운동은 그를 대치시킬 수 없었다. 그는 구체적으로 역사에서 인격적 관계를 가진 아브라함, 이삭, 야곱, 모세, 예레미야, 이사야, 아모스, 호세아의 하느님이었다. 이스라엘 백성들은 놀라운 사건을 체험하면서 "야훼는 우리의 하느님이다."고 고백한다.(신 26:5-9, 6:20-24, 수 24:2-13, 시 105, 136편) 또한 그는 베드로, 야고보, 요한, 바울의 하느님이었다. 예수는 빛이요, 사랑이요, 구원의 주님이시다. 그는 거룩하고, 의롭고, 전능하고, 능력 있고 순결한 하느님이시다. 그는 선하시고, 친절하시고, 온유하시고 자비로우신 하느님이시다. 이제 예수 그리스도는 우리에게 역사의 주인이다. 우리가 할 수 있는 일은 그를 주인(Lord)으로서, 구주(Savior)로서 고백하고 복종하는 일밖에 없다.

  그리스도인은 모두 성령을 받은 자들이다. 성령의 역사 없이 예수를 그리스도로 고백할 수 없다. 부활은 살아 계신 하느님이 오늘 여기서 다시 역사하신다는 말이다. 예수의 부활은 인간을 새 존재(new being)로 초대한다. 이제 세계는 생태계 위기, 종교적 다원주의, 페미니즘, 인종과 계급 문제, 가난 문제, 복제인간 문제 등의 상황에서 그리스도인의 윤리적 결단을 요구하고 있다. 그리스도인은 누구인가? 이런 상황에서 예수는 어떻게 하실까?(W. W. J. D. = What would Jesus do?) 라틴 아메리카에서 예수는 억압으로부터 해방케 하는 해방자로, 아프리카 어느 종족들에게는 추장으로, 인도의 빈민가 캘커타(calcutta)와 에티오피아, 소말리아, 우간다 등에서 기아로 죽어 가는 사람들에게 예수는 빵이라고 해야 하지 않을까? "예수 그리스도-세상의 빛, 예수 그리스도-세상의 생명, 예수 그리스도-세상의 희망." 오늘 우리에게 예수 그리스도는 영의 구원뿐만 아니라 육의 구원을 이루시는 구원자다. 예수는 우리의 보물이다! 신학자 바르트(K. Barth)는 인생의 최대, 최고의 발견은 예수 그리스도였다고 고백한다. 지금 그의 모습은 보이지 않는다. 그러나 그의 강렬한 빛은 온 세상에 비치기 시작했다. 마라나타.

IV 성서의 권위와 해석

1_ 성서는 어떤 책인가?

　성서는 과거의 책으로 머물러 있지 않는다. 성서 안에는 무엇이 있는가? 너는 거기서 무엇을 찾는가? 그렇게 묻는 너는 누구인가? 오히려 성서는 시대에 뒤지지 않고 놀랍게도 현대의 것이 되어 사람들이 성서로 돌아갈 때는 그들의 입장에 새로운 빛을 던져 준다. 그렇다면 성서가 무슨 책이길래 과거뿐만 아니라 우리에게 새로운 메시지를 계속해서 줄 수 있는가? 어째서 사람들은 성서로 말미암아 변화를 받게 되는가? 우리가 성서의 내용을 더 깊이 파악하려면, 우리 자신을 훨씬 초월해야 한다.

　성서는 어떤 책인가? 아주 두꺼운 책이면서 둘로 나눌 수 있는 책이다. 구약과 신약이 그것이다. 성서는 하나의 책이나 두 권의 책이 아니라, 66권의 책으로 되어 있으면서, 어떤 책들은 비교적 길고 또 어떤 책들은 한 쪽도 안 된다. 신약과 구약의 몇 군데가 아람어로 기록된 것을 제외하고는 구약성서는 히브리어로, 신약성서는 헬라어로 약 1,000년 동안에 걸쳐서 기록된 책이다.

　성서가 오늘을 사는 현대인에게 주는 메시지는 무엇인가? 만약 어떤 사람이 그 이름 '성서'(聖書), 즉 '거룩한 책'이기 때문에 이것은 다른 것과 구별된 거룩한 내용만 실려 있으리라는 전제를 가지고 읽어 가다가는 크게 실망할 것이다. 왜냐하면 그 안에는 다른 어떤 민족의 건국 신화나 설화 또는 야사들에서 볼 수 있는 것과 같은 잡다한 것이 무수하게 섞여 있기 때문이다. 그 안에는 온갖 것이 다 실려 있다. 어떻게 보면 인간의 온갖 모습을 압축한 전시장과 같은 느낌을 준다. 또한 그 안에는 추잡한 악과 고귀한 선, 불륜과 순결이 있으며, 절망의 애가가 있는가 하면 환희의 개가가 있다. 그 안에는 연대기가 있으며, 예술, 종교, 철학 등이 뒤섞여 있다.

기록의 양식으로 보면 시가, 산문, 소설 등으로 다채로우며 이러한 여러 형식 안에는 격언과 같은 지혜의 단편, 축복, 예언, 법, 기도, 설교 등이 포함되어 있다. 이러한 것을 발견하는 독자는 우선 어리둥절할 것이다. 그러나 성서에서의 '성'(聖)은 후에 번역할 때 붙인 것이고, 원래는 단순히 '책'이라고 되어 있었다. 이 책에는 소위 '성'(聖)과 '속'(俗)의 영역이 구별되어 있지 않다. 그 구별이 있다고 해도 그것은 똑같은 역사라는 한 무대 위에 있으며 역사 안에서 구별된 영역이 있는 것도 아니다. 그러므로 성서를 한 종교의 규범으로 보다가는 크게 실망할 것이다.

성서는 윤리적 규범을 말하는 책인가? 성서 안에는 확실히 원초적인 인간 윤리의 모습이 산재해 있다. 그러나 윤리의 교본일 수는 없다. 왜냐하면 고도의 윤리가 있는 반면에 불륜의 세계가 그대로 폭로되어 있기 때문이다. 이들은 결코 다른 영역에 속한 것이 아니라, 한 사건, 한 인물 안에 뒤섞여 있다. 가령, 이스라엘도 아브라함, 야곱, 다윗 등을 신앙의 조상, 민족의 조상 또는 과거나 미래의 이스라엘 국가의 상징으로서 경외한다. 그들은 확실히 위대한 비전을 갖고 있으며 사람과의 관계에서 최대의 인간성을 나타낸다.

그러나 동시에 그들은 오늘의 우리의 입장에서 볼 때 용납할 수 없는 불륜을 감행하였다. 그 한 예로 다윗을 보자. 다윗은 자기 부하의 아내에게 욕심을 낸 후 그 범행의 폭로를 모면하기 위하여 부하는 일선에 보내 죽게 해서, 만대의 의문을 한 몸에 받아야 할 불륜을 저지른 이야기가 성서에 나온다. 그러면 이스라엘이라는 한 특수 민족사에서 모든 민족들이 나아갈 귀감을 찾을 수 있을 것인가? 확실히 이스라엘 민족 자체를 어떤 의미로나 세계의 모범이 될 만한 모델로 내세우지 않는다. 그들의 역사는 하느님께 대한 반역의 역사요, 패배를 거듭하는 약자의 역사요, 옆길로 달리는 불륜의 역사다. 그러면 신약성서에서는 어떨까? 특히 산상설교 같은 것은 윤리적으로 세계에 많은 영향을 끼쳤으며 높이 추앙되고 있다. 거기에는 다른 데서 그 유례를 찾아볼 수 없는 철저한 사랑이 제시되어 있다. 바울은 많은 교리적인 교훈들을 제시한다. 그러나 그는 결국 그 중의 첫째는 사랑이라고 했으며, 요한도 사랑 자체에서 모든 것의 열쇠를 보여 주고 있다.

    신약 전체에서 윤리 프로그램을 찾으려고 하면 곧 실망할 것이다. 윤리란 인간 관계의 질서를 전제로 한다. 그런데 신약의 사랑을 문자적으로 철저화시키면 오히려 윤리는 파괴된다. 가령 오른뺨을 치면 왼뺨을, 겉옷을 달라면 속옷까지, 5리를 가자면 10리라도 가라는 것을 윤리 행위의 프로그램으로 강요한다면 죽어 버리라는 것과 같은 것이 되며, 악인이나 선인의 구별 없이 해와 비를 주는 하느님처럼 행하라는 것을 액면 그대로 받으면 정의라는 것을 골자로 하는 질서의 붕괴를 뜻하게 된다. 아니, 오히려 신약에는 반(反) 일반윤리적인 극단적 요소가 가로지르고 있다. 가령 죽은 부모의 장례를 치르려는 자식에게 죽은 자는 죽은 자로 장례를 치르게 하라는 말이라든지, 부모와 형제, 자식까지도 미워하지 않으면 예수께 합당하지 않다는 말 같은 것을 윤리 교본의 항목으로 할 수 없는 것이다.

    기독교에 의해서 윤리 세계에 혁명이 일어난 것은 사실이다. 그러나 그것은 결코 사회윤리 개혁의 새로운 프로그램에 의한 것이 아니다. 사랑이 그처럼 강조되었으나 새 윤리 수립의 원리로 삼을 교과서는 아니다. 그랬다면 당시의 일부다처의 풍습이나 노예제도 같은 것을 그대로 내버려둘 수 없었을 것이다. 바울도 오히려 노예에게 그 자리를 떠날 생각을 하지 말고 충실히 제자리를 지킬 것을 권하는 정도다.

새로 나타난 초기 교회인 그리스도공동체의 주도 인물들도 반드시 이상적인 모범의 대상이 아니다. 예수의 수제자로 공인된 베드로나 기독교를 펼쳐 나간 바울도 측면적으로는 특수한 인물임에는 틀림이 없으나, 결코 인간적으로 다 갖춘 인물들은 아니다. 성서는 그들의 약점을 폭로하는 데 조금도 주저하지 않는다. 특히 베드로는 예수의 수제자이지만 배신했고, 교회의 책임적인 지도자가 된 후에도 여러 가지 면에서 철저하지 못했기 때문에 바울은 그를 위선자라고 사람 앞에서 핀잔을 줄 정도였다. 이처럼 핀잔을 준 바울도 윤리적인 측면에서 볼 때 모범적이라고는 말할 수 없다.

성서의 특성은 무엇인가? 그것이 어떤 것이기에 지구 한구석의 극히 보잘것없는 지역에서, 수로 보나 힘으로 보나 하잘것없는 한 민족 안에서 일어난 일을 기록한 이 책이 국경을 넘어서 세계로 퍼져서 서구의 역사 형성의 중추 역할을 했고, 온 세계의 구석구석에 침투해서 모든 언어로 번역되어 '영원한 베스트셀러'가 되고 있는가? 도대체 성서의 특성이 무엇인가? 그것은 이스라엘의 민족사로서 보거나 기독교의 생활 기록으로서 보거나, 그 안에 등장한 인물 중심으로 보아도 모범의 대상은 아니다. 바로 여기에 그 특성을 찾는 열쇠가 있다. 즉 인간적인 측면에서 볼 때 모범의 대상일 수 없는 데도 불구하고 그들의 역사를 세계의 역사이도록 한 바로 그것이 무엇인가 하는 질문이 그 비밀을 아는 열쇠다.

성서의 기자들은 전체로서의 자기나 대표적인 인물들의 약점을 폭로하는 것을 주저하지 않는다. 그러면 이러한 자기 폭로는 무엇을 말하는가. 그것은 자기 시위가 아니라, 그 눈이 자기 자체의 잘못에 머물러 있지 않으며, 그 눈이 바로 자기의 잘잘못에도 불구하고, 아니 자기가 잘할 때나 잘못할 때, 약할 때나 강할 때, 패배했을 때나 승리했을 때 작용하는 어떤 힘, 어떤 의지, 어떤 손길이 머무르고 있다는 증거다. 다시 말하면 하느님의 손길이 머무르고 있는 증거다. 성서는 어떤 한 민족공동체나 개개인의 삶의 기록이다. 그러나 성서는 그 삶 자체에 어떤 가치를 인정해 주려는 것이 아니라, 그 삶 한복판에서 경험한 어떤 것을 나타내고자 하는 것이다. 그렇기 때문에 삶 자체를 이상화하지 않고 그대로 폭로할 수 있는 것이다. 그렇기 때문에 어떤 말씀은 혐오의 대상이 될 수도 있다. 그러나 그 말씀이 어떤 사람에게는 오히려 친근감을 느끼게 한다. 왜냐하면 그 안의 인간상은 완전무결하게 다듬어진 것이 아니고 바로 내 안에 있는 잡다한 요소들을 그대로 나타냈기 때문이다.

성서 안에서 우리는 새로운 나를 발견한다. 성서는 내가 성서 안에 참여하고 있으며 그것과 공동운명체임을 경험하게 한다. 그러므로 성서는 우리의 중심을 뒤흔들어 수정하게 하는 살아 있는 말씀으로서 어제나 오늘이나 동일한 말씀이다. 성서는 하느님이 인간을 찾으시는 기록이다. 성서를 통하여 보면 사람들은 하느님을 피하려고 열심히 애썼다. 그럼에도 불구하고 하느님은 그러한 사람들을 계속해서 찾으시고, 포기하지 않았으며, 또 무수히 거절하고 기피하였음에도 불구하고 계속적으로 추구하였다. 성서는 하느님이 과거에 그의 백성들을 찾으신 것만을 말하지 않는다. 성서는 또한 하느님이 오늘날 우리를 찾으시는 방법이다. 성서는 단지 죽은 과거의 일부분이 아니다. 성서는 살아 있는 현재의 일부분이다. 성서는 우리 자신이 그 안에 내포되었다는 의식이 없이는 읽을 수 없다. 성서의 인물의 경험은 근본적으로 우리의 경험이다. 그들은 이렇게 질문했다.

"나의 허물을 모르는 체하여 주실 수는 없으십니까?" (욥 14:16) "너희는 그리스도를 어떻게 생각하느냐?" (마 22:42) "주님, 제가 어떻게 하면 좋겠습니까?" (행 22:10) "어찌하여 나쁜 자들이 만사에 성공합니까?" (렘 12:1) "어찌하여 내가 이토록 낙심하는가?" (시 42:5) 이런 말들은 이렇게 질문될 수 있다. 내가 죽을 때에는 어떻게 되는가? 예수는 정말로 위인보다도 더 훌륭한 사람인가? 하느님은 누구인가? 하느님을 믿는 것의 결과는 무엇인가? 어째서 생명이 때때로 두렵게 또는 무의미하게 생각되느냐? 우리가 사실 그러한 질문을 할 정도로 우리는 성서에 나타난 질문 가운데 우리 자신이 내포된 것을 발견한다. 하지만 이런 문제들보다도 더 중요한 것이 있다면 하느님의 말씀이며 절대 계시인 예수 그리스도의 생애와 죽음과 부활의 사건이다. 이 사건은 살아 있는 하느님의 말씀으로서 우리의 마음을 사로잡기 때문이다.

하느님의 말씀은 어떤 사람이 하늘의 녹음기 테이프를 가지고 있다가 그 메시지를 기록한 것과 같이 성서에 기록된 것으로 생각해서는 안 된다. 성서는 우리 인간의 모습 그대로를 보여 주었고, 더욱이 중요한 것은 사랑을 듬뿍 안고 찾아오시는 하느님을 말하고 있다. 사도 요한은 밧모 섬에서 "예언의 말씀을 읽는 자와 듣는 자들과 그 가운데 지키는 자들이 복이 있다."고 말했다. 그것은 성서를 읽고, 성서의 말씀, 곧 하느님 말씀을 듣고 읽으며, 들은 말씀을 행동으로 옮기는 일을 통해서 새 일을 권면하고 있는 것이다.

2_ 성서와 성경

성서(聖書)와 성경(聖經)은 어떻게 다른가? 우리가 사용하는 성서와 성경은 흔히 구분 없이 사용하고 있지만, 구태여 용어상의 차이를 구별하면, 성경은 기독교의 경전이라는 뉘앙스를 주며 성서보다 더 교리적이고 신앙고백적인 의미를 담고 있다. 이에 반해 성서는 거룩한 글이 담긴 책이라는 의미보다 보편적이고 객관적인 용어다. 따라서 성서를 해석하고 연구하는 대상으로 삼을 경우에는 성경보다는 성서라는 어휘를 사용하는 것이 보다 적절하다고 본다.

성서는 어떤 책인가? 디모데후서 3:16에 따르면, 성서는 '하느님의 영감'(God's inspiration)으로 기록된 것이다. 하느님의 말씀과 예언은 사람에서 나온 것이 아니라, 성령으로부터 이끌림을 받아 하느님께로부터 말씀을 받아 전한 것이다.(벧후 1:21) 성서는 고백의 책이요, 선포의 책이다. 따라서 성서는 역사적(historisch) 사실 그 자체를 말하려는 역사책이 아니라, 그 말씀이 '지금 여기서'(here and now) 나에게, 너에게 그리고 우리에게 실존적으로 그리고 종말론적으로 다시 역사하는(geschichtlich) 사건의 책이다. 그러므로 성서(Bible)는 단순히 책이 아니라, 책 중의 책(Book of books)이요, 거룩한 책(holy Bible)이요, 거룩한 문서(holy Scripture)다. 성서는 살아 계신 하느님의 말씀(His living word)이다.

성서는 성령의 요구 밑에 있는 신적 계시로 성령의 역사를 통해 인간에 의해 쓰인 책이다. 성서는 예수가 태어나기 1200년 전부터 기록되기 시작하여 기원후 150년경까지 약 1,400년에 이르는 긴 세월 동안에 형성되었다. 언어에서도 구약은 히브리 민족 역사와 함께 자라난 책이기 때문에 자연히 히브리어로 쓰였고, 신약은 그리스-로마 시대에 생겨난 책이기 때문에 헬라어로, 특히 그 당시 일반 민중이 사용했던 '코이네'(koine)로 쓰였다. 성서를 기록한 사람들은 성령의 감동을 받은, 다양한 직업에 종사하던 사람들, 즉 농부, 어부, 왕, 선지자, 의사, 목자, 제사장 등에 의해서였다. 그 책 안에는 하느님의 영원한 약속과 희망이 있고, 구원과 영생이 있으며 무궁무진한 지혜의 샘이 있다. 성서는 다른 종교적 문헌, 예를 들면 경건문학, 역사적 신조, 신앙고백서 등과 구별된 권위를 가진다. 성서가 권위(authority)를 가지는 것은 신의 특별한 영감(inspiration)으로 기록된 것이라고 믿기 때문이다.

구약은 본래 히브리어로 '하세파림'(hasefarim, the books)이라고 불리었다. 그 후 히브리어 구약성서(Palestinian canon)가 헬라어(Greek)로 번역될 때, 비블로스(biblos)라고 했는데, 그 말도 '타 비블리아'(ta biblia), 즉 '그 책들'(the books)이라는 뜻이었다. 그리고 라틴어의 성서 이름은 글 혹은 문서의 의미를 지닌 스크립투라(scriptura)와 약속이나 언약의 의미를 지니고 있는 테스타멘툼(testamentum)이었다. 이러한 성서의 이름들을 영어권에서는 Bible, Holy Bible, Scripture, Holy Scripture, Old Testament and New Testament 등으로 거의 구분 없이 사용하고 있다. 여기서 차이를 말하면, Bible은 기독교의 경전으로 편집된 것으로 우리말의 성경에 해당한다고 볼 수 있고, Scripture는 기록된 내용에 비중을 둔 성서에 해당하는 어휘라고 할 수 있다. 라틴어 testamentum은 언약, 약속, 계약의 의미를 지닌 것으로 예수 그리스도를 중심에 두고 옛 약속(old testament)인 구약을, 새 계약(new testament)인 신약을 전제로 하고 있다.(렘 31:31) 계약이란 용어는 히브리어 베리트(berith)가 헬라어 디아데케(diatheke)와 라틴어 테스타멘툼(testamentum)으로 번역되고, 영어로 테스터멘트(testament)가 된 것이다.

3_ 성서의 내용 구성

성서는 구약 39권과 신약 27권으로 모두 66권이다. 구약성서(옛 계약으로서의 하느님의 말씀)는 주전 1200년경부터 천 년이란 세월에 걸쳐서 완성되었다. 구역성서의 이름은 히브리어 원문으로는 '율법'과 '예언서'와 '성문집'이라고 되어 있다.(cf. 눅 24:44) 이것은 구약성서의 내용을 그 이름으로 삼은 것이다.

첫째로, 율법서는 소위 모세 5경(창세기, 출애굽기, 레위기, 민수기, 신명기)으로 하느님의 행위에 대한 기록이다. 그 안에는 천지창조, 인간창조(imago Dei), 불순종(죄), 홍수의 기사가 나오며, 아브라함과 이삭과 야곱을 부르시고, 이스라엘 백성을 택해 구원을 약속하시고, 이집트 종살이, 모세를 통한 출애굽(Exodus)의 기사와 계약(출 24:1-11), 거룩한 제사의식, 40년 광야생활, 신앙고백(신 26:9-10) 등이 기록되어 있다.

둘째로, 예언서는 전기 예언서와 후기 예언서로 구성된다. 전기 예언서(여호수아, 사사기, 사무엘상, 사무엘하, 열왕기상, 열왕기하 등 모두 6권이다.)는 가나안 점령에서부터 바빌로니아 포로기까지의 역사다. 후기 예언서(이사야, 예레미야, 에스겔, 호세아, 요엘, 아모스, 요나, 미가, 나훔, 하박국, 스바냐, 학개, 스가랴, 말라기 등 모두 14권이다.)는 가나안 점령에서부터 바빌로니아 포로기까지 이 기간 동안 이스라엘의 타락을 책망하고 나아갈 길을 제시한 예언서들을 말한다. 그 안에는 가나안 입주, 200년 동안 사사들의 시대(12지파의 부족동맹 시대, 즉 야훼를 믿는 신앙으로 함께 결합된 계약공동체), 왕정 체제 시작(사울, 다윗, 솔로몬), 예언자 시대에 북왕국 이스라엘과 남왕국 유다로 분열(솔로몬과 그의 아들 르호보암의 죄에 대한 하느님의 심판)되었음을 다룬다. 북왕국은 앗시리아에 의해 멸망되었다.(721 BC) 이때 활동한 예언자들은 엘리야, 아모스, 호세아 등이다. 남왕국은 바빌로니아에게 멸망되었다.(587 BC) 이때 활동한 예언자들은 이사야, 미가, 예레미야 등이다. 이스라엘 백성은 바벨론 포로생활에 들어가게 되었고, 이 포로생활은 이스라엘의 종교생활에 근본적인 변화를 가져왔다. 이스라엘 백성들은 성전을 빼앗겼으나 회당을 짓고, 거기서 율법과 예언서들을 연구하였다. 이러한 긴 역사 속에서 하느님의 온전하신 구원을 같이 갈망하고 있었다.

셋째, 성문서(시편, 잠언, 전도서, 욥, 에스더, 룻기, 아가, 예레미야애가, 다니엘, 에스라, 느헤미야, 역대상, 역대하 등 모두 13권이다.)는 하느님이 행하신 행위들과 말씀들에 대한 응답이다. 탄식, 찬양의 노래, 지혜, 묵시언어로 나타난다.

구약성서 분류 방법에는 맨 처음에는 율법(창세기-신명기)과 선지서들(여호수아-말라기)로 구분된 것 같다.(cf. 마 5:17) 개역한글판 성서는 70인역에 따라 구약성서를 율법(창세기-신명기, 5권), 역사서(여호수아-에스더, 12권), 시가서(욥-아가, 5권), 대선지서(이사야 다니엘, 5권), 소선지서(호세아-말라기, 12권) 등 모두 합해서 39권으로 구성되어 있다. 개역한글판 성서와 히브리 성서(Hebrew Bible)는 책의 배열만 다를 뿐이지 내용은 동일하다.

신약의 문자적 의미는 '새 언약'(눅 22:20)이다. 신약은 새 언약에 기초하여 하느님께서 그리스도를 통하여 인간과 맺은 새로운 약속에 대해 기록하고 있다. 예수 그리스도를 축으로 하여 구약은 구원의 약속과 시작을 예언하고, 신약은 새 계약의 말씀으로서 이스라엘의 소망이 예수 그리스도를 통해 성취되고 완성하는 것을 의미한다. 신약성서의 메시지의 핵심은 예수를 메시아(그리스도)라고 증언하는 것에 있으며, 죄를 대속하기 위하여 자신을 버린 그리스도(마 26:28)와 그의 구원을 받아들이는 회중들의 모임인 교회를 중심으로 삼고 있다. 초기 교회는 예수가 메시아임을 선포하는 것을 과제로 삼았다.(행 1-10장, 롬 1:1-3, 고전 11:23-25, 15:3-7, 빌 2:6-11) 신약성서는 다음과 같이 분류하여 설명될 수 있다.

첫째로, 복음서(마태복음, 마가복음, 누가복음, 요한복음 등 모두 4권이다.)는 예수 그리스도가 누구인가를 밝히고 있다. 마태복음은 유대 민족을 생각하는 것이 강하게 들어 있고, 마가복음과 누가복음은 비교적 약자에 대한 관심이 많으며, 요한복음에는 헬라철학의 영향 속에 쓰였음을 볼 수 있다. 이 복음서들은 예수의 탄생, 고난, 죽음, 부활을 말하면서 하느님의 구속 사역을 증거한다. 특기할 점은 네 복음서 모두가 예수의 고난과 십자가 죽음을 비극적 운명으로 다루는 것이 아니라, 복음서 전체의 중심으로 다루고 있다. 여기서 예수는 인간과 하느님 사이의 장벽을 무너뜨린 화해자로서 증거된다.

둘째로, 사도행전은 누가복음과 연결되는 역사로서 사도들의 활동과 메시지, 바울 사도의 일생과 전도여행 그리고 복음이 기원후 1세기 예루살렘에서 시작하여 로마에 이르는 지중해 세계 전반에 걸쳐 전파되면서 교회들이 설립된 과정을 보여 준다. 예수 그리스도의 구속 사역은 성령의 역사 속에서 전 세계로 확장된다.(행 1:8)

셋째로, 바울서신(로마서, 고린도전서, 고린도후서, 갈라디아서, 에베소서, 빌립보서, 골로새서, 데살로니가전서, 데살로니가후서, 빌레몬서 등 모두 10권이다.)은 바울이 선교 사역을 수행하면서 써 오던 글들이다. 우선 로마서는 박해받던 기독교를 변증하기 위하여 쓴 것이다. 신학 전문가인 바울은 성령을 받은 그리스도인이 무엇을 믿을 것인가를 보여 주기 위해 신문의 논설처럼 기독교의 주요 교리를 기술한다. 고린도전서와 고린도후서는 성령을 받은 사람의 생활과 신앙공동체에서 일어났던 문제, 즉 제사 음식, 극단적 독신주의, 부활, 은사 등의 문제를 다루고 있다. 데살로니가전서와 데살로니가후서는 환난과 시련 중에 있는 성도들에게 주의 재림 신앙으로 승리하도록 권고하고 있다. 바울은 광대한 선교 지역을 보살피는 사도로서 특별한 지역에서 생기는 문제에 직접 참여할 수 없을 때, 서신을 통해서 목회하였다. 내용으로는 설교, 권면, 교리 해설, 예언적 증언, 찬미 등을 담고 있다.

넷째로, 목회서신(디모데전서, 디모데후서, 디도서 등 모두 3권이다.)은 교회 목회를 수행하는 사람에 대한 지시와 권면을 담고 있다. 이 서신들은 목회적 관심 때문에 쓰인 것으로 목회자는 거짓 교사들에 대항하여 논증하고, 교회의 제도적 조직을 권고하고 있다. 또한 교회의 성직을 부여받은 목회자들의 올바른 행동과 실천을 촉구하고 있다.

다섯째로, 공동서신(야고보서, 베드로전서, 베드로후서, 요한일서, 요한이서, 요한삼서, 유다서 등 모두 7권이다.)은 모든 교회에서 보낸 사도들의 서신들을 모은 것으로서 기독교의 신앙의 본질을 수호하기 위해 유대교, 로마 정부, 거짓교사와 대결하는 상황에서 쓰였다.

여섯째로, 히브리서는 도미티아누스 황제가 박해할 때 고난을 당하는 그리스도인들에게 보낸 서신이다. 혹독한 고난 가운데 처해 있는 그리스도인들에게 고난을 극복할 수 있는 길을 제시해 준다. 대제사장이 되신 예수가 우리의 고난을 짊어지셨다는 복음이다.

일곱째로, 요한계시록은 도미티아누스 황제가 통치할 때 박해에 견디도록 신도를 격려하는 목적에서 쓰였다. 이 책은 장차 일어날 일에 대하여 밧모 섬에 유배되어 있는 사도 요한에게 보여 준 계시로서 예수 그리스도와 하느님의 백성의 궁극적인 승리에 관해서 기술하고 있다.

신약성서의 각권의 배열은 그 내용의 논리적 순서에 따라, 복음서, 사도행전, 서신들 그리고 계시록의 순서로 되어 있다. 맨 처음 쓰인 데살로니가전서(50 AD)로부터 맨 나중에 쓰인 요한계시록(81-96 AD)을 감안하면 약 40여 년 동안에 걸쳐 신약성서가 기록된 셈이다.

4_ 구약과 신약의 관계

유대교의 경전인 구약성서는 기독교에서도 그대로 경전이며, 구약의 신관도 신약의 신관에 구현되어 창조자요, 역사를 섭리하는 자요, 사랑의 아버지로 친근하게 표현된다. 그러므로 유대교를 도외시하고는 기독교를 말할 수 없다. 유대교의 출발은 타락한 인간을 구원하기 위한 창조자 하느님이 아브람과 이삭과 야곱을 택하여 계약을 맺음으로써 시작된다. 모세가 야훼 하느님으로부터 십계명을 받음으로써 계약은 더욱 구체화된다. 모세 오경은 하느님과 이스라엘과의 계약으로서 유대교의 중요한 내용과 기초다. 유대교는 율법종교로서 신은 오직 한 분 야훼뿐이라는 유일신관을 믿기 때문에 다른 신은 인정되지 않고 우상으로 간주된다. 예언자들은 이 유일신론을 지켜오는 데 공헌한 자들이었다. 그에 반해 제사장들은 종교의 제의를 통해 신과 백성들을 하나로 묶었다. 예언자들은 불의와 죄악을 지적하여 하느님 앞에서 회개를 부르짖고 하느님의 뜻에 복종할 것을 외쳤고, 제사장들은 백성들의 죄를 사하기 위해 제사를 드리는 일에 치중했다. 이와 같이 유대교는 구약에 나타난 야훼 하느님과의 계약을 중요시하고 있는 점에서 신약의 중요한 배경이 된다.

구원사적 의미에서 보면 구약이 예수 그리스도의 예언을 말하는 책이라면 신약은 그 예언이 성취된 책이다. 다시 말해서 예수의 생애에 대한 신약성서에 기록된 많은 사건들이 구약 본문의 성취로 진술되거나 그 설명들이 구약을 암시한다는 점이다. 가령 예루살렘 입성(막 11:1-10)은 스가랴 9:9을 성취한다. 십자가 처형(막 15:22-37)의 거의 모든 요소들은 시편에서 나온 것이다. 바울은 메시아가 '다윗의 혈통'에서 나왔다고 한다.(롬 1:3) 미가 선지자는 이스라엘을 다스리실 메시아가 베들레헴에서 탄생한다고 예언한다.(미 5:2, 마 2:1-6) 예수 그리스도의 세계는 아브라함과 다윗으로부터 나온 세계다.(마 1:1) 메시아는 남자와 상관없이 여자의 후손으로부터 난 자며(창 3:15, 갈 4:4, 마 1:24), 그 메시아는 야곱이 축복하는 자의 가문에서 나온다. 잠언은 "지혜가 부르지 않느냐? 나 지혜는 예지한 집에서 살고 있으니…."(잠 8:1, 12)고 하는데, 여기서 '지혜'는 예수를 지칭한다. 야곱은 운명시에 축복하면서 맏아들 르우벤에게 하지 않고(창 49:1), 유다에게 왕의 지팡이를 주면서 "왕의 지팡이가 유다를 떠나지 아니하리라."(창 49:10)고 축복한다. 유다 지파에서 영원한 왕권을 가지는 메시아가 출현한다는 의미다.

　　이사야 선지자는 예수가 탄생하기 600여 년 전에 "처녀가 잉태하여 아들을 낳고, 그 이름을 임마누엘이라 하리라."(사 7:14) 예언하고, "소경들의 눈을 열어 주고 감옥에 묶여 있는 이들을 풀어 주고 캄캄한 영창 속에 갇혀 있는 이들을 놓아주어라."(사 42:7)고 외치는 메시아를 예언한다. 그러나 그는 야훼의 뜻을 위해 고난의 종으로서 이 세상에 오신다고 한다.(사 52:13-53:12) 민수기를 보면 모세가 광야에서 이스라엘 백성들을 죽어 가고 있었을 때, 야훼의 지시를 받고 구리뱀을 만들어 기둥에 달고 그 나무에 있는 구리뱀을 보게 하여 그것을 본 자는 모두 살게 했다.(민 21:6-9) 이것은 예수가 십자가에 달릴 것을 예언해 준 것이다.(요 3:13-14) 모세 시대 광야에서 구리뱀을 본 것은 신약에서 십자가에 달린 예수를 보고 구원을 얻는 것과 대구가 되었다.

　　고대 이스라엘의 가장 중요한 직무 가운데는 예언자, 왕, 제사장이 있는데 고대 교부를 비롯해 종교개혁자와 현대에 이르기까지 그 세 직무를 그리스도의 사역과 일치시킨다. 이것은 구약성서의 그리스도론적 또는 구속사적 해석을 가능하게 한다. 그리스도의 세 가지 직무는 구약의 메시아 예언이 구체적으로 예수 그리스도 안에서 성취되었음을 보여 준다. 전통적인 의미에서 예수는 제사장이 아니지만 그의 몸을 제물로 바침으로써 하느님과의 화해를 이루었다. 예수는 구약의 제사장처럼 백성들의 죄를 용서받기 위해 어떤 제물을 바친 것이 아니라 몸소 자신의 몸을 바쳤다. 이 대속적 죽음이 그리스도의 제사장의 직분이다. 살렘 왕 멜기세덱은 제사장이었다. 예수는 성부의 오른 편에 앉으신 분으로서 멜기세덱의 법통을 잇는 영원한 제사장이다.(시 110:1, 4, 히 7:1-28) 그리스도는 영원히 통치하는 왕의 직분을 가지고 있다. 이스라엘 백성은 다윗 왕조와 같은 강한 나라를 기다리고 있다. 다윗 왕위를 영원히 굳건하게 할 분은 바로 메시아 예수다.(대상 17:11-14) 그는 '왕 중의 왕'이다.(마 5:35) 그리스도는 예언의 사명을 마지막까지 완수하기 위하여 선택되고 부름을 받은 예언자의 직분을 가지고 있다.(눅 1:33) 예수의 예언자적 사명은 "병든 자들의 치유, 갇힌 자들의 해방,

가난의 질곡으로부터 자유"의 복음, 즉 하느님 나라에 대한 기쁜 소식을 선포하는 것이었다.(사 61:1-2) 그러나 그는 모든 예언자와는 달리 그 자신이 하느님 말씀이므로 하느님의 아들로서 하느님을 대신하여 전권적으로 수행한다.

출애굽기에는 야훼께서 모세를 통해 예배당, 곧 성막(holy place/tabernacle)을 짓도록 했다.(출 25:9) 성막은 하늘에 있는 하느님 나라의 모형으로서 하느님의 백성들이 하느님과 만나는 장소다. 그곳은 하느님이 거룩하심으로써 임하는 장소다. 하느님이 거하시는 성막의 휘장은 청색, 자색, 홍색, 흰 베실로 수놓아 짜라고 했다.(출 26:1, 35:35, 36:35, 37) 여기서 흰색은 사람이신 예수를, 청색은 하느님이신 그리스도를, 자색은 왕이신 예수를, 홍색은 고난의 종으로 오신 주님을 상징하는 것으로 해석한다. 하느님께서 성막을 통해 우리에게 주시고자 하는 메시지는 인류의 죄를 대속하시는 속죄양 예수 그리스도를 지시하고 있다.

구약 시대에는 우선 번제(burnt offerings)를 통해 어린 양이 우리의 죄를 대신하여 희생되었다.(히 9:22) 그러나 이제는 하느님의 아들 예수 그리스도가 인류의 죄를 위하여 "단번에"(ein für allemal) 대속물이 되어(히 9:12) 구약의 희생제사가 더 이상 필요 없게 된 것이다. 성막 안에는 떡상(table of showbread)과 금촛대(golden candlestick)와 향단(altar of incense)이 있다. 향단에서는 향을 피운다. 향을 피우는 곳에 주님이 임재하신다.(눅 1:11) 여기서 제사장은 향을 피우고 성도는 기도한다.(눅 1:8-11) 떡상에는 12지파를 상징하는 것으로 6개씩 두 줄로 놓여 있다.(출 25:30) 예수는 '생명의 떡'이다.(요 6:48) 떡은 성만찬에서 그리스도의 몸을 상징하는 대속적 의미를 가지고 있다.(마 26:26-9, 막 14:22-25, 눅 22:15-20, 고전 11:23-26, 출 12:12, 13:2, 12) 금촛대는 살구꽃 형상으로 만들어진 것으로 감람유로 불을 켜 성막을 밝게 해 준다. 그 촛대를 만들기 위해 풀무불을 여러 차례 통과하고 망치로 두드려 만들기 때문에 금촛대는 보통 예수의 고난을 상징한다. 여기서 살구꽃은 열을 받으면 더욱 향기를 발휘하는 꽃으로 주님의 고난이 의미가 있다는 것을 보여 준다.

　　마지막으로 구약성서에서 메시아에 대한 예언이 신약과 어떤 관계를 가질 수 있는지를 살펴보자. 에스겔은 그발 강가에서 하늘이 열리며 나타나는 신비스러운 광경을 보게 되었다. 그 환상에는 짐승 모양을 하면서 사람의 모습을 갖춘 것이 넷 있었는데, 곧 사람 얼굴, 사자 얼굴, 소 얼굴, 독수리 얼굴이었다.(겔 1:1-28) 이러한 유사한 내용이 요한계시록에도 나온다. 이 네 얼굴은 "전에도 계셨고 지금도 계시고 장차 오실 분"으로 예수 그리스도를 상징하고 있다.(계 4:6-8) 아우구스티누스(Augustinus)나 칼뱅(J. Calvin) 등은 이 네 생물이 예수의 네 가지 속성을 의미하는 것으로 신약의 사복음서와 관련지어 생각했다. 사람의 얼굴의 모습은 우시고, 슬퍼하는 인간 예수를 그린 누가복음에 해당하고, 짐승의 왕인 사자는 유대인의 왕, 즉 메시아로 오신 예수를 그린 마태복음에 해당하고, 희생제물인 소는 종으로 섬기러 오신 고난받는 예수를 그린 마가복음에 해당하고, 하늘을 나는 독수리는 하느님이신 그리스도를 상징하여 기록된 요한복음에 해당한다.

5_ 성서의 형성 과정

　　성서는 하나의 책이다. 성서가 책이라면 누가 언제 어디서 무슨 말로 그리고 왜 썼는지 등을 살펴볼 수 있을 것이다. 성서, 즉 '거룩한 책'이라는 권위는 누가 어떻게 붙일 수 있으며 왜 하필 66권만이 경전이 되는가? 성서는 한꺼번에 완성된 책이 아닐 뿐만 아니라 하늘에서 툭 떨어진 것처럼 생각해서도 안 된다. 성서는 무하마드(Muhammad)의 코란이나 몰몬교의 몰몬경처럼 당대에 완성된 책이 아니라, 천 년 이상이 걸려서 만들어진 신앙고백서다.

　　그러면 성서는 어떻게 형성되었나? 가령 어떤 친구가 굉장히 기쁜 일을 당했다든지, 놀라운 사건에 봉착했다든지 하면 그 사람은 반드시 그것을 자기 친구나 친척에게 알리려고 할 것이다. 그런데 여기 어떤 사람에게 하느님이 현실로 다가와서 하느님의 말씀이 그에게 임했다면, 그는 그것을 무심코 다룰 수 없을 뿐만 아니라 정황과 내용을 기억하여 자손에게 전수시키지 않을 수 없을 것이며, 특별히 그 사건이 전 국가와 민족에게 관계된 것을 경우에는 더더욱 그 전승에 대한 노력이 크게 될 것이다. 가령 신약 시대에 사도들은 그리스도의 말씀과 대화와 업적에서 배운 것과 성령의 영감에서 얻은 바를 모범으로 보여 주며 설교와 가르침으로 전했다. 이는 기록되지 않은 하느님 말씀으로서 성서의 원천이다.(요 21:25)

구약 시대에는 문자가 생기기 이전부터 하느님은 자신의 메시지를 구전 전승(oral tradition)을 통해 인류에게 주셨는데, 우리는 그 시기를 '역사 이전 시대'(prehistory) 혹은 원역사라고 부른다. 이 시대는 하느님의 뜻과 섭리가 입에서 입으로, 즉 말로 전수된 구전 전승 시대였다. 이러한 시기를 지나서 문자로 기록된 문서가 나온 것은 대략 기원전 11-12세기경으로 추정하고 있다. 그러나 당시에 기록된 글자는 상형문자에 가까운 고대 히브리어였고, 종이나 필기구 같은 것이 없던 시대여서 양피지나 파피루스 같은 것에 붓으로 기록했다.

그러면 성서, 즉 '거룩한 책'(holy book)이라는 이름은 어떻게 붙일 수 있었으며, 왜 66권만이 경전(canon)이 되었는가? 문자가 없을 때 구전 전승으로 전해 내려오던 '하느님의 말씀들'이 기록되기 시작한 것은 예언자들의 활동이 가장 두드러졌던 기원전 7세기부터 5세기경이었다. 그 예언서들 중에는 유대인들이 포로생활을 하는 중에 회개하는 마음으로 수집하고 편집한 글들이 대부분이었다. 기원전 9세기 야훼문서(J)에서부터 시작하여 기원전 8세기에 엘로힘문서(E), 기원전 7세기에 신명기문서(D) 그리고 기원전 4세기경에 제사문서(P) 등에서 율법서인 이른바 '모세 오경'(Pentateuch)이 수집되고 편집되었다. 성문서는 유대교의 회당에서 예전용으로 사용하기 위해 기원전 4세기부터 2세기에 편집된 문서들이다.

이렇게 하여 기원전 900년쯤 야훼문서(J)가 처음 쓰이고, 그 후 각양 문서들이 시대마다 첨가되어 '하느님의 말씀'이 모아진 것이다.

그러나 그 가운데는 무질서하고 허황한 것도 적지 않게 끼어 있었다. 그래서 어느 것이 진정한 하느님의 말씀인가를 가려내는 정경(canon) 작업을 하게 되었다. 이때 히브리어로 된 구약성서(Palestinian Canon) 39권이 헬라어로 번역되었으며, 유대교 랍비들은 기원후 90년경에 얌니아(Jamnia)에서 종교회의를 열어 구약 39권을 '히브리 정경'으로 종결지은 것이다. 얌니아 회의에서는 히브리어로 쓰인 책 이외의 헬라어로 쓰인 종교 문헌들은 정경에서 제외되었다.

신약성서는 기원후 50-100/150년 사이에 기록된 것으로 예수 그리스도를 내용으로 하고 있다. 예수는 자신이 한 일에 대하여 기록을 남기지 않았으며 자서전도 쓰지 않았다. 그리고 그의 제자들을 명하여 자신이 한 일을 기록하게 한 일도 없었다. 그는 단지 제자들에게 하느님 나라의 복음을 전파하라고 명하였다. 따라서 예수께서 살아 계실 때나 죽으신 직후에도 현재의 복음서는 물론 그와 비슷한 기록도 없었다. 제자들은 다만 그의 분부대로 복음을 전하는 일에 주력하였으므로 그의 생애와 교훈은 단지 구전을 통하여 전달되었다. 이러한 구전들이 현재의 복음서가 편성되기 시작한 것은 기원후 50년경부터였다. 이 문서화된 구전을 학자들은 'Q 자료'(Quelle)라고 한다. 그 후 시일이 경과하고 정세가 변함에 따라 복음을 전파하기 위해 성서를 기록할 필요를 느끼게 되었다. 따라서 초대교회는 신약성서를 갖지 않았던 시절이 있었다.

새 계약인 신약은 예수의 제자, 특히 열두 사도와 사도 바울이 쓴 글들이다. 신약성서는 그 당시 지중해 일대에서 사용한 헬라어 '코이네'(koine)로 기록되었다. 데살로니가 교회에 보낸 첫 번째 편지가 기원후 50년에 맨 처음 쓰였다. 그 후 마가복음, 마태복음, 누가복음, 사도행전, 요한복음 등의 문서가 쓰이고, 맨 나중에 베드로후서가 기원후 150년경에 쓰였다. 이제 그들은 다음과 같은 두 가지 이유에서 정경(canon), 곧 규범을 확정할 필요가 생겼다. 첫째는 초기 교인들은 한동안 구약성서만을 가지고 신앙생활을 했는데, 예수가 메시아(그리스도) 임을 선포하기 위해 복음서를 비롯한 서신들을 기록할 필요가 생긴 것이다.(내적 이유) 둘째, 그 당시 영지주의, 몬타니즘, 에비온주의, 말시온 등의 이단설이 주님의 말씀과 사도들의 말씀을 변조하거나 날조할 수 있었기 때문에 정경 작업이 불가피했다.(외적 이유) 결국 기원후 397년 카르타고 회의(council of carthage)에서 신약 27권을 정경으로 확정하였다.

이렇게 해서 구약 39권과 신약 29권, 모두 66권이 기독교의 정경(canon)으로 확정된 것이다. '정경'의 본래 뜻은 히브리어 카네(qaneh)로 지팡이, 막대기, 갈대(stick, rod, reed) 등을 뜻하며, 헬라어로는 카논(canon)으로 측량하는 잣대, 규범, 표준, 척도를 의미하였다. 정경(canon)의 기준으로는 우선 객관적 기초로서 예수 그리스도를 증언하고 있어야 되며, 예수 그리스도의 말씀을 직접 들은 사도들로부터 유래한 증언을 전제로 하였다. 그 다음에는 원시 기독교 공동체의 신앙생활과 사상을 규범으로 간주했던 문서들을 모았다. 마지막으로 '성령의 내적 증언'(testimonium internum spiriti sancti)인 주관적 기준이 전제될 수밖에 없었다. 이렇게 구약과 신약의 순서들이 처음부터 성서에 편입되리라는 예상 가운데 쓰인 것이 아니었다. 다만 오래 지나는 동안 일반에게 저절로 그렇게 인정되고 평가되어, 결국 성서의 목록에 들게 된 것이다.

기원전 3세기 중엽, 고대 근동 지역은 헬라 세계로 전환되었다. 그래서 기원전 3세기 중엽에 히브리어와 헬라어에 정통한 72명의 유대인 학자들에 의해 100여 년간에 걸쳐 헬라의 중심지인 알렉산드리아에서 히브리어 구약성서(Palestinian Canon)를 헬라어로 번역하였다. 이 번역된 39권을 70인역 혹은 셉튜아진트(Septuagint)라고 한다. 이렇게 해서 제1경전이라고 하는 최초의 헬라어 구약성서 39권이 이 세상에 나오게 되었다. 이 당시에 15권의 헬라어 구약 전승의 책들도 구약의 책들처럼 애독되었다. 그래서 알렉산드리아 구약 헬라어 정경(Alexandrian Canon)은 70인역 39권과 소위 제2경전인 '외경' 15권을 합한 54권을 정경으로 정했다. 이와 같이 66권 성서 외에도 위경과 외경(apocrypha)이 있다. 위경이란 정경 과정 중에서 처음에는 후보군에 들어

갔으나 성서로서의 가치 기준이 미달된 21권의 책을 말한다. 외경이란 역시 성서 편집 과정에서 최종적으로 정경에 들어오지 못한 구약 외경 15권과 신약 63권을 말한다.

이러한 기독교의 정경 전승은 마르틴 루터가 일으킨 종교개혁(Reformation)에 의해서 변화가 일어났다. 정경 문제에 관해서 기원후 90년경 팔레스타인 얌니아에서 유대인 학자들이 히브리어로 된 구약성서 39권만을 유대교 경전(Palestinian Canon)으로 확정하고 이를 정경이라고 했다. 루터는 유대교 입장을 취하였다. 그래서 15권의 책을 '외경'으로 제외시켰다. 다시 말해서 유대교 경전(Palestinian Canon) 입장에 서서 이 15권의 책들은 정경 밖의 책, 즉 외경이 된 것이다. 한편, 가톨릭 교회에서는 트리엔트 공의회(Council of Trient, 1545-1563)를 열어 루터의 개혁에 반대 입장을 취하고, 정경에 대해서는 종래의 알렉산드리아 구약 헬라어 성서(Alexandrian Canon)의 기본 입장을 재확인하고, 그 중 3권의 책을 제외한 12권만을 포함시켜 51권을 구약의 정경으로 결정했다. 그러나 오늘날 한국 개신교와 가톨릭의 공동번역성서는 정경 66권에다 9권 외경을 포함시켰다.

정리하면 성서는 '책'(Scriptura, Bible)이다. 그것은 책 중의 책이다. 예수 탄생을 기준으로, 이전이 구약이고 이후가 신약이다. 사실 개신교의 전통에 따르면, 그 책은 한 권이 아니라, 구약 39권, 신약 27권이다. 성서가 기록되고 편집의 과정을 구약은 기원전 900년경부터 시작하여 각 시대마다 말씀이 첨가되어 기원후 90년에 이르러 얌니아 회의에서 유대교 랍비들에 의해 39권을 정경으로 확정되었다. 신약은 기원후 50년경에 시작하여 기원후 397년 카르타고 회의에서 27권이 정경으로 확정되었다. 가령 예수의 사건에 대해서 기록을 보면, 예수가 이 땅을 떠난 50년 이후부터 데살로니가전서를 필두로 시작하고 있다. 기록한 목적은 선교와 교회생활을 염두에 두면서 자료를 근거로 하고 있다. 사건이 같지만 세부적인 것이 차이를 나타내는 것은 '관점'에 따라 자료 사용이 다르기 때문이다. 성서의 장과 절은 원래 없었지만 읽기에 편리하도록 후대에 붙여진 것이다. 성서와 성경의 차이는 성서로 공부한 후 성경으로 경전을 삼을 수 있어야 한다.

6_ 성서 번역

구약의 원어는 히브리어(Hebrew)이고, 신약의 언어는 헬라어(Greek)다. 우리 인류에게 보존된 구약성서는 원문(original text)이 없고 다만 사본들(manuscripts)뿐이다. 사본 가운데 가장 권위 있는 것은 1947년 사해 근처의 쿰란(Qumran) 동굴에서 발견된 '사해사본'(The Dead Sea Scrolls)이다. 사해사본(이스라엘 국립 박물관에 보존되어 왔다.)은 히브리어 자음으로만 쓰인 구약 사본 가운데 가장 오래된 것으로 에스더서만을 제외한 구약의 모든 책들이 포함되어 있다. 그것은 기원전 1세기에서 기원후 1세기경에 쓰인 것으로 보고 있다.

구약 전체가 보존된 가장 오래된 사본은 알려지지 않은 '전승자들'(Masoretes/transmitter)에 의해서 이루어진 것으로 '전승자들의 텍스트', 즉 '마소라 텍스트'(Masoretic Text)라는 이름으로 불리었다. 이 텍스트는 구약 전체가 보존된 사본으로 현재 레닌그라드 도서관에 소장되어 있다고 해서 '레닌그라드 사본'(Codex Leningrad)이라고 한다. 이 사본은 구약성서에 모음 부호(vowel points)를 붙여 읽을 수 있도록 한 것으로 오늘날 히브리 원문 성서(Hebrew Text)의 토대가 되고 있다.

히브리어 구약 원전(Hebrew Text)이 다른 언어로 번역된 최초의 것은 헬라어 번역인데, 70명의 학자를 동원해서 기원전 270년경에 완성되어, 그것을 '70인역 성서' 혹은 '셉튜아진트'(Septuagint)라고 부른다. 그리고 아람어(Aramaic) 번역을 '타르굼'(The Targums), 시리아어(Syriac) 번역을 '페시타'(Peshitta, AD 2세기경), 라틴어 번역을 '불가타'(Vulgata, 410 AD)라고 부르고 있다. 이 라틴어 번역은 로마가톨릭 교회에서 1500년 동안 공식적으로 사용하는 성서가 되었다. 가톨릭 교회는 의식을 중요시하며 미사, 찬미, 성서 읽기 등 모든 예배를 모두 라틴어로 하였다.

그러나 그 당시 라틴어는 일반 백성들이 알아들을 수 있는 언어가 아니었다. 그래서 종교개혁자 루터(M. Luther)는 자기 주위에 있는 백성들이 알아들을 수 있는 언어, 즉 독일어로 성서(Bibel, 1534 AD)를 번역해서 종교 분야뿐만 아니라 독일 문화 발전에 절대적인 영향을 끼쳤다. 영어 번역이 맨 처음 나온 것은 1380년 위클리프(John Wyclife)가 라틴어 성서 '불가타'(Vulgata)를 영어로 번역했을 때다. 그 후 1520년 윌리엄 틴데일(William Tyndale) 히브리어 원문에서 영어로 번역을 했다. 역사적으로 가장 유명한 영어 번역은 *King James Version*(KJV)이다 이 번역은 제임스 1세(James I)의 명에 의해서 영국 교회에서 공중예배에 사용하기 위해 쓴 권위 있는 번역으로 통했다.(1611)

최근의 번역으로는 미국 개신교에서 번역한 *The Revised Standard Version*(RSV, 1952)이 있다. RSV는 원문에 충실하면서 현대 영어로 번역되어 미국교회연합회(NCC, USA)의 공인된 성서다. 특히 이 RSV에는 *The New Oxford Annotated Bible*(H. G. May and B. M. Metzger, ed., Oxford University Press, 1973)가 첨부되어 있어 성서 연구에 도움을 주고 있다. 그 다음에는 가톨릭 교회 번역으로 *The Jerusalem Bible*(Garden City, N. Y.: Doubleday, 1966)이 있다. 이 번역은 프랑스 학자들에 의해서 예루살렘에서 번역했기 때문에 붙여진 이름으로 프랑스 성서학계를 대표하는 번역이다. 그리고 미국 가톨릭 성서학계를 대표하는 번역으로 학문적 권위를 인정받고 있는 *The New American Bible*(New York: P. J. Kennedy & Sons, 1970)이 있다. 이 번역은 원문에서 번역한 것이다. 그리고 *The New English Bible* (New York: Oxford University Press, 1970)은 영국 성공회와 개신교의 후원 아래 번역된 것으로 영국의 성서학계를 대표하고 있다.

특히 유대인들이 자존심을 걸고 번역한 성서로는 *The New Translation of the Holy Scripture*(Philadelphia: The Jewish Publication Society of America; Torah, 1962; Neviim, 1978; Kethuvim, 1982)가 있다. 평이한 영어를 사용한 번역으로는 세계성서공회연합회(United Bible Societies)가 주도한 *Good News Bible: Today's English*

Version(New York: American Bible Society, 1976)이 있다. 가장 최근의 영어 성서 번역으로는 The New International Version(United States International Bible Society, 1983)이 있다. 이 번역은 히브리어, 아람어, 헬라어로 된 원문을 근거로 해서 100명이 넘는 명석한 학자들에 의해서 이루어졌다.

한반도에 처음으로 들어온 성서는 1770년 중국에서 일하던 프랑스의 가톨릭 선교사에 의한 한문 성경이었다. 성서가 우리말로 번역된 것은 1882년 만주 심양에서 『예수성교 누가복음전서』가 최초의 번역서였다. 1887년에는 서울에서 『예수성교전서』라는 이름으로 신약 전체가 번역되었다. 구약성서는 1898년 알렉산더 피터스(Alexander Pieters)가 시편을 번역하여 『시편 촬요』를 출판한 것이 시초였다. 마침내 1910년에 구약 전체의 번역이 끝나, 그 이듬해 1911년에는 한국 역사상 최초로 구약과 신약이 합쳐진 『성경전서』가 출판되었다. 이 최초의 번역본은 주로 영어 성서와 중국어 성서를 대본으로 삼아 번역한 것으로 번역상의 오류가 있었다.

한글성경전서가 출판된 후 얼마 안 되어 '성경개역위원회'가 조직되어 1938년에는 개역성경이 출판되었으며, 1956년에는 개역성경을 한글 맞춤법에 따라 『성경전서』 개역한글판이 완성되었다. 1967년에는 바꾸어진 한글 맞춤법에 의해 다시 번역된 『새번역성경』이 나왔다. 1977년에는 가톨릭과 개신교가 공동으로 번역한 『공동번역성서』가 출판되었다. 이 성서는 현대감과 생동감이 넘치는 번역으로 한국 교회가 세계 교회의 에큐메니컬 운동에 공헌한 작품이 되었다. 가장 최근의 번역으로는 1993년 『표준새번역』으로서 현대감각에 맞는 표현과 문법을 사용한 것이 특징이다.

통계에 의하면 세계 인구 60억(1999. 6) 가운데 아직도 4억이 넘는 인구가 전혀 성서에 대해서 모르고 있고, 성서 번역에 필요한 언어가 약 2,000개에 달하고 있다고 한다. 더욱이 성서 번역에서 더 큰 난점은 아직 글을 모르는 자들이 너무도 많으며, 글이 없는 지역에서는 글을 만들어야 성서 번역에 착수할 수 있다는 것이다. 그래서 성서 번역사업은 문명 퇴치, 언어 분석 등을 위한 전문인력이 요구되는 일이라고 볼 수 있다.

7_ 성서의 특성

성서는 율법, 생활 규범, 설화, 동화, 시, 역사, 문학, 격언, 우화, 편지, 상징, 비유, 풍자 등의 그릇으로 포장되어 있다. 그러나 그것은 그러한 형식을 빌렸을 뿐이다. 그 안에는 그것을 기록한 저자들의 신앙고백이 들어 있다. 성서는 신앙고백으로서 선포를 위한 책이다. 한 시인은 시편 119:1-176까지를 기록하면서 22개의 히브리어 알파벳 글자로 글을 시작하여 그 내용을 나누고 있다. א(Aleph, 1-8절), ב(Beth, 9-16절), ג(Gimel, 17-24절), ד(Daleth, 25-32절), ה(He, 33-40절), ו(Waw, 41-48절), ז(Zayin, 49-56절), ח(Heth, 57-64절), ט(Teth, 65-72절), י(Yodh, 73-80절), כ(Kaph, 81-88절), ל(Lamedh, 89-96절), מ(Mem, 97-104절), נ(Nun, 105-112절), ס(Samekh, 113-120절), ע(Ayin, 121-128절), פ(Pe, 129-136절), צ(Tsadhe, 137-144절), ק(Qoph, 145-152절), ר(Resh, 153-160절), ש(Sin, Shin, 161-166절), ת(Taw, 169-176절) 등이다.

하느님의 말씀이 전달되는 방식이 이야기 형식으로 나타나기도 한다. 에덴 동산 이야기, 최초의 인간에 대한 이야기, 선악과 이야기, 뱀의 유혹 이야기, 에덴 동산으로부터 추방당한 이야기, 홍수 이야기, 바벨탑 이야기, 처녀 탄생의 이야기, 오병이어의 기적 이야기 등등 수많은 이야기들로 되어 있다. 히브리인들은 이런 이야기들 속에 하느님의 중요한 메시지를 담아 전했던 것이다. 루터(M. Luther)는 비유하기를 "성서는 아기 예수를 담고 있는 구유 같다."고 말한 바 있다. 이 말은 구유가 예수를 담고 있기 때문에 신성하다는 뜻도 되지만, 구유 자체를 신성시해서는 안 된다는 뜻이다. 다시 말해서 하느님의 말씀은 여러 가지 그릇 속에 담겨 있는데, 중요한 것은 그 속에 담겨 있는 메시지이지 그릇 자체가 아니라는 뜻이다.

그러면 성서는 어떤 책인가? 성서는 역사책이 아니다. 만일 성서의 역사를 연대기적으로 계산한다면 아담부터 시작되는 인류의 역사는 구약 4,000년, 신약 2,000년, 합해서 6,000년에 불과할 것이다. 성서를 연대기적인 시각에서 보는 자들은 대체로 시한부 종말론을 말하는 말세론자들이나 성서문자주의에 매여 있는 자들이다. 이들은 성서를 문자주의적이고 연대기적으로 보고, 필요에 따라 알레고리적 해석을 곁들여서 시한부 종말론을 주장하고 합리화한다. 그러나 성서는 연대기적인 것을 말하지 않는다. 물론 창세기 12장에 나오는 아브라함의 이야기부터 시작하여 족장들의 이야기, 출애굽 사건, 광야생활, 가나안생활, 왕정 시대, 예언자들의 활동 등은 후대에 와서 의미와 해석을 곁들여 기록된 구원 역사에 해당한다.

그러나 소위 원역사(prehistory)라고 하는 창세기 1-11장까지 전개되는 천지창조부터 시작하여 최초의 인류의 조상 아담과 하와 이야기, 에덴 동산과 선악과 이야기, 가인과 아벨의 이야기, 노아 시대의 홍수 심판 이야기, 바벨탑의 이야기는 연대기적으로 계산할 수 없고, 또 계산해서도 안 된다. 독일어에는 역사의 의미를 지니고 있는 용어가 두 개가 있다. 고백의 역사로 지금, 여기서 일어난다는 의미를 가지고 있는 Geschichte와 연대기적이며 과거 사실의 역사인 Historie가 그것이다. 성서에는 '역사적인 것'도 있고, '역사 이전의 것'도 있지만, 분명한 것은 신앙고백의 역사(Geschichte)라는 사실이다.

성서는 과학책이 아니다. 우리는 '과학적 사고'를 하는 버릇이 있어 '어떻게'(How)라는 질문을 자주 한다. "하느님이 어떻게 아담의 갈비뼈로 하와를 만들었나?", "뱀이 어떻게 말할 수 있나?", "홍해 바다를 어떻게 육지와 같이 건널 수 있나?" 등등. '어떻게'라는 질문은 본질을 묻는 질문이기보다는 방법론을 묻는 과학적 질문이다. 따라서 성서를 향하여 그런 과학적 질문을 하면 결코 답이 나올 수 없다. 성서는 '어떻게'(How)를 묻지 않고, '왜'(Why), '무엇'(What)을 묻는다. "하느님이 왜 갈비뼈로 하와를 만들었나?", "뱀의 유혹은 무엇을 의미하나?", "왜 하느님은 이스라엘 백성들을 홍해 바다를 건너게 하나?" 등 등이다.

우리는 성서에서 삼층천, 즉 우리가 사는 평평한 지구와 지구 위에는 신들이 사는 하늘이 있고, 지구 밑에는 귀신들이 득실거리는 지옥이 있다는 비과학적인 우주관을 접하게 된다. 그러나 그것은 성서가 기록된 세계관일 뿐이다. 기독교가 통치하던 중세기 서구 사회에서는 성서가 모든 학문과 과학의 잣대였다. 어떤 새로운 학문이나 과학이 등장하여 성서와 배치되면 성서의 절대적 권위로 그 학문과 과학을 무시했다. 코페르니쿠스와 갈릴레오 갈릴레이의 지동설이 그 예다. 태양이 지구 주위를 돈다고 하는 천동설은 성서가 쓰인 당시의 세계관이었다. 그래서 지구는 둥글고 공전과 자전을 한다는 선언은, 당시 종교인들에게는 엄청난 충격이었고 사고의 대전환을 요구하는 도전이 되었다. 결국 갈릴레오는 종교재판을 받게 되었는데, 이러한 오류는 성서를 과학 교과서로 잘못 인식한 데서 비롯된 것이다.

성서는 윤리책이 아니다. 성서(聖書)의 글자 자체로 보면 '거룩한 책'이라는 뜻이다. 그렇기 때문에 흔히 사람들은 성서 안에는 거룩하고 숭고한 내용만이 담겨 있을 것이라고 쉽게 오해를 한다. 그리고는 곧 실망하게 된다. 가령 성서의 첫 책, 창세기를 보더라도 첫 머리에서부터 온갖 추악한 이야기들이 함께 등장한다. 형이 아우를 질투 끝에 쳐 죽이는 이야기(4장), 노아가 술에 취해 벌거벗고 잠든 바람에 실수한 이야기(9장), 믿음의 조상 아브라함이 아내를 누이라고 속이고 빼앗겼던 이야기(12장), 아브라함이 아들을 얻기 위해 첩을 얻은 이야기(16장), 호모섹스가 유행병처럼 번져서 천사들까지 겁탈당할 뻔했던 소돔성 이야기(19장), 롯의 두 딸이 아비에게 술을 먹여 놓고 그의 씨를 받아 자식을 낳는 이야기(19장), 야심 많고 사기성이 농후한 야곱의 출세 이야기(27, 30장), 죽은 형을 대신하여 형수에게 자손을 남겨 주어야 하는 계율을 어겨서 벌을 받아 죽은 오난의 이야기(38장), 시아버지를 속이고 동침하여 자식을 낳은 다말의 이야기(38장) 등등, 창세기 안에서만 해도 온갖 낯 뜨거운 이야기들이 줄줄이 등장한다. 성서는 결코 도덕적, 윤리적 교훈집이거나 명언들만을 모아 놓은 책이 아니다. 성서는 인간 실존의 압축장이다. 사랑이 있는가 하면 미움도 있고, 고귀한 선과 추악한 악, 순결과 불륜, 절망의 애가와 환희의 찬가 등 인간 세상에서 일어날 수 있는 모든 것들이 성서 안에 공존한다.

성서는 꾸밈없이 사실 그대로를 기록하고 있다. 다윗 왕은 유대 민족의 유일무이한 성군이다. 그러나 자기 부하의 아내를 빼앗고, 그녀의 남편인 부하 장군을 전쟁에 파견하여 전사토록 한 다윗의 잔인한 범죄 행위를 성서는 고발한다. 예수의 족보 가운데는 불륜의 아내 밧세바, 기생 라합, 이방 여인 룻 등이 들어와 있다. 거룩한 역사 속에 이들의 혈통과 불륜의 씨 등이 섞여 있는 사람들은 삭제 없이 기록하고 있다. 솔로몬 왕은 지혜의 왕으로 성전 건축 등의 훌륭한 공적을 보여 주고 있으나, 700명의 아내와 300명의 시녀를 거느렸고, 과도한 사치와 궁전 건축과 성곽 건축을 위해 유다 지파를 제외한 북쪽의 10개 지파에게만 세금을 부여했고, 1년에 한 달씩 강제 노역으로 동원하는 압정을 했던 것도 기록하고 있다.

성서를 대할 때 우리가 발견하는 것은 언제나 '뜻밖의 소식'(unexpected news)이다. 즉 종교인들(율법학자, 바리새인 등)이 종종 격하당하거나, 이교도들이 하느님의 뜻을 행하고 있는 것으로 묘사되거나(이사야), 위대한 영적 지도자들이 하느님을 향해 분노를 터뜨린다거나(욥, 예레미야), 예배를 비난하거나(아모스), 하느님의 가장 분명한 메시지가 한 목수의 아들(예수)을 통해서 전달되는 것 등 모두가 예기치 않는 소식들이다. 그야말로 성서 안에는 신학자 바르트(K. Barth)가 표현한 대로 '진기한 신세계'(eine seltsame, neue Welt)가 전개되어 있다. 따라서 우리가 성서와 정면으로 부딪힐 때, 우리는 성서로부터 새 세계를 만나게 된다. 기원후 386년 아우구스티누스가 그 사실을 깨달았고, 1517년 마르틴 루터가 그랬으며, 1934년 독일의 고백교회가 그랬고, 1968년 콜럼비아의 메델린(Medellin)에서 가톨릭 주교들이 또한 그 사실을 깨달았을 때도 성서의 뜻밖의 소식이었다.

성서 안에 있는 '뜻밖의 소식'(unexpected news)은 우리의 생각을 뒤흔들게 될 것이다. 그리스도인들은 '성서 안의 진기한 신세계'가 우리 자신의 세계관보다 더욱 정확한 세계관이라는 사실을 발견하게 되며, 그 결과로 우리 자신의 견해를 수정할 수밖에 없다는 실로 어처구니없는 궁지에 몰리게 된다. 이것은 우리가 성서에 질문을 하고 성서가 우리에게 제기하는 질문에 귀를 기울이고, 성서에 비추어 우리의 삶을 검토한다는 것을 의미한다. 성서는 우리에게 말을 걸어오는 '대언'(Anrede)이다.

8_ 성서 해석의 방법과 예

전통적으로 성서 해석 방법에는 다음과 같은 것들이 있다. 첫째, 알레고리 해석(중세 시대)이다. 영적 해석으로 문자대로가 아니라 문자 배후에 숨어 있는 신령한 뜻을 찾는 방법이다. 이 해석은 지나치게 아전인수격으로 성서를 지나치게 주관적으로 해석할 우려가 있다. 루터는 성서는 문자와 문법을 알면 누구나 이해할 수 있다고 주장하므로 영적 해석을 거부했다. 둘째, 문자적 해석(정통주의)이다. 성서가 살아 있는 말씀이 되기 위해서는 문자가 아니라 그 성서의 의미다. 루터는 "성서는 아기 예수를 담고 있는 구유와 같다."고 했다. 다시 말하면 하느님의 말씀은 여러 가지 그릇 속에 담겨 있는데, 중요한 것은 그 속에 담긴 메시지이지 그릇 자체가 아니라는 뜻이다. 셋째, 비평적 해석(역사적 의미)이다. 본문비평, 역사적 비평(삶의 자리), 문학적 비평 등으로 성서를 분석하여 그 의미를 캐려고 한다. 그러나 성서의 권위(authority)가 손상된다면 우리의 진정한 의미에서 텍스트를 잃어버리는 것이 아닌가? 성서의 본문(sola scriptura) 자체를 강조한 루터는 성서가 성서를 해석한다고 했다. 넷째, 포스트모던적 해석(공시비평)이다. 성서의 가치 전도를 시도하는 해석 방법이다. '한 마리의 잃은 양'의 관점에서 성서를 재구성하는 것이다. 다시 말하면 백인에서 흑인으로, 남자에서 여자로, 유럽과 미국에서 제3세계 중심으로 시각을 바꾸는 것이다. 그러나 이러한 해석은 상황적 해석일 뿐이다. 루터는 성서의 중심이 행함에 있지 않고 그리스도에 있다고 했다. 그래서 그는 그리스도가 말구유에 누워 있는 것으로 비유한다면, 행함을 강조한 야고보서는 구유에 깔린 지푸라기에 해당한다고 평가 절하했다.

성서는 하느님의 영원한 말씀으로 모든 믿는 자들에게는 믿음과 생활의 절대적 규범이 된다. 그러나 그 말씀은 과거의 특정한 역사적 상황에서 살았던 사람들에게 들린 하느님의 말씀이며, 하느님의 역사하심에 대한 체험과 깨달음을 전파하기 위해 기록한 고백적 증언들이다.(요 5:39) 성서가 오늘 살아 있는 하느님의 말씀이 되기 위해서는 그 기록된 말씀이 우리에게 적용되도록 해석해야 한다. 이런 의미에서 신학은 성서가 오늘 우리에게 역사하시는 하느님의 영원한 말씀이 될 수 있느냐는 것을 과제로 삼고 있다. 성서 해석은 어떻게 과거의 특정한 역사 속에서, 그리고 전혀 다른 문화권에서 하느님의 말씀으로 기록되었다는 것을 전제로 한다. 다시 말해서 성서가 쓰인 당시의 '삶의 자리'(Sitz im Leben)가 어떠했는가를 연구하고, 그 연구를 기초로 하여 오늘의 상황에서 새롭게 해석하는 것이다. 몇 가지 예를 들어 성서 해석의 필요성을 연구해 보자.

여성 차별 문제를 보자. 전통적으로 바울은 공중예배를 드릴 때 여자들은 머리에 수건을 써야 한다(고전 11:4)고 했다. 그것은 그 당시의 특수적인 도시의 상황에서 발생한 소위 이방 신들을 섬기는 이른바 '거룩한 여자들'과 여성 그리스도인들을 구별하기 위한 불가피한 조치였다는 것을 말한 것이었다. 그 외에도 남녀 차별의 요소들이 성서 곳곳에서 발견된다. 여자들은 잠잠해야 한다.(고전 14:34-35) 여자는 남자의 갈비뼈에서 조력자의 역할을 감당하도록 지음을 받았다.(창 1:27, 2:18-23, 고전 11:7-9) 여성이 머리에 쓴 것을 벗고 기도나 예언을 하면 그 머리를 욕되게 하는 것이며(고전 11:5), 또한 머리를 깎거나 미는 것도 역시 부끄러운 것이다.(고전 11:6, 15) 이러한 가부장적 제도로 나타난 구약 시대의 사회적 규범과 1세기 말의 사회적 규범과의 관계에서 나타난 여성 차별의 문제는 그 당시의 상황을 위해 바른 성서 주석을 하고, 그것을 근거로 하여 다시 새롭게 해석할 수 있어야 한다. 그것은 신학의 사명이며, 신학의 카리스마이기도 한 것이다.

　　예수의 성전정화 사건을 보자. 우선 장사하는 곳에서부터 출발하자. 대부분의 사람들은 성전에서 장사하는 것을 잘못되었다고 생각한다. 그러나 이방 각처에서 일 년에 한 차례 희생제사(sacrifice)를 드리기 위해 먼 길을 걸어서 소나 양이나 비둘기 등을 예루살렘 성전까지 가져오는 일은 엄청난 수고를 의미했다. 예루살렘에 온 순례자들 중 일부는 제사를 드리기 위한 제물을 집에서 가지고 오기도 하였으나, 상당수는 예루살렘에 와서 구입했다. 또한 이들은 제사 외에 일 년에 한 번씩 성전세를 지불했는데, 이를 위해 환전은 필수적인 것이었다. 성전에서 장사 행위는 성전의 목적과 이율배반적인 것이 아니라 성전의 목적과 부합되는 것이다. 왜냐하면 외국 통화에 새겨진 이방 군주의 화상으로 말미암아 성전세 지불이 불가능했기 때문이다. 그런데 왜 예수는 이러한 장사 행위를 금하셨을까? 거래가 공정치 못해서 그랬을까? 그것이 주원인이 되지는 않는다. 이는 예수께서 제물을 파는 장사치를 내쫓고 환전상을 뒤엎는 행위의 결과로 나타난다. 결국 순례자들은 제물을 구하지 못해 제사를 드릴 수 없었고, 환전을 못해 성전세를 낼 수 없었다. 결과적으로 예수의 행위는 전반적인 희생제사에 대한 거부이며, 예루살렘 성전이 더 이상 성전으로서 역할을 감당하지 못하도록 막으신 것이다.(막 11:16)

　　그러면 왜 예수는 오랜 세월 전통적으로 행해져 온 성전 제의를 거부한 이유는 무엇일까? 예수는 "기록된 바 내 집은 만민이 기도하는 집이라 칭함을 받으리라고 하지 아니하였느냐. 너희는 강도의 굴혈을 만들었도다."고 한다. 언뜻 보면 참된 제의는 희생제물을 놓고 제사를 드리는 것이 아니라 기도하는 것이라는 뜻 같지만, 이 해석은 중요한 점을 간과하고 있다. 이 말씀은 구약의 이사야 56:7과 예레미야 7:11의 조합이다. 예레미야 7:11의 '강도의 굴혈'이란 생활과 행실을 악하게 하고 더 나아가 다른 신들까지 섬기는 자들이 하느님의 집에 들어와 보호받으려는 것을 비유한 말이다. 또한 이사야 56:7의 '만민의 기도하는 집'은 이방인이라 하더라도 그가 주께 연합하여 섬기고, 주의 이름을 사랑하며, 주의 종이 되며, 안식일을 거룩하게 지키며, 주의 언약을 굳게 지키면 하느님께서는 그들을 이스라엘 민족과 구별하지 않고 그들의 번제와 희생제사를 기쁘게 받아들여 당신의 집을 만민의 기도하는 집이라 불리도록 하신다는 배경을 가진 말이다. 요한복음에서는 성전 집권 세력이 예수께 이러한 행동의 표적을 물었을 때, 예수는 "이 성전을 헐라. 내가 사흘 동안에 일으키리라."고 하였다. 여기서 예수의 논리는 명백하다. "내가 곧 새로운 성전을 세울 것이니 지금의 성전의 제의를 금하는 것이 마땅하다."는 것이다.

그렇다면 예수의 말씀의 뜻은 분명하다. 하느님께서는 누구든지 공평과 의를 행하는 자의 제사라면 받으실 것이나 생활과 행실을 개선하지 않고 드리는 제사는 결코 받지 않으신다는 뜻이다. 당시 예루살렘에서 행해진 제사는 예수의 눈에는 공평과 의를 행하거나, 생활과 행실을 올바르게 하는 것과는 전혀 거리가 먼 것이었다. 그것은 단지 양심의 가책을 덜어 내기 위한 '강도'들의 제사 행위였을 뿐이다. 하느님의 집을, 올바른 생활과 행위 없이 단지 제의를 통해 하느님의 은혜를 사고 파는 곳으로 만든 것이다.

예수는 이런 의미 없는 제의를 막으신 것이다. 이것에 대해 성전 집권 세력의 부정적 반응은 어쩌면 당연하다.(막 11:18) 왜냐하면 자신들의 권력 기반을 유지시키는 성전 제의에 대한 방해나 거부는 권력 기반에 대한 정면 도전이며 중대한 위협이 되기 때문이다. 성전정화 사건을 통해 드러난 예수의 가르침은 예나 지금이나 변함이 없다. 오늘날 교회의 예배가 악한 생활과 행실을 그대로 둔 자들에게 단지 양심적 면죄부를 주기 위해 이용되는 모든 곳에는 유감스럽게도 예수의 정화 사건이 다시금 필요하다.

가난의 문제를 보자. 여기서 구체적으로 배고픔과 가난의 문제에 대해서 예수는 어떤 신학적 표현을 했는가? 신약성서를 읽으면 예수가 40일 동안 아무것도 먹지 않고 금식한 이야기가 나온다. 금식하는 동안에 예수는 시험을 받는다.(마 4:1-11, 막 1:12-13, 눅 4:1-13) 광야에 널려 있는 돌들을 보고 배가 고프면 "이 돌더러 빵이 되라고 해보시오."(마 4:3)라는 꼬임이었다. 배고픈 예수는 당장 배고픔을 해결할 수 있겠고, 세상의 수많은 배고픈 사람들의 빈곤 문제도 해결할 수 있는 그럴듯한 제안이었다. 그러나 예수는 사람이 빵으로만 살 것이 아니라고 한다.(마 4:4)

예수는 왜 빵만으로 살지 않는다고 했을까? 우리가 먹는 빵은 일시적인 것일 뿐이다. 그 빵 외에 그는 무엇을 지시하고 있나? 그의 가난과 배고픔에 대한 관심은 계속된다. 예수의 하느님 나라 운동의 첫 일성은 "가난한 이들에게 복음을 전하는 일"이었다.(눅 4:18) 그리고 산상설교에서도 가난의 문제를 다루었다. 그는 가난의 문제를 경제적 부로 해결하지 않고 '가난한 마음'(마 5:3)에 위로와 희망을 줌으로써 해결의 가닥을 잡은 것이다. "마음이 가난한 사람은 행복하다. 하늘나라가 그들의 것이다."(마 5:3)

예수께서는 가난에 대한 도전을 받고, 그는 끝내 가난의 문제를 경제적 해결보다는 하느님의 말씀이라는 정신적 재화로 그 대안을 선택한 것이다. 그것은 예수의 하느님 나라의 비유에서 파악된다. 하루는 한 부잣집에서 잔치를 베풀고 사람들을 초대했는데, 초대받은 사람들이 이 핑계 저 핑계로 응하지 않아 결국은 길가에서 헤매는 거지들을 초대했다는 이야기에서 더욱 뚜렷해진다. 하느님 나라의 주인공은 돈 많고 세상 일에 분주한 사람들이 아니라 길거리에서 헐벗고 굶주리는 가난한 사람들이라는 것이다. 그는 경제적 가난에는 총체적 결함과 빈곤이 수반되기 때문에, 단순히 경제적 가난 극복만으로는 거기서 파생될 총체적 빈곤을 해결할 수 없다고 본 것이다. 그 너머 또 하나의 중요한 차원(dimension)을 보신 것이다. 바로 이것이 신학적 표현이다.

우리는 어떻게 가난을 신학적으로 이해하고 실천할 수 있을까? 가난과 배고픔의 문제는 현실적인 육체적 고통의 문제로 가장 긴급하고도 절박한 문제들이다. 그런데 왜 예수는 인간이 빵만으로 살지 않는다고 했을까? 이렇게 생각해 볼 수 있을 것 같다. 사람들은 자신들이 먹을 양식보다 너무 많이 있어 창고를 짓고 식량을 오래도록 보존하기 위해 온갖 노력 끝에 방부제를 만들었다. 썩지 않게 보존하기 위해서였다. 결국 한 쪽에서는 썩지 않게 보관하는 창고가 모자라고, 다른 곳에서는 굶주림과 아사가 그치지 않게 되었다. 빵만으로 사는 삶은 이웃의 고통을 외면한다. 우리는 여기서 왜 예수께서 하느님의 말씀으로 산다고 했을까?

여기서 하느님의 말씀은 무엇을 의미하나? 그것은 육의 삶이 아니다. 그것은 영의 삶이요, 은총의 삶이요, 감사의 삶이요, 서로 나누는 삶이다. 예수의 '말씀'의 의미를 우리는 다음과 같은 메시지로 생각할 수 있을 것이다. 빵을 나누라! 밥상공동체를 일구라! 이 땅에서 방부제를 영원히 걷어 내어 생명공동체를 가꾸라! 이러한 실천적 행동으로 지구촌 곳곳의 기아 문제를 해결할 수 있다고 생각한 것이다. 그것은 바로 빵 그 자체가 아니라 빵을 함께 나누는 하느님의 말씀이 더 소중하다고 본 것이다.

다시 오늘의 세계 경제 질서에서 가난의 문제를 생각해 보자. 오늘의 세계 질서는 지구적(global) 시장 메커니즘에 걷잡을 수 없이 떠밀려 가고 있다. 이 시장 체제는 경제적 힘의 질서가 지배하는 세계다. 시장 질서를 컨트롤하는 국가기관도 이 거대한 세계시장 앞에 무력해지고 있는 실정이다. 도대체 이 막을 길 없는 자본의 힘 앞에 가난이 설 자리는 어디일까? 가난을 없애기 위한 노력도 필요하고 가난한 자에 대한 정책 배려와 복지사업도 중요하다. 그리고 동정심이나 자선으로 가난한 자를 돕는 것도 좋고, 제도나 법과 정책으로 가난의 문제를 타개해 나가는 일도 중요하다. 그러나 우리가 빵으로만이 아니라 하느님의 말씀으로 산다는 것은 지배적 자세와 차별의 안목을 버리고 우애와 책임감을 갖고 함께 더불어 나누며 살겠다는 의식의 대전환이 더 중요하다는 말씀이다. "밥이 하늘이다."라는 말이 있다. 하늘을 함께 나누듯이 밥을 함께 나누자는 말이 바로 사람이 빵만으로 살지 않고 하느님의 말씀으로 산다는 표현이 아닐까?

마지막으로 "나 외에 다른 신을 두지 말라."는 계명과 조상제례에 대해 생각해보자. 제례를 통해 조상들과 후손들의 교통이 이루어진다. 따라서 죽은 조상들과 그 세계는 살아 있는 후손들에게 무시할 수 없는 또 다른 면이다. 그러나 그리스도인들 가운데는 '죽은 자들'은 더 이상 존재하지 않기 때문에 제례에 대한 의미를 그렇게 중요하게 생각하지 않고 있다. 서구 선교사들은 중국, 일본 그리고 한국에 복음을 전파하면서 조상제례를 종종 우상숭배로 단정하였고, 그리스도인들을 향해 조상제례를 거절할 것을 종용하였다. 최근에 단지 살아 있는 사람들의 모임으로 그 날을 '추도식'이란 이름으로 가볍게 행한다. 결국 선교사들은 선교지의 좋은 문화전통을 고려하지 않고 개인 신앙을 부추김으로써 유구한 아시아의 가족문화를 파괴하였다.

조상제례가 우상숭배인가? 로마 가톨릭 교회에서는 초창기에 조상제례를 우상숭배로 여겼다. 그러다가 1939년 교황 피우스 2세는 조상제례가 현시대에서 우상숭배가 아니고 하나의 시민적 의식이기 때문에 기독교적 신앙과 합치된다고 선포하였다. 이러한 조상제례에 대한 해석의 변화는 순전히 자발적인 것으로 이루어진 것이 아니라, 일본 정부가 자국 내는 물론, 식민지하에 있는 모든 사람들에게, 특히 그리스도인들에게까지도 신도숭배(Shinto-worship)와 이를 통해 천황(Tenno)을 신으로 숭상하도록 강요되고 있는 시점에서 가톨릭 교회가 조상제례를 정식으로 인정하였던 것이다. 로마 가톨릭 교회는 신도숭배와 조상제례를 다 함께 우상숭배가 아니라 하나의 시민의식으로 간주한 것이다.

그러면 죽은 자들에 대해 우리가 할 수 있는 일이 무엇인가? 루터는 이제 막 죽은 자들을 위하여 수차례 기도해야 하나, 이후에는 그리스도의 보호하심에 의탁해야 한다고 주장했다. 그러나 우리는 죽은 자들의 구원을 위해 무언가를 행사할 수 있거나 반드시 행할 것이라고는 믿지 않는다. 그러나 죽음에서 부활한 그리스도는 자신의 구원의 능력을 죽음의 나라에서도 행사하신다고 믿는다. 몰트만(J. Moltmann)은 우리가 십자가에 달리신 그분과의 교통 속에서 죽은 자들을 만날 때 괴로움을 주는 회상을 치유할 수 있는 길이 열리게 될 것이라고 한다. 십자가에 달리시고 "죽음의 세계로 내려가신" 그리스도는 자신의 부활 소식과 함께 그들에게 올 것이며 그들을 지옥에서 구원하실 것이다. 그리스도의 부활의 희망은 더 이상 우리의 조상들이 홀로 운명에 방치되어 있는 것이 아니라 오히려 그리스도의 통치 영역과 하느님의 영의 에너지 영역에 있다는 사실을 발견하게 될 것이다. 이 점에서 죽은 조상에 대한 새로운 인식을 위해서 조상제례에 대한 신학적 정립이 요구된다.

제 II 부

기독교의 배경과 역사

- V ─ 이스라엘의 역사와 메시아 출현
- VI ─ 기독교 발생
- VII ─ 기독교 교리 형성
- VIII ─ 중세의 기독교

V _ 이스라엘의 역사와 메시아 출현

기독교의 역사적 기원을 알기 위해서는 예수가 태어나서 활동한 팔레스타인의 역사, 생활 환경, 종교 등을 살펴볼 필요가 있다.

1 _ 이스라엘의 역사

야훼 하느님의 지시를 받고 아브라함은 갈대아 우르를 떠나 하란을 거쳐 가나안 땅에 도착하였을 때(창 11:31, 12:1-3) 그 땅에는 가나안 사람들이 살고 있었다. 그런데 야훼께서 아브라함에게 나타나시어 "내가 이 땅을 네 자손에게 주리라."고 하시고(창 12:7), 그 자손을 통해서 큰 민족을 이룰 것이라고 하셨다. 그리하여 그 민족은 하느님과 영원한 계약을 맺은 하느님의 백성이 된 것이다. 아브라함과 야훼의 약속은 이삭과 야곱에게 이어졌고, 마침내 야곱의 이름이 바뀌어 이스라엘이 탄생된 것이다. 이러한 족장 시대를 거쳐 이스라엘 백성들은 이집트 종살이로 430년간 보내야 했다. 그때 하느님은 모세를 보내어 이스라엘 백성들을 이집트에서 해방시키고 광야생활 40년 동안 십계명을 통한 훈련 끝에 젖과 꿀이 흐르는 가나안 땅에 들어가게 된 것이다. 이제 가나안 땅은 하느님의 약속대로 이스라엘의 땅이 된 것이다.

여기서 이스라엘 백성이 어떻게 오직 한 분인 야훼 하느님의 전통을 고수해 왔는가를 보자. 이스라엘 민족은 고대 근동에서 가장 보잘 것없는 민족 가운데 하나였다.(신 7:7) 아브라함은 당시 세계 문명의 중심지인 갈대아 우르에서 살았다. 갈대아 우르는 여러 신들을 섬기는 다신 숭배의 지역이었다.(수 24:2) 이제 야훼께서는 아브라함에게 우상의 도시 갈대아 우르를 떠나라고 한다.(창 12:1) 아브라함은 야훼의 말을 믿고 그 도시를 떠나 가나안 땅에 들어가 한 신만을 섬기는 새 문명 창조를 시작한다. 이 아브라함의 유일신 숭배의 새 문명 창조의 출발은 인류 문명의 물줄기를 180도로 바꾸어 놓는 역사적 사건이 된다. 즉 다신교와 범신론의 상황에서 아브라함의 유일신 신앙은 기독교 세계의 역사를 주도해 나가는 출발점이 된 것이다.

야훼만의 신앙은 이스라엘 민족의 지도자 모세에게 이어졌다. 그는 홍해 바다를 육지와 같이 건너고 이스라엘 백성들과 함께 야훼 하느님의 놀라운 출애굽 역사를 찬양하였다. "야훼 하느님께서는 우리를 살리셨도다." 그들은 악기를 동원하여 야훼 하느님을 드높여 찬양하였다. 그때 악기가 무엇이었을까? 아마 밥숟가락, 대야, 각종 그릇들이었을 것이다. 하느님께서는 이스라엘 백성들에게 자유 해방법인 십계명을 주셔서 이제는 더 이상 종이 되어 이방종교에 매이지 말고 스스로 계명을 지키라고 했다. 이제 야훼 중심의 신앙은 주변의 다신교 나라인 중동 속에서 위태로울 때마다 예언자들을 통해서 다시 새롭게 부각되어 순수한 신앙전통을 고수해 왔다. 아모스, 호세아, 이사야, 예레미야, 에스겔 등등이 바로 그들이다. 이스라엘은 다원 사회에서 오직 야훼(mono Yahwism) 전통을 지키기 위하여 피나는 싸움을 벌여 왔다. 이스라엘의 역사는 종교혼합주의와의 싸움이었다고 해도 과언이 아니다.

그러나 그들의 정치는 다른 행보를 걷고 있었다. 하느님은 사사들을 보내어 통치하게 하시다가 백성들의 요구에 따라 왕이 통치하도록 허락하셨다. 사울, 다윗, 솔로몬 등 3대에 걸쳐 번영하다가 북왕국은 이스라엘로 남왕국은 유다로 분리되었다. 결국 이스라엘은 앗시리아 제국의 살만에셀 5세가 사마리아를 정복함으로 멸망한다.(722 BC) 한편 유다는 느부갓네살 왕의 예루살렘 함락으로 바빌로니아 포로 시대를 맞이한다.(587-538 BC) 북왕국 이스라엘이 앗시리아에 패망한 후 (721 BC), 이스라엘은 앗시리아의 동화정책으로 혈통으로나 문화적으로 그 순수성을 잃게 되었다. 이로 말미암아 남왕국 유다는 북왕국 이스라엘을 자기네 동족으로 인정하지 않으려는 민족 감정이 생기게 되었다. 그로부터 134년 후 남왕국 유다도 바빌로니아에게 멸망하여(586 BC), 포로로 잡혀 가기도 하고 세계 곳곳에 흩어져 사는 '디아스포라'(diaspora) 신세가 된다. 그러다가 기원전 538년경에 페르시아가 바빌로니아를 정복하면서 페르시아 왕 고레스는 유대인 5만 명 정도를 예루살렘에 돌아가도록 하고 폐허된 도시를 복구하고 성전도 수축하도록 도와 준다. 그러나 대다수의 이스라엘 백성들은 고국으로 돌아오지 못하고 페르시아의 통치 아래에 있는 이방 지역에 흩어져 살고 있었다. 팔레스타인은 바빌로니아 제국에게 멸망된 후 계속해서 페르시아, 앗시리아, 그리스의 지배를 받다가 기원전 63년에 로마의 폼페이우스의 점령을 받아 로마 제국의 식민지 체제 아래에 놓이게 되었다.

그리스의 알렉산더 대왕이 세계를 점령하였을 때, 헬라 통치에 반기를 들고 민족의 자주권을 찾으려는 마카비(Maccabees) 운동이 생겨났다. 이 마카비 운동의 후예들은 로마 정권이 들어섰을 때, 지하 독립 운동 단체인 젤롯당을 탄생시켰다. 젤롯당(zealots)은 유대인의 독립을 무력으로 일으키고자 하는 결사대인 열심당원들로서 '어둠의 아들들'에 대해서 싸우는 군대를 조직했다. 그들은 예루살렘의 제사장직을 부인하고 율법을 그들 나름대로 해석하고, 엄격한 금욕적 수행에 따라 특별히 강요되고 있는 여러 종류의 의식을 실시하면서 나라의 독립을 구현하고자 하는 애국주의자들이었다. 마침내 그들은 비밀 지하조직을 결성하여 적극적 저항 운동을 펼쳐 나가 로마를 상대로 유대 전쟁(67-70 AD)을 일으켰다. 그러나 기원후 70년에 로마 장군 티투스(Titus)에 의해 참패되어 예루살렘과 성전은 폐허로 변했고 더욱 어려운 상황에 빠지게 되었다.

유대인들은 자기들의 의사와는 상관없이 페르시아가 통치하던 시대를 겪었고, 헬라 시대를 거쳐 로마 시대를 맞는 등 여러 차례 주인이 바뀌게 된 것이다. 언어도 본래는 히브리어였는데, 페르시아 때는 아람어, 헬라 시대에는 헬라어, 로마 시대는 라틴어로 바뀌었다. 특히 그리스의 알렉산더 대왕(336-323 BC)과 그 주변의 세력들이 헬라문화를 지중해 연안 일대의 피점령국에 보급시키려고 할 때, 유대인들은 이에 야합하지 않고 치열한 대결을 했다. 율법과 안식일을 지키지 못하게 되고 할례와 종교의식까지 폐쇄시킬 때 유대인들은 저항 운동을 시작한 것이다. 그 예가 마카비 집안을 중심으로 한 민족주의 운동이다. 그들의 저항은 대단했지만 거대한 헬레니즘의 물결 앞에서는 역부족이었다. 결국 디아스포라 유대인들은 세월이 흘러가면서 차츰 헬라문화에 동화되기 시작한 것이다. 예수와 같은 시대에 알렉산드리아에 살았던 유대인 철학자 필로(Philo, 20 BC-40 AD)는 플라톤, 스토아 학파들 등 헬라철학의 영향을 많이 받아 유대교의 경전을 비유적으로 해석하여 유대교 신학과 헬라철학의 조화를 시도하기도 하였다.

2_ 이스라엘의 생활 환경

지정학적으로 보면 팔레스타인은 고대 근동 세계에서 매우 중요한 위치를 차지하고 있었다. 그곳은 아프리카, 아시아 그리고 유럽을 연결하는 다리의 역할을 하던 곳으로 평상시에는 대상들이 동서의 문물을 나르는 통로가 되었고, 전시에는 바빌로니아, 앗시리아, 페르시아, 이집트, 시리아, 마케도니아, 로마 등의 정복자의 싸움터가 되었다. 팔레스타인은 우리나라 강원도보다 작은 땅으로 동쪽은 넓은 아라비아 사막이 있고, 서쪽은 푸른 지중해 물이 출렁대며, 북쪽에는 해발 2743m 되는 헤르몬(Hermon) 산에 항상 흰눈이 쌓여 있어, 거기서 흐르는 물은 갈릴리(Galilee) 호수와 요단 강(Jordan River)이 되어 남쪽 사해(Dead Sea)에 이른다. 특히 갈릴리는 교통의 요지로서 다마스커스

(Damascus)에서 지중해로 가려면 갈릴리를 통과하게 되어 있다. 그러한 지리적 조건 때문에 그곳에는 외국인들이 많이 거주하고 있었다. 거기에는 무장 폭동의 형태를 취한 반(反) 예루살렘파인 젤롯당이 있었다. 그래서 권력층, 특히 바리새인들을 비롯한 종교인들은 갈릴리 사람들을 "어둠 속에 앉은 백성"(마 4:16)으로 격하시켰다.

기후는 사막의 열풍으로 건조하고 10월부터 4, 5개월간의 우기와 추위가 계속된다. 구약성서의 표현대로 "젖과 꿀이 흐르는 땅"은 단지 몇 개의 골짜기에서 볼 수 있고, 거의 박토로 올리브를 비롯한 과일이 재배되고 있다. 그리고 양과 염소 등이 사육되었을 뿐이었다. 그러나 예수가 성장한 곳, '나사렛'(Nazareth)은 팔레스타인에서 비교적 고요하고 아름다운 곳이었다. 지리적으로는 중국, 인도를 거쳐 오는 교통로가 그 지방을 가깝게 지나치고 있다. 낙타를 몰고 가는 대상들이 줄지어 이집트에서 나와 다마스커스로 이어지는 길을 따라 가고 있는 것을 볼 수 있다. 지중해로부터 파르티아(Parthia)의 지역에 이르는 길에서는 장사꾼들이 지나치는 모습을 보게 된다. 서편으로 지중해의 푸른 바다 물결이 가물거리는 것을 보게 되며, 이집트, 그리스, 로마로 항해하는 배들이 망망한 바다에 작은 점으로 박혀 있는 것을 보게 된다. 동편으로는 로마 제국의 동편 경계선을 지키는 로마 군인들의 제식 훈련 소리를 듣게 될 것이다. 이러한 지리적 여건은 그곳의 젊은이들이 원대한 꿈을 꾸도록 했다. 로마 식민지하에 있지만 메시아가 나타나서 유대인 앞에 모든 열방들이 무릎을 꿇게 되는 황금 시대를 기다렸다. 나사렛은 '신록' 또는 '새 가지'라는 뜻을 가지고 있고, 위치상으로는 북위 32도, 동경 35도, 해발 381m 지점에 있는 산 언덕에 자리잡고 있으며, 멀리는 갈멜 산이 보이는 곳이다. 예수께서 말씀을 전하실 때, 비유로 "공중의 나는 새를 보라.", "들에 핀 백합꽃을 보라." 하신 것은 이러한 아름다운 자연을 반영했을 것으로 보인다.

예수 당시 팔레스타인에 사는 유대 인구는 약 130만 명 정도였다. 사회 계층을 보면 상류층으로 헤롯 왕가, 성전관리인, 대지주, 세리장, 대상인이 있고, 중간 계층으로는 소농, 소상인, 수공업자, 어부가 있으며, 하류 계층에는 소작농, 날품팔이, 노예, 농노, 걸인 등이 있다. 일반 백성들의 직업은 대부분 영세성의 농업, 어업, 목축업과 가내 수공업 정도였다. 농업은 주로 소농으로 작은 마을 단위의 촌락공동체에서 이루어졌고, 도시에서는 주로 가내 수공업 형태를 이루었다. 도시나 시골 어디든지 백성들의 삶은 로마와 헤롯 왕조에게 바치는 과중한 세금에 시달렸다. 가내 수공업은 가장을 중심으로 온 가족이 함께 일하고, 아들은 대체로 아버지의 직업을 계승하였다.

그들의 가옥은 보통 평가로 창이 없고 출입구에 들어오는 광선만 있을 뿐이요, 어떤 집은 지붕 한복판에 창을 만들어 광선을 받고, 그것이 굴뚝을 대신하기도 했다. 음식은 변변치 않은 빵과 꿀, 치즈, 마른 생선 등이었다. 겨울에는 화로를 쓰고, 밤에는 불을 밝히기 위해 구워 만든 접시 램프를 사용하였다. 환경적으로 보면 사람들은 매우 비위생적인 생활을 하였다. 쓰레기, 하수도, 화장실 등이 아무 곳에나 널려 있었다. 그러므로 질병이나 상처 또는 태어나면서부터 걸린 병으로 고생하는 사람이 많았다. 환자를 치료하는 시설도 미비하고, 의사나 의학도 발달하지 못하여 별 도움이 되지 않았다. 사람들은 병에 걸리는 것을 마귀나 죄악 때문이라고 생각하였다. 그래서 일단 병이 들면 미신적인 방법으로 마귀를 쫓으려고 하였을 뿐이다. 그 당시 사람들이 예수의 기적에 의하여 병을 고치려고 했던 것은 당연하였다.

국가기관인 헤롯 왕조는 예루살렘 성전 재건, 수로시설, 성벽 건축 등 거대한 토목사업을 벌려 거대한 노동력을 창출하였다. 통계에 의하면 기원후 60년경에는 약 1만 8,000명이 국가기관 시설에 종사한 것으로 나타나고 있다. 여기서 성전은 독자적으로 성전세를 징수함으로써 이익을 챙기기 시작했고, 그 여분을 국가기관에 바침으로 국가는 재정적 수입을 얻을 수 있었다. 성전 관리들은 예루살렘 상권을 장악하고 있었는데, 특히 큰 명절 때에는 순례자들의 상행위, 예를 들면, 제물을 사고파는 일, 환전하는 일 등으로 헤롯 왕가와 함께 거대한 하나의 세력으로 등장했다.

*3*_ 이스라엘의 종교

이스라엘의 종교는 유대교(Judaism)다. 유대교는 야훼를 만물의 창조주로 믿고, 모세가 야훼로부터 받은 율법을 생활의 규범으로 삼는 종교다. 그들은 신에게 선택된 백성이라 하여 세계를 다스릴 메시아가 자기 백성 가운데서 나온다고 기대하고 있다. 이와 같이 유대교의 중심 사상은 구약성서에 기초한 선민 사상과 메시아 사상에 있다.

유대인은 야훼를 유일신으로 믿으며 그 외에 어떤 신도 우상으로 간주한다. 그들은 야훼로부터 세상의 모든 민족 가운데서 특별히 선택받은 민족으로 자부하며 언젠가는 메시아가 나타나 유대인을 고통과 불행으로부터 구해 줄 것이라는 확신을 갖고 있다. 이러한 메시아 대망 사상은 더욱이 고대 히브리 왕국이 이스라엘과 유다로 분열되어 앗시리아와 바빌로니아에게 멸망하고, 민족의 지도자들이 포로가 되는 등 정치적 몰락과 민족의 수난으로 말미암아 메시아에 대한 기대를 더욱 강하게 하였다. 그 후 바빌로니아가 페르시아에게 망하자, 페르시아와 그리스의 식민지 시대를 지나면서 로마 제국의 속국이 된 유대인의 메시아 사상은 정치적 역경과 더불어 정치색을 띠게 되어 메시아 출현으로 이교도는 망하고 유대인이 지배하는 세계가 나타날 것이라는 신념으로 변하였다.

제1세기 유대인 성전은 유대인 생명의 중추가 되었다. 유대인들은 항상 예루살렘을 자기들의 수도로 눈여겨보고 있었다. 유대인들은 국가는 멸망되었어도 성전을 중심으로 하나가 되었다. 그러므로 예루살렘 성전에서 대제사장의 존재는 로마인들이 그들의 활동력을 억제함에도 불구하고 엄청난 권력을 행사하고 있었다. 대제사장은 '산헤드린'으로 알려진 중대회의, 즉 의회의 직무를 맡고 있었다. 주로 성직자들은 로마에 대해서 우호적이고 추종하는 경향이었다. 그러나 기원후 70년 로마의 티투스 장군에 의해 예루살렘 성전이 파괴되자 이스라엘의 종교문화에 중요한 변화가 일어났는데, 그것은 의식 중심의 '성전문화'에서 율법 중심의 '회당문화'로의 전환이었다.

유대교는 구약 시대는 끝났으나 메시아가 아직 오지 않았던 '중간 시기'에 생겨났다. 유대교 안에는 바리새파, 사두개파, 에세네파 등 여러 종파들이 생겨났으며 그들에게 정신적 지주 역할을 해 주는 것은 모세의 율법이었다. 율법은 유대인들에게는 국내에서 살든 외국에서 살든 원칙적으로 구속할 수 있는 생활 규범이었다. 따라서 율법에 통달한 사람으로서 그것을 해설해 주는 것을 일삼는 사람으로 공인된 계급이 생겨났다. 그들이 율법학자다. 이들은 율법이나 규정들을 써 주는 일을 했기 때문에 '서기관'이라고 불리기도 했다. 그래서 서기관 그룹은 유대교의 회당제도가 정착되면서 생긴 것이다.

그런데 율법 규정의 모든 조항들이 본래 입안된 정황보다도 훨씬 복잡한 사정 아래서 실행에 옮겨야 할 때 나타나는 곤란한 점을 해결하기 위해 진지한 노력을 한 사람들이 바리새파(Pharisees)다. 이들은 율법에 철저했기 때문에 '분리주의자'라고 일컬어지기도 하였다. 이들은 그 당시 예배 장소와 유대인 공동체의 지방 자치기관으로서 사회활동의 중심지였던 '회당'에서 강력한 세력을 가진 자들로서 활동했다. 바리새파는 자신들 스스로를 로마 권력의 시녀 노릇을 하는 제사장들과 대지주 귀족들로부터 구별한다는 의미에서 극단의 쇄국주의자들이 동시에 율법을 알지 못하는 '암 하레츠', 즉 '땅의 백성들'과 구별한다는 의미에서 율법주의자들이다. 이들은 일반 백성들, 특히 중간층을 겨냥하여 정결법과 안식일법 등 율법을 가르치는 직업적 율법사들이었다.

바리새인들은 엄격히 율법을 준수하며 그것을 전통적으로 해석하고 천사와 부활을 믿어왔는데, 이들은 유대교의 청교도적 존재들이었다. 그러나 이들은 이웃에 대한 관심보다는 오히려 종교적이기를 과시하고자 하는 유혹에서 벗어나지 못해 외식과 교만으로 가득 차 있었다. 성서에 나오는 대제사장과 바리새파 사람들은 자기들 나름대로 하느님을 섬기는 자들이고 하느님의 율법에 따라 성실하게 살아간다고 자부하는 사람들이다. 그러면서도 하느님께서 보내신 사람들을 박해하고 마지막에는 하느님의 아들을 십자가에 못박아 죽이기까지 하였다.

그 이유는 하느님을 섬기기 위하여 만들어진 전례나 제도, 특별히 율법을 절대적인 것으로 여겼기 때문이다. 결국 그들의 지나친 율법주의는 내용을 잃은 형식만 남게 된 것이다.

사두개파(Sadducees)는 다윗과 솔로몬 시대 사독 제사장에게서 유래한다.(왕상 2:35) 이들은 주로 예루살렘 제사장 귀족과 대지주 귀족으로 예루살렘 성전제도를 중심으로 제사제도를 장악하여 이스라엘 사회의 지배 세력으로 군림하였다. 그들은 귀족 계급으로서 당시의 정치, 종교, 사회적인 기구에서 백성을 착취할 수 있는 유리한 위치에서 교권을 장악하고 있었다. 이들은 자기들의 기득권을 유지하기 위해 모든 사회적 현상과 정치 세력이나 주변 환경이 변화되는 것을 거부한 보수주의자들이었다. 그들의 신앙은 모세 오경을 믿고, 부활 사상을 비롯하여 현실을 도피하는 하느님의 섭리, 천사, 사탄의 존재 그리고 내세 재림 등의 일체의 변혁 사상을 철저하게 부정하였다. 따라서 그들은 신앙인이라기보다는 세속적 현실주의자들이었다. 에세네파(Essenes)는 쿰란 지역을 본거지로 하나의 교단을 형성하고, 수도원적 공동생활을 하였다. 그들은 소유를 공동으로 하고, 금욕생활을 했으며, 성서를 연구하고 기록하는 일에 헌신했다. 그들의 삶의 모토는 순결, 거룩, 경건이었다. 세례 요한은 에세네파 출신이었다고 한다.

유대인들은 일찍이 느브갓네살(605-562 BC) 이전부터 팔레스타인 본토만이 아니라 이집트, 바빌로니아, 페르시아, 시리아, 소아시아, 로마 등 여러 지역에서 흩어져 살았다. 그러나 이들은 흩어져 사는 '디아스포라' 민족이었지만 한결같이 이스라엘의 유대에서 장차 전 민족을 다스리는 메시아가 출현할 것을 믿고 있었다. 이러한 메시아 사상은 경건한 평민층에 많이 퍼져 신비적이고 종말적이며 내세적인 색채를 띠고 있었다. 유대인들은 분명히 자기 민족을 위해 존재하는 신을 믿고 있었다. 그 신은 아브라함과 이삭과 야곱을 택해 자기의 백성으로 삼았고, 모세와 수많은 예언자들과 사사와 왕에게 나타나 섭리하셨으며, 그들을 이집트에서 구출하고 바빌로니아 포로에서 구해 내신 분이었다. 이제 그분은 억압받고 있는 이스라엘을 구원하기 위해 오신다고 믿고 있었다. 다시 오실 메시아는 로마의 신적인 황제보다 더 강한 왕으로 다윗의 자손, '제2의 다윗'으로 통일된 이스라엘 왕국을 만들 것이라고 그들은 기대했다.

4_ 유대인의 메시아 사상과 예수의 출현

유대인들은 분명히 자기 민족을 위해 존재하는 신을 믿고 있었다. 그 신은 아브라함과 이삭과 야곱을 택해 자기의 백성으로 삼았고, 모세와 수많은 예언자들과 사사와 왕에게 나타나 섭리하셨으며, 그들을 이집트에서 구출하고 바빌로니아 포로에서 구해 내신 분이었다. 그분이 억압받고 있는 이스라엘을 구원하기 위해 오신다고 믿고 있었다. 다시 오실 메시아는 로마의 신적인 황제보다 더 강한 왕으로 다윗의 자손, '제2의 다윗'으로 통일된 이스라엘 왕국을 만들 것을 기대했다.

예수가 태어날 시기에 이스라엘은 로마의 통치하에 있었다. 그 당시 로마의 황제 아우구스투스(Augustus)는 혼란한 세계를 통일했고, 외부의 공격으로부터 안전과 평화를 그리고 내부로부터는 어느 정도 사회의 안전을 꾀할 수 있었다. 아우구스투스는 황제요 신적인 존재로 여겨졌다. 로마인들에게, 특히 붕괴된 사회 안에서 2-3세대에 걸쳐서 살아온 동방 영토의 피정복민들에게는 황제 자체를 구세주 또는 구세주 같은 인물로 보았기 때문에 황제숭배는 지극히 자연스러운 것이었다. 그러나 유대인에게서는 황제숭배에 대한 이런 유형의 기대는 그토록 감동되지 못했다. 이것은 로마 제국에 대해 대립하는 모반을 의미하기도 했다.

유대인들의 메시아 기대는 약속된 메시아가 이 땅에 오는 것이었다. 구약성서에는 메시아에 대한 예언이 들어 있다. 구약성서는 메시아(=그리스도)가 이 땅에 올 것을 예언하고 있다. 그 중 주요한 것을 분류하면 다음과 같다.

첫째, 메시아는 이스라엘의 자손, 특히 유다 지파에서 출현한다.(창 49:10-12, 민 24:17) 둘째, 이 땅에 올 메시아는 다윗의 자손에서 나와 구원을 가져온다.(사 7:14-16, 9:1-7, 11:1-9, 시 2:1-7, 110:1-4, 132:17, 렘 23:5-6, 겔 34:23-24, 37:22-25, 미 5:2-4, 슥 9:9-10) 셋째, 메시아는 종, 특히 고난의 종으로 온다.(사 42:1-4, 49:1-6, 50:4-9, 52:13-53:12, 61:1-3) 넷째, 그는 영원한 메시아(단 7:13-14, 9:25-26), 죄의 승리자(창 3:15), 모퉁이의 머릿돌(사 28:16, 시118:22) 그리고 구속자, 증인(욥 19:25, 26:19)으로 온다.

신약성서에서 메시아의 출현은 "너희는 주의 길을 닦고, 그의 길을 고르게 하여라."(마 3:3, 사 40:3)는 이사야의 예언이 광야에서 새 날을 위해 회개와 세례를 베풀었던 세례 요한에게서 실현되었고, 이어서 예수의 출현으로 구약의 메시아, 고난의 종, 인자 등의 개념이 종말론적으로 통합되어 '예수'라는 인물에 집중된다. 구약성서에서 예언된 메시아는 동정녀 마리아에게서 태어났다. 그러나 유대인들은 예수를 메시아로 받아들이지 않았다. 예수가 자란 갈릴리의 나사렛 거리는 유대인들에게는 거의 관심 밖의 시골거리에 지나지 않은 것 같다. "나사렛에서 무슨 신통한 것이 나올 수 있겠소."(요 1:46)는 말이 그것을 입증한다.

오늘날에도 갈릴리는 구걸하는 맨발의 어린이들, 손을 내미는 장님이나 절름발이 거지, 폐수에 더럽혀진 언덕길 양쪽에는 좁고 어두운 작은 집들과 가게가 나란히 있어 이 거리를 바라보고 있노라면 도처에 불쌍한 인생들을 보게 된다. 그 당시 서민들의 주택은 창이 하나밖에 없는 어두운 골방 같은 것으로 보아 예수가 어떤 집에서 살고 있었는지 상상할 수 있다. 양부가 가난한 목수였으니까 예수 또한 그 일을 배웠을 것이다. 당시 유대인들은 그의 직업을 나타낼 수 있는 것을 몸에 지니고 다니는 습관이 있었다는 것을 감안하면 예수는 목수를 나타내는 나무 조각을 몸의 어딘가에 지니고 있었을 것이다. 사실 그의 일은 건물이나 집을 짓는 것이 아니라 자질구레한 일을 하는 목공이었을 것이다. 그는 가난한 삶을 체득하면서 나사렛의 삶을 산 것이다.

　　예수가 나이 삼십이 되었을 때 갈릴리 언덕에 올라가 가난하고 병들고 속박되어 사는 사람들에게 자유의 선언을 시작하므로 그의 공생애가 시작된다. "마음이 가난한 사람은 행복하다. 하늘나라가 그들의 것이다. 슬퍼하는 사람은 행복하다. 그들은 위로를 받을 것이다." 아마 예수는 나사렛 목수 시절에 이미 기도와 현실과의 거리를 누구보다도 절실히 느끼고 있었을 것이다. 복음서들은 예수가 산 시대와 정치적 상황을 직접 혹은 간접적으로 묘사하면서 예수가 탄생하고 활동한 시대는 유대가 로마 제국의 식민지였으며, 유대 전역은 로마 군대의 점령지로 군사화되어 있었고, 종교적으로는 유대교 자체가 부패되어 예루살렘을 중심으로 하는 부패한 상업 행위와 그 이권을 중심으로 한 분열과 투쟁이 팽배하여 개혁의 필요성을 시사하고 있다.

　　이러한 시대적 정황에 예수가 나타나서 외친 것은 하느님 나라였다. 공관복음이 예수를 이야기하는 신학의 틀은, 예수 운동은 유대교 안에서 종교개혁 운동과 로마 압정으로부터 정치적 해방이라는 시각을 갖고 있다. 특히 마태복음은 예수를 다윗 왕의 후손으로 소개하고, 예수를 다윗 왕조를 복권할 메시아로 선포한다. 이러한 관점은 요한계시록에서도 나타난다. 요한은 거의 암호에 가까운 상징적인 말과 표현으로 로마 제국의 멸망을 예고하고 희망하며 예수가 지배하는 하느님 나라의 영광을 기원하고 있다.

　　메시아의 출현은 사해와 요단 강 하류 사이에 있는 황량한 유대 광야에 예언자 요한에 의해 고지되었다. "너희는 주의 길을 닦고, 그의 길을 고르게 하여라."(마 3:3, 사 40:3)는 이사야의 예언이 광야에서 새날을 위해 회개와 세례를 베풀었던 세례 요한에게서 실현되었다. 나사렛 예수가 자신의 일과 가정을 떠나 세례 요한으로부터 세례를 받았던 것은 기원후 28년 1월경의 일이다. 이때 예수의 나이는 30세쯤 되었다.(눅 3:23) 그가 세례 요한 교단에 몸을 던진 것은 이 예언자의 목소리에 무엇인가 마음에 끌리는 무엇이 있었기 때문일 것이다.

　　예수는 예루살렘의 제사장 계급이나 바리새파 사람들이 받드는 유대교에 만족할 수 없는 것을 느끼고 있었다. 또한 그는 무엇인가에 굶주려 있었다. 이런 마음의 굶주림을 채우기 위해 어머니와 사촌 형제와 사촌 자매들을 뿌리칠 결심을 하였다. 그러나 가족과 친척의 동의를 얻는 일은 그리 쉽지 않았을 것이다. 가족들은 때때로 예수의 눈에 떠도는 고통의 그림자가 무엇인지를 알지 못했던 것이다.(막 3:21, 요 7:5) 그들은 가족의 가난한 생활을 뻔히 알면서 한창 일할 나이에 광야에 나서려는 예수를 보고 무책임한 현실 탈락자로밖에 보이지 않았을 것이다.

예수는 자신이 이제부터 살게 될 유대광야가 어떤 곳인지를 알고 있었다. 세례라는 특이한 의식은 당시 유대교의 주류라고 할 수 있는 귀족 제사장 계급인 사두개파나 그보다 약간 대중적인 바리새파에는 없는 것이었다. 이 세례를 특히 자기들의 입회의식으로 행하고 있었던 집단은 유대교 주류파에 쫓겨 광야에서 고독한 생활을 보내고 있었던 에세네파 신도들이 되었다. 이들은 주변부로 밀려난 자들로서 이 세상 끝과 같은 사해 언저리에 살며 금욕과 기도생활로 오직 자기들의 구세주가 오기만을 기다리고 있는 고독한 집단이었다. 1947년 사해사본이 발굴되어 쿰란 교단이 알려진 후 쿰란 교단의 에세네파가 세례 요한에게서 강한 영향을 받았다는 것이 밝혀졌다. 이들은 한결같이 '가난한 자'에 대한 관심과 재산에 대한 공산제도와 새 계약에 대한 관심 속에서 교단을 유지해 나아갔다.

예수는 세례 요한 교단에서 거의 자신을 전면에 내세우지 않았다. 예수는 틀림없이 예루살렘의 성전과 의회를 지배하고 있는 유대교 주류파인 사두개파나 바리새파를 규탄하는 세례 요한의 목소리에 공명하고 있었다. 그러나 그가 자신을 주장하지 않은 것은 반드시 이 교단의 모든 것을 긍정했기 때문은 아니다. 세례 요한이 품은 신의 이미지는 아버지의 이미지다. 노여움과 심판과 형벌의 이미지다. 그것은 구약에 여러 가지 모습으로 나타나는 준엄한 엄부와 같은 신이다. "이 독사의 족속들아 닥쳐 올 그 징벌을 피하라고 누가 일러 주더냐. 너희는 회개했다는 증거를 행실로써 보여라."고 한다.

예수는 나사렛의 조그마한 거리의 가난함과 비참함 속에서 살아가는 서민의 삶을 알고 있었다. 생활 때문에 어찌할 수 없는 인간의 약함도 알고 있었다. 병자나 불구자들의 탄식도 보고 있었다. 제사장들이나 율법학자가 아닌 이들 민중이 구하는 신이 사랑의 신임을 알고 있었다. 그는 "마음이 가난한 사람은 행복하다. 하늘나라가 그들의 것이다. 슬퍼하는 사람은 행복하다. 그들은 위로를 받을 것이다." 하면서 복음을 선포하였다.

예수의 사역 중에 두드러진 것은 그의 메시지에 있다. 그의 가르침은 짧고, 활기차며, 예리하다. 그는 하느님 나라를 비유(metaphor)로 선포한다. 강도 만난 자의 이웃에 대한 비유(눅 10:25-37), 소금과 빛의 비유(마 5:13-16), 씨 뿌리는 자의 비유(마 13:1-9), 곡식과 가라지의 비유(마 13:31-33), 겨자씨와 누룩의 비유(마 13:31-33), 하느님 나라의 비유(마 13:44-50, 20:1-16), 용서할 줄 모르는 종의 비유(마 18:21-35), 두 아들의 비유(마 21:28-32), 결혼잔치의 비유(마22:1-14), 열 처녀의 비유(마 25:1-13), 달란트의 비유(마 25:14-30) 등이 그것이다.

예수는 갈릴리를 중심으로 가난한 자, 병든 자, 눌린 자, 갇힌 자, 죄인, 세리, 여자 등 소외된 자들을 잃은 양(마 15:24)으로 생각하여 그들에게 하느님 나라를 선포하는 것으로 사역을 시작한 것이다. 그 당시 죄인 취급했던 세리를 아브라함의 자손(눅 19:9-10)으로 인정했으며, 사회에서 인간 대접도 받지 못한 병든 여인을 아브라함의 딸(눅 13:16)로 여겼다. 그는 단호하게 "이 돌들로도 아브라함의 자녀를 만드실 수 있다."(마 3:9, 눅 3:8)고 하였다. 그의 종교비판은 "이 성전을 허물어라."는 단호성에서 아주 강하게 나타난다. "나는 사람의 손으로 지은 이 성전을 헐어 버리고 사람의 손으로 짓지 않은 새 성전을 사흘 안에 세우겠다."(막 14:58, 마 26:61, 요 2:19) 이것은 하느님의 백성이 되기 위해서는 '새 출발'을 해야 한다는 의미일 것이다. 다시 말해서 그것은 관점의 전이(paradigm shift)이며, 그것은 그 당시 지배 계급과 종교지도자들에 대해 하나의 커다란 도전이었다.

어느 날 예수는 "새 포도주는 새 부대에!"(막 2:22)라는 슬로건 아래 무리들을 향해 "누구든지 자기 십자가를 지고 나를 따라 오지 않으면 내 제자가 될 수 없다."(눅 14:27)고 한다. 그는 십자가의 고난과 죽음을 생각하면서 제자들을 향해 "내가 마시게 될 잔을 마실 수 있으며 내가 받을 고난의 세례를 받을 수 있단 말이냐."(막 10:38, 마 20:22)고 묻는다. 그리고 복음을 위해서 목숨까지 버리지 않는 자는 선교의 대열에 합당하지 않다(마 10:37-38)고 한다. 하느님의 나라에 대한 새 소식을 위해 그는 결심을 요구한다. "자기 목숨을 얻으려는 사람은 잃을 것이며, 나를 위하여 자기 목숨을 잃는 사람은 얻을 것이다."(마 10:39)

예수는 이러한 단호한 메시지를 외쳤고, 마침내는 자신이 달려야 할 십자가 형틀을 처형장까지 메고, 이윽고 골고다 언덕에서 처형되었다. 그러나 그의 가르침은 부활한 예수의 신앙 속에서 제자들, 특히 사도 바울 등의 전도로 널리 로마 제국에 전파되어 곳곳에 예수의 몸을 이루는 교회들이 탄생되었다. 예수의 죽음은 "밀알 하나가 땅에 떨어져 죽지 않으면 한 알 그대로 남아 있고, 죽으면 많은 열매를 맺는다."(요 12:24)는 말씀 그대로 그리스도인의 말씀의 선포와 성만찬을 통해 인류에게 '새 생명'으로 이어진 것이다.

정리하면 메시아는 로마의 아우구스투스(Augustus) 황제의 통치 아래 태어났고 유대의 작은 마을 나사렛에서 살다가 30세가 되어 공생애를 시작하면서 하느님 나라의 태동을 알리면서 열두 제자를 택하여 복음을 전파했다. 그 핵심의 내용은 "원수를 사랑하라."는 것, 다시 말해서 그것은 초자연적 삶을 살라는 외침이었다. 결국 예수는 티베리우스(Tiberius) 통치 밑에서 유대인의 지도자들, 그 당시 바리새인, 서기관, 제사장의 미움을 사게 되어 본디오 빌라도의 재판을 받아 십자가에 달리게 된 것이다. 그것은 인류의 구원과 명예, 희생, 고난 등을 뜻하는 것이었으며, 인류의 죄를 대신하는 구원의 의미를 내포하고 있었다.

VI 기독교의 발생

1 _ 초기 예루살렘 교회 형성

     기독교는 예수의 부활에서 시작한다. 예수가 십자가에 처형된 지 사흘 후 예루살렘 거리에는 큰 사건이 벌어졌다. 예수를 가까이 따라다니던 무리들이 거리에 뛰어 나와 십자가에 처형된 예수가 다시 살아났다고 외치는 것이었다. 그들은 초인적인 확신과 용기를 가지고 거리를 활보하였다. 그들은 모든 관원들과 집권자들 앞에서 조금도 두려워하지 않고 "하느님께서 그리스도를 다시 살리셨다."(고전 15:15), "여러분의 손에 넘어간 이 예수를 여러분은 악인들의 손을 빌어 십자가에 못박아 죽였던 것입니다."(행 2:23)라고 외치며 예수가 구주임을 믿고 구속함을 받으라는 것이었다. 그들은 우렁찬 목소리로 이 소식을 전하는 부활의 증인(행 2:14-36)이 된 것이다.

     예수의 부활은 하느님의 자기 계시로 인간과 역사에 대한 구원의 섭리를 밝혀 준 하느님의 창조적 사건이다. 누가는 부활의 증거로 빈 무덤(눅 24:1-2)과 엠마오 도상의 부활한 자의 현현(눅 24:13-49)을 증언한다. 더 나아가 사도행전에서 누가는 부활한 예수가 40일 동안 많은 증거를 보여 주며 하느님 나라의 일을 전했다는 것도 증언한다.(행

1:3) 고린도전서는 베드로, 열두 제자, 오백여 명의 성도들, 야고보, 모든 사도들 그리고 바울이 부활의 증인들로 명시된다.(고전 15:4-8) 다시 말해 사랑과 진리를 외치시던 나사렛 예수의 이야기는 죽음으로 끝나지 않고 죽음 뒤에 또 하나의 커다란 사건인 부활이 제자들의 마음속에 파고든 것이다. 결국 이러한 부활 전승들은 부활의 신앙공동체를 형성케 한다.

성령은 새 시대의 증표다. 부활한 예수의 분부는 "너희는 예루살렘을 떠나지 말고 내가 전에 일러 준 약속을 기다려라. … 오래지 않아 너희는 성령으로 세례를 받게 될 것이다."(행 1:4-5)는 것과 "성령이 너희에게 오시면 너희는 힘을 받아 예루살렘과 온 유대와 사마리아뿐만 아니라 땅끝에 이르기까지 어디에서나 나의 증인이 될 것이다."(행 1:8)는 것이었다. 복음 선교의 기점과 근거가 예루살렘이 되어야 한다는 것이다. 이제 하느님의 구원의 소식이 "먼저 유대인들에게, 그리고 이방인들에게"(롬 1:16)로 전개되면서 세계로 뻗어 가려고 할 때에 예루살렘에서 계승되고 그것을 기점으로 전파되는 것은 당연하다.

부활의 능력이 오순절의 성령강림 사건으로 실현되어 사람들을 움직이고 또 하나로 묶어 "부활 신앙, 성령공동체", 즉 교회를 탄생케 했다. 오순절(Pentecost)은 유월절로부터 50일이 되는 날에 해당하는 유대의 축제일로, 바로 이때에 하느님께서 이 땅에 '교회'를 태동케 한 것이다. 제자들을 포함한 약 120명의 무리가 마가의 다락방에 모여 열심히 기도하기를 시작하다가 오순절이 되자 갑자기 하늘로부터 급하고 강한 바람이 부는 소리가 나더니, 불의 혀 같은 것이 불길처럼 갈라지는 모습이 눈앞에 나타났다. 더욱 이상한 것은 예수의 제자인 베드로가 듣는 모든 사람에게 각각 자기가 살고 있는 나라말로 들리도록 말하는 신기한 장면이었다. 베드로는 모인 군중들을 향해 예수가 하느님의 아들인 것과 그가 죽은 자 가운데서 다시 살아나서 지금은 하늘에 오르사 하느님 우편에 앉아 계신다고 증거하였다. 처음 이 말을 자기들 말로 듣고 서로 놀라 의아하게 생각하여 수군거렸다. 이러한 것을 알아차린 베드로는 이런 일은 요엘 선지자가 예언(욜 2:28)한 그대로 하느님께서 허락한 성령의 역사 때문이라고 더욱 힘 있게 증언하였다. 제자들은 이제 예수를 위한 부활의 확실한 증언자가 된 것이다.(행 2장)

성령의 역사는 베드로의 설교를 통해 더욱 강하게 나타나 3,000명이나 되는 많은 사람들이 신앙을 고백하고 예수를 믿기로 작정하였다. 그들은 사도들에게 세례를 받는 즉시로 물건을 서로 통용하는 사랑의 공동체를 형성하여 사유재산제도를 폐지하고, 재산과 소유를 사도들 앞에 갖다 바쳤으며 필요한 대로 나눠 쓰는 유무상통의 생활을 자발적으로 시작하였다.(행 2:44-45) 뿐만 아니라 그들은 날마다 성전에 모여 '모이는 공동체'(ecclesia community)를 이루어 한 뜻으로 하느님께 기도하고 찬송하였으며 기쁨과 순전한 마음으로 떡과 포도주를 나누는 성찬과 '친교공동체'(koinonia community)를 이루었다.

열두 사도는 보다 효과적인 전도를 위해 기도하는 것과 말씀 전하는 일을 전무하고, 고아와 과부를 돕는 빈민구제의 직무를 위해 스데반(Stephen)을 포함한 일곱 명의 안수집사를 택해 봉사(diakonia)하는 일을 맡겼다.(행 6:5-6) 이렇게 하여 예루살렘 초대교회가 형성된 것이다. 성령의 역사 속에서 믿는 자의 수는 날이 갈수록 더해 갔다. 이것을 보고 예수를 십자가에 못박아 죽인 유대교인들은 시기와 위협을 느끼고 그리스도인들을 핍박하기 시작했다. 스데반은 복음을 외치다가 유대인들에게 잡혀 돌에 맞아 죽은 최초의 기독교 순교자가 되었다. 그러나 사도들은 용기를 잃지 않고 더욱 복음 전파에 힘을 썼다. 그리하여 그리스도의 복음은 더 널리 퍼져 나아가 '흩어지는 공동체'(diaspora community)를 이루며 유대 땅과 이방 땅 곳곳에 교회가 세워지기 시작한 것이다.

앞에서 살펴본 대로 예루살렘 교회는 예수의 십자가 사건 이후 오순절에 예루살렘에서 베드로를 중심으로 한 사도들의 전도로 시작한 최초의 교회다. 유대 본국 내에 사는 유대인 그리스도인들이 이룩한 교회라는 점에서 팔레스타인의 교회 혹은 유대인 기독교라고 불리기도 한다. 그들은 성전을 중심으로 율법을 준수하였고, 그들의 신앙은 일반적으로 유대적이었다. 그러나 대부분 유대인들이 예수를 배척하고 십자가에 죽인 것과는 달리 소위 유대인 그리스도인들은 예수를 메시아로 믿었다. 그리고 부활, 승천, 세상 심판, 재림을 믿었다. 그러나 일반 유대인들은 기독교를 유대교의 한 종파로 보아 나사렛파라고 불렀다.

예루살렘 교회는 유대의 운명과 함께 어려움을 겪게 된다. 유대인들이 로마를 향하여 전란을 일으켰을 때(66-70 AD), 로마의 티투스(Titus) 장군에 의해 기원후 70년 예루살렘의 함락과 함께 예루살렘 성전이 폐허가 된다. 그에 따라 유대교는 성전 중심에서 율법 중심의 종교로 바뀌고, 예루살렘에 있던 '유대적 기독교'도 요단 강 동편 시리아 지역 '펠라'(Pella)로 옮기면서부터 급격히 쇠퇴하여 이방인 그리스도인의 눈에는 하나의 이단 종파로 보일 뿐이었다. 이제 미래는 이방인 기독교에 있었다.

2_ 디아스포라 교회

기독교는 안디옥의 감독인 이그나티우스(Ignatius)가 헬라어로 '기독교'를 표현한 데서부터 시작한다. 기독교는 민족을 초월한 보편적 박애정신 속에서 지상의 부귀 영화와 권력의 가치를 부정하고 영혼 구제를 역설하여 현실적으로 구원받을 길이 없는 하층민과 노예 계급에 커다란 위안과 행복을 주었기 때문에 민중의 환영을 받아 로마 제국에 빠른 속도로 전파되어 나아갔다. 그 당시 예루살렘에서 핍박을 받은 교회는 예루살렘을 벗어나서 이방으로 뻗어 나가 지중해 세계 전체에 복음을 전할 수 있는 몇 가지 환경을 갖게 되었다.

첫째, 그리스의 알렉산더는 지중해 연안은 물론 인도, 중국까지 그 세력을 확장했다. 그 이후 로마 제국이 지배하면서부터 "모든 길은 로마로"라고 할 만큼 도로가 사방팔방으로 정비되었다. 이렇게 로마를 중심으로 지중해와 소아시아의 일대가 하나가 되어 있었던 것이 선교를 매우 용이하게 하였다. 게다가 로마 시민권을 가지고 있는 사도 바울 같은 사람은 어디를 가든지 신분 보장이 되었다. 둘째, 알렉산더가 통치하던 기원전 300년경부터 헬라어를 보급하기 시작하여 지중해 연안 전체가 헬라어를 공용어로 사용했다. 이러한 언어적 통일에서 사도 바울 같은 사람은 어떤 언어적 장애도 없이 복음을 전파할 수 있었다. 셋째, 전 세계에 흩어져 있는 유대인들은 사도들이 복음을 전파하는 데 좋은 발판이 되었다. 사도들이 선교여행을 할 때 어느 지역을 가든지, 그들은 사도들을 반겨 주었고, 숙식을 제공해 주었고, 설교할 수 있는 장소를 마련해 주었다.

스데반의 순교 사건은 대규모의 박해를 유발케 했다. 박해가 갈수록 심해지자, 베드로, 주의 동생 야고보, 빌립 등 사도들 외에는 모두 유대와 사마리아 지방으로 흩어지게 되었다.(행 8:1) 이렇게 사방으로 흩어진 신도들은 유대를 넘어 이방인의 땅, 베니게, 구브로, 안디옥에까지 예수 그리스도의 복음을 전하였다.(행 11:19-20) 마침내 이방 땅 시리아의 수도 안디옥(Antioch)에 최초로 '교회'를 설립한 것이다.

이 '안디옥 교회'에는 바나바, 니게르라는 시므온, 루기오, 마니엔이라는 선지자들과 교사가 있었다. 거기에는 스데반을 박해하여 순교에까지 몰고 가게 한 사울(Saul)이었지만 다마스커스 도상에서 부활한 예수를 만나고(행 9:1-19, 22:4-21, 26:12-23), 유대교에서 기독교로 전향해서(갈 1:15-19, 22:4-21, 26:12-23) '작은 방울'이 된 바울(Paul)도 거기 있었다. 그 당시 안디옥은 로마 제국의 소도시여서 헬라문화와 언어가 보편화되고 있었기 때문에 신도들은 "예수가 메시아다."는 말 대신에 '그리스도'(Χριστός)라는 헬라어를 사용하여 전파했다. '그리스도인'이라는 이름도 여기서 맨 처음 사용되기 시작한 것이다.(행 11:26)

기독교의 확장과 발전은 소아시아 길리기아 다소(Tarsus)에서 난 디아스포라(diaspora)의 한 사람인 사도 바울의 활동과 역사에 많은 관계가 있다. 사도행전에 의하면 바울은 나면서부터 로마 시민권을 가지고 있었고(행 16:37, 22:25-28), 뿐만 아니라 스토아철학으로 이름난 다소 출신으로 가말리엘(Gamaliel)의 문하에서 수학한 대학자였으며(행 22:3, 5:34-39), 자신이 유대인임을 자랑스럽게 생각했고(갈 2:15,

빌 3:4-6), 유대인들 중에도 유대교적 전통을 더욱 엄수하였던 바리새파에 속한 자였다고 소개한다.(갈 1:14) 이런 화려한 이력서를 가지고 유대인에게 사울로 알려진 그가 사울이라는 이름 대신에 '작은 방울'의 의미를 가진 바울이란 이름으로 아라비아로 갔다.(35년경 AD) 그 이유는 아마도 예루살렘의 동료들의 비난과 박해가 두려웠든지 아니면 새로운 신앙에 대하여 더 깊은 명상과 기도가 필요했기 때문이라고 볼 수 있다.

갈라디아서에 의하면 회심 후 그는 3년간 아라비아에 퇴수하여 명상하며 영적 수련을 쌓은 후 바나바의 도움으로 초기 교회와 공적 관계를 가지게 된다.(cf. 갈 1:17-18, 행 9:19-30) 그래서 바울은 이방 선교를 위해 선택받은 중요한 인물이 되었다. 바울은 바나바와 함께 안디옥 교회에서 안수를 받고 선교사업과 이방 전도를 위해 파송된다.(행 13:1-3) 처음에 그는 이방 선교보다는 자신의 동족 유대인을 전도하려고 했으나 유대교인들의 배척이 심했기 때문에 이방인 전도로 방향을 돌리게 된다.(행 22:17-21) 제1차 선교여행에서 바울은 바나바와 함께 시리아에서 가까운 구브로(Cyprus) 섬에 선교 활동을 시작하였다. 그런 다음 북쪽으로 밤빌리아(Pamphylia)에 상륙하여 안디옥(Antioch), 이고니온(Iconium), 루스드라(Lystra)를 거쳐 더베(Derbe)까지 이르렀다가 그 길로 다시 돌아왔다.(행 13:4-15:35) 선교여행 중 만나는 모든 사람에게 차별 없이 복음을 전달했다. 그는 구원은 율법에서 오는 것이 아니라, 오직 하느님의 은혜로 온다는 것을 선포하기 시작했다. 하느님을 믿는 유대인은 난 지 8일만에 할례를 받아야 하는데, 바울은 이방인 신자에게는 할례를 줄 필요가 없다는 결정을 내림으로써 복음이 유대교를 넘어 세계적 종교로 뻗어 갈 수 있었다.

제2차 선교여행은 마가(Mark)의 동반 여부로 의견 충돌이 되어 바나바는 마가와 함께 가고, 바울은 실라(Silas)와 함께 안디옥을 거쳐 에베소(Ephesus)에 이르렀다. 바울은 이곳에서 병을 얻어 의사 누가를 데리고 드로아(Troas)에까지 갔다가 꿈에 마케도니아 사람의 구원을 청하는 환상을 보고 마케도니아의 빌립보(Philippi)로 갔다. 거기서 다시 전진하여 데살로니가(Thessalonica), 베뢰아(Berea), 아텐(Athens)을 거쳐 고린도(Corinth)에 이르렀다가 다시 에베소를 경유해서 예루살렘으로 돌아왔다. 이 선교여행을 통해 복음은 유럽에까지 확산되기 시작한 것이다. 바울 서신 중에서 최초에 기록된 것이 『데살로니가전서』인데, 바로 그것은 제2차 선교여행 도중 보낸 것이다.

제3차 선교여행은 안디옥에서 직접 떠났다. 여행을 떠나기 전에 예루살렘 회의는 바울을 안수하여 이방인 교회의 사도로 인정하였다. 이제 그는 사도의 직분을 갖고 안디옥에서 직접 에베소에 이르러 빌립보, 데살로니가, 고린도 교회를 거쳐 에베소에 잠시 머문 후에 그 동안 모은 헌금을 가지고 예루살렘을 방문했다. 그 당시 팔레스타인 지방은 오랜 흉년으로 시련을 당하고 있었기 때문에 바울이 이방 교회에서 받은 막대한 헌금을 가지고 예루살렘에 왔을 때, 온 교회는 기쁨이 넘쳤다. 그러나 얼마 안 되어 바울은 이방인을 유대인 성전 안뜰에까지 안내했다는 이유로 유대교인들에게 붙잡혀 고소를 당하여 수감되었다. 거기서 바울은 빌립보와 골로새 교회에 보내는 『빌립보서』, 『골로새서』와 빌레몬 개인에게 보내는 『빌레몬서』도 썼다. 제4차 선교여행 (61-67 AD)에서 바울은 로마 옥중에서 석방되어 스페인까지 전도한 후 로마에서 마지막 복음의 정열을 쏟고 순교했다고 한다.

바울은 유대교에서 기독교로 개종하고 유대인과 이방인 모두에게 접근하여 도시마다 그리스도인의 모임인 '에클레시아'(ecclesia), 즉 교회를 세웠다. 그가 세운 교회를 위하여 늘 관심을 가지고 편지와 기도와 방문을 하면서 위로와 사랑과 권고를 아끼지 않았다. 그는 율법에서 해방되는 복음을 전했으며, 기독교를 예루살렘 회의에서 최초로 승인케 한 위대한 선교사요, 신학자였다. 바울의 승리로 기독교는 유대교와는 달리 복음적으로 발전하기 시작한 것이다. 바울의 복음 전파는 로마와 알렉산드리아 같은 대도시에 흩어져 사는 디아스포라 유대인들이 회당을 세우고 자녀들에게 종교교육을 하며, 구약성서를 헬라어로 번역하여 열렬한 포교 활동을 하도록 했다. 유대인들은 모국어를 사용하는 대신에 그 지역의 언어, 특히 헬라어 코이네(koine)를 사용했고,

초기 그리스도인들은 히브리어 구약 대신 헬라어 번역인 70인역(Septuagint)을 사용했다. 구약의 헬라어 번역은 이교도들에게 유대교에서 기독교로 개종하는 데 큰 역할을 했다. 이들에게 복음이 전파되어 기독교로 개종한 자들이 70만 명 가량이 되었다고 한다.

바울은 공관복음서의 시각과는 달리 기독교라고 하는 새로운 종교를 만들어 내고 있었다. 그는 그리스도의 탄생, 교훈, 십자가의 죽음 등을 전파하기 위해서 그리스-로마철학 사상의 틀을 사용하였다. 복음의 헬라화는 히브리 구약성서의 헬라어 번역과 신약성서가 헬라어로 기록됨으로써 더욱 가속화되었고, 그것은 기독교가 세계화되는 데 큰 역할을 했다. 그것으로 말미암아 바울은 특수한 유대교 종교개혁 운동이었던 예수 운동을 보편적이고 세계적인 종교 운동으로 확장시켜 나가면서 '서구화'한 최초의 사람이 되었다. 바울은 하느님 나라의 시민이었다.

3_ 로마 제국에서 카타콤 교회

로마 제국 안에서 기독교의 선교는 대단히 난관에 부딪히게 되었다. 옥타비아누스(Octavianus)는 악티온 해전에서 이집트 여왕 클레오파트라를 물리치고 로마의 영웅으로 원로원으로부터 대접을 받았다. 그래서 신에게만 바치는 '존엄한 자'라는 뜻을 가진 위대한 칭호 '아우구스투스'(Augustus)를 받았다.(27 BC) 이 칭호는 신적인 존재로서 황제와 같은 뜻으로 사용했고, 후에 황제숭배의 계기를 만들어 주었다. 더욱이 로마 제국이 그들을 통치하기 시작한 후 야심 많은 황제들은 애국정신을 함양시키기 위해 미신을 섬기던 방식을 가지고 로마 제국과 그 제국을 통치하는 황제를 숭배하게 하였다. 로마는 다만 황제숭배를 통해 제국주의의 통치 이데올로기를 강화하는 것만을 자신의 목적으로 삼은 것이다. 그래서 황제는 '살아 있는 신'이 된 것이다.

로마의 권력은 황제숭배에서 더욱 부각되기 시작했다. 예수 그리스도가 탄생할 때, 팔레스타인은 로마의 아우구스투스(Augustus) 황제 지배(눅 2:1-2)를 받은 시기에 있었다. 로마의 황제 카이사르(Caesar)는 지중해 연안의 정치적 통일을 이룩하여 강력한 로마 제국을 형성하였고, 모든 군소 국가들은 로마의 식민지하에 있었다. 로마는 여러 나라들을 정복하여 "모든 길은 로마로 통한다."는 말 그대로 제국 판도 안의 도로는 사방으로 널리 뻗어 사람들은 그 어디로나 왕래하는 데 불편이 없었다. 예수의 죽음은 기원전 26년부터 유대를 통치하고 있었던 로마의 총독 본디오 빌라도에게 책임이 있다. 유대인 사회의 지도자인 바리새인들은 군중들을 선동하여 예수를 십자가에 못박도록 하였고, 그때 빌라도는 혹시 이 사건으로 내란이 일어날까 두려워서 예수를 십자가에 달리도록 내주고 만다.(마 27:24) 그래서 예수는 처형되었다. 그러나 그가 다시 부활했다는 소식이 로마 제국 전체에 퍼지기 시작했다.

  처음에 로마 제국은 그 당시 기독교를 유대교의 일파로 보고, 어떤 새로운 종교로 보지 않았다. 다만 어떤 사건이라도 '로마의 평화'를 깨뜨린다고 생각되는 것은 무엇이나 관용하지 않았다. 바울과 실라의 빌립보 투옥 사건, 에베소에서의 은장색 데메드리오의 핍박 사건 등은 이것을 말한다. 본격적인 기독교 박해는 우상숭배, 특히 황제숭배 거절에 있었다. 로마가 오리엔트 세계로 진출한 뒤에는 이집트와 페르시아 등에서 동방의 신비스러운 종교가 들어왔고, 헬레니즘 세계에서 유행한 군주 신격 사상은 황제숭배 사상을 낳아 강제로 황제를 믿게 되었다. 초기 로마는 원시적 다신교를 믿다가 그리스의 영향을 받아 올림푸스의 열두 신의 이름을 바꾸어 믿었다. 로마는 황제숭배에 역행하는 행위만 하지 않는다면, 어떤 미신 종교를 신봉할지라도 문제시하지 않았다. 그래서 그리스-로마 신화에 등장하는 신들의 여인 '유피테르'(=제우스), 출산의 여신 '유노'(=헤라), 로마의 선조 로물루스의 아버지로서 전쟁의 신 '마르스', 불의 여신 '베스타', 음악과 예술의 신 '아폴로'(=아폴론), 사랑과 풍요의 여신 '베누스', 술의 신 '바쿠스', 수렵의 여신 '디아나' 등의 다신교가 발달한 것이다.

  기독교의 박해는 우상숭배와 황제숭배 사상을 절대 배격하는 데 있었다. 로마의 집권층들은 그리스도인들의 비밀 집회에 대한 불안을 감추지 못하였다. 기독교의 박해는 네로(Nero) 황제에게서 극대화된다. 기원후 64년 로마에 큰불이 났다. 불은 삽시간에 도시 전체로 번져 9일 동안이나 타올랐으며, 이 화재로 14개 지역 가운데 10개 지역이 완전히 타버렸다. 네로는 웅대한 새 로마 건설에 대한 꿈을 꾸며, 하프를 연주하며 즐기고 있었다. 그러나 시민들은 분노했고, 네로는 급기야 방화의 누명을 그리스도인들에게 씌워 기독교를 박해하는 구실로 삼았다. 그리스도인들은 병역을 기피하고 로마의 신과 황제숭배를 거부한다고 하여 잔인한 방식으로 순교를 당하였다. 이제 그리스도인들은 흩어지면서 복음을 전파하거나 '카타콤'(catacomb)이란 지하묘지를 피난처로 삼고 성찬 예식을 거행하면서 하느님께 예배를 드렸다.

이러한 박해 시대에 묵시문학이 절정을 이루고 있었다. 그 묵시문학에는 종말의 사건과 성도의 승리를 주제로 하여 환상적이고 신비적인 것을 상징적으로 표현하고 있다. 예를 들면 종려나무를 그려놓고 죽음을 넘어 승리를 생각하며, 헬라어로 '그리스도'(Χριστός)의 첫 두 글자 '키로'(χρ) 표지를 통해 그리스도를 상징했고, 물고기 단어인 헬라어 '익두스'(ἰχθύς)를 가지고 "예수 그리스도, 하느님의 아들, 구주"를 생각했다. 그 외에도 그 안에 새겨 놓은 비문, 회화, 조각 등은 죽음 앞에서 영원한 세계를 바라보며 싸운 그리스도인의 생생한 생활 모습을 보여 주고 있다. '카타콤'은 로마의 박해 가운데서도 승리를 거둘 수 있다는 신념을 불러일으켰으며, 기독교가 세계로 뻗어 나가게 되는 원동력이 되었다. 비록 혹독한 탄압을 받고 있었지만, 기독교는 가난한 사람들에게 희망을 주고, 자유와 평등 사상을 고취시키고 있는 점에서 일반 서민들에게는 호소력을 주고 있었다.

4_ 순교자들

기원전 29년에 로마 제국은 국가와 황제를 위하여 새로운 신전을 많이 지어 희생제물을 바치고 제사를 지내게 했다. 이른바 구원의 신을 중심으로 한 신비한 의식을 통하여, 제물의 피와 살을 먹음으로써 신의 능력을 받아 구원을 얻는다고 하는 신앙을 선전한 것이다. 그러나 하느님 외에 다른 신을 두지 말라는 기독교 신앙이 다신론이나 자연숭배 그리고 황제숭배를 거부하는 것은 당연한 것이었다. 특히 황제숭배 거부는 로마 제국을 통치하는 기본 질서에 대한 부정이기도 하였다. 결국 기독교의 박해가 시작된 것이다.

기독교의 박해는 네로 황제에게서 나타났다. 박해 동기의 시작은 종교적 이유가 아니라 로마에 불을 지른 방화 혐의에서였다. 17세에 왕위에 오른 네로는 그림과 연극과 시를 좋아하는 자칭 시인이었다. 그는 기원후 64년 7월 로마시에 6일간이나 계속된 큰불이 일어나 로마의 14개 지역 중에서 10개 지역이 완전히 타 많은 사람이 죽고, 가옥이 탔다. 재산상의 피해로 로마가 소동이 일어났을 때, 군중들은 네로가 방화범이라고 하였다. 그때 네로는 분노한 군중을 잠재우기 위해 책임을 그리스도인에게 전가했다. 네로는 그리스도인을 '속죄양'으로 삼은 것이다. 그래서 많은 그리스도인들이 체포가 되어 화형되거나 원형극장(Colosseum)에서 사나운 짐승들에게 던져져 죽임을 당하게 된다. 이 방화 사건 때 베드로가 "쿼바디스 도미네"(주여, 어디로 가시나이까.) 하면서 바티칸 언덕 위에서 거꾸로 십자가의 처형의 길을 택했다고 한다.

기원후 90년경부터 박해의 정도는 더욱 심해져 그리스도인을 마구 잡아 죄인 취급하고 악형을 가했다. 트라야누스(Trajanus, 98-117)은 황제숭배 거부는 국가에 충성하지 않는 반역 행위이므로 참형, 화형, 맹수형 등 사형에 처하도록 했다. 이러한 기독교의 탄압령은 그의 후계자 하드리아누스(Hadrianus, 117-138), 안토니우스 피우스(Antonius Pius, 138-161)에 이어졌고, 마르쿠스 아우렐리우스(Marcus Aurelius, 161-180)는 기독교를 비롯한 모든 이방종교에 축출령을 내렸다. 그 후 콤모디우스(Commodius, 180-192)의 종교에 대한 관용과 방관의 태도로 기독교에 대한 큰 박해가 없게 되며, 250년경까지 그러한 분위기가 이어졌다.

이제 로마 제국은 기원후 250년경부터는 기독교를 박멸하든가 손을 잡든가 해야 할 만큼 박해 속에서도 성장했다. 그러나 기원후 248년은 로마 건국 1,000년이 되는 해였다. 로마 제국은 외적의 부단한 침략과 내적 혼란과 분열로 피폐해질 대로 피폐해진 나라를 생각할 때, 사람들은 국가 쇠퇴의 책임을 그리스도인들에게 묻고자 했다. 그래서 다시 황제 데키우스(Decius)의 박해가 약 10년간에 걸쳐 진행되었다. 황제 디오클레티아누스(Diocletianus)는 기독교를 핍박하는 것으로 교회를 허물고, 성서를 몰수하고, 성직자들을 투옥하고, 고문하라는 대박해령을 내렸다. 이러한 박해와 순교는 기원후 313년 기독교가 공인되기까지 계속되었다. 이 시대에 그리스도인들이 박해를 받은 것은 로마 황제를 숭배하지 않았던 것이 가장 으뜸가는 이유였으며, 이 당시 그리스도인들은 황제숭배 거절로 말미암아 사자 굴에 던져지거나 화형을 당했다.

이그나티우스(Ignatius, 35?-117)는 안디옥 감독으로서 황제숭배 거부로 트라야누스(Trajanus) 황제 때 체포되어 로마로 호송되어 옥에 갇히었다. 로마의 교우들이 자신을 구명하기 위해 운동을 하고 있는 것에 그는 다음과 같이 로마 교회에 편지를 보냈다. "만일 그대들이 침묵을 지켜 나 홀로 있게 한다면 나는 하느님의 말씀이 될 것이요, 그렇지 않고 만일 그대들이 나의 목숨을 살리려고 한다면 이는 쓸데없는 울부짖음이 될 것이다. 내가 맹수의 밥이 되어 하루 속히 하느님 앞에 갈 수 있도록 내버려두기를 바란다. 나는 맹수의 이에 갈려 그리스도의 순전한 떡이 되기를 바라노라. 맹수가 내 몸뚱이의 어느 한 부분도 남지 않게 하여 다른 사람의 헛된 수고를 덜어 주며 그 뱃속이 나의 평안한 무덤이 되도록 해 주기 바라오. 오! 악마의 잔인한 고난의 쇠뭉치여, 죽음의 뜨거운 불이든, 혹은 사지를 끊고 뼈를 부수고 온몸을 삼켜 버리는 맹수의 사나운 이빨이든, 그것들은 모두 내가 한시라도 빨리 그리스도에게 이르게 하는 것뿐이리라. 나는 살아서 천하를 다스리는 헛된 영광을 얻기보다 그리스도를 위하여 죽는 참된 영광을 희망하고 있노라." 결국 그는 원형극장에서 맹수의 밥이 되어 생명을 하느님께 거룩히 바쳤다.

폴리카르푸스(Polycarpus, 69?-155)는 서머나 교회의 감독으로 배교를 권고받았으나 거부하여, 안토니우스 피우스(Antonius Pius) 황제 때 화형을 당해 순교했다. 그는 배교를 권하는 심판관 앞에서 "내가 86년 동안 기독교를 섬겨 왔으며 그동안 그리스도께서 나를 모른다고 한 적이 한 번도 없는데, 내 어찌 나의 왕이시며 나의 주이신 그분을 죽음의 자리라 해서 감히 부인할 수 있겠는가?"라고 응수하였다. 이에 심판관이 위협하며 "여기에 맹수가 있다. 네가 마음을 돌이키지 않는다면 이 맹수에게 주어 갈갈이 찢어 먹게 하리라."고 할 때도 그는 당당하게 "어서 맹수를 이리로 끌어오시오. 나는 선으로부터 악으로 돌이킬 수는 없소." 하고 거절했다. 심판관은 또 한번 폴리카르푸스를 향하여 무섭게 위협하였다. "만인 네가 맹수를 우습게 여겨 돌이키지 않는다면 너의 몸을 아주 없애 버리는 불로 살라 버릴 테다." 폴리카르푸스는 태연자약하게 대답하였다. "그대는 지금 한 시간 사르고 없어지는 불로 나를 위협하지만 장차 있을 영원한 불을 모르고 있구려! 왜 이리 꾸무럭거릴까, 어서 나를 불로 태워 주시오." 마침내 그는 높은 장작더미 위에서 불에 타 죽는 거룩한 죽음을 택하여 최후를 훌륭히 장식하였다.

유스티누스 플레빙(Justinus Plaving)은 호교론자(apologist)로서 로마 제국의 심한 박해가 잇달아 일어나자 문서를 기록하여 기독교의 정당성을 이론적으로 설명하여 그 부당한 오해를 제거하고 기독교의 권리를 수호할 필요성을 절감하였다. 정부의 고관들은 그의 변증을 논증으로 대항하지 못하게 되자 그를 체포하였다. 그는 감옥에서 이렇게 남기면서 순교한다. "주님을 위하여 고난을 당하게 되었으니 나는 기쁘다. 내가 당한 고난만큼 하늘나라에서 주님으로부터 칭찬이 있을 것을 생각하니 더욱 기쁘다." 그는 드디어 목 베임을 당하여 장렬히 순교하였다. 이러한 장렬한 죽음 때문에 순교자 유스티누스(Justinus Martyr)으로 불리우게 되었다.

여러 증언자들이 이러한 모양으로 그리스도를 위하여 생명을 바쳤다. 혹독한 박해에도 불구하고 그리스도인들이 로마 제국의 강대한 세력에 대항하여 승리를 거둔 비결이 과연 어디에 있었던가? 교회 역사가 피셔(Fisher)는 "지극히 유순하면서도 굽히지 않는 믿음의 용기를 가진 무저항주의가 열매를 맺었기 때문이다."라고 하였다. 또한 샤프(Schaff)는 "이처럼 잔혹한 핍박에 대하여 교회는 세속적인 난폭한 행동으로 대항하지 않았다. 오로지 진리를 위하여 고통을 참았으며 생명을 바쳐 가며 도덕적으로 항거하였다. 이 장엄한 행동이야말로 그리스도인의 가장 훌륭한 무기였으며 원수를 이긴 좋은 전쟁의 방법이었다."고 말하였다. "순교자의 피는 교회를 자라게 하는 거름"이라는 격언 그대로, 기독교의 굳건함은 사선에 서서 신앙을 고백한 승리자들의 산 증언에서 계속되었다. 어느 때나 박해 시기에 나타나는 일이지만 여기서도 박해에 대해 대처하는 태도에 따라 배교자, 순교자, 변증론자 등으로 나눌 수 있다. 그러나 대다수가 핍박을 견디다 못해 배교를 하였고, 대부분은 배교 후에 죄를 뉘우치고 교회로 다시 돌아와 그리스도인들이 되었다.

끝으로 다시 한번 보충하며 정리해 보자. 왜 로마 제국은 유대교와 기독교를 핍박하고, 더 나아가 그리스도인들이 순교하도록 했는가? 첫째, 기독교의 유일신 신앙은 황제숭배를 받아들일 수 없었다. 그리스도인은 황제숭배를 강요하는 국가 공직을 거부하고, 형제를 살해하는 전쟁에 참여하는 군사 의무를 반대하였다. 둘째, 로마인들 가운데는 일반 사회생활에서 거의 다신교와 관계되지 않은 것이 없었는데, 유일신 신앙으로 그것을 강력하게 반대했을 때, 로마 제국은 기독교인들을 일종의 혁명단체로 오인했다. 셋째, 플라톤주의나 신플라톤주의에서는 이원론 사상으로 물질을 죄악시하고, 구원이란 영혼을 육에서부터 해방하는 것으로 믿고 있었는데, 그리스도인들은 하느님의 아들이 육신이 되어 십자가에 죽고 다시 육신으로 부활했다는 선포를 용납할 수가 없었다. 넷째, 로마인들은 카타콤 비밀집회 예배를 남녀 성적 문란으로, 성찬식은 살인의식 등으로 오해하는 등 비윤리적 종교로 오인을 했기 때문이다.

VII 기독교의 교리 형성

1 _ 교리의 발전과 변천

　　기독교의 발전은 우선 기독교의 사랑과 평등 사상이 일반 시민들에게 호응을 얻었으며, 기독교의 순교정신과 복음 전파의 역할이 컸다. 이러한 불굴의 정신이 결국 정치적으로 세계 통일을 꿈꾸는 콘스탄티누스 대제가 기독교를 인정할 수밖에 없도록 했다. 로마 제국의 기독교에 대한 정책 변화는 기독교가 교리를 정리할 수 있는 기회를 가지게 되었다. 교회는 그리스도의 임박한 재림(parusia, 파루시아) 지연으로 말미암아 복음의 헬라화가 불가피했다. 파루시아 대신에 교회와 신학이 그 자리를 대신하게 된 셈이다. 우선 교부들은 기독교를 박해하는 자들에게는 기독교를 이해시키고 변증하는 일을 했다. 그리고 에비온주의(Ebionism)와 몬타누스주의(Montanism), 영지주의(Gnosticism) 등의 이단 사상에 대항하여 올바른 교리를 세워야 했다.

　　안디옥의 감독 이그나티우스(Ignatius)는 성육신의 교리를 부인하는 가현설(docetism)에 대해서 그리스도의 선재와 성육신의 교리를 전개했다. 무엇보다도 그의 관심은 교회의 일치에 있었다. 교회의 단일성을 위해 성만찬을 강조했고, "그리스도의 몸도 하나이며, 성령도 하나입니다. … 주님도 한 분이시고, 믿음도 하나이고, 세례도 하나이며"(엡 4:4-5)는 성서적 표현을 제시했다. 그는 그리스도인을 '하느님과 결합된 자'라고 했다. 또한 그는 '사도적 전승'(apostolic tradition)에서 정통 신앙을 고수하면서 "감독이 있는 곳에 교회가 있다."고 하여 감독의 지위를 향상시켰고, 교회의 분열을 막기 위해 '가톨릭'이라는 말을 사용한 최초의 사람이었다.(115년경) 이처럼 그는 교회 형성 시대에 교회일치를 위해 분파주의를 막고 신약 시대를 계승한 뚜렷한 인물이었다.

알렉산드리아 학파인 클레멘트(Clement, 150?-215)는 『헬라인들에게 주는 권면』(Word of admonition to the Greeks)에서 이교 사상의 어리석음과 허망함을 폭로했다. "지식(gnosis)이 신앙(pistis)보다 낫다." 신앙은 하느님을 외면적으로 그리고 그리스도론을 문자적으로 받아들인다. 그러나 그리스도의 영지자(gnosticist)는 구원을 내면적으로 파악하고 이해하는 신비의 통찰력을 소유하고 있다. 신자들은 세례를 받을 때 하느님께 가르침을 받은 자들이며, 이미 구원의 보증을 받았다. 그런 점에서 신령한 자들이다. 아담의 범죄는 죄 된 행동을 대표하는 전형적인 예다. 인간은 어린아이와 같이 순진하고 단계적으로 완전을 향해 전진하도록 창조되었다. 하느님은 '자유의지'(free will)를 가지고 인간 스스로 노력해서 구원받기를 원한다. 인간의 본성은 악의 세력과 선의 세력으로 구성된 '전장'(a battle ground)과 같다. 인간은 하느님의 도움으로 이 전투에서 승리할 수 있지만, 하느님의 도움이 인간의 의지를 손상시킬 수 없고, 또 손상하지도 않는다고 했다.

소아시아 학파인 리용(Lyon)의 감독인 이레네우스(Irenaeus, 140?-200)는 기원후 185년 "이단을 반박한다"는 글을 통해 이단을 방어하는 표준을 세웠다. 특히 영지주의(Gnosticism)의 혼란을 막기 위해 요한과 바울 사상에 근거하여 "왜 하느님은 인간이 되었는가?"(cur deus homo?)에 대한 설명에서 "우리들이 하느님의 형상을 이루게 하기 위함이다."라고 했다. 인간이 아담의 범죄로 말미암아 상실한 '하느님의 형상'(imago Dei)을 예수 그리스도 안에서 다시 회복할 수 있도록 하기 위해서 하느님은 인간이 되었다는 것이다. 그는 예수의 십자가의 죽음은 이 땅의 권세를 잡고 있는 사탄에게 지불할 일종의 배상금으로 보았다. 그의 관심은 하느님과 세계 사이의 중보적인 존재, '신-인간'(God-Man)인 그리스도에 집중한다. 그는 항상 하느님과 함께 존재한다.(semper coexistens) 하느님은 사변적인 것을 통해서가 아니라 계시(revelation)를 통해서 우리에게 알려진다. 그러므로 우리는 창조 이전에 하느님이 무엇을 행하였느냐하는 따위의 무용한 질문에 대하여 정력을 소모해서는 안 된다. 그는 다른 변증론자들과는 달리 '로고스'로서의 그리스도가 아니라 '신-인간'으로서의 그리스도를 말했다. 그는 그리스도를 구속자요, 성육신하신 하느님으로 보았다.

동방교회의 대표이며 알렉산드리아 학파 오리게네스(Origenes, 185-254)는 기독교를 높은 철학으로 생각하여 다신교를 극복하고자 했다. 기독교 신앙의 철학화는 유스티누스(Justinus Martyr, 100-165)에서 기초가 잡히고, 클레멘트(Clement, 150?-215)에서 촉진되어 오리게네스에서 결실을 보게 된다. 그의 삼위일체론을 보면 '경륜적인'(economic) 동시에 '존재론적'(ontological)이다. 성부 하느님은 한 분으로 사물과 반대되는 존재, 만물의 원인, 진정한 실재, 선하시고 무소 부재하시다. 하느님은 인간을 자유로운 행동자로 창조함으로써 자신을 제한하였다. 성자 하느님은 신플라톤 사상을 따라 아들이 아버지로부터 나온 누스(nous)다. 이러한 과정에서 아들이 출생한다.(genesis) '영원한 출생', 즉 아버지는 아들을 항상 낳고 있다. 이것은 성부와 성자의 동등한 영원성을 최초로 진술하는 것이었다.

그러나 아들은 아버지로부터 나왔으므로 아버지와는 구별이 되어야 한다. 그래서 기도를 드릴 때도 오직 성부에게만 드려야 한다고 하였다. 결국 그는 성자를 성부에 종속시키고 제2의 신이라고 함으로써 성부와 성자 간의 등급을 정하게 되었고, 아들을 '피조자'(κτίσμα)라고 하였기 때문에 종속설에 빠지게 되었다. 즉 성령은 성자로부터 나왔으나 한 격체(hypostasis)이며 신적 성격을 가지고 있는 삼위 중에 가장 작은 하느님으로 신자들의 영혼 가운데 존재한다고 했다. 그에 반해 아들은 이성의 영역을 다스리는 하느님이며, 아버지는 존재의 영역을 지배하는 하느님으로 가장 크신 분이라고 했다. 오리게네스의 그리스도에 대한 이해는 아버지로부터 '영원한 출생'을 말하고 있으면서도, 동시에 아버지에게 종속되어 있다고 하므로 하나의 논쟁점의 소지를 남겼다.

아프리카의 대표자 테르툴리아누스(Tertullianus, 150-225)는 "존재하는 모든 것은 형태를 가지고 있다."는 원리와 "나는 불합리하기 때문에 믿는다."(credo quia absurdum est)는 사고방식을 통해 그의 신학을 발전시켰다. 이러한 근거에서 그는 하느님과 영혼에도 형체가 있다고 믿었다. 그는 삼위 하느님의 세 인격 사이의 관계를 묘사하기 위하여 실체(substantia)와 인격(persona)이라는 단어를 사용하였다. 그리스도의 '한 품격 안에'(in una persona) 신인 양성이 있고, '한 실체'(una substantia) 안에 '세 품격'(tres personae)이 있다고 하여 '삼위일체'(trinitas)를 맨 처음 사용한 자였다. 그는 구약성서를 사용하여 창조주와 구세주를 한 분 하느님이심을 "마르키온에 반대하여"(Against Marcion)라는 글에 확고하게 명시한다.

테르툴리아누스는 요한복음 5-10장을 주석하면서 아버지와 아들이 구별되고 동시에 영원히 함께 계시는 분임을 논증하기 위해 군주(monarchia) 안에는 황제와 똑같은 권위를 가지고 함께 통치차는 아들을 예로 들었다. 그의 신앙의 규범은 사도신경의 기초를 형성해 주고 있다. "신앙의 규범은 참으로 하나요, 개혁할 수 없는 확고한 것이며, 전능하시고 이 우주를 창조하신 한 분 하느님을 믿는 것과 처녀 탄생으로 빌라도에게 십자가에 못박히셨다가 삼 일만에 죽은 자 가운데서 부활하셨고 하늘에서 영접받으셨으며 이제 하느님 우편에 앉아 계시다가 장차 육체의 부활을 통해 산 자와 죽은 자를 심판하러 오실 것이다." 구원론에서 그는 인간은 날 때부터 죄가 있지만, 원죄(original sin)가 인간의 자유의지(free will)를 지워 버리지 못한다고 함으로써 신인협력설(the synergistic theory)을 주장하게 되었고, 이것은 결국 인간의 행위와 공로를 강조한 공로신학(theology of merit)을 만들어 냈다. 또한 그는 "교회 밖에는 구원이 없다."고 함으로써 교회절대주의를 만드는 데 기초를 닦았다.

복음의 교리화 또는 헬라화는 기독교를 선포하고 변증하기 위해 불가피한 것이었다. 적극적인 면에서 변증론자들은 이방 세계에 체계적 신학을 만들어 갔다. 그러나 이러한 변증신학은 기독교의 순수한 신앙 진리가 철학 속에 갇혀 본질적인 것을 상실하게 되는 위험도 갖고 있었다. 다시 말해서 복음서에 나타난 예수의 이야기는 '마음'(heart)으로 이어졌는데 헬라화되면서 기독교는 '두뇌'(head)를 자극시킨 의식의 종교가 되었다. 기독교를 만들려고 할 때 그리스도가 숨어 버린 것이다.

정리하면 초기 기독교의 사상은 헤브라이즘이라는 유대교 배경에서 시작하여 세계로 뻗어 나가는 과정에서 헬레니즘의 언어와 사상의 옷을 입었다. 당시 기독교 교부들은 헬라철학 가운데 플라톤의 이데아 사상을 가지고 천국 사상을 설명하기도 하였다. 요한복음의 '로고스 그리스도론'은 바로 이 헬라철학이 기독교에 미친 결정적인 산물이라고 할 수 있다. 이 헬라철학은 복음의 세계화를 위해 불가피했으나 또 한편으로는 복음의 변질을 가져올 수 있는 위험을 내포하고 있었다.

2_ 고전적 그리스도론의 형성

교회는 일찍부터 단순하고 소박한 신앙을 요구할 뿐만 아니라, 그 신앙의 내용을 지적으로 파악하고 체계화하고자 했다. 왜냐하면 기독교 진리에 대한 회의를 품는 이교 사상 세계에 대처하고, 진리의 순수성과 교회의 분열을 막고 통일을 이룰 필요가 있었기 때문이었다. 이러한 교회 교리의 통일의 요구는 국가의 요구와도 일치되는 것이었다. 국가의 통일을 큰 목표로 삼은 콘스탄티누스 황제는 기독교 도시의 건설을 위하여 콘스탄티노플로 수도를 옮기고, "하나의 종교, 하나의 국가"라는 슬로건 아래서 로마 제국 전체를 통치하고자 했다. 그 당시 교리 논쟁 때문에 그리스도인들이 나누어져 국가 통일이 분산될 것을 우려한 황제는 교회의 분쟁을 해결하기 위해 터키 서북부에 있는 마을 니케아에서 325년 공의회를 소집하였다. 이 회의는 기원후 70년 예루살렘 회의 이후의 최초의 에큐메니컬 공회로 318명의 감독이 참석하여 그리스도의 양성 문제에 대하여 다루게 되었다.

우선 문제가 된 것은 예수는 다른 인간들처럼 하나의 인간인가, 아니면 하느님인가라는 것이었다. 대부분의 사람들은 예수를 아브라함이나 모세 또는 하느님이 보낸 예언자들 중의 한 사람으로 생각하였다. 그러나 그리스도인들은 예수를 하느님의 아들로 고백하고 그를 숭배하였다. 그런데 문제는 예수가 하느님이라면 어떤 근거로 그렇게 될 수 있는가 하는 것이었다. 그것은 감독 알렉산더(Alexander)의 제자 아타나시우스(Athanasius)와 장로 아리우스(Arius) 사이에 논쟁점으로 나타났다. 아리우스는 오리게네스에게서 아들의 종속 사상을 수용하여 자신의 입장을 세워 나갔다. 그리스도는 참으로 신적이지만, 성부와는 동등하지는 않았다. "그리스도는 하느님이 아니라, 창조의 시초에 하느님이 무(無)에서 지으신 자다. 그는 하늘의 로고스(logos)가 인간의 영 대신 그리스도 안에 들어와 계시기 때문에 하느님이라고 부를 수도 있고 예배할 수도 있다. 하느님은 시작이 없다. 그러나 그리스도는 없었을 때가 있었다. 하느님과 그리스도의 관계는 본질이 같은 것이 아니라 유사할 뿐이다."

아리우스는 그리스도는 신이 만들어 낸 '창조'의 존재이지만 '신의 아들'이라는 양자의 자격을 부여받았기 때문에 성스러운 인물로 이해되어야 한다는 입장이었다. 그는 우리 인간처럼 하느님의 형상대로 창조된 피조물이지만 우리와 다른 점은 가장 먼저 창조된 인간으로서 십자가에 못박혀 죽음으로써 하느님께 복종했기 때문에 하느님으로 신격화되었다는 것이었다. 예수의 본성이 하느님과 처음부터 동일하다고 하는 것은 신성모독이라고 하였다. 그래서 아리우스는 그리스도를 '무'로부터 창조된 하나의 피조물로 본 것이다. 그가 신성화된 것은 세례를 받았을 때, 하느님의 영이 임하여 하느님의 양자가 되었고, 부활함으로써 높임을 받게 되었다는 입장이었다. 동정녀로부터 탄생된 예수는 하느님의 로고스 세력을 받은 신적 능력을 가진 인간으로 본 것이다. 그러면서도 그는 기독교의 유일신적 원리를 보존하고자 성자를 성부에 절대적으로 종속시키는 종속설을 강조하지 않을 수 없었으며, 그것은 결국 그리스도를 반신(半神) 반인간(半人間)의 존재로 이해하게 되었다.

이에 반해 아타나시우스(Athanasius)는 인간은 어느 누구도 신격화될 수 없기 때문에, 인간을 신격화하는 것은 그야말로 신성모독이라고 하였다. 그리스도는 지음받은 자가 아니라 처음부터 아버지와 한 '본질'이다. 이 세상을 구원할 수 있는 것은 인간이 아니라 하느님이다. 그리스도는 죄에서 타락한 인간을 구원하기 위해서 인간이 되었다. 그것은 하느님이 스스로 내린 결정이며 행동이었다. 아타나시우스는 아들은 태초부터 인격으로 존재하였으며 성부, 성자, 성령은 동격이라는 삼위일체 하느님을 주장하였다. "성부와 성자의 관계는 수원과 거기서 흘러나오는 시냇물의 관계와 같은 것이다. 수원과 강은 비록 그 형태가 둘이요, 이름이 둘이기는 할지라도 서로 분리할 수 없는 것과 같이 아들은 아버지로부터 분리될 수 없고 아버지는 아들로부터 분리될 수 없는 것이다."(Contr. Ar., III, 4.)

아타나시우스는 오리게네스의 '영원한 출생'을 수용하여 자신의 주장을 전개해 나가면서 아리우스를 비판했다. 그리스도는 지음받은 자가 아니라 아버지와 한 본질이다. 그는 아리우스의 주장을 거부하면서, 죄에서 우리를 구원하시기 위해서는 참하느님이 사람이 되어야 한다고 했다. 그러나 아리우스가 주장한 창조의 중보자로서 로고스는 창조자와 지음받은 우주의 중간 어느 지점에 있기 때문에 그를 통해서는 하느님의 구원에 이를 수 없으며, 결국 아리우스의 주장은 '다신교'에 전락할 수밖에 없다고 비판했다. 아타나시우스의 입장은 분명했다. 성부와 성자는 '동일한 본질'(homoousios)이었다. 성자는 영원 전부터 아들이었으며 출생되었다. '한 본질'(ousia 혹은 houpostasis)인 하느님은 삼중의 인격적 존재로 자신을 계시한다고 보았다. 그는 그리스도의 신성을 희생시키지 않고 기독교의 유일신 신앙을 유지하기 위해 그리스도를 성부와 동일시하거나 하느님의 자기 현현의 한 양식으로 간주하여 이 문제를 해결하고자 한 것이다.

　　니케아 공의회는 삼위일체론을 주장한 아타나시우스파를 정통으로 인정하여 교리를 통일하고, 아리우스파를 이단으로 규정하여 가톨릭 교회의 기초적인 교리를 확립하였다. "우리는 한 분 하느님을 믿는다. 그는 전능하신 아버지이며, 보이는 것과 보이지 않는 것들을 만드신 창조자다. 그리고 한 분 우리 주 예수 그리스도를 믿는다. 그는 하느님의 아들이시며, 아버지로부터 나신 자이며, 독생자(only begotten)이시다. 즉 아버지의 본질로부터 나오신 자로서 하느님으로부터 나오신 참하느님이시다. 그는 낳으신 자이고 만들어진 자가 아니다. 그는 아버지와 한 본질이시며 그를 통해서 하늘에 있는 것이나 땅에 있는 모든 만물이 존재케 되었다. 그는 우리 사람들과 우리의 구원을 위하여 하늘로부터 내려오셨고, 성육신하셨고, 인간이 되셨으며, 고난당하시고 사흘만에 부활하셨으며, 하늘에 오르셨다. 그리고 산 자와 죽은 자를 심판하러 오실 것을 믿는다. 그리고 성령을 믿는다. 그러나 가톨릭 교회는 아들이 계시지 않았던 때도 있다고 말하는 자들, 탄생 전에는 아들이 계시지 않았다고 말하는 자들, 아들은 무에서부터 지음 받았다고 하는 자들, 하느님의 아들은 상이한 본질 혹은 본체를 가졌다고 주장하는 자들, 아들이 피조되었다든지 혹은 변화될 수 있다고 말하는 자들을 저주한다."

　　이 신조는 니케아 공의회에서 작성되었는데 성부와 성자는 '동일한 한 본질'(homoousios)이라는 말을 포함하고 있다. 이 신조의 특징으로는 "그리고 항상 성령 안에서"라는 말로 끝을 맺고 있다. 그 신조에는 그 신조 본문에서 없어서는 안 될 부분으로 간주되었던 4개조의 아리우스주의 파문 조항들이 부가되어 있다. 리츠만(H. Lietzmann)이라는 학자는 그 신조는 이전의 학자들이 가이사랴의 유세비우스의 진술을 오해하여 주장했던 것처럼 팔레스타인에 있는 가이사랴의 세례 신조에 근거된 것이 아니라 예루살렘의 세례 신조에 근거되었다고 한다. 이 신조에서 특이할 만한 것은 아리우스나 아타나시우스 두 학자들 모두가 테르툴리아누스가 최초로 사용한 말, 하느님의 독재, 혹은 독점적 지배를 말하는 '단일신론'(monarchianism)을 통해 격체론과 삼신론을 각각 배격함으로써 하느님의 단일성, 즉 유일신 신앙을 보존하려는 점이다.

아리우스는 그리스도의 신성을 부정하고 인성을 주장하여 삼위일체론을 부정하게 되었다. 그리스도의 신성과 성부의 신성은 다르다는 로고스 그리스도론은 "창조되지 않은 자의 본성과 창조된 만물 사이의 중보자"로 봄으로써 반신(半神), 반인간(半人間)의 존재로 파악한 것이다. 그의 그리스도의 인간성 강조와 함께 단일성의 주장은 후에 하르낙에 의해 '동적 단일신론'(dynamic monarchianism)과 '양자론적 단일신론'(adoptionistic monarchianim)으로 표현되었고, 피서에 의해서는 '인성론적 단일신론'(humanitarian monarchianism)으로 소개되었다.

반면에 아타나시우스의 입장은 '양태론적 단일신론'(modalistic monarchianism)으로 정리된다. 그는 세 인격의 동등한 본질과 동등한 영원성을 말하는 동질적 개념을 잘 파악했으나 삼위일체의 세 인격을 절대적으로 일치시키려고 함으로써 예수는 단지 아버지의 출현 양태에 불과하게 된 약점을 보였다. 이러한 입장은 서머나의 노에투스(Noetus)의 입장과 맥을 같이한다. "성부께서 아직 아들로 탄생되지 않았을 때 아들이라고 불리운 것은 당연한 일이다. 그러나 탄생을 거친 후에도 그는 아들이 되셨는데, 그는 다른 어떤 것으로부터 난 것이 아니라 자기 자신에게서 난 것이다. 그리스도는 성부 자신이며, 성부 자신이 나서서 고난당하고 죽으신 것이다. 그리스도는 하느님이었으며 성부 자신인 그가 우리를 위하여 고난당하였다. 이것은 그가 우리들을 구원할 수 있게 되기 위함이었다." 사벨리우스(Sabellius)도 그러한 입장에 서 있다. 그에 의하면 하느님은 단일한 실체이며, 그의 존재 안에는 구별이 없다. 단일체인 하느님은 세 가지의 상이한 양식 혹은 형태로 자기를 나타낸다. 즉 자기를 창조자로 나타내는 것은 아버지이고,

구속자로 나타낸 것은 아들이며, 정결케 하는 자로 나타낸 것은 성령이다. 그러나 이것은 셋이 하나 되는 일체를 말하는 것이 아니라 한 인격에 의하여 향하여진 세 가지의 역할이라고 했다.

　　니케아에서 채택된 신조는 381년 콘스탄티노플 회의에서 다시 재확인되면서 수정과 보완이 되었다. 예를 들면 니케아 신조에서 사용한 성부와 성자가 '동일한 한 본질'이라는 '호모우시오스'(homoousios)라는 말에는 사벨리우스적 색채가 짙다고 하여 '유사한 본질'이라는 '호모이우시오스'(homoiousios)를 사용하고자 했다. 따라서 '호모우시오스'에 대한 설명으로서 "아버지의 본질로부터"라는 구절은 생략되었다. 그 대신에 그리스도 인격에 대한 부분과 성령에 대한 부분을 더 보충하여 설명하고 있다. 그 다음에는 교회, 세례, 죽은 자의 부활 그리고 영생에 관한 신앙적인 주장들이 나온다. 또한 파문 조항을 생략하였다. 그 신조는 다음과 같다.

　　　　우리는 전능하신 아버지이신 한 하느님을 믿는다. 그는 하늘과 땅을 지으신 이요, 보이는 것과 보이지 않는 모든 것을 지으신 자다. 우리는 한 주 예수 그리스도를 믿는다. 그는 하느님의 독생자(only begotten)이시며, 모든 세상이 있기 전에 하느님으로부터 나셨으며 하느님의 하느님이시요, 빛의 빛이시요, 참하느님의 참하느님이시다. 그는 지으심을 받지 않으셨다. 그는 모든 것을 지으신 아버지와 한 본질(ousia)을 가지신다. 그는 인류와 우리의 구원을 위하여 하늘에서 내려오셨고, 성령에 의하여 동정녀 마리아로부터 몸을 입으시고 사람이 되사, 우리를 위하여 본디오 빌라도에 의하여 십자가에 달리셨다. 그는 고난을 당하시고 매장되셨다가 사흘만에 성서 말씀대로 부활하셨다. 그는 하늘에 오르사 아버지 우편에 앉아 계신다. 그리고 그는 영광 중에 다시 오셔서 산 자들과 죽은 자들을 심판하실 것이다. 그의 나라는 영원 무궁할 것이다. 그리고 우리는 주이시며 생명의 공여자이신 성령을 믿는다. 그는 아버지 '그리고 아들로부터'(filioque) 나오셨고, 아버지와 아들과 함께 예배와 영광을 받으신다. 이 성령은 예언자들을 통하여 말씀하셨다. 우리는 또한 하나요, 거룩하고 보편적이며 사도적인 교회를 믿는다. 우리는 사죄를 위한 한 번의 세례만을 인정한다. 우리는 죽은 자들의 부활과 내세에서의 삶을 바라본다. 아멘.

콘스탄티노플 신조의 주요 강조점은 성자는 성부와 본질이 동일하다는 것이었다. 거기서 '본질'(ousia)이라는 헬라철학의 용어를 사용했는데, 그것이 히브리적 사고 유형을 가진 사람들에게는 생소하고 이해하기 어렵다고 하여 수정하였다. 즉 '호모우시오스'에 대한 설명으로서 "성부의 본질로부터"라는 구절이 빠져 있다. 또 하나의 특징은 그리스도 인격에 대한 설명이 니케아 신조에 비해 더 길어졌고, 성령의 신분과 역사에 대해서도 확장되었다. 그리고 교회, 세례, 죽은 자의 부활 그리고 영생에 관한 신앙적인 주장들이 덧붙여졌다. 그러나 파문 조항은 생략되었다.

이와 같이 콘스탄티노플 신조는 니케아 신조를 기초로 하여 만들어졌다. 그런 의미에서 콘스탄티노플 신조를 니케아-콘스탄티노플 신조라고도 한다. 이 신조는 동·서방 모든 교회의 성찬예배에서 정규적으로 사용되고 있다. 동방교회는 이 신조를 세례 신조로서 정규적으로 사용하고, 서방교회는 주일과 대축일의 미사에만 사용하였다. 그러나 기원후 809년 아켄(Achen)에서 열린 회의에서 서방교회가 성령의 발원 문제에서 성령은 아버지와 "그리고 아들로부터"(cf. 갈 4:6)라는 '필리오퀘'(filioque)를 삽입했을 때, 동방교회는 그것을 받아들이지 않아 결국 서로 다른 니케아 신조를 고백하게 되었고, 또한 그것은 동방교회와 서방교회의 분열의 씨앗이 되기도 하였다. 그러나 서방교회는 삼위일체에 대한 분명한 교리를 신조에 삽입하고 싶었던 것이다. 하느님의 삼위에 대한 말은 이미 초기 교부 시대부터 있었다. 안디옥의 테오필루스(Theophilus)는 성부, 성자, 성령을 '셋'(trias)이라는 말을 사용함으로써 삼위의 하느님의 필요성을 말하기 시작한 것이다. 초기 변증론자들도 삼위의 하느님을 생각하면서 '세 쌍'의 존재로 이해했다.

이 경우 성령이 로고스와 성부로 구별되기는 하나 로고스와 성부에게 종속을 생각하고 있었다.

'삼위일체'라는 용어를 처음 사용한 사람은 테르툴리아누스였다. 그는 삼위의 하느님을 '한 실체'(una substantia), '세 품격'(tres personae)이라고 함으로써 '삼위일체'를 표현한 것이다. 그러나 삼위일체의 용어에 획기적 공헌을 한 사람들은 4세기에 활동한 카파도키아 교부들이었다. 삼위일체의 교리는 사실 콘스탄티노플 회의(381 AD)에서 완성되었지만 동방과 서방의 교리를 최종적으로 완성한 사람은 동방의 다마스커스의 요한과 서방의 아우구스티누스(Augustinus)였다. 요한은 그의 저서 『정통 신앙에 대하여』(de fide orthodoxa)에서 하느님을 한 실체인 동시에 성부, 성자, 성령의 한 위격이라고 하였다. 그러나 그는 하느님을 존재의 근원으로 보고 성령은 로고스를 통하여 아버지로부터 나온다고 함으로써 헬라적 종속설의 잔재를 부분적으로 드러내었다. 그에 반해 아우구스티누스는 하느님의 단일성에 강조점을 두었다. 그는 실체, 본질의 의지, 능력에서 하느님은 한 분이라고 주장하였다. 아우구스티누스의 강한 영향하에 형성된 소위 '아타나시우스 신조'(420-450 AD)에서 삼위일체 신론이 완결된다. 그 신조에 의하면, "한 분이신 하느님을 삼위(trinitas)에서, 그리고 삼위를 일체(unitas)에서 예배한다."(제3조) 그리고 "아버지가 영원하시고 아들이 영원하시며 성령이 영원하시다."(제10조) 또한 "아버지가 주요, 아들이 주요, 성령이 주다."(제17조)

그러나 그는 한 분이신 그리스도에게서 신인 양성은 실체의 혼동이 아니라 위격이 하나이기 때문에 결합되어 있을 뿐이라고 하였다. 여기서 신성과 인성의 개성적 실체에 대한 통성, 또는 경우에 따라 속성으로도 해석되었다. 이 점에서 속성의 교류(communicatio idiomatum)라는 또 하나의 문제가 대두된 것이다. 그러므로 그리스도론의 또 하나 문제는 한 본성 안에 그리스도의 신성과 인성이 어떻게 가능할 수 있느냐는 것이었다. 만약 완전한 하느님과 완전한 사람을 분리해서 다 주장한다면 본질적인 일체가 없어지고 둘이 된다. 그리고 신성과 인성이 하나로 흡수된다면 역시 참그리스도가 될 수 없다. 이 문제를 해결하기 위해 두 가지 이론, 다시 말해 알렉산드리아(Alexandria) 학파에 의해서 양태론이, 안디옥(Antioch) 학파에 의해서 양자론이 제기되었다. 양태론(modalisticism)이란 그리스도가 성육신 이전에는 그리스도는 두 본성이었으나 이후에는 한 본성, 즉 신성뿐이었다는 입장이다.

키릴루스(Cyrillius)는 네스토리우스(Nestorius)를 반박하여 예수의 신적 본성과 인간적인 본성을 단지 결합된 것이 아니라 하나, 즉 한 본성이 된 것이라고 주장하였다. 그는 두 본성의 속성의 교류(communicatio idomatum)를 말한 것이다. 그러나 이 이론은 그리스도론에 대해 신성을 강조한 단성론 입장을 취하게 되어, 결국 그리스도는 가현적 인간이 된다. 왜냐하면 그의 신적 본성은 그의 인간적 본성을 흡수하고 전자 속으로 변화되어 섞이기 때문이다. 이에 반해 그리스도에 대한 양자론(adoptionism)은 '유일한 위격' 안에서 신적인 본성과 인간적인 본성이 단순히 "결합되어 있다."고 했다. 하느님이 된 것이 아니라, 하느님이 단지 한 인간과 결합되었다고 한 것이다. 즉 두 본성은 분리되어 있고 독자성을 갖는다고 보았다. 그리스도의 신성과 인성은 본질적으로 결합되지 않고 단지 의지적으로만 일치되어 있을 뿐이며, 양자는 서로 접촉할 뿐이지 결합되어 있지 않다고 했다. 결국 양자론은 그리스도의 선재와 그리스도의 신성을 위태롭게 하고 있다. 이것은 그리스도의 양성 문제에 대한 해결이 아니었다. 그래서 다시 공의회를 열어서 입장을 정리해야 했다.

교황 레오 1세는 예수 그리스도의 신인 양성의 결정을 위해 칼케톤 공의회(451 AD)를 열어 다음과 같이 결정을 얻어 냈다.

> 첫째, 예수 그리스도는 신성에서는 아버지와 인성에서는 우리와 "본질상 동일하다."(homoousios) 둘째, 단성론(양태론)과 양성론(양자론)에 대하여 각각 한계선을 그었다. 두 본성 안에서 '하나의 동일한 그리스도'가 인식될 수 있다는 것이었다. 이 두 본성은 혼합되지 않고(unvermischt), 한 본성이 다른 본성으로 변화되지

않으며(unverwandelt), 분리된 범주로 분리되지 않고(ungetrennt), 양성 기능에 따라 구별되지 않는다(ungesondert)고 함으로써 알렉산드리아 학파와 안디옥 학파 양쪽 다 견제하면서 그리스도론을 정립한 것이다. 셋째, 그리스도는 두 본성을 갖지만 '하나의 위격'만을 갖는다. 넷째, 예수 그리스도는 참하느님(vere Deus), 참사람(vere homo)이다. 예수는 지상에서 다윗의 후손이었으나, 그의 부활 이후 다윗의 후손 그 이상이신 주님이었다.

고전적 그리스도론의 명성은 어느 개인의 가르침이 아니라, '회의'를 통해 합의되고 결정되는 에큐메니컬적인 성격을 가졌다. 그 회의는 범세계적으로 '사도적 가르침'대로 믿는 교회들의 보편적 합의를 표현하는데, 거의 2,000년 동안 하나의 규범적인 것으로서 동방과 서방의 모든 교회로부터 받아들여졌다. 이 신조는 정통 교리로서 취급되었다. 이와 같이 '정통'은 단순히 '올바른 교리'를 의미하지 않고 이단의 주장에 반대하는 교회의 전통적이고도 보편적인 교리를 뜻하는 것으로 발전되었다. 즉 공의회를 통해 선언된 신앙과 부합되는 교회를 정통적이라고 말하게 된 것이다. 그리스도 안에서 진실한 신적인 본성은 그리스도 안에서 하느님의 성육신을 말한다. 이 성육신의 사건은 구원의 사건으로 연결된다. 그러나 고대 정통 그리스도론은 예수의 신성을 부각하기 위해 그의 인간성을 축소하고, 하느님을 위대하게 하기 위해 인간을 왜소하게 만드는 위험이 들어 있다. 그것은 하느님이 인간을 위대하게 만들기 위해 자신을 왜소하게 만들었다는 사실을 간과하지 않았나 한다.(고후 8:9, 빌2:7)

정통에 대한 잣대는 다음과 같은 근본주의 기본 교리를 포함하고 있느냐의 여부에 달려 있다. 첫째는 성서를 그대로 받아들이고, 둘째는 삼위일체 하느님을 믿고, 셋째는 사도신경과 니케아 신조를 신앙으로 고백하고, 넷째는 그리스도의 십자가와 구속을 믿으며, 다섯째는 그리스도의 성육신과 육체적 부활을 믿는다. 이것이 정통 신앙이다. 그러나 정통주의자들의 잣대가 반드시 기독교 진리의 기준이 되는 것이 아니다. 정통의 탈을 쓴 교권주의 종파의식이 작용하기도 한다.

3_ 동양의 고대 기독교

사도행전 16장을 보면 바울 일행은 복음 전파의 방향을 동쪽으로 향하고자 했으나 마케도니아의 부르짖음을 듣고 유럽으로 건너가 복음을 전파하였기에 복음의 주류가 서쪽으로 향하게 된 것이다. 그러나 사도 도마와 바돌로매 등을 포함한 많은 신도들은 복음을 갖고 동방의 여러 지역으로 나가 마침내 페르시아 지역을 지나 인도에까지 전했다고 한다.

그 후 동양에 복음이 전파된 것은 콘스탄티노플의 대주교 네스토리우스(Nestorius)에 의해서였다. 그는 콘스탄티노플의 대감독이 되어 교회정화 작업과 이단 박멸 운동을 강력하게 추진하였다. 5세기에 이르러 정통과 이단의 논쟁은 계속되었다. 네스토리우스는 정통파에 대항해 그리스도의 신성과 인성의 일치를 반대하고, 신인 양성론에 대한 입장을 취했다. 그에 따라 그리스도를 낳은 마리아는 당연히 '그리스도의 어머니'(christokos)였다. 거기에 대해 알렉산드리아 주교인 키릴루스(Cyrillius)는 그리스도의 양성론을 거부하고 신성과 인성이 일치한 한 인격을 주장했다. 여기서 마리아는 '그리스도의 어머니'가 아니라 '신의 어머니'(theotokos)라고 주장했다. 결국 네스토리우스는 마리아가 '신의 어머니'일 수 없다고 주장함으로써 에베소 회의(431 AD)에서 이단으로 정죄되었다.

결국 네스토리우스는 마리아 숭배의 근거인 '신의 어머니'(theotokos)를 반대하다가 이단으로 몰리고 파문당해 국외로 추방되어 이집트에서 사망했다. 그러나 기독교 세계 선교 역사를 보면 시리아-네스토리우스 정교회가 의욕적으로 왕성하게 선교하던 시대가 있었다. 이 그룹에 속한 선교사들은 예수 그리스도와 같은 아람어(고대 시리아어)를 사용하였으며, 정치적으로 로마 제국에서 박해를 받던 자들이 피신

한 상태에서 복음을 전하였으므로, 선교의 성격이 비정치적, 비권력적이었다. 지리적으로는 예루살렘, 안디옥을 중심으로 발흥하였으며, 특히 5세기 말에는 페르시아 제국의 주요 도시인 에뎃사(지금의 바그다드)와 니시비스에 선교센터를 지어 신학교, 병원, 교회를 운영하였다.

    7세기에 이르러서는 동방으로 방향을 정해 인도, 몽고 제국을 거쳐 635년 중국 당나라 수도 장안에 '경교'(Nestorianism)로 전해져 동양의 개신교라고 할 만큼 크게 번창했다. 경교는 종교적으로는 동양의 유교, 불교, 도교 등과 만남 속에서 융화되고 혼합되어 동양종교의 냄새를 물씬 풍기는 기독교로 발전하였다. 그러나 이들의 선교 활동은 역사적으로 뚜렷한 기록을 남기지 못하였으며, 그 선교 활동의 열매들이 오늘날까지 이어지지 못하고 있음은 매우 유감스러운 일이다.

    어떤 의미에서 경교는 동양에 토착화한 하나의 기독교 교파였다. 17세기 신비주의자 앙겔루스 셀리우스가 표현한 대로 "그리스도가 천 번 만 번 베들레헴에 태어난다고 하더라도 그분이 네 안에 태어나지 않는다면 너는 영원히 버림받은 자다."고 한 토착화의 의미를 우리는 동양의 기독교에서 볼 수 있었다. 기독교는 그런 의미에서 동양에서 크게 활성화될 수 있는 기회를 가지고 있었다. 그러나 대승불교 문화권인 중국에 뿌리내린 경교는 혼합종교의 양상 속에서 기독교 자체의 정체성을 위태롭게 하였고, 정치적으로는 정권이 바뀔 때마다 항상 친정 정치의 입장에 서서 기독교를 포교해 나가는 입장을 취했다. 이러한 혼합주의 경향과 비정치적 입장을 취한 경교는 발전하는 것 같았으나, 결국 정치적 변화에 따라 급속도로 약화되어 송나라, 원나라, 명나라를 거치면서, 심지어는 우리나라의 가야국에까지 전파되었다고 하지만 그 자취를 감추고 선교의 패턴을 가톨릭과 개신교에 넘겨주게 되었다.

4_ 동방교회와 서방교회의 분열

    교회 분열은 기원후 1세기부터 지중해 연안을 중심으로 기독교가 발전해 옴에 따라 동서 소외 관계가 중세 시대까지 계속되면서 점점 악화되어 폭발한 사건이다. 동과 서는 지리적 차이뿐만 아니라 언어적, 문화적 차이가 있었다. 분열을 가속화시킨 것은 테오도시우스 황제가 광대한 영토의 통치상의 편리를 위해 로마 제국의 관할을 동과 서로 분리하였을 때부터 시작되었다. 5세기 말경 서로마 제국의 몰락은 이미 동서 교회의 분열을 내포하고 있었다. 로마 제국의 변방에는 게르만 민족이 있었는데 훈족의 침입으로 게르만 민족의 대이동이 시작되었고 그것은 서로마 제국의 멸망(476 AD)을 가져왔다.

　　　로마 제국에서 국교로 된 이래 기독교는 게르만 민족의 대이동으로 더욱 발전하였다. 로마를 멸망시킨 게르만 민족(프랑크족)은 그리스도를 믿고 자신의 통치 기반을 마련하였다. 서로마에는 로마 교회가, 동로마에는 콘스탄티노플 교회가 세워졌다. 서로마 제국이 멸망한 뒤 동로마 황제가 총주교가 되어 그의 지배하에 있었다. 4세기부터 11세기에 이르기까지 콘스탄티노플은 동방교회의 중심지였을 뿐만이 아니라, 동로마 제국 또는 비잔틴 제국의 수도이기도 하였다. 동방교회는 지중해 연안을 중심으로 로마, 콘스탄티노플, 알렉산드리아, 안디옥 그리고 예루살렘 등 다섯 개의 대교구로 정하였다.(381 AD)

　　　반면에 로마는 야만족의 침입이 있은 이후에, 비잔티움의 정치적 라이벌이었던 서방의 신성 로마 제국의 영향력 아래 놓이게 되었다. 로마 주교는 게르만족에서 세운 왕을 인정하고 황제로 하면서 권력을 인정받고 6세기 초부터는 교황이라는 칭호를 갖고 기독교의 세계에서 세계의 권력을 장악하고자 했다. 따라서 로마 교회의 주교의 세력은 더욱 확대되었다. 문제는 서로마의 교황과 동로마의 황제이며 주교 중 누가 더 높은가였다. 교황 그레고리우스 1세가 취임(590 AD) 후 로마 교구는 다른 네 교구와는 다른 큰 영향력을 행사하기 시작하면서부터 로마의 교구는 교황권을 행세하기 시작했다. 이로 말미암아 다른 나머지 네 개의 대관구들과 문화적, 정치적, 신학적으로 소외와 갈등을 겪고 있었다.

　　　교리적으로 동방교회와 서방교회는 서로 차이를 나타내고 있었다. 여기서 문제가 되는 것은 예수가 인간인가 혹은 신인가라는 것이었다. 동방의 아리우스는 예수는 처음부터 신이라기보다는 신의 아들로 자격을 받았을 뿐이라고 하였다.(양자설) 여기에 반해 서방의 아타나시우스는 예수는 처음부터 신이었다고 주장했다. 단지 인간으로 보였을 뿐이라는 것이다.(양태설) 전자는 예수의 인간성을, 후자는 예수의 신성을 주장한 것이다. 앞에서 이미 언급한 대로 동방교회에서는 마리아를 '그리스도의 어머니'(christokos)라고 했지만, 서방교회에서는 마리아를 '신의 어머니'(theotokos)라고 하였다. 동방교회에서는 예수는 신이지만 마리아는 인간이라고 했고, 서방교회는 예수가 신이라면 신을 낳은 어머니도 당연히 신이라는 입장에서 의견이 서로 나뉜 것이다.(431 AD)

동서간의 교리 논쟁은 867년에 동방의 콘스탄티노플의 감독인 포티우스(Photius)가 '필리오퀘'(filioque) 문제를 가지고 로마 교회를 향하여 '이단'이라고 비난을 퍼부었을 때 격렬해졌다. 왜냐하면 서방교회가 니케아 신조의 성령의 발현 문제에 대하여, 성령은 아버지로부터 나온다는 원문에 "그리고 아들로부터"(filioque)를 임의로 삽입했기 때문이었다. 신비를 중요시하는 동방교회는 삼위일체의 교리를 만들려고 하는 서방교회의 '필리오퀘' 삽입을 받아들일 수 없었다.

로마 교황은 미개한 게르만족에게 포교할 때 성모상, 성요셉상, 그리스도상 등을 이용하는 것이 효과적이고, 그것이 곧 교황청의 수입을 증가시키는 것이기에 성상을 사용했다. 서방교회가 성화와 성상을 사용하면서 포교를 하고 있었던 것에 대하여, 동로마 황제 레오 3세(Leo III)는 성상을 통한 예배를 우상숭배로 간주하고 비판을 가했다.(726 AD) 그는 730년에는 십자가 이외의 일체의 성화나 성상을 파괴하고 금지하였다. 그리하여 로마 교황은 프랑크 왕국과 결탁하고 비잔틴 황제와의 관계를 끊었다. 그 뒤 동방교회에서도 성상숭배 금지가 완화되면서 성화상이 발달하게 되었다.

동서교회의 대립은 계속되었다. 동방교회는 로마 교회의 교황권을 인정하지 않고, 의식을 중요시하고 신비적 경향으로 흐르면서 독자적으로 발전하였다. 동방은 고위의 감독 외에는 결혼해도 무방한 것으로

했으나, 서방교회에서는 모든 교직자들이 독신을 지켜야 할 것을 요구했다. 동방교회가 성직자는 수염을 길러야 된다고 하였으나, 서방교회는 반대하였던 것이다. 절기를 지키는 문제에서도 일치하지 않았다. 동방교회는 부활절을 춘분이 지나 첫째 만월이 되는 날, 즉 유대인의 유월절 그 날을 지키자고 하였고, 서방교회는 춘분을 지나 첫 만월 후 첫 번째 주일을 지키자고 주장하였다. 이것은 니케아 회의(325 AD)에서 서방교회의 안이 채택되었으나 동방교회가 불만을 터트린 것이 사실이었다.

또한 헬레니즘 문화의 전통 아래 커다란 돔의 건축 양식과 건물 내부의 모자이크 양식의 비잔틴 문화를 형성하여 동유럽 일대와 슬라브 민족에 영향을 끼치면서 그리스 정교, 러시아 정교 등으로 발전해 나갔으며, 서방교회는 로마 가톨릭 교회로 로마를 중심으로 한 라틴문화 속에서 모든 기독교 교단을 지도할 권리를 가지고, 보편적인 세계적 교회, 즉 '가톨릭 교회'라는 이름하에 서방 세계 전체에 급속도로 퍼져 나갔다.

결국 동방교회와 서방교회의 분열은 현실이 되었다. 2세기 부활절 시기에 관한 논쟁부터 시작하여 크고 작은 일련의 사건들 속에서 동방교회와 서방교회는 골이 깊었다. 마침내 1054년에 일어난 성찬 문제는 동서교회를 분리를 가져오는 결정적 원인이 되었다. 즉 콘스탄티노플 교회의 장로인 미카엘 셀라리우스(Michael Cerlarius)가 성찬식에 누룩 없는 떡을 사용한다고 서방교회의 성례를 비난했던 것에 대해서 교황 레오 9세(Leo IX)는 이러한 행동이 서방교회의 권위를 무시하는 일대 도전으로 보고 셀라리우스를 파문했다. 동방교회도 이에 맞서 교황을 파문하였다. 동·서방교회가 교리로 말미암아 분열을 경험한 후 12, 13세기에 이르러는 서방의 십자군 전쟁에서 서방의 로마 군대가 동방교회를 파괴하고 사람들을 무자비하게 죽이는 것을 보고 동·서방교회의 분열과 적대감이 일반 신도들의 심중에 이르기까지 심화되었다.(1204 AD)

기독교는 '원시 예루살렘 공동체'에서 시작하여 사도들을 통해 복음이 확장되어 '유대'에 전파되고, 국경을 넘어 이방 '사마리아'에 전파되어, 헬라문화 속에서 '알렉산드리아 기독교'로, 로마 교황이 지배하면서 '라틴 기독교'로, 여기에 대한 항거로 루터의 개혁을 통한 '게르만 기독교'로, 청교도를 통한 '아메리카 기독교'로, '아시아 기독교'와 '아프리카 기독교'로 그리고 오늘날은 하나로 향하는 '에큐메니컬 교회'로 발전하고 있다.

VIII 중세의 기독교

중세란 서로마 제국이 멸망한 때부터(476 AD) 절대 왕정이 성립되는 15세기에 이르는 1,000년간의 세월을 가리키는 말로서 기독교가 주도적으로 지배했던 시기다. 그 당시 기독교는 로마 제국이 기독교를 박해하는 정책에서 옹호하는 정책으로 바꾸면서 급성장하게 된다. 그것은 '로마의 평화'(Pax Romana)와 무관치 않다.

1 _ 기독교의 공인과 발전

기독교는 콘스탄티누스 황제가 다스리는 기간에 왕성하였다. 그는 밀란(Milan)에서 하나의 칙령을 발표(313 AD)하여 기독교를 공적으로 인정하였다. 그는 로마 제국 안에 있는 여러 민족들을 하나로 통일하기 위해서는 이교보다는 생명력 있는 기독교를 받아들이는 것이 더 수월하다고 판단한 것이다. 그는 제국의 구석구석에 뿌리 박혀 들어간 기독교 세력을 한데 결집하여 제국을 통일하는 데 적절히 이용하여 323년 반기독교적인 동부의 리키니우스(Licinius) 황제의 군대를 격파함으로써 로마 제국을 완전히 기독교 세력으로 통일하는 데 성공하였다.

콘스탄티누스 대제는 칙령(313 AD)을 발표해 기독교를 공인하고 신앙의 자유를 인정해 주었으며, 동방의 교회들과 서방의 교회들의 교리적 통일을 꾀하기 위해 '니케아'(터키 서북부에 있는 마을)에서 첫 에큐메니컬 회의(325 AD)를 열어 예수 그리스도의 신성과 인성 문제를 해결하도록 한다. 더 나아가 그는 예루살렘 교회를 세워 후에 성지로 자리잡도록 한 황제가 되었다.

콘스탄티누스 대제는 기독교에 반대되는 관습이나 제도를 차례로 폐기했다. 인간 중심의 헬레니즘에서 하느님 중심의 헤브라이즘의 세계로 전환을 위해 올림픽 경기를 금지시켰으며(cf. 1896년 쿠베르텡의 주창에 의해 아테네에서 근대 올림픽 제1회를 시작.), 화폐에 이교 신의 상징을 지우게 하였고, 자기 아들에게 몸소 기독교교육을 시행하였으며, 319년에는 일요일을 주일로 지키게 하기 위하여 법령으로 관공서의 문을 닫게 하였다. 321년에는 박해 시기에 몰수했던 교회의 재산을 다 돌려주도록 명령했고, 329년에는 우상에게 제사하는 일을 금지하였다. 교회의 교직자에게는 납세와 병역의 의무를 면제해 주었고, 로마, 베들레헴, 예루살렘 등 여러 곳에 교회를 세워 후원하였다. 특히 콘스탄티누스 어머니의 간청에 따라 세워진 예루살렘 교회는 그 후로 기독교의 성지가 되었다.

드디어 392년 테오도시우스(Theodosius) 황제는 모든 사람은 베드로가 로마에게 준 신앙만을 가져야 한다고 주장하면서 기독교를 국교로 선포하기에 이른 것이다. 이것으로 오랜 세월에 걸친 기독교에 대한 박해가 끝이 나고, 지하에 숨어 있던 카타콤 교회는 제국의 당당한 교회가 되었고, 압제받던 교회는 제국을 정복한 교회로 등장하게 되었다. 로마 제국이 기독교를 없애려고 무섭게 핍박한 것을 감안한다면 '국교화'는 그리스도인들이 그토록 원했던 것인지도 모른다. 그리스도인은 사자의 밥이 되고 불에 타 죽으면서도 믿음을 굳게 지켜 왔기 때문이다. 이제부터 로마 제국 안에는 니케아 신조에 입각한 기독교만이 국교가 되고, 오히려 모든 다른 종파와 이교는 극형을 가하여 금지했다. 그리고 십자가를 사형틀로 사용하는 것을 금지시켰으며, 올림픽 경기를 중지시켰다. 이리하여 기독교는 박해가 끝나고 세계의 종교로서 발전하게 되었다.

서방 로마 교회의 두각은 정치 현실 속에서 더욱 뚜렷하게 되었다. 5세기 말경에 서쪽의 로마 제국이 게르만족에 의해 몰락되었을 때, 게르만족들은 통치를 위해 기독교로 개종하기 시작했다. 그에 따라 로마 주교의 세력은 더욱더 커져 갔고, 이윽고 6세기 초부터 로마 주교는 교황이라는 칭호를 갖게 되었다. 특히 그레고리우스 1세는 아직까지 개종하지 않은 게르만족을 전도하는 데 온 정력을 쏟았다. 그 결과 서고트족, 앵글로색슨족 등도 차츰 기독교를 믿게 되었고, 캔터베리에는 대주교를 세우기까지 하였다.

동방교회들이 교리 문제 때문에 상호간의 세력 다툼으로 교계에 적지 않은 혼란 속에 있었을 때, 서방교회는 그래도 일찍부터 테르툴리아누스(Tertullianus)의 공헌으로 그리스도론과 삼위일체론 등의 기본 교리가 확립되어 400년경에는 온 교회에 인정을 받게 되었다. 교황 인노센트 1세(Innocent I, 402-417 AD)와 황제 레오 1세(Leo I)는 "로마에 있는 교회는 사도의 유훈을 수호하며, 로마의 감독은 베드로의 직계"라고 주장하였고, 445년에는 황제 발렌티니아누스 3세도 칙령을 내려 서방교회는 "모두 로마 감독에게 복종하라."고 명하였다. 이렇게 하여 교황권이 확립된 것이다. 이제까지 모든 다른 각 교단은 주교가 통괄했지만, 이제부터는 사도 베드로의 후계자인 로마 주교가 '교황'으로서 모든 그리스도 교단을 지도할 권리를 갖게 된 것이다. 이리하여 로마 제국 안에는 완전히 하나의 교회로서 오직 기독교만이 존재하게 되었다. 로마를 중심으로 한 교회 밖에는 구원이 없다고 본 것이다.

기독교는 유대교와는 다르게 모든 사람을 평등하게 사랑하는 박애주의 사상으로 이어져, 유대교 전통에서 보여 주는 자기 종족만이 신에게 선택되었다는 것과는 달리 세계 속의 종교로 발전할 수 있었다. 민족을 초월한 보편적 정신은 로마 제국에 퍼져 있던 '세계동포주의' (cosmopolitanism)와 일치하였고, 예수 그리스도가 부귀 영화와 권력의 가치를 부정하고 영혼 구제를 역설한 것은 현실적으로 구원받을 길이 없었던 로마의 하층민과 노예 계급에게는 커다란 위안과 행복을 주었다. 그리하여 기독교는 통치자들의 박해에도 불구하고 민중의 환영을 받아 로마 제국에서 빠른 속도로 전파되어 나갔다.

이제 교회는 감독 체제를 강화하여 더욱 통일된 발전을 모색했다. 감독제도를 도입한 교부는 안디옥 감독이었던 이그나티우스(Ignatius)였다. 그는 "한 교회에 한 감독"이라는 원칙을 세웠다. 이 감독의 지도하에 교회는 통일을 유지해야 한다고 하면서 "한 하느님, 한 그리스도, 한 감독, 한 교회"(one God, one Christ, one bishop, one church)라는 원칙 아래 교회를 지도했다. 감독은 교회에 대하여 그리스도를 대신한다. 그것은 그리스도가 하느님을 대신하는 것과 같다. 이러한 신적 권위의 대표적 사상은 교회의 위상이 부각되는 계기를 부여해 주었다. 대도시에는 각 지역에 따라 교단이 구성되어 감독이 다스리는 권위(authority)가 있었다.

서방교회의 중추 역할을 맡고 있는 로마 교회 감독은 옛 수도에 있어 유일한 권위자였다. 동방교회에는 콘스탄티노플 교회 감독이 수도를 배경으로 하여 권위가 있었고, 알렉산드리아 교회 감독은 신플라톤철학으로 단장한 학문의 중심지임을 자랑하였으며, 그리고 안디옥 교회 감독은 이방교회의 모교회로 당당한 세력을 가지고 교계에 군림하고 있었다. 서방은 로마 교회를 중심으로 비교적 통일체를 이루고 있었으나 동방은 콘스탄티노플 교회, 알렉산드리아 교회 그리고 안디옥 교회가 강한 라이벌 의식 때문에 긴장 관계 속에 있었다. 그러나 신학적 논쟁의 경우 안디옥 교회는 콘스탄티노플 교회와 연합했고 알렉산드리아 교회는 로마 교회의 지지를 받고 있었다.

2_ 정치와 종교

로마 제국은 아우구스투스(=옥타비아누스)로부터 다섯 명의 현재에 이르기까지 약 200년간 소위 '로마의 평화'(Pax Romana)를 구가 하며 전쟁과 반란이 없는 태평성대를 누리었다. 이 시대 로마는 인구 100만 명을 넘는 세계의 중심지로 시설이나 건물을 아름답게 꾸미고, '벽돌의 로마'를 '대리석의 로마'로 바꾸어 갔다. 그 당시 로마는 해외 영토에서 들어오는 막대한 부와 토지와 노예를 얻을 수 있었고, 그것은 로마 귀족들과 지주 그리고 상인들에게 많은 재산을 안겨다 주었다. 기원후 117년경의 로마 제국은 동쪽은 카스피 해 연안, 서쪽은 에스파냐, 북쪽은 다뉴브 강을 건너 다키아 지방, 남쪽은 티그리스 강과 유프라테스 강의 연안 지방을 비롯하여 이집트, 그리스 지방에까지 이르렀다. 각 지역을 연결하는 도로는 거미줄처럼 이어져 있었고, "모든 길은 로마로!"라고 할 만큼 도로가 정비되었다.

로마 제국은 그 당시 총 길이 8만km의 도로와 500만㎢의 영토를 확장하고 있어 징기스칸의 몽고 제국, 구소련의 영토와 함께 세계사에서 가장 넓은 영토를 지닌 강대국이었다. 이제 로마는 세계의 심장으로서, 정치, 경제, 문화의 중심지로 인구 100만의 대도시가 되었다. 도시에 사는 귀족들은 고급 저택, 고급 별장에서 먹고 마시고 흥청대고 호화스럽고 사치스러운 생활을 하였다. 1년 중 175일이 휴일이었다. 휴일에는 5만 명을 수용할 수 있는 대형 콜로세움에서 연극 공연, 서커스, 사납고 거친 마차 경기 등을 즐겼다. 그러나 '로마의 평화'는 자유와 평등이 누구에게나 보장된 평화가 아니라 강자만의 평화, 즉 '거짓 평화'였다. 로마의 뒷골목은 지방에서 몰려든 실업자, 병든 사람들, 도둑과 강도가 들끓는 등 '범죄의 소굴'로, 악취로 가득 차 있었다. 그리고 죄인, 노예, 빚진 자는 운동 경기장에서 사자 밥이 되거나 칼싸움의 대상이 되어 가진 자들을 즐겁게 하는 데 사용된 물건에 지나지 않았다.

콘스탄티누스 대제는 보다 넓은 로마 제국을 위해 수도를 로마에서 동방의 비잔티움으로 옮기고, 자신의 이름 '콘스탄티누스'(Constantinus)와 도시라는 의미를 가진 헬라어 '폴리스'(polis)를 합쳐서 '콘스탄티노플'(Constantinople)이라 불렀다. 그러나 콘스탄티누스 대제를 이은 테오도시우스 황제가 죽자 로마 제국은 두 아들에 의하여 동과 서로 분열되었다. 결국 로마를 수도로 정한 서로마 제국은 북방의 흉노족의 침입과 변방을 지키던 게르만 민족의 용병 대장의 침입으로 멸망하였다.(476 AD) 그러나 게르만족의 한 파인 프랑크족이 기독교를 수용하고 주교와 교황을 인정함으로써 기독교는 서로마 제국의 멸망과 상관없이 발전할 수 있었다. 그래서 교회는 게르만과 대화를 위해 성상을 만들어 포교 활동을 전개할 수 있었다. 한편 동로마 제국은 황제가 정치와 종교의 실권을 함께 쥐고 다스리면서, 황제는 동시에 교회의 우두머리로서 로마 제국의 재통일을 모색하고 있었다. 다시 말해서 기독교 국가에서 서로마에는 교황이, 동로마에서는 황제가 사실상의 지배자가 된 것이다.

　　로마 제국의 국교가 되어(392 AD) 탄탄한 기반을 다진 기독교는 게르만 민족의 대이동을 겪으면서도 그 발전을 계속하였다. 기독교 발전에 따라 각지에 세워진 교회 중에서도 서유럽 사회에 뿌리를 내린 로마 교회와 동로마의 비잔틴 제국의 콘스탄티노플 교회의 세력이 가장 컸다. 그런데 게르만 민족의 대이동과 함께 서로마 제국이 멸망함에 따라 로마 주교의 세력이 더 커졌다. 서로마 제국에 새로운 나라를 세운 게르만 민족들은 차츰 기독교로 개종하였다. 그리하여 6세기 초에는 로마 교회의 주교는 예수 그리스도의 수제자 베드로의 후계자임을 내세워 교황의 칭호를 갖게 되었다. 6세기 말경 교황 그레고리우스 1세는 적극적으로 게르만족에 전도하여 교세를 크게 신장시켰다. 특히 앵글로색슨족이 살던 브리타니아(영국)에는 캔터베리 대주교를 세우기까지 하였는데, 특히 교황 레오 3세는 800년에 서로마 제국의 왕인 카롤루스에게 황제의 관을 씌워 주기도 했다.

　　서로마 제국이 멸망한 때부터 절대 왕정이 성립되는 15세기에 이르는 1천 년은 기독교가 지배하는 왕국의 시대다. 서로마 제국이 멸망하자(476 AD) 프랑크 왕국은 게르마니아(동프랑크), 갈리아(서프랑크), 이탈리아(중프랑크)로 갈라졌다. 그에 따라 중앙집권 체제가 분쇄되었다. 8-9세기부터는 봉건제도가 시작되어 형식적으로는 왕이 다스리지만 왕은 한 부분만 직접 다스릴 뿐 나머지 영토는 영주들에게 나누어 주었다. 그 대신 왕에게 충성을 하고, 세금을 바치며 전쟁에 군사를 파견하도록 하였다. 영주는 다시 영토를 여러 개로 나누어 기사들에게 다스리도록 하는 장원제도를 만들었다. 이와 같이 중세는 왕-영주-기사-농민 순서로 서열이 정해졌다. 왕과 영주, 영주와 기사는 계약 관계로 그리고 이들과 대다수인 농민과의 관계는 상하복종 관계가 유지되었다. 기사는 21세의 장정이 선발되었으며, 국왕, 제후, 성주를 섬기는 귀족으로서 무사였다. 기사 계급의 기사도 정신은 충성과 용맹으로 신의와 하느님을 공경하는 일, 귀부인에 대한 봉사, 약한 사람에 대한 보호에서 나타난다. 기사가 될 자로 지정되면 서임식 전날 자기 것이 될 칼을 교회의 제단 위에 놓고 밤새도록 기도를 올렸다. 농민은 허술한 집에서 살았으며 대부분 죽을 먹으며 농사와 부역과 전쟁을 감당하고 과중한 세금을 바쳤다. 그러면서도 농민은 다른 직업으로 바꿀 수 없었고, 농토를 떠나 이사갈 수도 없는 노예나 다름없었다.

　　로마 제국에서 정치와 종교는 밀접한 관계를 가지고 있었다. 신성 로마 제국(962-1806)의 등장이 그것이다. 오토 대제는 왕의 자리를 오르면서 교회와 수도원에게 세금 면제, 토지 부여, 자치권 부여 등 특권을 부여했다. 왕이 교황에게 특권을 부여하자 교황 요한네스 12세는 크게 감격하여 오토 1세에게 황제의 관을 씌운다.(962 AD) 이때부터 오토는 신성 로마 황제의 지위를 겸하게 되었고 그 권력을 장악하여 크게 패권을 휘두르게 된다. 그는 외적 격퇴와 성직자의 정치적 이용으로써 봉건적 세력을 억압하고 왕권에 확고한 기초를 구축하기에 이르렀다. 오토 이후 황제들은 교권과 정권의 결합으로 교회 지배권을 장악하여 국내에 분산되어 있는 제후의 난립을 억제하고 조정할 수 있었다. 신성 로마 제국 황제는 주교와 수도원 임명권을 장악하고 이들에게 재정적 군사적 의무를 부과했다.

　　동로마 제국의 황제는 동방교회의 총주교를 겸하면서 로마 교황에 대하여서도 복종을 강요하였다. 황제 오토 1세는 교회와 수도원에 땅을 주고 세금을 면해 주면서 사제와 수도원장의 임명권을 행사하였는데, 이것은 황제의 권한이 교황을 능가한 것이었다. 이처럼 성직에 대한 남발은 교회와 수도원의 부패를 의미했다. 이것에 대한 제동은 교황 그레고리우스 7세에 의한 교회의 혁신 운동으로 나타났다. 그는 교황의 절대권을 내세워 군주나 제후가 성직자를 임명하지 못하도록 하였다. 이것에 대해 신성 로마 제국의 황제 하인리히 4세가 반대하자, 황제로부터 주교 임명권을 박탈한 교황은 1076년 그를 파문하여 독일인에게 황제에 대한 복종 의무를 해제하는 조처를 취했다. 궁지에 몰린 하인리히 4세는 1077년 겨울, 북이탈리아에 있는 카노사 성으로 교황을 찾아와 성 밖의 눈 위에 꿇어앉아 3일 동안 용서를 빌었다. 카노사 굴욕 사건은 교황과 황제(=왕)의 주도권 싸움에서 교황이 승리한 것이다.

기독교 국가에서 '파문'은 무서운 형벌로 여겨졌다. 한 개인에게 파문장은, 그 사람은 더 이상 그리스도인이 아니며, 나아가 사람으로 취급되지 않아서 돌로 쳐 죽여도 죄가 되지 않는 것이었다. 왕에게서의 파문장은, 그가 그리스도인의 자격을 잃어 더 이상 왕이 아니라는 것이었다. 이와 같이 기독교가 국교인 로마에서 교황은 왕이든 귀족이든 자신의 세력에 도전하는 자에게는 '파문'이라는 무서운 판결을 내린 것이다. 어떤 황제라도 하느님과 예수 그리스도를 대신하는 교황의 신하일 뿐이다. 교황은 태양이요, 황제는 달이었다.

카노사의 굴욕 사건으로 말미암아 교황의 권위는 점점 더 높아져 십자군 운동을 주도하면서 그 위세를 전 유럽에 떨쳤다. 교회의 조직과 서열은 교황-대주교-주교-수도원장의 서열로 정해졌으며, 교황은 중세 기독교 사회의 최고의 위치에서 종교는 물론 정치, 사회를 총괄하였다. 중세 기독교 사회에서는 교황이 누구의 편이 되느냐에 따라 권력을 유지하게 되었고, 교회의 성직자들은 영주와 같은 생활을 하였다. 기독교 국가에서 모든 그리스도인은 교구에 속해 있어야 하고, 반드시 주일에는 미사에 나가 영성체와 고해성사 등의 의식에 참여하는 것을 의무화했다. 이를 어겼을 때는 교회로부터 '파문'이라는 무서운 벌을 받게 되었다. 이렇게 중세에는 성직자를 임명하는 권한을 두고 황제와 로마 교황이 서로 다투었는데, 여기서 황제와 싸움에서 교황이 이기면 교회의 세력이 커졌다. 그러나 세력이 커짐에 따라 교회는 점차 타락하고 부패하였다.

　그 후 정치와 종교가 가장 밀접하게 연합되어 나타난 것이 십자군 전쟁(1096-1270)이다. 11세기에 들어오면서 유럽은 인구가 늘고 농업 생산이 활기를 띠어 도시가 이루어지는 등 점차 사회가 안정되었다. 이와 함께 교역도 활발해져 상인들은 차차 유럽 밖으로 눈을 돌리기 시작했다. 당시 지중해를 지배하고 있던 이슬람 세력은 유럽 상인들의 교역을 방해하고 성지 예루살렘을 순례하는 그리스도인들을 박해하였다. 그래서 황제와 교황은 서로 합세하여 서 유럽의 각 나라들의 그리스도인들을 모아 십자가의 기장을 이마와 가슴에 달고 성지 탈환을 위해 예루살렘으로 진군을 명하여 전쟁을 일으킨 것이다. 십자군 전쟁은 셀주크 투르크족이 예루살렘 성지를 찾는 순례자들을 박해하고 동로마를 위협하므로, 동로마 황제가 로마 교황에게 원조를 청해서 이루어진 성스러운 전쟁이요, 신의 뜻으로 선전되었다. 그리하여 십자군 전쟁에 교황, 제왕, 영주, 기사, 상인, 농부 등 유럽인 모두가 가담하게 된 것이다.

　그러나 십자군 전쟁은 신의 뜻이 아니라 세속적인 욕망에서 시작된 전쟁이었다. 교황 우르바누스 2세(Urbanus II, 1088-1099)는 310명의 성직자 앞에서 전쟁의 정당성과 필요성을 역설했다. "터키와 페르시아가 그리스도인의 땅을 빼앗아 많은 사람을 죽이거나 포로로 잡아가고, 교회를 파괴해서 하느님 나라를 황폐화하고 있다. 만약 그들을 방치한다면 더 광범위하게 돈독한 신앙을 가진 하느님의 백성을 정복할 것이다. 그러므로 가까운 시일 내에 그 멸시받아 마땅한 종족들을 우리 땅에서부터 멸절하지 않으면 안 된다." 그는 이와 같이 성지 예루살렘을 되찾아야 함을 강조하면서 전쟁에 참여한 종군자의 가족과 재산은 교황이 직접 보호하고, 성지에서 죽은 자는 모든 죄를 용서받아 천국에 갈 것임을 약속하였다. "그 땅을 향해 나아가는 이들이 만약에 육지나 바다에서 혹은 이교도와의 전투에서 이 땅에서의 삶을 마치게 된다면 그들에 대한 죄의 사면이 주어질 것이다. 나는 하느님으로부터 그 권한을 수여받았기로 그 땅으로 나아가는 이들에게 죄의 사면을 허락하는 것이다."

교황은 이 전쟁에 참여한 자만이 천국을 소유할 수 있다고 선전했지만, 전쟁에 참여한 자들의 속뜻은 다른 곳에 있었다. 교황은 교황대로 자신의 지배권 확장에 있었고, 왕을 비롯한 봉건 세력들은 영토를 빼앗아 국토를 넓히는 데 관심을 가졌고, 기사는 예루살렘과 동방에 있는 금과 보화의 약탈에 눈이 멀어 있었으며, 농부는 평생을 노예처럼 일만 하는 데서 벗어나는 자유를 그리워하고 있었기 때문이다. 누가 뭐라 해도 그 전쟁은 종교적 열정의 산물이었지만 다른 한편으로서는 정치적, 경제적인 이해가 얽힌 설명이 불가능한 정체불명의 괴물과 같은 어떤 것이었다.

십자군은 제1차 원정에서 예루살렘 탈환에 성공하였다. 그들은 이슬람교도들은 남녀노소 할 것 없이 무차별 살육과 노략질하였다. 마치 십자군은 거대한 강도 떼들과 같았다. 전쟁의 성공은 1차를 제외하고는 거듭 실패만 있었을 뿐이었다. 11세기 말에서부터 13세기 후반까지 200년 가량 끌어온 십자군 전쟁이 8회에 걸쳐 계속되는 동안 수천 명의 소년 소녀 십자군이 굶주림과 이집트의 노예로 팔려 가는 신세가 되기도 하였다. 십자군 전쟁의 실패는 유럽 사회에 하나의 커다란 충격이었다. 성지 예루살렘을 이슬람으로부터 끝내 되찾지 못하여서 교황이 약속한 '거룩한 승리'는 그리스도인들에게 지켜지지 않았다. 결국 나라마다 십사군 전쟁에 대한 불만이 들끓어 교항이 권위가 실추되었다. 십자군 전쟁의 실패는 교황 권위의 약화를 가져왔는데, 그것은 곧 중세의 붕괴를 의미했다.

십자군 전쟁의 영향은 다음과 같다. 첫째, 문화적으로는 발달한 이슬람문화에 접촉함으로써 르네상스가 일어나는 계기를 마련해 주었다. 둘째, 경제적인 면에서는 북이탈리아의 도시를 중심으로 하는 상업 발달로 중세의 장원제도가 붕괴되었다. 셋째, 종교적으로는 교황의 권위가 실추되고, 종교개혁의 발판이 되었다. 넷째, 정치적으로는 기사와 봉건 영주 계급이 몰락하여 강력한 왕권이 강화하는 계기가 되었다. 십자군 전쟁은 서방 기독교 세계와 동방 이슬람 세계와의 대립이 낳은 중세 시대의 사건으로서 중세의 해체를 촉진하고 근대의 출발을 위한 운동이 되었다.

　　중세의 몰락은 14세기 중엽 유럽을 휩쓴 페스트와 무관하지 않다. 페스트는 크림 반도에서 시작하여 흑해, 에게해, 이오니아해를 거쳐 남부 이탈리아로 번지면서 유럽 인구의 3분의 1이 죽었다. 흑사병은 균을 가진 쥐의 피를 빨아먹은 벼룩이 사람을 물어 옮겨지는 병으로서 죽은 뒤 시체가 검은빛으로 변한다. 이 당시 교회는 그저 교회당에 모여 기도해야 한다고 생각했으나, 그것은 지식 없는 맹목적인 신앙으로 더욱 병의 악화를 가져올 뿐이었다. 이 시기에 기독교는 인간의 자연적인 본능조차 억눌렀다. 중세의 사상은 유대교의 유일신 사상과 헬레니즘의 인간 본위 사상과 사후 세계를 중시하는 동방의 신비 사상의 결합 속에서 이루어졌다. 모든 사람은 구원을 얻기 위해서는 교황에게 복종해야 한다고 생각했기 때문에 중세는 '역사적 관점'(historical perspective)을 갖지 못했다. 그래서 17세기 역사가들은 중세를 암흑의 시대라고 일컬었다. 그러나 지리상 발견과 민족주의 대두는 중세의 보편적 교회 중심 체제에 균열을 가져왔으며, 그 후에 나타난 르네상스 시대와 극히 대조적이었다.

　　정리하면 로마 제국에서 국교가 된 기독교는 중세기에 이르러 권세의 절정에 오르게 되었다. 기독교 세력은 제국의 종교뿐만 아니라 정치, 경제, 문화 그리고 군사에 이르기까지 모든 분야에서 지배권을 장악하였다. 얼마 후 교회는 부패하기 시작했고, 이에 위클리프와 후스 등은 로마 가톨릭 교회에 대해 비판을 가하기 시작했다. 또한 교황 레오 10세는 면죄부를 판매하는 실책을 저질러 종교개혁을 일으키는 불씨가 되었다. 우리는 여기서 정치와 종교가 하나로 된 로마가 '기독교 국가'로 전락하면서 신성 로마 제국과 교황 로마로 이어지면서 중세 암흑 시대의 종교재판과 십자군 전쟁과 같은 비참한 역사를 일으킨 것을 보았다. 어느 한 특정한 종교가 법과 칼을 동시에 손에 쥘 때 신앙과 복음의 자유가 축소되거나 심지어는 왜곡되는 것을 본다. 결국 모든 권력은 타락하게 되어 있고, 절대 권력은 절대적으로 타락하게 되기 때문이다.

3_ 중세[1]의 기독교 사상

1) 교부철학

아우구스티누스(Augustinus, 354-430)는 은총의 박사(doctor gratiae)라는 별명을 가진 고대와 중세를 잇는 기독교의 교부다. 그는 당시 로마 제국에 속했던 북아프리카의 타가스테(Tagaste)에서 출생하였고, 카르타고(Carthage)에서 유학하여 수사학을 배웠다. 그는 16-19세까지 희곡을 쓰는 일과 여기저기 잡다한 연애 사건에 열정을 쏟으면서 방탕한 시간을 보냈다. 19세 때 어머니의 동의 없이 하녀와 동거하여 아들 하나를 낳는 사건으로 말미암아 육체적 욕망과 이상의 틈바구니에서 고민하기 시작한다. 그 후 악의 문제에 관한 자신의 번민을 해결하기 위해 철저한 선악의 이원론에 매력을 느끼고 9년 동안 마니교(manichaeism)에 심취했다.

아우구스티누스의 회심에 지대한 영향을 미친 것은 그의 어머니 모니카였다. 어머니 기도는 그의 생애를 바꾸어 놓을 만큼 중요한 것이었다. "Tolle lege! tolle lege!"("집어 들고 읽어라!")하며, 이웃집 아이들이 부르는 노래 한마디에 그는 성서를 집어 들어 읽었는데 로마서 13:11-14이었다. 이에 뜨거운 느낌을 갖고 마니교인 친지를 통해 얻은 밀라노에서 교수직을 박차버렸다. 그 후 그는 부활절에 밀라노 감독 암

---

[1] 중세란 서로마 제국이 멸망한 때부터 절대 왕정이 성립한 15세기에 이르는 1천여 년간의 세월을 가리키는 시대로서 기독교가 지배하는 시대이다. 이 시대는 기독교가 정신 세계는 물론 정치, 경제, 문화 등 모든 분야에 절대적인 영향을 끼쳐 인간의 이성은 물론 자연적인 본능조차 억눌렀던 시기다. 17세기 역사가들은 중세를 르네상스 시대와 비교하여 암흑 시대라고 일컬었다. 중세교회의 사상은 유대교의 유일신 사상과 헬레니즘의 인간 본위 사상과 사후 세계를 중시하는 동방의 신비 사상의 결합 속에서 이루어졌다. 중세는 기독교로 뭉친 하나의 국제적인 국가라고 할 수 있다. 교회를 떠나서는 국가라는 것을 상상할 수 없었다. 모든 사람은 구원을 얻기 위해서는 교황에게 복종해야 한다. 그러나 민족주의 대두는 중세의 보편적 교회 중심 체계에 균열을 가져왔다. 중세는 '역사적 관점'(historical perspective)을 가지지 못했다.

브로시우스(Ambrosius)로부터 세례를 받고(387 AD), 기도, 명상, 연구에 몰두하였다. 이윽고 신부가 되었다.(391 AD) 그 후 그는 46세가 되어 『고백록』(Confessiones)을 썼다.(400 AD) 거기에는 영혼의 기록, 진리의 증명, 하느님을 찬양하는 것을 주제로 하여, 헬라철학의 심취, 마니교에 대한 탐닉, 암브로시우스의 영향, 회개의 경험과 영혼 내의 진리에서 신 존재 증명 등 기독교의 여러 가지 중요한 교리를 신학적으로 체계화하고 있다.

마니교의 교리 체계는 세계와 구원을 하나의 우주론적 과정 속에서 연결시켰는데, 이 과정은 동양적 환상과 더불어 포괄적인 신화로 구성된 것이다. 마니교에서 선과 악, 빛과 어둠의 나라는 두 가지 원리가 처음부터 날카롭게 대립하고 있다. 이 세상은 빛과 어둠의 혼합에서 생성되었다고 믿고 있는 사상이었다. 그런 까닭에 이 세계는 사악하다고 본 것이다. 그러나 마니교의 우주론은 영적 실재에 대한 철학적 인식을 소유하지 않았기 때문에 그는 회의를 느끼고, 플로티누스의 이상주의적 사상 체계에 심취하기 시작한다. 신을 찾고자 하는 자는 굳이 외계로 눈을 돌릴 것이 아니라, 우리 영혼 속에 내재하는 진리의 근원을 찾아내야 한다는 것이었다.

본래 인간은 하느님의 형상(imago Dei)으로 선한 상태로 창조되었다. 죄를 짓기 전 아담은 불멸성을 가지고 있었다. 아담이 죄를 짓지 않았다면, 그는 죽지 않았을 것이다. 인간은 자신의 자유의지(free will)로 악을 택하므로 하느님을 떠나게 된 것이다. 인간의 전적 부패는 인간성 자체가 무엇인지를 말해 주었다. 그러면 악이란 무엇인가? 아우구스티누스에 의하면 하느님은 선하시므로 그가 창조한 모든 것은 선하다. 그러므로 악은 없다. 하느님은 악을 허용하지 않았다. 그러므로 악은 하느님에 의하여 창조된 것이 아니다. 악이란 '선의 결핍'(privation of the good)이다. 악은 실체가 없고 다만 '의지의 악용'(perversion of the will)이다. 인간이 악을 택한 것은 인간 자신의 자유의지에서부터 온 것이다. 진리를 안다는 것과 진리를 행하는 것은 다르다. 인간의 기본적 본질은 이성(reason)이 아니라 의지(will)다. 인간은 '하느님의 형상'(imago Dei)으로 태어났기 때문에 하느님을 향한 의지를 발휘해야 한다.

아우구스티누스가 관심을 기울인 것은 어떻게 기독교의 복음과 신앙이라고 보화를 담을 만한 그릇을 찾아 학문적 체계를 세울 수 있을 것인가였다. 그래서 헬레니즘의 탁월성과 인간의 가치 인정이라는 면에서 그는 헬라철학의 방법론을 통해서 복음을 이해하려고 했다. 즉 이성을 통해서 기독교를 이해하려고 했다. 그러나 그것은 도저히 불가능하다는 것을 느낀 그는 이사야 7:9을 통하여 새로운 방법을 찾았다. "너희가 굳게 믿지 아니하면 결코 굳건히 서지 못하리라." 신앙을 통해서 지식에 이른다는 말이다. 이 원칙에 의해서 아우구스티누스는 기독교 신학을 형성했다. 그것은 어디까지나 복음을 변질시켜 헬레니즘과 타협하지 않고, 오히려 복음, 즉 그리스도의 구주 됨과 신의 은총의 절대성을 강조하면서 헬라철학의 방법을 사용하였다. 예를 들면, 그의 삼위일체론이 바로 그것이다. 철학적으로 보면 플라톤의 이데아(idea)를 원용하여 교리를 확립한 것이다.

아우구스티누스의 사상은 원죄론, 은총론, 예정론 그리고 교회론에서 드러난다. 본래 인간은 의로웠으며, 그의 의지는 자기 자신과 조화되어 있는 동시에 하느님과도 조화되어 있었다. 의지는 정욕의 충돌을 이겨 낼 수가 있었으며, 따라서 고통도 없었다. 하느님은 인간이 이와 같은 축복된 상태에 머물러 있도록 도움을 주었다. 인간은 죄를 지을 필요도 없고 죽을 필요도 없는 상태에 있었다. 그러나 인간이 강제를 받지 않은 것은 그의 '자유의지'(free will) 때문이었다. 인간은 하느님으로부터 부여받은 '자유의지'의 남용으로 죄에 떨어지게 된다. 의지는 항상 자유를 가지고 선택한다. 인류의 조상인 아담이 선악과를 따먹은 죄는 최초의 죄, 즉 '원죄'(original sin)가 된다. 최초의 인간 아담의 죄는 성욕을 통한 생물학적 유전에 의해 전 인류의 죄로 전가되는 죄의 씨앗이었다.(롬 5:12) 선악과를 따먹은 죄는 별것 아닌 것 같지만 그 파괴력은 에덴을 파괴하고, 모든 인류를 죄 덩어리(massa peccati)로 만들 만큼 큰 것이었다. 그러나 그리스도의 피에 의해서 인간은 누구나 새 사람이 된다.

　　인간의 회복은 오직 그리스도의 피를 통해서만 이루어진다. 아무도 도울 수 없을 때 십자가를 붙든다. 아우구스티누스는 386년 극적인 회개 경험을 통해서 모든 것이 신의 은총이라고 여겼다. 타락한 인간이 구원받을 수 있는 유일한 것은 하느님의 선물, 그의 불가항력적 은혜, 즉 예수 그리스도를 통하여 주어진 '절대 은총'이다. 아우구스티누스는 이 은총의 복음을 바울이 전한 복음에 의해 전수 받았다. 바울은 "내가 오늘의 내가 된 것은 하느님의 은총의 덕입니다."(고전 15:10)라고 고백한다. 그래서 그는 인생의 최고 목표는 이 은총에 대한 보답으로 신에게 영광을 돌리는 생활을 해야 한다고 말한다. "여러분은 먹든지 마시든지 그리고 무슨 일을 하든지 모든 일을 오직 하느님의 영광을 위해서 하십시오."(고전 10:31) 은총은 세례로부터 효과가 나타난다. 세례는 은총이 필요한 인간과 하느님과의 사이에 관계를 맺게 하는 최초의 행위인 것이다. 세례를 통해서 인간의 원죄가 제거된다. 어린이도 예외가 될 수 없다. 따라서 어린이도 죄에서 구원받기 위해서는 세례를 받아야 한다. 신앙으로 말미암아 주어지는 은총은 율법이 행할 수 없던 일, 즉 정욕을 이기는 일을 한다.

　　이러한 은총주의는 필연적으로 예정 신앙을 낳게 했다. 예정의 교리는 구원의 확증을 위한 내적 필요성이었다. 아우구스티누스는 영생으로 예정된 사람의 수는 한정되었다고 한다. 하느님에 의해 구원받을 자는 이미 예정되었지만, 예정되지 못한 자들은 세례를 받는다 하더라도 구원을 받지 못한다. 아우구스티누스의 예정에 대한 교리는 그의 삶의 전 과정에서 파악해야 한다. 그의 예정은 하느님의 절대 은총(sola gratia)에 대한 자신의 신앙고백(credo)이었다. "당신은 우리를 당신의 형상에 따라 창조했다. 그러므로 당신 안에서 안락함을 누리기까지 우리 중심은 불안하다." 인간은 신앙의 은총을 통해서 자신에 대한 확실성을 가진다. 아우구스티누스는 하느님의 선택된 예정을 말하면서도 택함은 받지 못한 사람에 대한 하느님의 유기에 대한 교리를 발전시키지 않았다. 그것은 하느님의 은혜에 대한 감사를 해소시키지 않으려고 했기 때문이다. 이 점이 칼뱅과의 차이다.

아우구스티누스의 사상은 펠라기우스(Pelagius, 354-418?)의 자연주의에 반대하여 나타난다. 소위 '펠라기우스 논쟁'은 아우구스티누스와 펠라기우스 그리고 그들의 제자들 사이에서 벌어진 인간론 논쟁이다. 이 논쟁의 역사는 412년 펠라기우스의 친구가 유아세례는 죄를 용서하는 것이 아니라고 주장함으로써 이단으로 선고되면서 시작되었다. 펠라기우스의 주장은 다음과 같다.

첫째, 아담의 죄가 인류에게 해를 주거나 죽음을 전이시키지 않았다. 죄는 인간과 함께 태어난 것이 아니다.(원죄설 부정) 둘째, 유아들은 아담이 타락하기 이전과 같다. 인간은 선함도 악함도 없이 중립적으로 태어났다. 셋째, 세례를 받지 않아도 영생을 할 수 있다. 넷째, 율법으로써도 복음으로써처럼 구원받을 수 있다. 다섯째, 그리스도가 오시기 전에도 죄 없는 사람이 있었다. 그리스도는 모범적 인물이요 스승이다. 은총은 인간의 자연적 힘을 돋구는 외적 보조 역할을 할 뿐이다.

아우구스티누스는 펠라기우스가 의지(will)를 옳게 사용하여 선을 행할 수 있다고 한 수장에 내해 다음과 같이 반박했다. 펠라기우스의 주장은 인간을 선의 근원으로 만들고, 아담의 죄가 후손에게 유전된다는 사실을 설명할 수 없게 만든다. 아우구스티누스는 선의 근원이 하느님이며, 인간의 죄성은 아담의 죄로 기인한 것임을 분명히 했다. 원죄는 육체의 욕망을 통해 유전된다. 이것은 아우구스티누스가 가장 강하게 고민하고 갈등했던 문제일 것이다. 그는 이 욕망을 인간의 공로로는 극복할 수 없다고 믿었다. 오직 하느님의 은혜만이 그 죄를 해결하리라고 생각했다. 하느님의 은혜로 말미암아 인간은 죄를 피하고 선을 행할 수 있고 자유를 가지게 되었다. 자유의지와 하느님의 은혜는 동시에 주어진 것이었다. 그러나 선함이 없는 믿음은 구원에 충분한 것이 아니다. 인간의 자유의지는 무엇을 행하고 하지 말아야 할지를 안다고 할지라도, 선한 생활을 시도도 그리고 행하지도 못한다. 자유의지를 가지고 있는 인간은 다만 죄를 범할 뿐이다. 그는 인간의 윤리적 능력에 대해 절망을 본다. 그래서 은총은 인간을 구원하시려는 하느님의 의지를 나타내는 것이라고 하였다.

아우구스티누스의 신학의 체계가 '은혜'라면, 펠라기우스의 신학 체계는 '자유'였다. 아우구스티누스에 의하면 인간만으로는 악을 생산할 수밖에 없지만 하느님의 '불가항력적 은혜'로 선한 에너지를 발할 수 있게 된다고 믿는다. 창조적인 하느님의 은총에서 선(goodness)을 향한 새 생활(new life)이 시작된다. 인간은 은총으로 변화를 받아 성령의 열매를 맺게 된다.(cf. 갈 5:22) 은총은 성령을 통해 '사랑의 주입'(infusion of love)이 가능하도록 하여, 선한 의지의 영감과 새로운 도덕적 능력을 얻도록 변화시킨다. 결국 펠라기우스는 이단으로 정죄되었다.(431 AD)

아우구스티누스는 도나투스파(Donatism)에 대해 비판을 한다. 비판의 정점은 성례전이 객관적으로 효력을 발생하는 구원의 수단인가 아니면 시혜자의 완전성에 달려 있는가 하는 과거의 원칙 문제가 기본적인 바탕으로 깔려 있다. 도나투스파들은 자신들을 죄인들에게는 여지가 없는 순수한 자들의 교회라고 이해했다. 도나투스파들의 재세례(anabaptism)의 실시는 그 효력이 시혜자의 순수성에 달려 있다고 보는 성례전 사상에서 비롯된 것이었다. 그러나 그것은 신학적 문제에 걸려든 것이었다. 세례식에서 실제로 세례를 베푸는 자는 베드로나 요한이나 유다가 아니라, 항상 그리스도라고 믿고 있기 때문이다. 따라서 성례전에 참여하는 자들에게 객관적인 효력이 주어진다. 결국 도나투스파들은 보편적 공동체인 교회에서 벗어나 자신들만의 신학을 만들어 주관주의에 빠지게 되는 어리석음을 범한 것으로 비판을 받게 된 것이다.

아우구스티누스는 그의 저서 『하느님의 도성』에서 세상 나라와 하느님 나라를 대조시키는 역사관을 수립한다. 헬라 사상에는 종말 사상이 없었다. 아우구스티누스에게서 교회는 믿는 자들의 정신적 어머니이며, 천국 열쇠의 권세와 무오성의 담지자다. 교회와 더불어 연합한 자는 구원을 얻는다. 교회 외에는 구원이 없고, 교회의 신자가 되는 것만이 구원의 필수조건이다. 교회는 하늘의 도성으로서 지상의 도성을 정복하고, 신의 도성을 실현하여 세상 나라가 하느님의 나라로 변화시키는 데 전력해야 한다. 그래서 신의 도성이 왕성함에 따라 지상의 도시는 몰락, 붕괴될 것이므로 로마 제국의 운명도 정해진 것으로 보았다. 따라서 그의 천년왕국의 종말 사상은 역사의 목적과 의미를 가지게 한다. 그의 교회관은 교황권 수립에 사상적 근거가 되었고, 정권과 교권이 밀접한 관계를 맺어 신성 로마 제국 건설에 영향을 주었다.

아우구스티누스는 도나투스파, 펠라기우스 그리고 마니교를 논박하는 글을 통하여 헬라주의에 직면하여 윤리주의에 빠질 위험성이 있던 신학을 완전히 은총주의 신학으로 전환시켰다. 그는 '은총의 박사'(doctor gratiae)라고 불리었다. 그의 천년왕국 주장은 기독교가 천년 동안 이 세상을 지배한다는 사상으로 중세 가톨릭 1,000년의 역사를 탄탄케 해 주었다. 역사가 하르낙은 바울과 루터 사이에 교회는 아우구스티누스에 맞설 만한 인물을 갖고 있지 않았다고 했다. 그는 서구 정신계에 생명과 발랄한 호흡을 불어넣었다.

아우구스티누스에 의해서 헬라철학을 능가한 기독교는 스콜라철학으로 이어지면서 학문적 발달에 박차를 기하게 된다. 중세 1천 년 동안의 서양 문명은 모든 면에서 완전히 기독교화되었다. 종교적으로는 물론이지만 정치, 경제, 교육, 예술, 법률 등은 교회법에 맞추어 구성되었다. 심지어는 자연과학도 수도원에서 발달하기 시작하였다. 그러나 기독교가 세상의 권세를 장악한 것은 그 자체의 타락을 의미한다. 중세 말엽에 이르러 로마 가톨릭은 부패하기 시작했다. 신학적으로는 13세기부터 헬레니즘 세력이 더욱 가세하기 시작했다.

2) 스콜라철학

십자군 전쟁의 영향은 동서간의 문화와 종교를 서로 만나게 했으며 교류하게 만들었다. 이제는 12세기, 특히 13세기에 사상적 흐름에서 이성을 중요시하는 경향이 싹트기 시작했다. 신앙의 진리를 무조건 받아들이기보다는 왜 믿어야 하느냐에 대하여 합리적으로 알아보는 종교 사상을 스콜라주의(scholasticism)라고 한다. 초기의 스콜라 신학자로는 피터 아벨라드(Peter Abelard)가 있다. 그는 '왜'라고 하는 것을 물으면서 합리적 방법을 찾았다. 여기서는 대표적 인물 안셀무스와 아퀴나스만 다루고자 한다.

(1) 안셀무스

안셀무스(Anselmus, 1033-1109)는 15세가 되던 해 수도사가 되기를 희망했으나, 아버지의 완강한 거부로 실패했다. 그러자 그는 수도원에 들어가기 위한 목적으로 병들게 해 달라고 기도했는데 그대로 적중이 되어 중병에 걸렸다. 결국 그는 가출하여 수도원에 들어가 철학과 신학을 공부하고 후에 수도원장을 거쳐, 캔터베리 대주교에 임명된다.(1093 AD) 그는 스콜라신학의 아버지라 불리었다. 스콜라(schola)란 교회와 수도원의 부속학교로 오늘의 대학의 시작이라고 볼 수 있다.

안셀무스는 신 존재 증명을 위한 하느님의 이름의 이해에서부터 시작한다. 하느님의 완전성, 근원성, 그의 능력, 의로움은 하느님의 이름을 전제하고 있다. 즉 하느님의 이름 아래서 그의 존재와 속성을 증명한다. 하느님의 이름은 "그보다 더 큰 어떤 것을 생각해 볼 수 없게 되는 분"(id quo nihil maius cogitari potest)이다. 이와 같이 안셀무스는 신 존재 증명으로서 "그 이상 더 큰 것이라고 인식될 수 없는 것이 지성 안에 있다는 것"(esse in intellectu, quod maius cognitari non potest)을 추론하면서 그분이 신이라고 한다. 그 어느 것보다 더 크다고 생각될 수 없는 분이 지성이나 실존에서 동시에 존재한다. 그래서 "이것이 우리의 주님, 당신이다."(hoc es tu, domine noster)라고 한다. 그의 "지성을 추구하는 신앙"(fides quaerens intellectum)은 하느님 존재에 대한 존재론적 증명의 가능성을 보여 준다.

안셀무스는 하느님의 존재를 교황이나 교회의 권위에서가 아니라, 이성에 의해 논증하고자 한다. 신을 사랑하는 사람은 신을 인식하려 한다. 신학적 정열을 통해 "신학은 아름답다."(theologia est pulchra.)는 명제를 발견한다. 바르트에 의하면, 안셀무스에게서 하느님의 존재는 인간이 생각해 낸 최고의 본질이 아니고 "보다 더 큰 어떤 것을 생각할 수 없는 분"(id quo nihil maius cogitare potest)이다. 그러나 인간의 사고의 대상으로서나 결코 어떤 관계에서나 그를 해소시킬 수 없는 특별한 대상으로서 하느님의 자기 계시가 전제되어 있다고 본다. 이러한 특별한 대상인 그분은 우리의 관념에만 머물 수가 없다. 하느님이 우리의 '지식에만'(in sola intellectu) 존재한다면 그것은 하느님이라고 말하지만 하느님의 이름에 부합되지 않는다는 것이다. "보다 더 큰 어떤 것을 생각해 볼 수 없게 된 이"는 '지성과 실재 안에'(in intellectu, et in re) 존재해야 한다. 이분의 존재 양식은 일반 사물의 존재 양식을 갖는 것이 아니라 특수한 존재 양식을 갖는다. 그것은 계시에 의해 드러나는데 그의 비존재, 그의 불완전성을 생각할 수 없게 존재한다. 따라서 바르트는 안셀무스의 신 이해는 창조주 하느님 이해에서 나온 것이기에 그의 명제를 신앙의 명제로 받아들인다. 하느님은 오직 하느님을 통해서만 인식할 수 있기에 신앙은 은혜요, 신비라고 했다.

안셀무스는 신앙과 지식의 관계에서 "나는 알기 위해서 믿는다."(credo ut intelligam)란 명제를 내세운다. 우선적으로 '이해를 구하는 신앙'이 요구된다. 믿지 않으면 아무것도 인식할 수 없다.(요 6:69) 즉 신앙이 인식에 선행되어야 한다. 믿는 자의 신앙은 '맹목적' 신앙이 아니며, 단순한 '모험'도 아니고, '심연 속으로 뛰어드는 것'도 아니다. 우리의 신앙의 대상은 예수 그리스도다. 그는 "듣고 눈으로 보고 실제로 목격하고 손으로 만져 본"(요일 1:1) 대로의 생명의 말씀으로 계시되어 있다. 그 계시는 성서다. 신앙은 그 자체가 인식과 오성을 강력히 요구한다. 따라서 신앙인은 오성의 의구심으로 말미암아 "아무도 받아들일 수 없고" 나아가 아무에게도 전해 줄 수 없는 마음의 신앙으로 도피해서는 안 된다. 신앙인은 분명히 "나는 내가 무엇을 믿는가."를 알고 있으며, "그것이 분명히 사실임을 알고 있다."고 할 수 있다. 기독교의 하느님은 사변이나 상상력을 동원해서 만들어 낸 모호한 하느님이 아니라, 이스라엘의 역사 속에서 야훼 하느님으로 그리고 예수 그리스로 보여 준 '계시의 하느님'이다.

　　이러한 신앙의 전제하에서 우리는 신학을 연구하며, 논의하고, 듣는 것이다. 안셀무스는 이러한 주장에 대한 근거를 사랑의 개념으로 설명한다. 신을 사랑하는 사람은 신을 인식하려고 할 것이다. 우리가 신앙을 굳게 확립한 후 우리가 믿는 것은 이해하려는 노력을 기울이지 않는다면 그것은 태만이다. 신앙이 신학적 지식과 연결되지 못할 때 맹목적이 되어 미신과 신화에 떨어질 수 있기 때문이다. 신학은 신앙에 내재하는 지식을 인간에게 부여된 인식과 이성으로 탐색해 들어가는 것이다. 신학을 탐구하는 자는 오성을 바탕으로 하는 가라앉힐 수 없는 인식 욕구를 문제로 삼으며, 가만히 유유자적하게 내버려두지 않고 오히려 미래를 향하여 그리고 자기 스스로를 위하여 개방하고 우리가 깨달아 알 수 있는 현실로 줄달음질치게 한다.

　　"앎 다음에 믿는다."는 명제는 신학적 명제가 되지 못한다. 하느님은 존재하지 않는다.(무신론) 하느님은 죽었다.(사신론) 하느님은 존재한다.(유신론) 유신론자의 경우는 하느님을 의식할 수 없는 것이 도리어 신앙의 바탕이 된다. 이렇게 되면 신앙과 지식이 분리되어, 신앙은 맹목적이 되어 버렸고 지식은 하느님을 저버린 것이 되어 버리고 만다.(미신적 신앙) 이러한 무신론, 사신론, 유신론의 상황 속에서 신학은 빛, 생명, 부활 그리고 진정한 미래를 부여해 주는 자세를 가져야 한다. 신학은 지식과 신앙이라는 두 개의 교각을 연결하는 다리와도 같다. 신앙에서 지식으로, 다시 지식에서 신앙으로 가는 '다리 위에서만', 즉 신학에서만 기독교의 복음이 표현된다.

　　신학은 끊임없는 자기 성찰과 미래 지향적으로 방향을 설정하고 있다는 점에서 '나그네 신학'(theologia viatorum)이다. '지식으로서의 신학'이나 '신앙만으로서의 신학'은 둘 다 그 자체에 문제를 지니고 있다. 신학은 오직 '다리 위에' 서서, 신앙과 지식이, 다시 지식에서 신앙의 진리로 이끌어 주는 고리 역할을 해야 한다. 이것이 신학의 과제다. 이 과제는 완결된 것으로 나타나지 않고 언제나 '시도'일 뿐이다. 이제 신학은 모든 인류를 향해 이성을 동원하며 예수 그리스도 안에 나타난 진리를 설명해 주어야 한다. 안셀무스는 우주론적 신 존재 증명이 불완전함을 알아차렸을 때, 신으로부터 시작하지 않으면 결코 신에게 도달할 수 없다는 통찰을 한 것이다. "신학은 아름다운 학문이다."(theologia est pulchra.)

안셀무스는 그의 책 『하느님은 왜 인간이 되었는가』(cur deus homo?)에서 구원 역사에 대한 고난의 의미, 즉 속죄론을 해명하고자 했다. 인간은 자신의 죄로 말미암아 하느님의 명예를 훼손시킨 것으로 보았다. 여기에 대해서 대응할 것은 형벌 아니면 보상이다. 그러나 인간에게 형벌을 내려서 죽여 버리면 하느님의 창조 목적이 상실된다. 그래서 하느님은 보상(satisfaction)을 받는 편을 선택했다. 그런데 인간은 여기에 보상할 능력이 없다. 그래서 하느님이 인간이 된 것이다. 그러나 신인 자신의 성실한 삶만으로는 인간을 구원할 수 없다. 그래서 고난이 필요했다. 인간의 죄도 무한하지만 신인의 고난도 무한한 것이다. 하느님은 신인의 고난 때문에 인간을 용서하신 것이다. 중세의 기사도 정신이 여기에 깃들여 있다.

(2) 토마스 아퀴나스

토마스 아퀴나스(Thomas Aquinas, 1225-1274)는 이탈리아 나폴리(Napori)에서 태어나 스콜라철학의 대가가 된 인물이다. 중세 후기에 들어 시대가 바뀌고 신학의 연구기관이 정비되자 계시보다는 말을 중시하는 스콜라신학이 전성기를 맞이한다. 스콜라철학이 그 기초로서 채택한 것은 플라톤이 아니라 당시 문화적 선진국인 이슬람권에서 소개된 아리스토텔레스(Aristoteles)의 철학이었다. 아퀴나스는 아리스토텔레스의 형이상학을 신학의 방법론으로 삼아 그의 신학을 발전시킨다. 아우구스티누스가 신과 인간의 관계를 계시라는 말로 나타냈다면, 아퀴나스는 신앙과 지식, 신학과 철학을 조화로 설명했다. 그는 철학과 신학은 다 같이 신을 추구한다는 점에서 일치한다고 보았다. 그러나 철학과 신학의 관계에서는 철학을 신학에 종속시키는 입장을 취했다. 모든 신학적 진술들은 인간의 철학, 즉 이성으로 해명되고 설명되어야 했다. 신학이 은총의 세계의 존재를 합리적으로 증명하는 일 때문에 신학을 '학문의 여왕'이라고 일컬었다.

아퀴나스는 두 종의 진리 광원, 즉 신으로부터 은총의 빛과 인간 본성의 이성의 빛을 구분하여 양자가 각기 자기의 분야와 그 한계 내에서의 각자의 권위를 갖게 된다. 신의 존재, 세계창조 그리고 세계의 법칙들이 이성의 빛으로 밝혀질 철학의 대상이다. 그는 그의 저서『신학대전』(summa theologica)에서 "신께 이르는 다섯 가지의 길"(quinque viae ad Deum)을 운동, 원인, 필연, 완성, 질서로 설명하면서 하느님을 존재 자체, 순수 활동, 자기로부터의 존재, 가장 완전한 존재라고 설명했다. 그러나 삼위일체론, 그리스도의 성육신, 육의 부활, 최후 심판과 같은 진리는 이성을 초월한 영역이므로 오직 은총의 빛에서만 계시된다고 보았다. 따라서 이것들은 이성이 아니라 신앙으로 받아들일 수밖에 없다고 한다. 그러나 이 두 관계는 배척과 모순의 관계가 아니라 이성이 미치지 못하는 영역은 계시에 의하여 보충되어야 하는 관계다. 이 두 영역은 상보적이고 상호 화해의 관계에 놓인다. 철학은 피조물에서 신에 이르는 길로 자연의 빛으로서 이성이고, 신학은 신으로부터 피조물에 이르는 길로 은총의 빛으로서의 계시다. 철학은 신학의 앞 단계로서 교회에 봉사하는 시녀의 역할을 해야 한다.

아퀴나스에게서 신은 세계의 진행 과정에서 만물이 추구하는 최상의 추구 대상일 뿐만 아니라 세계의 창조주로서 모든 생성의 시원에 있다. 따라서 자연 이성의 능력으로 신을 증명할 수는 없었다. 그러나 그는 기독교 전통으로부터 창조 사상을 하나의 전제로 물려받아 창조 신앙의 도정에서 출발한 후 이성적으로 신을 증명하려는 시도를 한다. 세계 피조성에 대한 전제가 한번 수요되면 자연 이성의 도정에서 보이는 신의 현존은 그의 전제로부터 이해되어야 할 것이다. 여기서 그의 신 존재 증명이 제시된다. 아퀴나스는 아우구스티누스처럼 영혼 내의 진리에서 시작하지 않고, 현실 세계에서 시작한다. 그것은 유한 세계가 자신의 근거를 자기 안에서 자체로 가질 수 있는 게 아니라 그 근거를 자신의 창조자인 신에게 소급시킴으로써 설명하려고 한다. 아리스토텔레스는 "스스로 움직이지 않으면서 나를 움직이게 하는 부동의 동자"가 바로 창조신이라는 신관을 제시했다. 세계 전체의 운동과 변화에 대한 최초의 원인으로서의 신이 바로 기독교에서 말하는 창조주 하느님이다. 이렇게 아퀴나스는 기독교 신앙을 이성의 한계 안에서 설명하는 일을 신학적 작업으로 삼았다.

아퀴나스는 이렇게 논증한다. 존재하는 모든 사물은 그것의 존재 원인을 가져야 한다. 이 원인은 보다 고차원적인 원인에 의해 종속되어야 한다. 최종적으로는 제1의 원인자가 존재해야 하며, 그것이 신이다. 그는 신의 존재뿐만 아니라 본질까지도 유비의 길을 통해 이해의 길을 만들어 간다. 인간은 신에 의해 창조되었다. 여기서 창조의 의미는 고요한 본질로서 어떤 것을 피조물과 매개시켰다는 것을 뜻한다. 유한한 인간과 무한한 신 사이에는 커다란 간극이 있으므로 유비를 통해 유한자는 동시적으로 부정되어야 하고 고양되어야 한다. 신의 신성은 인간의 신성과 비슷하다. 그러나 그것은 인간의 선과 전혀 다르며 그것을 무한히 초월해 간다. 인간은 유비로서 신의 본질에 대해 희미한 윤곽만 파악할 수 있을 뿐이다 그에게서 신학은 신의 증명을 과제로 하고 이 세계를 신과의 관련하여 설명하려는 사상이었다. 그것을 위해 '존재의 유비'(analogia entis)가 사용되었고, 그것으로 말미암아 방대한 그의 책『신학대전』(summa theologica)이 나온 것이다. 그러나 아퀴나스는 그 책의 마지막을 장식하면서 "모든 철학적, 신학적 인식은 하나의 그림자에 불과하다. 이제 나는 더 이상 쓸 수가 없었다. 내가 직관했던 것 앞에 서자, 내가 썼던 모든 것은 지푸라기처럼 보였다."고 술회한다.

아퀴나스는 영혼 문제에 깊은 관심을 가지고 있었다. 식물과 동물도 영혼을 가지고 있다. 그러나 인간의 영혼은 특수한 위치에 있다. 그는 세계를 신의 사상에 의한 반성으로 생각하여 하나의 전체적 위층 계층 구조로 묘사한다. 각 존재에서 형상이 질료를 초월하면 할수록 그 존재 영역은 더 높은 단계에 존재한다. 따라서 죽은 사물은 가장 낮은 단계에 존재한다. 여기서 형상은 질료에 대해 맹목적으로 외부에서 부가된 것이다. 그 다음 단계가 식물이다. 식물은 자신의 형상을 식물의 영혼으로 자기 자체 내에 가진다. 셋째 단계가 동물이다. 여기서 형상으로서 동물의 혼은 식물의 혼뿐만 아니라 감각 능력을 가진다. 동물의 영혼은 균형 잡힌 존재 단계를 가지고 있으나 육체를 가짐으로써 몰락한다. 넷째 단계가 인간이다. 인간은 식물적 능력과 동물적 감각 능력을 가지고 있지만 영혼이 불멸적이라는 것에서 우월하다. 인간은 자신의 생명의 혼과 육이 결합되어 있다. 다섯째 단계가 정신이다. 비물질적 정신은 인간보다 위의 단계로서 천사의 영역을 말한다. 그것은 순수 정신이지만 피조된 정신이다. 마지막 단계는 신의 영역이다. 이곳은 만물을 초월한 순수 비창조적 정신의 단계다. 이상의 것들이 아퀴나스가 고안한 세계상이다. 이 세계는 통일성으로 매혹적으로 존재한다.

  인간은 이성적 영혼, 정신적 영혼을 가지고 있다. 인간은 순수정신의 사유, 순수의지의 가치 파악이라는 이론적 또는 실천적 이성을 가지고 있다는 점이 다른 피조물과 차이를 가진다. 아퀴나스는 윤리적 행위의 전제로서 의지의 자유를 강조하고 있다. 그러나 그의 사상의 근거에는 다분히 결정론적 요소가 있다. 그는 개인의 덕성 항목으로 플라톤의 네 가지 주덕, 즉 지혜, 용기, 절제, 정의를 그대로 받아들이고, 기독교적 덕목인 믿음, 소망, 사랑을 더 첨가했다. 그에 의하면 그 무엇이든 지간에 이성에 위배되는 것은 역시 인간의 본성에도 위배되는 것으로 보았다. 선한 인간이란 훌륭한 인식 능력을 소유한 사람이라기보다는 선한 의지를 지닌 사람이다. 따라서 사랑이 인식보다 더 우위를 차지한다고 하였다. 사람은 태어나면서부터 사회적 존재다.

  정리하면 스콜라 신학계의 왕자는 토마스 아퀴나스였다. 그의 『신학대전』(summa theologica)은 하느님에 대한 인간의 모든 지식을 정리하여 세상이 분명한 진리의 체계 속으로 들어오게 하기 위함이었다. 그의 목표는 교의와 이성을 조정하는 일이고, 둘째는 교회의 교리를 체계 있게 정리하여 가장 '완전한 신학 체계'를 만드는 것이었다. 그는 철학과 신학의 구별을 분명히 하면서도 둘 사이에는 아무런 모순이 없다고 하였다. 철학은 눈으로 볼 수 있는 피조물에 기초를 둔 지식으로 믿음을 앞서 나간다면, 신학은 하느님을 바라보는 믿음이 지식을 앞서는 것이라고 하였다. 두 가지가 다 하느님께로부터 나오는 지식의 원천으로서 진리를 탐구할 때 다른 방법이 될 뿐이라고 하였다. 그것은 신학과 철학의 조화였다. 토마스 아퀴나스는 아우구스티누스, 칼뱅과 함께 서방에서 주요한 신학 사상을 형성한 사람이다.

(3) 마이스터 에크하르트

에크하르트(Meister Eckhart, 1260-1327)는 중세의 신비주의자이며, 특히 독일의 신비주의자 가운데 가장 중요한 인물이다. 신비주의가 나타난 시대적 배경은 황제 제국이 무너져 황제 없는 시대(1256-1273)요, 왕권이 극도로 약화된 시기(1309-1377)요, 또한 자연재해로 말미암아 삶의 의욕을 잃어가고 있는 시기였다. 이 사상은 만물의 생성은 모두 신으로부터 나온다는 것이었다. 신은 만물의 근원(arche)이다. 그러므로 만물의 목적은 신을 인식하고, 신과 합일하여 결국 무가 되는 데 있다. 따라서 아무리 좋은 일이라도 '없는 일'(無)만 못하는 것으로 여겨진다.

그러면 어떻게 무로 돌아갈 수 있을까? 에크하르트는 3단계를 제시한다. 첫째 단계는 우선 총체적 현실의 세계와 인연을 끊는 것으로 시작한다. 그것은 실천으로, 즉 내면에서뿐만 아니라 일상생활에서도 수행되어야 한다. 세상 한가운데 존재하는 인간은 사물에 빠져 있는 타락상에서 해방되어야 한다. 분리를 통해 인간은 자유에 이른 순수한 내면성을 얻는다. 이 단계에서 인간은 산만한 사물들에서 모든 힘을 집결해 내적 활동으로 축적한다. 인간은 더 이상 외면적 현상에 관심을 가지지 않으며, 더 이상 외적 현상 때문에 괴로움을 받지도 않는다. 그는 만물과 분리되어, 만물을 완전히 망각하는 경지까지 도달한다. 이와 같이 세상과의 분리를 통해 인간은 신비주의에 입문하게 된다.

둘째 단계는 자기 자신으로부터의 분리다. 한 개인은 '순수한 자아'(self)와 '이기적 자아'(ego)로 구성되어 있다. 자신으로부터의 분리란 자신의 욕구, 희망 그리고 자신의 의지를 단념하는 것, 즉 '이기적 자아'로부터의 분리를 말한다. 그것은 자기 자신과의 절연, 즉 자기 자신을 방면한 상태다. 자신을 방면한 '완전한 방면 상태'는 영혼의 평온한 상태뿐만 아니라 근원적으로 자기 자신으로부터 해방이다. 그때 인간은 '정신 청렴'에 서게 된다. 그것은 아무것도 의지하지 않고, 알지도 않으며 소유하지도 않은 상태다. 이런 도정은 위험을 수반한다. 왜냐하면 인간이 자신이 알고 의지하고 소유한 모든 것에서 해방된다면 그에게는 아무것도 남지 않는 '무'(nothing)에 불과하기 때문이다. 여기서 에크하르트는 "우리의 모든 본질은 절멸로서의 무에 있다."고 한다. 이것은 마음을 무(nothing)와 공(empty)으로 만드는 것을 의미한다.

셋째 단계는 신과의 합일 단계다. 자아 절멸은 신에로의 몰락, 다시 말하면 새로운 탄생이다. 여기서 분리는 '무'에 이르는 것이다. 영혼은 신에 묻힘으로써 사라지는 것이다. 그것은 전적으로 신의 본질에 속한 것이다. 이처럼 자아의 특징이 완전히 소멸되어 버림으로써 영혼 내의 신의 탄생이 나타난다. 거기서 아버지로서의 신은 영혼의 심연과 그 본질 속에서 자신의 아들을 탄생시키며 영혼과 하나가 된다. 영혼의 심연은 근원적으로 신을 인식할 수 있는 장소다. 영혼의 전파는 신적인 빛을 파악한다. 완전한 분리 상태에 도달한 사람만이 '신'에 접근하게 된다. 즉 신과 순수 합일에 이른다. 근본적으로 신은 침투한다. 신적인 현실과의 만남은 인간뿐 아니라 신으로의 완전한 귀의 상태에서 이루어진다. 신은 자신의 전적인 신성을 수반한 영혼의 심연에서 현존한다. 여기서 신의 심연은 나의 심연이고, 나의 심연은 신의 심연이다. 신은 나를 자신으로서 그리고 자신은 나로서 또 나를 자신의 본질과 본성으로 탄생시킨다. 신과 나, 우리는 하나다.

정리하면, 신비주의를 통한 구원의 길은 세상과 분리(출가), 자신과의 단절(해탈), 신과의 합일(몰락)을 통해 구원에 이르게 되므로 무(無)로 돌아간다.(cf. 부처) 에크하르트는 분리와 부정의 사상으로 이론적이고 사변적인 스콜라철학에 도전한다. 그는 신플라톤주의에 따라서 만물 가운데 실재하는 것은 신(神)뿐이라고 한다. 인간의 영혼에 하느님의 불꽃(spark)이 있다고 하며, 인간의 최고 목표는 자기 영혼에 신이 탄생하도록, 즉 거주하도록 노력하는 것이다. 신비주의 철학의 최종 목표는 무(無)로 돌아가는 것에 있다. 바로 그것이 구원이다. 그것은 태어나기 전의 상태로 돌아가는 일이다. 그는 인간이 영혼의 불꽃을 지니고 있기 때문에 그것이 가능하다고 본 것이다. 신비주의 사상은 신과 인간의 신비적 연합이다. 예수 그리스도에게서 신과 인간은 하나다. 신은 세계의 만물을 만드셨다. 따라서 내가 그린 그림 속에 내가 들어 있는 것처럼, 만물 속에는 신이 깃들여 있다.

신과 합일의 신비적 체험은 교회의 성례전이나 제도와는 아무런 관련이 없고 오직 "인간과 신과의 직접적인 접촉"을 주장한다. 그래서 모든 시간은 '지금'이라는 현재일 때 의미를 가진다. 어제 또는 내일의 세계가 신에 의해서 만들어진다고 말하는 것은 무의미하다. 신은 세계의 만사를 현재, 바로 지금에 둔다. 신은 순수한 사랑이며, 무로부터 존재를 부여하는 분이다. 따라서 그것은 모든 연대기적(chronological) 시간 개념을 넘어선다. '무'(無), 즉 신성이란 모든 사물을 생기게 하는 존재의 바탕이다. 신은 일하지만 신성은 일하지 않는다. 신은 수천 미일이나 높이 있다. 그렇지만 오기도 하고 가기도 한다. 태양은 모든 피조물에 빛을 선사하며 그의 빛을 받는 것은 피조물들을 포괄하지만 그는 조금도 그의 광채를 잃지 않는다.

"모든 사물은 신 자체다." 왜냐하면 웅대한 총체적 관점(無로 향함)에서 볼 때, 전체 현실은 신에게 방향지어진 것으로 이해된다. 이 모든 피조물은 신의 말씀이다. 모든 피조물은 자연의 모든 활동을 통하여 신을 모방하고 싶어한다. 그들 모두는 신으로부터 유출되었다가 다시 모두 신 안으로 귀속되는 그런 응답을 지니고 있다. "신의 본질은 나의 삶이다. 나의 앎이 신의 본질이 될 경우, 신의 존재는 나의 존재이어야 하며 신의 본질은 나의 본질이어야 한다."

중세의 신비주의는 스콜라철학, 신플라톤주의, 아라비아 사상, 유대 사상을 배경으로 한 범신론적, 신비적 체험의 사상적 배경을 가지고 있다. 그들은 사색과 명상을 통해 절대자와 접하려는 자들이었다. 그들의 목적은 개인의 영혼이 변하여 신과 연합하는 데 있었고, 그들이 반대하는 것은 외적 형식과 의식이었다. 그런 의미에서 그들은 중세 스콜라철학에 대한 도전장을 낸 '개혁자들'이었다.

중세 기독교 사상은 로마 가톨릭 사상이었다고 할 수 있다. 아우구스티누스는 『하느님의 도성』(City of God)이라는 저서에서 '하느님 나라'와 '세상 나라'를 구분하여 전자를 정신화하고 비물질화하면서 그 영원성이라는 특징 속에 비역사화한다. 하느님 나라가 왕성해지면 세상의 나라는 망하게 될 것이고, 이 하느님 나라는 교회를 통하여 실현된다고 하였다. 이러한 아우구스티누스의 견해는 로마 가톨릭 교회의 기초를 튼튼히 하며 교황제도를 수립하게 하는 데 필요한 신학적 근거가 되었다. 로마 교회의 권위는 바로 교황의 권위가 되었다. 교황은 바로 교회였다. 교회가 옳다는 것은 영원히 옳고, 교회가 그르다고 하는 것은 영원히 그른 것으로 여긴 것이다. 교회가 결정하는 모든 사상, 제도, 조직, 예전, 경험, 생활 등 모든 것이 '진리'로 받아들여졌다. 이러한 교회와 교황의 권위는 하느님으로부터 주어진 것이 아니라 그 당시 정치와 종교의 관계 속에서 인정된 것이었다. 교회가 로마 제국에서 '국교'로 비호를 받고 있는 것 자체가 그것을 말해 준다. 로마 가톨릭 교회는 이미 교회가 정치와 타협 속에서 세속화되어 가고 있었던 것이다. 성직자의 독신제도, 교황제도, 마리아 숭배 등은 정통으로 자처하는 가톨릭 교회의 특징이기도 하였다. 이렇게 하여 로마 가톨릭 교회는 유일무이한 교회의 절대적 권위 아래서 여러 가지 새로운 제도와 교리를 만들어 가면서 유기적 발전을 꾀하였던 것이다.

제 III 부

기독교의 교파들과 신학 사상

IX ─ 기독교의 교파들
X ─ 보수주의 신학
XI ─ 신정통주의 신학

IX 기독교의 교파들

예수 그리스도의 복음이 성령의 역사 속에서 예루살렘에서 시작하여 유대와 이방 사마리아를 넘어 헬라 세계, 라틴 세계, 게르만 세계, 아메리칸 세계, 아프리카 세계, 아시아 세계에 퍼지면서 교파를 형성하게 되었다. 이제부터는 기독교는 교파를 떠나서는 별도로 존재할 수 없게 되었다. 교파의 형성은 어떤 의미에서 복음의 씨가 떨어지는 밭과의 관계에서 불가피했는지도 모른다. 키프리아누스(Cyprianus)의 말처럼 "누구든지 교회를 어머니로 삼기지 않는 자는 하느님을 아버지로 모실 수 없다."고 했는데, 어머니로서 교회는 세 딸을 거느린 셈이다. 즉 동방 정교회, 로마 가톨릭 교회, 개신교가 그것이다.

1 _ 로마 가톨릭 교회

로마 가톨릭 교회(The Roman Catholic Church)는 로마 제국 시대에 나누어진 로마를 중심으로 한 교회다. 그러나 그 뿌리는 사도의 전통을 잇는 초기 교회 전통과 맥을 같이한다. 초기 교회는 니케아 회의(325 AD), 콘스탄티노플 회의(381 AD), 에베소 회의(431 AD)를 거치고, 네스토리우스파(Nestorianism)를 이단으로 정죄하면서 가톨릭 교회를 형성해 갔다. 가톨릭(catholic)의 뜻은 '세계적', '보편적', '전체적', '완전한' 등의 의미를 지니고 있다. 그 용어가 교회에 붙으면 세계적 교회, 보편적인 교회라는 뜻이다. 빛이요, 진리요, 생명인 그리스도는 완전히 보편적이다. 그가 교회 안에 있음으로써 교회는 항상 어디서나 보편적 교회가 된다. 안디옥의 이그나티우스(Ignatius, 110년경 사망)는 "주교나 주교의 임명을 맡은 자가 집행하는 성만찬은 신빙성이 있다. 주교가 나타나는 곳에 공동체가 있다. 예수 그리스도가 계신 곳에 가톨릭 교회가 있다."고 했다. 로마 가톨릭 교회는 성례전(sacraments)과 그것을 집행할 사제직 그리고 이러한 제도들의 집행과 보존을 보장할 교회법을 골자로 하여 조직된 조직체다.

니케아 신조를 보면, "나는 하나의 거룩하고, 보편적이며, 사도적인 교회를 믿는다."(credo in unam sanctam catholicam et apostolicam ecclesiam)라고 고백한다. 여기서 가톨릭 교회란 개별의 지역공동체들과 구분되는 전체 교회를 뜻한다. 서방의 교부 테르툴리아누스와 아우구스티누스는 가톨릭 교회의 정당성을 교리적으로 입증한 자들이었다. 그러나 로마 가톨릭 교회라는 이름이 본격적으로 등장하기 시작한 것은 동유럽을 중심으로 한 동방 정교회와 서유럽을 중심으로 한 로마 가톨릭 교회의 분열에서 더욱 뚜렷해졌다. 가톨릭의 명칭의 보편적 이해는 392년 테오도시우스(Theodosius) 황제 때 기독교가 로마 제국의 국교가 되자, 로마 시민 모두가 하루아침에 그리스도인, 곧 '가톨릭' 교회의 신자가 된 것이다. 로마 제국의 국교가 되어 탄탄한 기반을 다진 기독교는 게르만 민족의 대이동을 겪으면서도 그 발전을 계속하였다. 기독교 발전에 따라 각지에 세워진 교회 중에서도 서유럽 사회에 뿌리를 내린 로마 교회의 주교는 예수 그리스도의 수제자 베드로의 후계자임을 내세워 교황이라 일컬었다.

그러나 가톨릭 교회의 본래의 의미는 '그리스도의 몸'에 속한 기독교의 모든 공동체를 말한다. 그러한 점에서 각 지역 교회는 보편적 교회, 즉 가톨릭 교회다. 교회의 보편성은 궁극적으로 예수 그리스도에게 있으며, 그가 선포하는 하늘나라에 있다. 따라서 교회의 보편성은 하늘나라가 완성될 때 완성될 것이다. 그렇다면 전체적인 것이 깨어져 있는 상황에서 교회의 보편성이 세계 질서의 틀 안에서 기독교적 세계 국가, 하나의 세계 사회 등을 말하는 제국주의 환상을 가질 때 그것은 타락이다. 이러한 오해를 피하기 위해 종교개혁자들은 '가톨릭'(catholic)이란 말 대신에 '그리스도적'(christian)이란 말로 대체해서 초기 교회의 네 가지 표지를 그대로 사용했다. 우리는 여기서 가톨릭이라는 보편적 의미에서가 아니라 로마를 중심으로 하는 하나의 기독교의 교파로서 '로마 가톨릭 교회'라는 명칭을 사용할 수밖에 없다.

　　로마 가톨릭 교회는 중세 1,000여 년 동안 정치권력의 비호 아래 기독교 왕국이 되었다. 동서교회의 분열 이후 로마 대관구는 교회 정치를 행정적으로는 로마 주교(교황)를 꼭지점으로 하여 교황 중심적 왕정 체제와 같은 단일 체제의 기독교 왕국(Christendom)으로 발전하였으며, 지리적으로는 종교개혁 시대까지 전 유럽과 북아프리카에 이르기까지 확장되었다. 로마 교회는 교황의 절대권으로 교황을 중심으로 하여 추기경 신부 등의 성직자 중심의 교회로, 베드로가 로마에 가서 세운 교회라고 한다. 그러므로 로마 가톨릭 교회는 로마 주교가 세계에 흩어져 있는 교회의 머리라고 주장한다. 그래서 베드로는 제1대 교황으로 추대되었고, 그의 권위는 천국 열쇠(마 16:19)를 가진 자로 이해되었다. 그러나 교회의 머리는 그리스도요, 반석은 베드로가 고백한 그리스도다.(고전 10:4)

　　로마 가톨릭 교회가 바티칸을 성지로 삼는 것은 바티칸에서 베드로가 순교했기 때문이다. '교황청'에서는 교황과 그의 산하에 70명의 추기경이 절대권 행사를 한다. 바티칸의 베드로 대성당은 가톨릭 교회의 총본산으로 그 권위의 장소가 된다. 교황청은 바티칸 공화국 혹은 바티칸 시국이라고 불린다. 교황은 교회의 모든 사건의 옳고 그름을 판단하는 권한을 가지고 있으며, 정치적으로는 라텐 조약(1929)에 따라 인정된 바티칸 시국의 주권자가 된다. 교황은 하느님과 인간의 대리자, 성서를 정당하게 해석할 유일한 자격자(교도권 행사), 베드로의 후계자, 그리스도의 대행자로 여겨졌다. 1870년 트리엔트 공의회(1865-1870 AD)는 교황 무오 교리를 제정했다. 뿐만 아니라 교황이 선포한 교리, 신앙, 도덕에 관계된 모든 것이 무오한 것으로 보고 있다.

　　　로마 가톨릭 교회는 신학적으로는 스콜라주의를 형성하는 데까지 크게 발전해 나갔다. 이 교회는 교회의 절대주의 아래서 "가톨릭 교회 외에는 구원이 없다."는 권위로 지배했다. 로마 가톨릭 교회의 신학은 교리신학, 도덕신학, 금욕신학, 신비주의 신학으로 교회 내의 분리된 별개의 영역으로 발전하다가 철학과 신학, 자연과 계시, 이성과 계시, 행함과 은총의 조화를 말하는 토마스 아퀴나스의 신학적 입장으로 정리된다. 계시는 자연계시와 특수계시로 나누어 생각할 수 있는데, 자연계시는 이성과 자연의 경험으로 하느님을 알 수 있다는 것이며, 특수계시는 하느님이 직접 인간에게 계시해 줌으로써 알 수 있다는 입장이다.

　　　이런 두 입장을 취하는 로마 가톨릭 교회는 하느님의 존재 증명의 출발점을 세계와 인간에서 시작한다. 세계의 움직임, 변화, 우연성, 질서, 아름다움에서 우주의 시작이요, 마침이신 하느님을 알 수 있다. 인간은 이성의 빛으로서 만물의 근원이며 목적이신 하느님을 "인식할 수 있다." 인간이 이런 능력(capacity)을 가지고 있는 것은 하느님의 형상대로 창조되었기 때문이라고 한다. 하느님의 계시는 두 가지 방법으로 전해지는데, 하나는 구전과 전통이요, 다른 하나는 성서(살후 2:15)다. 로마 가톨릭 교회는 히브리어, 헬라어, 라틴어만이 기독교 진리를 표현하기에 적합한 언어라고 생각했다. 그래서 선교 현지 언어를 배우려고 하지도 않았고, 더구나 성서를 선교 현지 언어로 번역하는 일은 '진리'를 그르칠 수 있는 위험성 때문에 소극적이었다.

　　　이제 로마 가톨릭 교회의 특징을 몇 가지로 정리해 보자. 첫째, 로마 가톨릭 교회는 하느님의 백성이 하느님의 일에 참여할 수 있는 중요한 의식(儀式, liturgy)은 '미사'(mass in communion)에 있다. 신도는 미사를 통해 그리스도의 신비의 경험을 한다. 신부는 개인과 하느님 사이의 중보자로서 그가 드리는 미사는 그리스도의 십자가의 죽음을 재현하는 놀라운 기적을 행하여 개인의 모든 죄를 씻어 주고 개인의 구원을 확보한다. 구원의 길은 회개와 선행의 긴 성화 과정, 즉 인간의 업적과 도덕적 행위를 통해서 이루어진다고 한다. 미사의 중심은 성만찬에 있다. 성만찬의 교리는 떡과 포도주가 주님의 살과 피로 변하는 화체설(1215 AD)을 믿는다. 화체설의 근거는 주님의 살과 피를 먹고 마시지 않는 자는 영생이 없다는 것에 있다.(요 6:53, 60, 67) 주님의 살은 진리요(요 14:6), 피는 사랑(롬 5:8)이기 때문에, 성찬에 참여한 자는 진리를 깨달아 알게 되고, 성령의 도움을 받아 그 진리로 향하게 된다고 믿는다. 이와 같이 미사는 그리스도의 십자가상의 희생이 성만찬을 통해 재현되도록 하는 제사 행위로 그리스도 신자 생활의 중심이며 원동력으로 보고 있다.

둘째, 로마 가톨릭 교회는 교인을 성례로 다스렸다. 아우구스티누스는 성례를, 보이는 것으로 보이지 않는 은혜를 상징하는 것이라고 하였다. 초기 교회에는 세례와 성만찬만이 행해졌으나 중세기에 이르러서는 일곱 가지가 되었다. 사람들은 성례전을 지상의 도성으로부터 신의 도성으로 옮겨지게 하는 매개물로 보았다. 이 일곱 개의 성례전은 은총의 유효한 표지로 '칠성사'(7 sacraments)라 일컬어졌다.

세례성사(baptism)는 하느님의 가족으로 들어가는 입문으로, 그리스도 안에 새로운 생명의 탄생을 주는 것이었다.(마 28:19-20) 견진성사(confirmation)는 세례 때 약속한 그리스도에 대한 헌신을 더욱 견고하게 하는 것으로, 기독교 신앙을 증거하는 성령을 준다.(행 8:15-17) 성체성사(eucharist)는 그리스도의 죽음과 부활에 대한 미사로서 그리스도의 살과 피로 양육되어 변화된 삶을 살게 한다.(마 26:26-28, 막 14:22-25, 눅 22:19-20) 고해성사(penance)는 하느님과 화해하는 행위로, 세례를 받은 후 지은 죄를 참회와 고백과 용서를 비는 행위다.(요 20:23, 마 16:19) 도유성사(병자성사/종부성사, extreme unction)는 병자를 위한 그리스도의 능력의 행위이며, 중병이나 노쇠로 고통을 겪고 있는 그리스도인들에게 위로와 평화와 용기를 준다.(막 6:13, 약 5:14-15) 성품성사(신품성사, ordination)는 하느님의 나라 일을 돌볼 봉사자인 성직자를 특별히 축성하는 행위로, 신자들에게 봉사하기 위해 거룩한 권능, 예를 들면, 가르치는 예언자직, 성화하는 사제직, 다스리는 왕직을 준다.(눅 22:19-20, 딤전 4:14-15) 혼인성사(marriage)는 한 남자와 한 여자가 육체와 영혼이 결합하여 서로 생명과 사랑의 친밀한 공동체를 이루도록 하기 위한 혼인 계약이다.(마 19:4-6)

'칠성사' 외에도 준 성사에 해당하는 것들로 사람, 물건, 장소 등에 대한 축복, 동정녀들의 축성, 수도서원 예식, 교회의 직책을 위한 축복 및 성당과 제대 등 봉헌 또는 축복, 사람이나 물건이 마귀의 세력에서 보호되고 벗어나도록 청하는 귀신 축출, 유해(遺骸) 공경, 성당 방문, 순례 행렬, 십자가의 길, 묵주 기도 등이 있다. 이러한 성사들은 영적 효과를 줄 수 있는 거룩한 표식들로 믿고 있다. 로마 가톨릭 교회는 십계명 중 첫 계명(출 20:3-4, 신 5:6-7)에 대해서 무조건 형상 제작을 금지하는 것이 아니라 다만 이를 신 자체로 숭배하려고 만드는 것을 금한다고 해석한다. 성(聖) 화상을 성당이나 가정에 모시는 것은 무언의 신앙고백이며 기도를 고무시킨다. 구리뱀(민 21:4-9, 요 3:14-15)과 계약과 궤와 케루빔(출 25:10-22, 왕상 6:23-28) 등이 그러한 것들이다. 성상은 사람의 심정을 성스럽게 자극하여 성상이 표시하는 인물과 덕행과 위업을 본받게 한다. 그러므로 우상숭배가 아니다. 그러나 인간을 성베드로, 성바울, 성아우구스티누스 하면서 성자로 호칭과 성자들의 유품숭배, 성물숭배, 성상숭배는 마술적 경건(magical piety)으로 성례전적 미신적 행위에 불과하다. 오도된 경건은 정당한 의미에서 영적 기갈에 대한 해결책이 되지 못하고 있다.

셋째, 로마 가톨릭 교회의 주요 교리 가운데 하나는 마리아론이다. 마리아는 구세주의 구세사업에 비길 데 없는 협력자다. 성모와 성자의 일치는 동정녀로서 그리스도를 잉태할 때부터 그리스도가 죽을 때까지 나타나는데, 마리아의 모든 특전과 그를 공경 또는 숭배하는 이유를 다음에서 찾고 있다. 첫째, 예수가 참된 하느님이라면 하느님을 낳으신 마리아는 신의 어머니다. 5세기 에베소 공의회(423 AD)는 마리아를 '신의 어머니'(theotokos)라고 하였다. 둘째, 마리아의 신성은 평생 동정의 교리에서도 나타난다. 마리아는 결혼 전과 결혼 후에도 평생 순결을 보존했기 때문에 마리아에게서는 다른 자녀의 출산이 없으며, 성서에 나오는 예수의 사촌 형제들이었다고 주장한다. 셋째, 마리아는 다른 아담의 자손들과는 달리 다른 순결한 영혼이 육신과 결합하는 순간부터 일체 모든 죄악에 오염되지 않았으며, 원죄의 오염을 받지 않은 자로 주장한다. 따라서 마리아에게 기도하는 것이 하느님의 존엄성을 모독하는 것이 아니라 하나의 상경지례에 해당한다고 보고 있다. 성모 마리아와 천사와 성인들에게 바치는 기도는 "우리 죄인을 위하여 빌어 주소서." 하는 태도와 같은 것으로 본다. 그러므로 로마 가톨릭 교회는 하느님과 마리아를 혼돈하지 않는다고 가르치고 있다. 그러나 마리아는 평생 동정녀, 무흠잉태 등을 들어 1854년에는 마리아의 무죄를 선언하고, 20세기에 중엽 이르러서는 마리아는 죽지 않고 승천했다든지 성모 승천설을 주장했고, 최근에는 '공동 구세주'(coredeemer)를 거론하고 있다.

넷째, 조상 제사에 대하여 가톨릭 교회는 생명의 근본에 보답하고 그 은혜에 감사하기 위해 돌아가신 부모와 조상을 생시와 같이 공경하는 효도의 증표로 보아 그대로 허용한다. 그러나 죽은 후의 영혼이 살아서 배회한다든지, 음식으로써 그 영혼을 공양한다든지, 제사 때의 일시적으로 강생하여 제물을 즐겨 먹고 축복해 준다고 여기는 것은 오직 상상과 미신일 뿐이라고 한다. 조상의 영혼은 인간의 길흉화복을 주관하는 신은 아니지만, 천국에 들어가지 못하고 연옥에서 보속하고 있는 자들을 위하여 가톨릭 교회는 기도하기를 권하고 있다. 사람은 살아 생전에 닦은 행실에 따라 하느님 앞에서 천국, 지옥, 연옥 중 하나의 심판을 받는다. 구원의 길은 오직 교회를 통해서다.

그러나 복음을 알지 못하는 자라도 하느님만이 아시는 길로써 구원에 이를 수 있다. 즉 비록 무신론자라도 진리를 탐구하며 자기의 도덕적 양심이 요구하는 바를 실천하는 자를 '익명의 그리스도인'(anonymous christian)이라고 하며, 인간 쪽에서 보면 그는 그리스도인이 아닐지라도 하느님 쪽에서 보면 하느님의 자녀가 될 수 있고 구원에 이를 수 있다는 것이다. 왜냐하면 하느님은 모든 사람이 구원을 받고 진리에 도달하기를 원하시기 때문이다.(딤전 2:4) 따라서 로마 가톨릭 교회는 온 인류를 구원하시는 하느님의 보편적 구원 때문에 종교간의 대화를 시도해야 한다고 한다.

다섯째, 교회와 국가의 관계에서 국가는 종교와 신앙의 자유를 보장해야 하며 종교의 이름으로 불법이나 부도덕한 행위를 간섭할 수 있다. 성직자(주교, 신부, 부제)와 수도자는 원칙적으로 정치에 참여해서는 안 된다. 교회는 평화를 추구해야 하나 국가의 정당방위를 위해 전쟁이 수행될 수 있지만, 전면 전쟁이나 화학 전쟁은 정당방위를 넘어 하느님과 인간 자신을 거역하는 범죄로 규정한다. 교회는 인간의 기본권과 인간의 구원이 요구할 경우에는 정치 질서에 관한 일에도 국가가 반도덕적인 법령을 제정하거나 기본권을 침해할 때에는 윤리적 판단을 내리고 그 입장을 천명한다. 그러나 교회는 인내와 사랑으로 해야 하며 폭력을 사용해서는 안 된다. 왜냐하면 교회는 교회를 반대하거나 박해하는 사람들한테서도 많은 이익을 얻었고 또 얻을 수 있다고 인정되기 때문이다.

여섯째, 로마 가톨릭 교회의 세계 선교 역사는 로마 교황청을 선교 본부로 하여 주로 서북유럽 지역으로 기독교를 확산시켰는데, 대부분의 경우 로마 교황청의 정치적인 수완으로 선교가 이루어졌으며, 문화적으로는 라틴어를 사용하는 미사와 라틴어 성서(Vulgata)를 고집하여 13세기경에는 하나의 단일한 거대한 기독교 제국문화(Christendom)를 이루었다. 15세기에는 콜럼버스를 비롯한 탐험가들의 지리상의 발견으로 로마 가톨릭 교회는 남미에까지 이식되었다. 대체로 로마 가톨릭의 선교 활동이 왕성했던 시기는 6세기 말엽 교황 그레고리우스(Gregorius Magnus)가 영국 캔터베리에 아우구스티누스(Augustinus)를 선교사로 보내기 시작함으로써 위로부터 조직적으로 시행되어 온 로마 가톨릭의 선교 활동은 1773년 로마 교황 클레멘트 14세가 예수회를 공식 해체하고 그 당시 선교지에 나가 있던 가톨릭 선교사 2만 2,000여 명을 소환함으로써 해외선교는 크게 위축되었다.

일곱째, 로마 가톨릭 교회는 초기에는 그리스도에 나타난 신성과 인성의 결합의 신비, 삼위일체의 비밀 등 성육신 문제에 대한 관심을 가졌고, 중세에는 성례와 은혜를 통해서 연결되는 하느님과 사람의 관계성을 통해 군림하기 시작했으며, 교회개혁 이후에는 교회의 권위와 교회의 구조를 견고히 하였다. 교황은 이탈리아의 트리엔트 회의에서 반동(反動) 종교개혁(1545-1563)을 발표하여 신교를 탄압하였다. 루터교를 사교로 정하고 신교 서적과 르네상스 서적을 금지했다. 교황의 명을 받은 재판관은 가톨릭 교리에 어긋나는 것이 발각되면 체포와 사형을 하고 재산을 몰수하였다. 로마 가톨릭이 프랑스의 위그노(칼뱅파 신교도)를 박해한 사건은 가톨릭 교회가 개신교를 박해한 대표적 예다. 1572년 8월 24일 파리의 가톨릭 교회의 종이 한꺼번에 울리기 시작하는 신호로 가톨릭교도들은 결혼식 때문에 올라온 위그노 신도들을 닥치는 대로 찾아 죽였는데, 그때 죽은 신교도들의 수가 수천 명에 달했다. 이것이 성바르톨로매우스(Bartholomaeus)의 학살 사건이다. 이로 말미암아 프랑스는 90% 이상이 가톨릭 신자다.

여덟째, 제2차 바티칸 공의회(1962-1965) 이후에는 세계 문제와 교회연합 문제를 놓고 종교개혁의 책임을 통감하였다. 특히 교황 바오로 6세는 내적 혁신뿐만 아니라 기독교 분열에서 로마 가톨릭 교회도 그 책임의 일부를 져야 한다고 선언함으로써 개신교에게 일방적 책임을 전가시켰던 주장에 실로 4백 년만에 종지부를 찍게 되었다. 또한 교회헌장, 에큐메니즘, 종교의 자유가 논의되고, 종교재판소에 관한 비판이 신랄하게 제기되었다. 공의회의 마지막 해인 1965년에는 1054년 교황과 동방교회가 갈라져 나간 데 대한 화해의 공동 미사가 이루어졌다. 최근에 교황은 루터 교회의 칭의 교리가 잘못이 없다고 수용했다.(1998. 7) 로마 가톨릭 교회는 예수 그리스도로부터 베드로가 첫째 교황에 임명된 후, 현재 교황 요한 바오로 2세까지 264대에 걸쳐 끊임없이 이어 오고 있으며, 10억 5백만 신자가 있다.(1988. 1. 1) 우리나라에서 가톨릭 교회를 천주교라고 부르는 것은 기독교를 중국에 처음 소개한 마테오 리치(Matteo Ricci, 1552-1610)가 유교 경전에 '상제'(上帝) 혹은 '천'(天)이 기독교의 하느님과 같은 절대신이므로 한자로 '천주'라고 번역했기 때문이다. 우리나라에 가톨릭 전래는 1592년 임진왜란 때 일본에 잡혀간 조선인들 중 7,000명이 가톨릭 신자가 되었다. 그러나 조선에 가톨릭 교회를 세운 것은 1784년 2월이었다.

2_ 동방 정교회

동방 정교회(The Eastern Orthodox Church)는 로마 가톨릭과 개신교와 함께 기독교 3대 교파 중 하나다. 정교회는 동방 정교회 또는 그리스 정교회라고 불린다. 동방 정교회라고 불리는 것은 로마 제국의 황제 콘스탄티누스가 330년 수도를 콘스탄티노플로 옮긴 이후 동로마 제국과 비잔티움과 맺고 있는 역사적 관계 속에서 유럽의 동쪽, 즉 그리스, 불가리아, 폴란드, 러시아, 체코 등에 분포되어 있기 때문이다. 그리스 정교회(Greek Orthodox Church)라고 불리는 것은 신학 사상과 교리가 헬라어로 되어 있으며, 헬라철학적인 요소, 즉 신플라톤주의, 신비주의, 수도원주의 등이 강하기 때문이다. 동방 정교회라는 용어는 일곱 차례의 고대 에큐메니컬 회의들(325, 381, 431, 451, 553, 680, 787 AD)[1]에서 정의된 신조와 예배의식을 지켜 오는 기독교회를 지칭하는 말과 통한다. 그러나 전례서나 미사 견본에 나와 있는 그들의 공식 명칭은 '정통 가톨릭 교회'다.

동방과 서방의 분열(1054 AD)은 어느 날 갑자기 생긴 사건이 아니라 기원후 1세기부터 기독교가 발전해 나오던 초기 시대부터 발생한

---

1) 니케아 회의(325 AD)에서 아리우스 이단설에 대항하여 그리스도가 야훼 하느님과 동일 본질을 갖는다고 결정했다. 콘스탄티노플 회의(381 AD)에서 성령의 신성을 변호했다. 에베소 회의(431 AD)에서 네스토리우스에 대항하여 신인 통일성을 변호하였다. 칼케돈 회의(451 AD)에서 유티케스의 단신론을 반대하고, 그리스도는 참신이요 참인간이라고 선언했다. 2차 콘스탄티노플 회의(553 AD), 3차 콘스탄티노플 회의(680 AD)는 4차에 걸쳐 결의된 그리스도론적 내용을 다시 강조하고 있다. 마지막으로 2차 니케아 회의(787 AD)에서 성상숭배에 대해서 적극적이고 신앙적인 표현으로 수용했다.

동서 교회간의 소외 관계가 중세 시대까지 계속되면서 점점 약화되어 폭발한 사건이었다. 동방의 네 개 대관구(콘스탄티노플, 예루살렘, 안디옥, 알렉산드리아)는 사도 시대부터 그러했듯이 집단 지도 체제를 중심으로 교회 체제를 운영하여 발전했다. 그러나 기원후 590년 그레고리우스 1세가 교황직에 오른 이후 로마 대관구는 동방의 네 개의 대관구를 훨씬 능가하는 교세와 영향력을 발휘하기 시작하면서 동방과 서방은 정치적, 문화적, 신학적 차이로 말미암아 갈등 구조에 들어갔다. 로마에 대항할 수 있는 대관구는 콘스탄티노플이었다. 4세기부터 11세기에 이르기까지 콘스탄티노플은 동방 기독교의 중심지가 되었고 또한 동로마 제국(비잔틴 제국)의 수도였다.

1054년 로마의 가톨릭 교회와 동방교회가 분열이 일어나던 당시 동방의 정교회 세력은 '신성 로마 제국'이라고 불리면서 그 세력을 콘스탄티노플을 중심으로 중동 발칸반도, 러시아로 퍼져 나갔다. 그러나 1453년 동로마 제국의 수도이자 동방 정교회 세계의 중심지였던 콘스탄티노플이 터키 이슬람 군대에 의하여 무참히도 파괴당하자, 억압과 박해가 수백 년 동안 계속되는 가운데 정교회의 풍성했던 신앙 유산은 기억에서 사라지고, 이제 이슬람의 지배로 말미암아 그리스 정교회는 제 기능을 발휘할 수가 없었다. 그 후 정교회의 선교 활동은 주로 러시아로 넘어갔다.

러시아의 정교회 발전은 200여 년 동안 지속되어 온 몽고 제국의 통치가 이반 3세(Ivan III)에 의해서 완전히 종식되고(1480), 그 뒤를 이은 이반 4세(1530-1584 AD)의 정치적인 야망에 의해서 본격화되었다. 그는 계속되는 러시아 제국의 지리적인 확장과 비잔틴 황제들의 합법적인 계승자로 자처하면서 모스크바 대주교(archbishop)가 1589년 콘스탄티노플 총대주교의 승인을 받아 총대주교(patriarch)의 지위로 승격하게 되었다. 그는 교회 장식과 사제들의 의복, 정교한 예배와 예전을 강조하였으며, 나아가 열렬한 애국심으로 가득한 요셉파(the Josephites)를 중심으로 한 러시아 정교회와 러시아 국민들이 모스크바를 '제3의 로마'라고 자처하기도 했다. 그것은 모스크바가 라틴계 사람들의 이단들에게 굴복한 제1 로마를 승계하였고, 이슬람교도에 의하여 희생된 제2 로마인 콘스탄티노플을 승계했다는 뜻에서 그렇게 불렀다. 그는 수도원들과 교회에 대한 특혜를 베풀어 성직자들이 금과 은으로 장식한 성전에서 부를 탐하면서 사치스러운 생활을 하도록 해 주었다. 러시아 혁명 때 모스크바 재산의 3분의 1이 교회 재산이었다고 한다. 말하자면 제정 러시아의 교인들은 십자가 없는 부활, 즉 고난 없는 영광을 추구한 것이다.

이제 동방 정교회의 특징을 살펴보자. 첫째, 동방 정교회 신학자는 성서와 기원후 325년 제1차 니케아 에큐메니컬 공의회로부터 787년 제7차 에큐메니컬 공의회까지의 고대 에큐메니컬 교회 공의회의 결정사항들을 중심으로 한 교회 전승을 신학과 신앙 활동의 기초 자료로 삼는다. 성서와 전승과의 관계성에 대한 정교회의 입장은 서로 대립되는 별개의 성격을 가진 두 개가 아니라, 성서는 전승 내에서 존재한다. 성서의 탁월성은 인정하지만, 전승은 성서뿐 아니라 그 사도적 신앙에 대한 해석, 명료화 작업 등의 활동들도 포함한다. 에큐메니컬 공의회에서 내린 교리적 결정사항은 무오한 것이다. 그러므로 정교회가 보기에 일곱 개 고대 에큐메니컬 공의회가 만든 신앙에 대한 진술들은 성서와 함께 변개할 수 없는 권위를 가진다. 동방 정교회 신학자는 다마스커스의 요한이 남긴 "우리는 우리의 선조들이 설정해 놓은 영원한 경계선을 옮길 것이 아니라, 그것을 수용하고 지키는 것이 우리의 사명이다."는 말을 자신의 사명으로 생각한다.

둘째, 특히 니케아-콘스탄티노플 신조(Nicene-Constantinople Creed)는 성찬식을 할 때마다 고백되며, 다른 예배 시간에서도 읽힌다. 서방교회에서 사용되고 있는 사도신경과 아타나시우스 신조는 니케아-콘스탄티노플 신조와 같은 권위를 가지지 못한다. 왜냐하면 사도신경은 에큐메니컬 공의회를 통하여 선포된 것이 아니기 때문이다. 비록 사도신경에 있는 신앙고백의 내용을 수정하고 그 가르침을 인정하지만, 동방 정교회 예배의식 가운데서는 결코 사용되지 않는다. 동방 정교회의 공회의 권위는 성령의 발원 문제에서도 나타난다.

셋째, 서방교회가 니케아 신조에 성령이 아버지 "그리고 아들로부터"(filioque)를 삽입했을 때, 그것을 받아들일 수 없었다. 동방 정교회가 필리오퀘(filioque)를 반대하는 주요 이유는 두 가지다. 하나는 에큐메니컬 교회 공의회에서 결정된 신조에 기록된 것을 바꿀 수 없다는 것이다. 신조는 전체 교회의 결정사항이요, 공동 소유이므로 일부 교회가 그것을 함부로 변경할 권리가 없다는 것이다. 다른 하나는 신학적으로 잘못되었다고 보기 때문이다. 성령이 성부와 성자로부터 나왔다고 말하는 것을 이단으로 생각한다. 필리오퀘는 삼위의 위격 사이에 균형을 파괴할 뿐만 아니라, 그것은 세상 안에서 성령의 활동에 대한 잘못된 오해를 유발시킨다고 보았다. 동방 정교회는 이 필리오퀘라는 용어 안에서 성령을 종속시키고 무시하는 경향을 보았던 것이다.

넷째, 신구약성서의 권위에서 동방 정교회와 개신교의 입장은 같다. 그러나 성서 본문 사용에서는 헬라어로 된 70인역을 가장 권위 있는 것으로 받아들인다. 그래서 여러 가지 성서 번역본들 가운데서 차이점이 있을 경우, 동방 정교회는 70인역의 번역을 취한다. 가장 대표적인 예로 이사야 7:14의 경우인데, 히브리 본문에서는 그 의미상 '젊은 여자'(young woman)라고 되어 있고, 70인역에는 '처녀'(virgin)라고 되어 있는데, 정교회는 교회의 입장으로 후자를 택한다. 그리고 히브리어 본문에는 구약성서가 39권으로 나와 있고 70인역에도, 히브리어 본문에도 없지만 정교회 안에서는 '두 번째 경전'으로 알려져 있는 10권이 포함되어 있다. 이 두 번째 경전들은 1642년 자시(Jassy) 공의회, 1672년 예루살렘(Jerusalem) 공의회에서 경전서로 인정되었다. 이 책들에 대하여 현재 정교회 신학자들은 아타나시우스와 제롬의 견해에 따라서 다른 구약성서보다 약간 낮은 수준으로 평가하고 있는 것이 사실이지만 정교회는 이 모두를 경전으로 받아들인다. 정교회는 매 주일 아침과 저녁마다 시편을 읽고, 수난 주일에는 일주일에 시편을 두 번 읽는다. 그러나 다른 부분의 구약성서는 읽히지 않는다. 매 주일 예배 시에는 요한계시록을 제외한 신약성서와 복음서에서 뽑아서 지정해 준 부분들을 규칙적으로 읽어서 일 년에 한 번 신약성서 모두를 읽도록 한다. 주님의 기도는 모든 예배 시간에 되풀이된다. 성찬식 때는 항상 복음서가 읽힌다.

다섯째, 교회 예배의식에서 사용되는 모든 언어는 성서에서 빌려 온 것이다. 정교회는 성서를 말씀의 형태로 전해지는 그리스도의 성화상(聖畵像, icon)이라고 생각한다. 그것은 특별히 제7차 에큐메니컬 공의회가 성상과 복음서는 같은 방식으로 전승되어야 한다고 결정했기 때문이다. 그래서 모든 정교회에서는 복음서를 제단 위에 둔다. 그리고 성상 앞에서 그리하듯이 정교회 신자들은 그 복음서에 입을 맞추고 허리를 숙인다. 이것은 하느님의 말씀에 대한 존경의 태도를 잘 보여 주는 것이다. 정교회의 전승은 언어로써, 예식 가운데서 이루어지는 몸짓과 행동으로써, 선과 면으로 그려지는 성화상을 통해서 표현되어 왔다. 성화상은 신자의 종교적 감정을 불러일으키는 종교적 그림인 동시에 하느님이 우리에게 자신을 계시하시는 하나의 수단이 된다고 정교회는 생각한다. 이러한 이해를 근간으로 하여 예배의식을 화려하게 조직화하며, 부활절을 가장 성대한 교회 절기로 지키며, 성화상을 만들어서 영광스러운 종말의 모습들을 형상화하여 흠모하는 행위를 권장한다. 성화상에 대한 결정은 기원후 787년 제7차 에큐메니컬 공의회에서 결정되었다.

서방에서 숭배된 3차원의 동상에 비교해 볼 때, 동방의 성화상은 단지 2차원의 예술만을 사용했는데, 그 내용은 종말론적 이해와 깊은 관련성을 가지고 있다. 성화상에 묘사된 것은 현실의 세계가 아니라, 도래할 세계의 모습을 하고 있는 점에서 종말론적 특징을 가지고 있다. 성화상들 가운데서도 가장 중요한 것은 그리스도의 성화상이다. 이 성화상에는 그리스도론에서 그리스도의 신성과 성육신에 대한 고백이 가장 중요한 내용을 차지한다. 성화상들이 표현하고자 하는 것은 육체의 비물질화를 표현하고자 하는 것이 아니라, 물질적 육체의 변형된 모습이다.

여섯째, 동방 정교회의 선교 활동은 교황청을 중심으로 한 로마 가톨릭 교회의 강력한 구심적 성격과 선교 현지에 맞게 복음을 전하며 현장화에 강점을 보이는 개신교의 원심적 성격 모두를 아울러 갖춘 선교적 전통을 지니고 있다. 토착화(indigenization)에 대한 강조, 현지인 성직자(indigenous clergy)를 세우는 등 선교지의 교회가 자립성을 갖도록 돕는 데 최선의 노력을 기울인 정책이 바로 그것이다. 그러므로 이후 21세기 세계 선교의 방향은 동방 정교회의 선교 활동 역사에서 많은 아이디어와 미래 선교 활동의 모델을 찾아낼 수 있을 것으로 기대한다. 특별히 19세기 이후 정치적 독립을 이루고 민족의 자립, 자치, 자주권을 추구하는 아시아와 아프리카 지역 여러 민족들에게 복음을 전할 때, 동방 정교회의 선교 활동의 역사는 실제로 많은 도움을 주고 있다. 그것은 정교회가 전통에 깊이 뿌리를 박고 있으면서도, 가톨릭이나 개신교보다도 덜 '유럽적이며', 이전의 식민 세력과도 연결되지 않기 때문이다.

정리하면, 정교회는 교회의 거룩한 전승에 기초하여 예배공동체를 중심으로 한 교회로서 교회의 기본 교리를 고수하는 동시에 신비적 요소를 강조하는 보수적인 성격이 강한 신학을 가지고 있다. 여기서 '거룩한 전승'이란, 성서, 신조들, 에큐메니컬 공의회 결정사항들, 교부의 저작물, 교회 규범, 예식서, 성화상(聖畵像) 등을 의미하는 것이다. 이것은 여러 세대에 걸쳐서 정교회가 형성해 온 교리, 교회 정치, 예배의식, 영성, 예술 등의 총체적인 것이기도 하다. 이러한 전승에 대하여 정교회는 자부심을 가지며, 다가오는 세대에 변함 없이 그대로 전승하는 것을 고귀한 사명으로 여긴다. 따라서 정교회의 신학적 특징은 이러한 전승의 구체적인 내용들 그리고 전승에 대한 그들 자신의 관점과 해석에 따라서 형성된 것이다.

정교회의 신학은 예수 그리스도와 삼위일체 하느님에 대한 신앙을 핵심으로 하는 보편적 교회 전승 위에 서 있으며, 동시에 온 우주 피조물과 인간의 친교와 조화를 추구하는 총체적인 신학이다. 보다 특징적으로 드러난 교리 가운데는 삼위일체 하느님의 내적인 역동성을 들 수 있다. 그것은 교리가 아니라, 신비와 명상을 통해서 접근함으로써 그의 신학의 성격을 말해 준다. 서방교회의 필리오퀘(filioque) 신학을 거부하고, 대신에 성령을 강조하여 삼위일체를 체험한다. 그리스도가 교회를 세운다면 성령은 교회를 구성한다고 믿고 있다. 예배의식에서 성찬의식에서 초대하는 말씀을 '성령의 부름'(epiklesis)라고 하는데, 전형적인 예를 소개하면 다음과 같다. "오 하늘의 왕이시며, 위로자이시며, 진리의 영이시여, 모든 장소에 임하소서. 만유 가운데 선함과 생명으로 충만하소서. 또한 우리 가운데 오셔서 우리를 모든 허물 가운데 정결케 하시고, 우리의 영혼을 구하여 주소서."

정교회의 신학은 예배와 교회공동체를 떠나서는 독립적으로 신학을 생각할 수 없다. 교회는 예배를 통해 신과의 신비로운 체험이 이루어지는 장소로서 이해된다. 이와 같이 교회와 예배는 정교회 신학의 연결된 두 축이다. 따라서 정교회 신학자는 신과의 신비로운 체험을 신학과 교리로 전제적 역할로 한다. 우선 신비적 체험이 먼저 오고, 그 다음에 신학적 작업과 교리가 다음에 오는 것이다. 정교회의 예배의 중심은 설교가 아니라 성찬식이다. 예배는 신비적 요소와 상징주의적 내용을 지니고 있다. 예배시에 경외감을 가지며 시적인 기도, 묵상할 수 있는 순서, 성화상(聖畵像), 성만찬 식탁 등을 중요시하는 것이 그 예다. 교회는 종말의 영광스러운 실체를 미리 보여 주고, 구현해 나가는 곳이다. 이러한 이해를 근거로 하여 예배의식을 화려하고 영광스럽게 꾸미고 부활절을 성대한 교회 절기로 지키며, 성화상을 만들어서 영광스러운 종말의 모습들을 형상화하여 흠모하는 것은 당연한 것으로 여긴다.

정교회에는 세계에서 가장 많은 신자를 가진 러시아 정교회와 그리스 정교회 외에도 루마니아 정교회[2] 등을 비롯하여 여러 지역에

---

2) 루마니아는 문화적으로 동유럽과 서유럽이 교차하는 위치에 있다. 총인구 약 2,200만 가운데 99%가 기독교인이다. 이 중 88.6%가 루마니아 정교회 교인이다. 지금의 루마니아 땅에 기독교가 처음 들어온 것은 4세기경으로 보고 있다. 루마니아 정교회는 1885년에 독립되었으며 1925년에 총대주교구로 승격되었다. 루마니아 정교회는 "교회일치협회"(AIDRom)에 적극적이다. 1999년 5월 7-9일까지 교황 요한 바오로 2세의 루마니아 방문과 총대주교의 만남으로 정교회와 로마 가톨릭 예식이 교파를 초월하여 이루어져 예배자들에게 깊은 인상을 남겼다.(한국기독교교회협의회 편, 「교회와 세계」, 2001, 1/2월호, 44ff.)

따라 특징적으로 건재하고 있다. 중동 지역에는 콘스탄티노플(이스탄불), 알렉산드리아(이집트), 안디옥(다마스커스), 예루살렘 총대주교구들이 있다. 또한 기원후 451년 칼케돈 공의회에서 단성론파(monophysites)라고 정죄당한 동방 정교회가 있다. 그리고 이집트의 콥틱교회, 아르메니안 교회, 에디오피안 교회, 시리아 정교회가 있다.

중동 지역에 있는 정교회들은 교회사적으로 중요한 기록들과 초대교회의 발자취들을 간직하고 있지만, 불행하게도 수세기 전부터 현재에 이르기까지 거의 대부분 지역이 이슬람교의 정치적, 군사적 지배 하에 있었기 때문에, 세계교회 무대에서 적극적인 역할을 다하지 못하고 있다. 오스트리아, 헝가리 지역의 정교회들은 지리적으로 로마 가톨릭 교회와 동방 정교회의 충돌 지점에 위치하고 있으며, 역사적으로 로마 가톨릭 교회의 개종화 작업을 통하여 우니아테 교회(Uniate Churches)[3]를 이루고 있다.

역사적으로 동방 정교회로서 세계의 버팀목 역할을 해오던 러시아 총대교구는 1917년 공산주의 혁명으로 신앙적 지도력을 상실하게 되었고, 맘몬니즘에 빠진 교회는 무신론적 공산주의가 이 땅에 태어나도록 했다는 비난을 감수해야만 했다. 그 결과 서방교회에 비하여 동방 정교회는 세계사의 무대에서 최근까지 정체 현상을 보이게 되었던 것이다. 그러다가 1991년 러시아에 보리스 옐친 정권이 들어선 이후 러시아를 비롯한 동유럽 지역에서 정교회 신자가 다시 급증하기 시작하여, 1995년 통계는 약 4억의 신도로 집계하고 있다.

동방 정교회에서 수사들은 선교에서 그리스도의 자기 비하(kenosis)를 실천하고자 한다. 그들은 그 나라의 언어와 관습 속으로

---

[3] 우니아테 교회는 교회정치에서는 로마 교황의 수위성을 받아들이면서, 예배의식에서는 옛날부터 지켜온 그들 자신의 동방 스타일 예식을 고수하는 교회를 말한다. 이 교파 교회들은 대부분 17세기에 로마 가톨릭 교회가 배후 조종한 정치적 압력의 결과로 생겨나게 되었다. 주로 갈리키아(Galicia)와 트란실바니아(Transylvania) 지역에 많다. 이 교회의 선교 활동은 9세기부터 러시아 공산혁명 이전까지 주로 불가리아, 체코, 유고슬라비아 등 동유럽 지역과 러시아 제국 그리고 극동 지역에서 이루어졌다.

하느님의 말씀을 성육신화(to become incarnation)시키는 일, 말씀과 학교, 기도와 수도원, 아름다운 예배의식, 모범적인 생활, 복음적인 소박함과 청빈을 중요시하였다. 그들은 옛 좋은 선교 전통을 거울삼아 21세기 세계 선교를 보다 효과적으로 책임 있게 해 나가고자 한다.

3_ 개신교

개신교(protestantism)의 유래는 기독교의 뿌리와 무관하지 않다. 기독교라는 말은 안디옥 감독인 이그나티우스(Ignatius)가 "그리스도인들"(χριστιανισμός)을 표현한데서부터 비롯된다. 그 후 2,000년간의 역사 속에서 기독교는 여러 가지 형태와 분열을 거듭하였다. 가장 첫 번째는 1054년 동·서방교회의 분열이 있었고 16세기에 들어와 로마 가톨릭 교회에 대항하는 루터교회, 개혁교회, 성공회 등의 종교개혁이 일어나 분열을 가져왔다. 개신교라는 말은 1529년 오늘의 독일 영토인 '스파이어 제국의회'(Reichstag zu Speyer)에서 황제의 종교정책에 반대하여 반로마 교회 진영에 의하여 취해진 진지한 항거(protestation)로부터 기인된 것이다.

개신교 선교 역사는 18세기 말 윌리엄 캐리(W. Carey)로부터 본격적으로 시작되어 19세기는 개신교 선교의 위대한 세기라고 불릴 정도로 가장 왕성한 선교 활동을 보여 주었다. 20세기에는 '국제선교협의회'(International Missionary Council, IMC), '세계교회협의회'(World Council of Churches, WCC)를 중심으로 하여 전 세계 기독교 교파들간의 이해와 협조 그리고 일치를 도모하는 중추적인 역할을 개신교 교회가 담당하고 있다. 그러나 16세기 개신교의 발흥 자체가 성서해석, 교회정치 형태의 다양성에 기초를 두고 있기에 선교 활동들도 지극히 다양한 형태로 진행되어 왔다. 그러므로 이후 21세기에는 보다 적절하고 효과적인 선교 활동을 위하여서 어떤 통일된 구심적 원리를 강력하게 필요로 하고 있다.

개신교의 세 가지 원리는 가톨릭 교회에 대한 도전으로 나타나고 있다. 첫째는 행위에 의한 인간 평가를 배제하는 '오직 신앙'(sola fide)이며, 둘째는 전통에 의한 교권주의적 중재를 배격하는 '오직 성서'(sola scriptura)이고, 셋째는 인간의 공로가 아닌 하느님의 자비로 용서를 받는다는 '오직 은총'(sola gratia)이다. 이런 의미에서 개신교를 '복음주의 교회'(Evangelische Kirche) 또는 '개혁교회'(reformed church)라고 부르기도 한다.

1) 루터교회

루터교는 루터와 루터주의자들의 신학 사상을 기초로 하여 세워진 교회다. 루터(M. Luther, 1483-1546)는 로마 가톨릭 교회의 신부였지만 1517년 10월 31일 면죄부 판매 등 교황권을 거부하는 95개조에 달하는 항의문을 비텐베르크대학 교회 정문에 붙이면서 로마 가톨릭 교회에 정면 도전했다. 테첼이라고 불리는 도미니칸 수도승은 면죄부를 판매하기 위해 독일 비텐베르크에 들어와 "돈주머니에 동전이 찰랑하며 소리를 내는 순간 헌금한 사람의 죄가 모두 용서된다."고 선전하였다. 면죄부는 성베드로 성당의 수축 비용을 충당하기 위해 교황 레오 10세가 발급한 것으로 종교개혁의 발단이 됐다. 저렴한 가격으로 면죄부 판매를 선전한 탓에 많은 사람들이 비텐베르크 성에 모여들었다. 루터는 무지한 사람을 속이는 기만에 놀라며, 부정부패를 고발하고 중세 가톨릭 신학의 허구를 비난하는 항의문을 낸 것이다.

루터는 대사 논쟁을 계기로 하여 당시에 교회적, 정치적, 경제적, 사회적 질서에 대한 불만을 모두 표현하며 종교개혁을 이끌어 갔다. 루터교의 유래는 1519년 루터와 요한 엑크의 라이프치히 변론 당시 루터의 반대자들에 의해 "루터를 따르는 사람들"(Lutherische)에서 유래한다. 그러나 루터는 그 이름보다는 단순히 '그리스도인' 혹은 '복음주의자들'(Evangelische)이라 불리기를 원했다. 1521년 가톨릭 교회는 그를 파문하였고, 1530년 결국 로마 가톨릭 교회, 16세기 열광주의

자들 그리고 다른 개혁자들을 따르는 자들과 구별하여 루터의 기본 가르침을 따르는 신앙적, 영적 후예들에게 계속 적용되어 루터교회가 탄생했다. 루터교회는 종교개혁의 불은 당겼으나 당시 봉건 영주 세력하에 있는 농민들의 문제에는 등한시한 것이 아쉬움으로 남는다. 토마스 뮌처(Thomas Müntzer)를 중심으로 나타난 농민반란도 결국 루터의 영향 아래 있었지만 체제 전복이라는 이슈로 생각하여 부정적 태도를 보인 것이다. 더욱이 나치정권에 대항하지 못하고 미온적 태도를 취한 것은 비판의 대상이 될 수밖에 없다.

루터교회는 루터의 개혁정신에 따라 예수 그리스도를 머리로 하고 성서를 진리의 규범으로 한 교회다. 고대교회에서 고백된 아타나시우스 신조, 사도 신조, 니케아 신조를 진정한 신앙선언으로 고수한다. 그리고 종교개혁의 유산인 아우그스부르크 신앙고백(1530)과 소교리문답서(1529)를 교회 신앙의 참증거로 받고, 이 밖에 아우그스부르크 신앙고백의 변증서(1531), 슈말칼드 신조(1537), 대교리문답서(1529) 그리고 콘코드의 신앙고백(1577)들을 보조자료로 택한다. 1580년 위의 신앙고백의 종합이라고 할 수 있는 『콘코드집』(Book of Concord)에서 루터교의 신앙고백서가 정리된 것이다. 이러한 신앙고백들은 성서에 뿌리를 두고 있는 것으로 모든 세대 사람들과 그의 후손들에게도 전해야 할 귀중한 유산으로 가치를 둔다.

루터교회는 루터의 세 가지 개혁 원리, 즉 '오직 성서'(sola scriptura), '오직 은총'(sola gratia), '오직 신앙'(sola fide)을 체계화했다. 첫째, '오직 성서'는 교리와 생활의 규범이 되는 '형식적 원리'다. 이것은 로마 가톨릭이 성서 이외에 교회전통을 규범으로 삼는 것에 대한 거부다. 또한 성서 해석권을 교회나 교황이 갖는 것이 아니라, "성서 자체가 성서를 해석한다."는 말로 성서 자체의 권위를 강조한다. 성서의 해석은 성서 자체의 문자적으로 되어야 하기 때문에 중세의 알레고리적 해석을 거부된다. 성서는 죄를 깨닫게 하는 율법과 그리스도를 통한 복음으로 구성되었다. 성서의 목적은 그리스도 예수 안에 있는 믿음을 통하여 구원에 이르도록 하는 데 있다.

둘째, '오직 은총'(sola fide)은 칭의(justification) 사상과 연결된다. 루터교회는 '이신칭의'(justification by faith)를 기독교의 기본적인 진리이며, 실질적인 원리라고 부른다. 이 원리의 중심은 '오직 은총'에 있다. 인간에게는 외적인 의와 내적인 의가 있는데, 시민적인 외적 의는 인간의 행위로 획득될 수 있지만, 내적인 의는 마음의 순결과 완전을 주시는 하느님의 '오직 은총'에서 오는 것이다. 그 은총이 그리스도의 죽음에서 실행된 것이다. 여기서 인간의 공적이나 행위는 전적으로 배제된다.

셋째, '오직 신앙'은 인간이 '칭의'를 자기 것으로 만드는 것을 의미한다. 죄 없는 그리스도가 인간의 죄를 위해 대신 죽으심으로써 인간을 의롭다고 선언한 것을 자신의 것으로 믿는 '오직 신앙'을 통해서 의롭게 된다. 칭의는 인간의 성취에 의해서 이루어지는 것이 아니라 칭의를 선언하시는 하느님의 선언을 믿음으로 받아들임으로써 이루어지는 것이다. 따라서 여기서 믿음은 복음의 내용에 대한 지식이 아니라 하느님의 선물이다.

인간의 자유의지에 관한 루터교의 교리는 칭의 사상에 근거하여 이해되고 있다. 시민적 영역에서 인간의 자유의지는 인정된다. 사제와 평신도의 높은 담을 헌 만인제사장론과 소명론은 책임 사회인으로서의 인간 관계를 중요시하고 있는 것이다. 그러나 구원에 관한 영적 영역에서 인간의 의지는 철저히 예속되었다고 본다. 오직 하느님의 은총에만 의존할 수밖에 없는 무력함이 인간의 영적 상태다. 루터에 의하면 그리스도인은 "의인인 동시에 죄인이다."(simul justus et peccator) 칭의를 얻은 후에 의인의 상태로 변하는 것이 아니라 언제나 하느님 앞에 죄인으로 머무를 수밖에 없고 오직 하느님의 은혜로 의롭다고 인정받는 의인이 된다. 여기서 루터교회는 성화라는 개념을 사용하기를 거부한다. 인간의 구원은 오직 하느님의 자유로운 은혜의 의지에 달려 있다. 루터교는 자연예정을 인정한다. 그러나 멸망할 사람까지 예정에 대해서는 하느님의 보편적 사랑에 위배되는 것이기 때문에 하느님의 예정이 아니라 인간 자신의 죄 때문이라고 한다. 그러나 하느님의 예정을 신비로 남겨 두고자 한다.

　　루터교의 특징은 성례전에서도 드러난다. 루터는 로마 가톨릭 교회의 일곱 가지 성례(sacraments)를 거부하고 세례와 성만찬 두 가지만을 성례전으로 하고 있다. 세례는 구원을 위하여 필요하며, 세례를 통하여 하느님의 은총이 인간에게 주어지는 것으로 가르친다. 이와 같이 은총은 인간의 신앙 이전에 주어지는 것이기에 유아세례를 인정했다. 마찬가지로 성만찬에도 그리스도의 살과 피가 참으로 임재하여 성만찬을 받는 사람들에게 분배된다고 믿는다. 다시 말해서 먼저 성례를 통해 주시는 하느님의 은총의 방식을 존중한 것이다. 루터교회는 그리스도의 영과 육, 신성과 인성의 통일성을 강조하는 소위 '속성의 교류'(communicatio idiomatum)를 근거로 하는 그리스도론을 발전시키며, 그리스도의 살과 피가 실제적으로 육적으로 임재한다는 주장을 보존하고 있다.

　　루터의 종교개혁 가운데 '만인제사장론'(priesthood of believers)과 '그리도인의 자유'는 중세 농민들에게는 새로운 환영할 만한 교리였다. 독일 사회에서 불만 계층으로는 기사 계급(knights), 노동자들(the working people), 농민들(the peasants)이었다. 여기서 농민들은 노동하는 짐승과 같았고 중과세에 짓눌려 있었으며 혁명을 요구할 수밖에 없는 상황이었다. 그러나 농민의 권리를 요구하는 12개 조항(the twelve articles of the peasants in Swabia)에 루터는 서명을 거부했다. 그의 국가관은 로마서 13장에 기초하여 국가권력(세속권력)은 하느님이 제정하신 신적 기관이라는 것이었다. 그래서 국가권력에 대한 항거는 곧 하느님의 권위에 항거하는 것이라고 하였다. 말하자면 정치는 세속정치를 수용하고, 종교는 항거한 셈이 된 것이다. 이것이 그의 두 왕국설이다. 루터는 하느님이 주신 세속 통치권을 박탈하려는 농민들이나 농민들을 수탈하고 착취하는 관료들 모두가 강도라고 하였다. 루터는 평화를 권고했으나 세속적인 약탈과 파괴를 자행하자 돌변하여 "강도와 살인을 일삼는 농민에 반대하여"(Against the robbing and murdering hordes of peasants, 1525)라는 글을 발표했다. 루터의 개혁 운동은 대중적 지지 기반의 많은 부분을 상실했다. 루터에게 실망한 다수의 농민들은 재세례파로 넘어갔고 일부는 다시 가톨릭으로 복귀하기도 하였다. 농민 전쟁의 영향으로 루터의 교회관은 국민교회(Volkskirche)로 변화되었다.

가톨릭 교회에 항거한 루터교의 특징을 정리해 보자. 첫째, 면죄부 판매에 대한 도전이다. 인간의 죄는 교회나 교황이 사할 수 없다. 죄사함은 죽음으로 우리의 죄를 속하신 그리스도를 믿음으로 이루어진 것이며, 우리에게 그것은 은혜가 된다. 인간은 자신의 힘이나 업적으로 의롭게 될 수 없고 오직 하느님의 은총으로 구원을 얻는다. 둘째, 교회와 교황의 권위를 세우는 일곱 가지 성례를 거부하고 세례와 성만찬만을 성례전으로 한다. 그것이 성서적이기 때문이다. 셋째, 가톨릭의 화체설을 거부한다. 떡과 포도주는 살과 피로 변하는 것이 아니라 거기에 임재한다. 넷째, 성례전은 믿음을 일깨우기 위해 제정된 것이다. 다섯째, 성자숭배에 대하여 반대한다. 성서는 우리 앞에 중보자, 화해자, 대제사장과 중재자로서 그리스도 한 분만을 두며, 인간을 성자로 칭하여 성자에 기도를 드리거나 도움을 구하는 것을 배격한다. 여섯째, 사제의 결혼을 반대할 이유가 없다.

끝으로 한국 루터교회 선교는 1959년 "루터란아워"의 첫 프로그램인 "이것이 인생이다"가 기독교 방송망을 통해 시작되었다. 루터는 형식적 미사, 성채, 성직자와 수도자의 독신생활을 반대했다. 종교개혁자들은 성서의 권위(sola scriptura)를 교황이나 교회의 공회의의 권위보다 더 크게 보았고, 은혜와 신앙의 강조(sola gratia, sola fide)로서 제도적 교회의 가르침보다 각자의 내면적인 영적 중생과 각자가 성서를 읽고 진리를 깨닫고 하느님에게 나아가는 자주적 종교(personal religion)를 강조하였다. 제사장적인 성직 계급이나 교회라는 기구가 신자와 하느님 사이에 개재할 필요가 없고, 다만 성령과 말씀만이 신자의 구원을 위하여 직접적으로 역사하는 것으로 종교개혁자들은 가르쳤다. 그리스도와 신자 각자와의 신령한 연합과 성화를 구원의 성취로 해석한 것이다.

2) 장로교회

　　장로교회(Presbyterian Church)는 개혁파 츠빙글리와 칼뱅의 신학전통에서 이루어진 교파다. 루터(Luther)의 개혁 운동은 개혁파 츠빙글리(Zwingli)와 칼뱅(Calvin)에게서 더욱 가시화되었다. 1523년 취리히에서 츠빙글리(1484-1531)와 제네바에서 칼뱅(1509-1564)이 루터보다 훨씬 더 강도 있게 개혁의 물결을 일으키고 있었을 때 종교개혁의 전통은 현실화해 가고 있었다. 츠빙글리는 신은 오직 성서를 통해서 말씀하시기 때문에 신의 대변인으로 이해된 교황제도나 교회를 비판했다. 더욱이 츠빙글리가 이끄는 취리히의 행정관들은 교회를 정화하기 위한 일환으로 로마 가톨릭 교회를 고아원이나 빈민구제소로 바꾸기 시작하였다. 그의 화체설 비판은 루터보다 더 예리했다. 하지만 그는 1531년 그의 개혁에 반대하는 가톨릭 세력과 싸우다가 전사하고 말았다. 츠빙글리의 뒤를 이어 종교개혁을 성공시킨 인물은 프랑스의 개혁자 칼뱅이었다.

　　칼뱅(J. Calvin, 1509-1564)은 스위스 바젤에서 츠빙글리 사상을 연구하던 중 1536년 그의 나이 27세에 그 유명한 『기독교강요』(*Institutio Religionis Christiane*)를 출판하여 기독교 신앙의 단순성과 투명성을 가르치고 교육하는 일에 매진한다. 그가 종교개혁에 적극적으로 가담하게 된 것은 제네바에서 개혁자 파렐(Farel)을 만나면서부터 시작되어 1541년부터 4년간 제네바에서 신정정치를 실시하면서 본격화되었다. 그는 하느님의 주권을 강조함과 동시에 윤리강령으로 축제와 오락적인 모임을 금지하고 극장도 폐쇄하는 등 시민들에게 매우 엄격한 금욕생활을 강요했다. 그는 기쁨을 누리는 춤, 카드놀이, 잔치 등을 금지시켰으며, 심지어 찬송가 외의 음악은 물론 예배시 웃는 것도 죄로 여겼다. 그는 성수주일을 철저하게 지키도록 강조했다.

　　칼뱅의 개혁 사상은 유럽 각지에서 지지자들이 몰려 칼뱅주의로 자리를 잡았다. 프랑스의 위그노파, 네델란드의 고이센파, 스코틀란드의 장로파, 영국의 퓨리탄 등은 모두 칼뱅주의에 속한다. 칼뱅은 하느님의 말씀이 올바르게 전해지고 성례가 올바르게 행해지는 '그리스도인의 모임'이 곧 교회라고 하였다. 또한 그는 교황제도를 거부하고 신도들의 투표로 결정하는 장로회 제도를 주장하였으며, '오직 성서'(sola scriptura)에 근거하여 로마 가톨릭 교회적인 잔재를 더욱 철저하게 개혁했다.

칼뱅이 죽은 지 50년이 지난 후 칼뱅의 후계자들은 아르미니우스주의(Arminianism)를 막기 위해 필요성을 느껴 1618년-1619년 사이에 네덜란드 도르트에서 대회를 가져 신앙성명서를 발표함으로써 칼뱅주의(Calvinism)는 정식으로 표면화되었다. 칼뱅주의의 다음과 같은 5대 강령은 다음과 같다.

첫째, 인간의 전적 타락이다.(Total Depravity, 롬 7:18-20) 둘째, 무조건적 선택이다.(Unconditional Election, 엡 1:3-6) 셋째, 제한적 구속(Limited Atonement, 사 43:1-3, 롬 8:35-36, 히 12:6-10, 계 2:23) 넷째, 불가항력적 은혜이다.(Irresistible Grace, 요 6:37, 44, 10:16, 롬 8:29-30) 다섯째, 성도의 인내다.(Perseverance of the saints, 행 13:48, 마 24:13, 계 19:4)

누구든지 칼뱅주의의 5대 강령(TULIP)을 받아들일 때, 영생을 얻는다고 가르친다. 아담(Adam)의 타락은 전 인류에게 죄를 가져다주었고, 그것에 대한 해방은 창세 전에 그리스도 안에서 예수 그리스도의 피를 믿는 자들에게만 있다고 하였다. 칼뱅주의 사상에 기초를 둔 '장로교'는 하느님의 주권, 하느님께 영광(soli Deo gloria), 하느님의 섭리, 하느님의 예정 사상 속에서 그리스도인의 근면함을 강조했다.

칼뱅주의는 스코틀랜드에서 더욱 번성하여 장로교의 특징을 이루어 나갔다. 존 녹스(J. Knox, 1514?-1572)는 1560년 스코틀랜드 총회에서 장로교를 창립하였고, 그것은 이어서 스코틀랜드의 국가교회로 자리를 잡는다. 이 개혁의 물결은 네덜란드의 종교개혁에서 독립 전쟁을 야기시켰으며, 영국, 미국, 프랑스, 보헤미아, 오스트리아, 폴란드,

북독일 등에 계속 이어졌다. 영국의 토마스 크랜머(1489-1556) 캔터베리의 대주교는 영국의 종교개혁에 가장 영향력 있는 인물이 되었다. 1580년대 말 영국에서 청교도 운동이 시작되었을 때 비록 회중 교도들은 그의 정치 행태를 거부하는 결과가 되기는 하였으나 칼뱅주의 신앙은 고수하였다. 뉴욕에는 네덜란드 사람들이 그들이 오늘날의 미국 개혁교회를 설립했으며, 후에 스코틀랜드와 스코트아일랜드 후예들의 이민들이 강력한 장로교를 설립하였다. 여하튼 스위스의 츠빙글리와 칼뱅의 개혁 운동은 개혁파로 발전해서 후일 스코틀랜드에서 장로교로 명명되었다. 특히 미국의 자본주의 형성에서 칼뱅주의자들과 청교도들이 절대적인 영향을 주었다고 막스 베버(Max Weber)는 주장한다.

칼뱅의 개혁정신을 이어온 자들을 칼뱅주의자 혹은 개혁주의자라고 부르기도 하는데, 그것은 칼뱅이 성서적 가르침을 해설하고 이 신학을 체계화하였다는 점에서 하는 말이다. 비록 츠빙글리가 칼뱅보다 한 세대 앞선 인물이었으나, 칼뱅이 이 신학을 보다 선명히 해설하고 체계화하였기 때문에 칼뱅주의라고 불리게 된 것이다. 개혁주의는 성서중심주의라고 할 수 있을 만큼 오직 성서에 기초하여, 신관, 우주관, 신앙관 그리고 하느님에 대한 인간의 관계를 규명한다. 이런 점에서 장로교는 "성서가 성서를 해석한다."(scripturae scriptura interpretum)는 성서 해석 방법을 중요시한다. 가령, 루터가 교회 개혁의 근거를 성서에서 찾고, 재세례파(anabaptist)인 콘라드 그레벨(Conrad Grebell)이나 펠릭스 만츠(Felix Manz)도 성서만이 최고의 권위를 가지고 있기에 성서에 따라 교회를 개혁해야 한다고 하지만 둘 다 성서 해석에서는 주관적이다. 그러나 개혁주의 신학은 성서를 주관적으로 해석하지 않고 신학적인 전통에 따른다는 점이 다른 점이다. 개혁신학은 신앙고백이나 신학적 전통을 성서와 같이 절대화하지 않으나 그 중요성이 강조되고 있는 것을 특징으로 하고 있다.

그러면 장로교의 개혁신학과 신학적인 전통은 무엇인가? 신학적으로 장로교는 칼뱅의 『기독교강요』에서 제시하고 있는 견해를 기초로 한다. 이것을 기초로 하여 독일의 개혁주의자들은 그들의 신앙과 생활이 루터파(Lutheran)와 다르다는 것을 나타내기 위하여 '하이델베르크 요리문답'(1563)을 작성했다. 네덜란드의 개혁자들은 그들의 신앙이 아르미니우스주의(감리교, 성결교, 로마 가톨릭 교회)와 다름을 '도르트 신조'(1619)를 통하여 표현하였다. 그 외에도 '벨기에 신앙고백서'(1561), '웨스터민스트 신앙고백'(1643) 등의 교리를 고수하는 그런 고백적 교회가 장로교다. 칼뱅의 『기독교강요』와 위의 고백들이 보여주는 기본적인 신학 사상들은 '하느님의 주권'이다. 그리스도인의 삶의 궁극적 목표가 하느님께 영광(soli Deo gloria) 돌리는 삶이라고 할 수 있다. 즉, 하느님 중심(God-centered)의 신학은 인간이 중심일 수 없다는 것을 의미한다. 하느님은 자연과 인간과 우주의 통치자이시며, 구원은 전적으로 하느님의 주권에 있음을 강조한다. 그 다음에 숙지할 것은 인간의 죄성과 역사 속에서 그리스도의 주 되심 그리고 구주 되심의 고백이다.

한국 장로교는 1875년 스코틀랜드 연합장로교 선교사 로스(J. Ross)와 매킨타이어(J. McIntyre) 선교사들을 중심으로 국외에서 이응찬, 백홍준, 서상륜, 김준기 등과 더불어 성서 번역이 시작되었고, 그 번역된 성서를 국내로 잠입하여 한국 장로교의 초석이 된 이래 1884년 미국 북장로회 의사 알렌(H. N. Allen), 1885년 부활절에 언더우드(H. D. Underwood), 1892년 미국 남상로교, 1889년 오스트레일리아 장로교 선교사 데이브스(J. H. Davis), 1889년 캐나다 선교사 매캔지(W. J. Mckenzie) 등에 의하여 장로교 선교가 본격화되었다. 선교사들의 활동으로 말미암아 1907년에는 대부흥의 불길이 일어나 한국 장로교는 독립적으로 대한예수교장로회가 설립되어 빠른 성장을 할 수 있었다. 그러나 일제 탄압과 더불어 한국 장로교는 신사참배 문제로 1951년 고려파가 생겼고, 해방 후 신학과 신학 노선의 갈등, 지방색 교권 등이 겹쳐 분열 현상은 가속화되었다. 고신파, 기장파, 예장 통합파, 예장 합동파 등 수없이 분열을 일으켜 지금은 장로교만 해도 150개의 교단이 되어 버렸다.

3) 성공회

성공회(The Anglican Church)는 로마 가톨릭 교회에서 개혁한 개신교다. 영국에 기독교가 전파된 것은 1세기 중엽으로 추정된다. 로마 가톨릭 교회가 영국을 종교와 정치적으로 지배하기 시작한 것은 596년 교황 그레고리우스 1세(540-604)가 아우구스티누스와 수도사 40명을 영국에 파견한 이후부터였다. 로마 가톨릭 교회는 정치적으로 영국을 지배하였으며 교회 법정에서는 국가의 사법권을 대행하였다. 영국에서 종교개혁은 로마 가톨릭교도인 영국의 국왕 헨리 8세(1491-1547)가 형 헨리 7세의 아내 캐서린 왕비와의 결혼을 거절했을 때 이미 시작되었다. 가톨릭 교회가 영국 왕의 재혼을 금한 것이다. 그러나 헨리 8세가 왕비 캐서린과 사이에 아들이 없어 이혼하고 궁녀 앤블린과 결혼하게 되자 교황으로부터 파문 선고를 받게 된다. 그러자 헨리 8세는 1534년 수장령을 발표하여 로마 가톨릭 교회로부터 독립하여 영국 교회를 세웠던 것이 바로 성공회의 출발이다. 그는 로마 가톨릭 교회에서 이탈하면서 가톨릭 수도원을 폐쇄하고 국가로 재산을 환수했으며, 가톨릭 교회의 성상을 부수고 그 교회를 마구간으로 바꾸는 등 일련의 가톨릭 탄압정책을 썼다.

수장령을 발표하고 로마 가톨릭 교회와 분립한 지 약 2년이 지난 1536년 7월 성직자 회의를 통해 교황권을 거부하고(1536) 국왕이 교회의 최고 통치자가 된 10개 조항(Ten Articles)을 발표하였다. 거기에는 성례전을 세례, 성찬, 고해성사만을 언급하고 있다. 성찬관에서는 공재설과 화체설 어느 쪽으로도 해석이 가능한 모호한 입장을 취했다. 그리고 교회 내부에 있었던 미신적 관습의 남용에 대한 경고는 있지만 성상이나 성골숭배는 폐지하지 않았다. 1539년 6개 조항(Act of Six Articles)에서는 화체설을 지지한 성찬에는 떡만을 제공해야 한다고 주장하고 성직자의 독신생활, 개인미사, 고해성사 등을 강조하였다. 교황의 우위성만을 제외하고는 모두 가톨릭적이었다. 그러나 1547년에 에드워드 6세(1547-1553)에 의해서 신개신교 개혁이 시작되면서 위의 6

개 조항이 폐지되고 보다 개혁적이 되었다. 첫째, 떡과 잔이 허락되고, 성찬에서 남은 것들에 대한 숭배가 거절되며, 둘째, 미사가 폐지되었으며, 셋째, 성직자의 결혼이 인정되고, 넷째, 성찬 조례(Order of Communion)를 발표하여 라틴어로 진행된 미사에 영어를 가미했고, 다섯째, 성상, 성골숭배, 면죄부, 연옥은 하느님의 말씀에 위배되는 것으로 보았으며, 여섯째, 영국교회에 대한 교황의 재판권을 거부하고, 일곱째, 성찬론에서는 영적 임재설과 실재 임재설을 함께 포함시켰으며, 유아세례를 인정하고, 세례와 성만찬을 성례로 정했다.

개혁은 헨리 8세의 아들 에드워드 6세(1533-1553) 때 일대 혁신을 보았다. 그 당시 개혁의 주자인 대주교 크랜머는 1549년 무엇보다도 회중 전체가 이해할 수 있는 성서적 요소를 회복시킨 공동기도서(The Book of Common Prayer)를 만들었다. 그 후 그의 누이 메리(1553-1558)가 왕위에 오르자 이와 반대로 극단의 로마 가톨릭 교회로 기울어졌다. 그녀는 영어 예배를 중지시키고 '거룩한 언어'인 라틴어 미사를 부활시켰으며, 결혼한 성직자들에게 성직과 처자 중 하나를 택하라고 명령하는 등 영국은 교황에 대한 충성을 다시 서약했다. 그러나 그 뒤를 이은 여왕 엘리자베스 1세(1558-1603)가 즉위하자 상황은 다시 반가톨릭 교회로 돌아서면서 개혁의 정착기를 맞이한다. 교황은 영국 왕을 굴복시키기 위해 1558년 전쟁을 감행했으나, 왕은 쳐들어온 스페인 무적함대를 무찔러 구교가 영국을 더 이상 간섭하지 못하도록 하였다. 1570년 교황 비오 5세는 영국 왕을 굴복시키기 위해 파면을 선고하지만, 오히려 왕은 "100번 파면해 봐라!"고 항거하여 더욱더 반가톨릭적으로 향했다.

25세 처녀로 왕이 된 엘리자베스 1세는 교회와 국가를 위한 중도의 길(via media)을 통해 평화와 안정을 추구하고 가톨릭과 개신교 양측으로 어느 정도 지지를 획득고자 노력했다. 이것은 영국 교회의 나아갈 방향이기도 했다. 녹스(John Knox)는 엘리자베스를 가리켜 "훌륭한 개신교도도 아니고, 확실한 교황주의자도 아니라고 하였다." 엘리자베스는 가톨릭을 지지하지 않았다는 점에서 개신교적이었다. 그녀는 영국 교회 예배에서 개신교도들을 기꺼이 수용하면서도 영국 왕은 영국 교회의 최고 통치자(Supreme Governor)였다.

영국 교회는 로마 가톨릭 교회적 잔재를 그대로 가지고 있었기 때문에 청교도들은 바벨론의 창녀 냄새를 풍기는 모든 성직 계급까지 폐기하기를 원했다. 그 후 성공회는 가톨릭과의 대결은 물론 성공회 이외의 교파들까지 탄압하여 청교도 등 다른 교파의 신도들도 신앙의 자유를 찾아 신대륙으로 이주하기 시작한 것이다. 이제 1559년 로마 가톨릭적이면서도 개신교를 포용하는 기도서가 제정되고, 1563년 중용 노선을 추구하는 39개 신조를 발표하여 가톨릭적이며 개혁적인 성공회의 전통을 형성하게 되었다. 성공회란 사도신경의 "거룩하고, 보편적인 교회"라는 구절을 한자화한 것이다. 헨리 8세는 성공회가 보편적인 교회(the universal church)의 지역적 표현이라고 여긴 것이다. 이러한 개혁은 역사적으로 16세기 종교개혁의 산물이며, 지역적으로는 영국에서 비롯된 개신교가 된 것이다. 지금의 엘리자베스 2세는 영국 국왕이며 성공회의 최고 지도자로 모든 성직자를 임명할 권리를 가지고 있다.

성공회의 신학적 원리는 다른 종교개혁과 마찬가지로 성서를 강조한다. 성공회는 구약과 신약 66권을 구원에 필요한 모든 것을 담고 있는 하느님의 계시된 말씀이라고 본다. 그러나 성서 외에도 외경 14권을 준(準) 정경으로 삼아 생활의 모범과 도덕의 교훈으로 삼고 있다. 성서의 번역은 1535년 커버데일(1488-1596)에 의해 영어로 번역된 커버데일판(Coverdale Version)이 출판되었고, 1537년에는 『매튜 성서』(Matthew's Bible)가 출간되었다. 성공회의 특징은 성서를 해석하는 데 '이성'은 매우 중요한 가치를 두고 있다.

'오직 성서로만'(sola scriptura)의 종교개혁의 원리는 역사적 발전을 간과하여 환상적인 원리적 신앙만을 추구하기 쉽다는 것을 지적한다. 그렇기 때문에 이성의 개입은 불가피하다고 본다. 그것은 성서에 담긴 계시의 특수성, 즉 특정한 역사와 조건을 따져 보아야 하기 때문이다. 여기서 '이성'은 해석자의 자의를 말하는 것이 아니라 하느님께서 인간에게 주신 선물이며 교회공동체가 함께 공유하고 판단하는 이성(cosmic and cooperate reason)이다. 따라서 이성은 전통보다 앞선다. 전통은 이성을 통해서 형성되기 때문이다. 이성의 역할은 합일이 이루어지는 원칙을 제공한다. 이러한 이성의 강조는 성서와 이성과 전통의 긴장 관계에서 극단적인 주장과 오류를 피하는 '중용'의 정신을 구현해 왔고 바로 이것은 기독교의 분열을 회복하고 일치를 추구하는 이성적 방법이기도 하였다.

성공회의 출발은 영국에서 시작되었지만 전 세계 160여 개국에 37개의 독립적이고 자치적인 지역 관구교회로 이루어져 있다. 캔터베리 대주교는 세계 성공회의 일치의 한 상징일 뿐 치리 권한을 갖지 않으며, 각 나라의 성공회는 동등한 자치적인 권한을 갖는다. 전 세계에 확대된 성공회 교회들은 세계 성공회의 당면한 문제를 협의하기 위해 '람베스 회의'(the Lambeth Conference)를 약 10년마다 모이는 협의체를 구성했다. 이 람베스 회의에서 세계 성공회는 교회일치를 위한 소명 속에서 교제(fellowship), 상호 친교(intercommunion), 상호 책임(mutual responsibility)이라는 개념을 발전시켜 왔다. 세계 성공회는 전 세계 기독교의 일치를 위한 신앙적 기준, 즉 '람베스 시카고 4개 조항'(the Lambeth-Chicago Quadrilateral, 1888)을 다음과 같은 내용으로 내놓았다. 첫째, 구약과 신약 66권은 구원에 필요한 모든 것을 담고 있는 하느님의 계시된 말씀이다. 둘째, 초대교회의 신앙고백인 사도신경과 니케아 신경은 그리스도 신앙을 드러내기에 충분한 선언이다. 셋째, 세례와 성찬례는 그리스도께서 친히 제정하신 두 가지 성사다. 넷째, 역사적 주교직은 교회의 일치를 위한 적절한 치리 방법이며 그 형태는 다양할 수 있다.

16세기 종교개혁 중, 루터파(Lutherans), 츠빙글리파(Zwinglians), 칼뱅파(Calvinists)와 영국에서 일어난 성공회(Anglicans)는 온건한 개혁 운동으로서 행정적 관료적 개혁이라고 말할 수 있다. 이들은 콘스탄티누스 황제 이후 형성되어 온 소위 국가교회(state church), 곧 제도화된 교회(established church) 안에서 보호를 배제하지 않는다는 점에서 행정적(magisterial)이라는 형용사로 성격을 규정하였다. 이러한 개혁과는 다른 방향에서 또 하나의 개혁 운동이 있었는데, 16세기에 일어난 재세례파(Anabaptists) 운동을 비롯한 급진적 개혁(Radical Reformation)이 그것이다. 그 외에도 신령파(Spiritualists), 복음주의적 합리론자들(Evangelical Rationalists)이 있다.

이 급진주의자들은 오랜 국교회의 전통을 거부하고 콘스탄티누스 대제 이전의 교회로 복귀와 더불어 철저하고도 급진적(radical) 개혁을 주장하였다. 특히 스위스 형제단, 남부 독일의 재세례파, 모라비아의 공동체, 집총과 병력의무 기피자들로 평화주의자로 알려진 네덜란드와 북부 독일의 메노나이트(Mennonite) 등은 신약성서와 원시교회로 돌아가자는 것이 그들의 슬로건이었다. 이들은 유아세례를 인정치 않고 '어른세례'(believers' baptism)만을 인정했다. 왜냐하면 유아세례를 받으면 자동적으로 국교회에 속하기 때문에, 유아세례를 거부하므로 국교회제도와 구별하고자 한 것이다. 이들에게서 교회는 세상에 있지만 '세상 나라'(the kingdom of this world)에 속할 수 없고 거룩해야 된다고 하였다.

그리스도인은 이 세상의 시민이 아닌 하늘의 시민이다. 이것은 루터가 그리스도인은 세상의 시민이요, 동시에 하늘의 시민으로 여긴 두 왕국설과는 다른 것이었다. 루터를 비롯한 개혁자들의 개혁이 고전적 개혁(Classical Reformation)이었다면, 재세례파 등의 개혁은 급진적 개혁(Radical Reformation)이었다. 다른 말로 표현하면 루터는 종교개혁(Reformation)을 했다면, 칼뱅과 츠빙글리 등은 개혁교회(Reformed Church)를 형성하였고, 재세례파들은 원시교회로 돌아간다는 의미에서 소위 '복구된 교회'(Restored Church)를 형성하고자 한 것이다. 그러나 재세례파들은 종교개혁의 서자 혹은 좌경적으로 되었을 뿐이다.

재세례파가 본 제도교회의 타락을 다음과 같이 지적한다. 첫째, 교회의 타락은 국가와 타협 또는 야합하여 교회의 독립성을 누리지 못한 국가교회제도에 기인하고 있는 점이다. 이들 중 루터, 츠빙글리, 칼뱅은 비록 교회와 국가 간의 분리를 주장한다고 하더라도 그것은 개념상의 분리이지 실질적 분리라고 할 수 없기 때문에 그들은 여전히 중세적이며 로마 가톨릭 교회와 연속성을 가지고 있다고 보았다. 그들은 교회의 타락을 국가교회가 된 4세기 콘스탄티누스 대제 시대부터 시작된 것으로 보고 있다.

둘째, 제도교회의 타락은 그리스도의 이름으로 수행된 전쟁을 합리화한 점이다. 십자군 전쟁이 그 예가 될 수 있다. 이들은 전쟁을 반대하고 무저항과 절대 평화를 외치는 평화주의자들(Pacifist)로서 전쟁을 반대하는 것은 당연하였다. 셋째, 삶과 예배에서 제도교회는 형식주의(Dead Formalism)였다. 내적 진실성보다는 의식, 외적 웅장함 등 제도화된 교권제도가 교회의 형식화를 가중시켰다고 본 것이다.

오늘날 성공회는 구교나 신교 어느 곳으로도 치우치지 않고 신구교의 다리 역할을 하고자 한다. 이러한 입장은 영국에서 친(親) 로마 가톨릭 교회와 반(反) 성공회 측인 청교도의 양극단에서 단순한 협상의 의미가 아닌 초기 교회의 4가지 지표인 "하나의 교회, 거룩한 교회, 보편적 교회, 사도로부터 계승되어 오는 교회"에 입각한 화해와 일치와 연합을 모색하고 있는 에큐메니컬 교회로 성장 발전하고 있다. 그 외에도 학문에 대한 존중, 복음의 토착화 시도를 하고 있으며, 신앙생활로서는 동서교회로 분리되기 이전에 공의회가 결정한 모든 교리를 그대로 지키고, 성서와 7성사를 신앙생활의 중심으로 삼으며, 극단적인 개신교와 가톨릭 사이의 중도를 걷고 있다. 성직에는 주교(bishop), 사제(priest), 부제(deacon)가 있으며, 행정구역으로는 관구, 교구, 전도구 그리고 개체교회가 있다. 관구는 4개 이상의 교구로 이루어지며, 교구는 많은 전도구로 이루어져 있고, 전도구에는 하나 또는 여러 개의 개체교회가 속하여 있다.

한국의 성공회는 중국 푸초에서 선교 활동을 하던 영국 성공회 선교사 월프(A. F. R. Wolf) 부주교가 1884년에 내한했다가 다시 중국으로 돌아가 한국 선교의 필요성을 호주에 호소한 후 1887년 호주에서 온 선교사 헨리 데이비스(Henry Davis) 신부에 의해서 비롯되었다. 그러나 캔터베리 대주교로부터 한국 교구장 주교로 정식으로 파송된 것은 1890년 내한한 찰스 존 코프(Charles John Corfe, 1843-1921) 신부다. 한국에서 성공회는 현재 150여 개의 개교회에 약 6만 명의 신도가 있다. 한국기독교교회협의회(KNCC) 회원 교단으로 에큐메니컬 운동에 적극적으로 참여하고 있다. 성공회의 에큐메니컬 운동은 로마 가톨릭 교회, 정교회, 루터교 등과 일치를 위해 노력하는 것은 물론 타종교와의 대화운동도 추진하고 있다. 그 외에도 가난하고 소외된 이웃을 위한 푸드뱅크사업, 노숙자를 위한 사업, 나눔의 집 활동 사업, 사회복지관 사업 등을 운행해 오고 있으며, 반전, 평화, 한반도 통일 운동에 대해서도 적극적이다. 한국의 성공회는 현재 서울, 부산, 대전 교구로 나누어져 있다.

4) 침례교회

침례교회(Baptist Church)는 1609년 네덜란드의 암스테르담에서 영국 교회에서 분리해 나온 36명을 중심으로 존 스미스(John Smyth)가 집회를 인도하면서부터 시작된다. 스미스는 처음에 영국의 사제로 출발해서 그곳에서 분리되어 청교도를 거쳐 독립파 교회를 세웠고, 마침내는 이들 36명과 함께 침례교도가 되었다. 이들은 다시 영국으로 들어가 비국교도들간에 큰 영향을 미치게 되어 많은 탄압 속에서도 계속 성장하여 아일랜드, 오스트레일리아, 뉴질랜드, 캐나다, 미국 등으로 여세를 몰아갔다. 미국 최초의 침례교회는 1639년 영국에서 이주해 간 윌리엄스(R. Williams)에 의해 설립되었고, 그 후 뉴잉글랜드 침례교, 중부 침례교, 남침례교 등이 생겼다. 침례교는 미국 남부 흑인들과 국경 주변에 급속도로 확산되면서 미국에서 가장 큰 교세를 이루며 성장하고 있다. 침례교도 가운데는 주로 아르미니우스주의 침례교와 칼뱅주의 침례교가 있고, 그 외에도 프랑스 침례교, 독일 침례교, 스칸디나비아 침례교 등이 있다.

물 속에 몸을 잠그는 침례의식은 독립적으로 판단이 가능한 나이에 도달하기 전에는 행하지 않으므로 6, 7세가 되기 전의 어린이들은 포함되지 않았다. 이들은 자각적인 신앙고백에 기초하여 침례에 의한 세례를 행하므로 여기에서 침례파, 또는 침례교라는 이름이 주어졌다. 이들의 역사적 기원은 세례(침례) 요한에게로 거슬러 올라간다. 침례교의 이상을 보면, 교회의 창설자는 그리스도이고, 교회의 생활과 표준은 성서이며, 교회의 의식은 침례와 주의 만찬으로서 상징적인 기념이지 구원의 조건이 아니다. 교회의 직분은 목사와 집사로서 이들은 교회를 섬기는 자들이다. 교회의 회원은 물에 잠기는 침례와 산 떡과 생명수로부터의 영적 양성의 의미를 가지는 살과 피를 기념하기 위해서 주의 만찬을 뜻 깊게 받아들이면서 예수 그리스도를 주와 구세주로 믿는 자들이다.

침례는 십자가에 달리어 죽으시고, 장사되시고, 부활하신 구세주를 믿으며, 죄에 대하여 죽고, 이전의 삶을 장사 지내며, 예수 그리스도 안에서 새로운 삶으로 부활함을 상징하는 순종의 행위다. 침례는 죽은 자의 마지막 부활을 믿고 있다는 하나의 간증이다. 침례는 하나의 규례이므로, 교회의 회원이 되는 것과 만찬에 참여하는 특권을 위한 하나의 필수 조건이다. 주의 만찬은 상징적인 주의 행위로서, 교회 회원들은 떡을 먹고 포도즙을 마시면서 구속주의 죽으심을 기념하여, 그의 재림을 고대한다. 그리고 주일은 그리스도의 부활을 기념하는 날로 불가피한 일과 자비를 행하는 일 외에는 세속적인 일을 쉬면서 예배와 영적 경건을 드리는 일에 바쳐야 한다. 하느님의 모든 자녀는 개인적인 노력이나 그리스도의 복음과 조화되는 모든 방법을 통하여 잃어버린 자들을 그리스도께 끊임없이 인도할 책임이 있다.

침례교의 기본적 원리는 다음과 같다. 첫째, 세례의식에서 침례로 하는데 유아세례를 거부한다. 둘째, 예배 시간에 사도신경이나 니케아 신조를 사용하지 않는다. 다시 말하면 이들은 성서 외에 어떤 전통에 대해서도 자유로운 신앙을 갖고자 한다. 신앙의 자유는 절대적이며 만인제사장론에 서 있다. 셋째, 하느님 나라에 들어가는 것은 칭의에 의해서가 아니라 중생에 의해서라고 믿고 있다. 넷째, 대개 침례교는 성서 권위에 대해 강한 입장을 취하며 성서적 삶과 사고의 단순성과 진리를 회복하려는 노력을 하며, 성서의 문자적 해석을 강력히 주장한다. 그들은 성서 자체를 교리로 보고 있으나, 웨스트민스터 고백서를 대개 그대로 받아들인다. 다섯째, 모든 침례교회들은 각자의 교회 정책을 결정할 때 독립적으로 결정한다. 그러나 복음 전도사업을 하는 데 각 교회간에 협동한다. 여섯째, 전통적으로 교회와 국가의 관계는 분리의 입장에 서 있지만, 복음의 메시지를 온 세계에 전하기 위하여서는 역동적인 선교정책을 펴나가고 있다.

우리나라에는 1889년 캐나다 독립 선교사 말콤 펜윅(Malcolm C. Fenwick)에 의해 시작되었다. 그는 철물 상인으로 나이아가라 성서공회(Niagara Bible Conference)에 나가 성서를 공부하던 중 소명을 느끼고 한국에 와서 한국순회선교회(The Korea Itinerant Mission)를 조직하였다. 1906년에는 대한기독교회가 조직되고, 1949년 제39회 총회는 대한기독교침례회로 개명했다. 지금까지 미국 북침례교회에서 선교활동을 하다가 1950년에 미국 남침례교회에서 선교사업이 시작되면서 침례교단이 "대한기독교침례연맹"과 "기독교대한침례회연맹"으로 분리되었다. 그러다가 1968년에 이르러 합동 총회를 열어 "한국침례회"로 하나가 되었다.

5) 감리교회

감리교회(Methodist Church)는 영국 성공회의 사제 존 웨슬리(J. Wesley, 1703-1791)와 그의 동생 찰스 웨슬리(Charles Wesley, 1707-1788)에 의해 시작된 18세기 영국의 복음주의 운동을 말한다. 웨슬리 형제는 옥스퍼드(Oxford)대학 시절 동료들과 신성클럽(the holy club)을 조직하여 성서 연구와 기도생활을 비롯한 경건 운동을 조직적으로 실천하였다. 감리교라는 명칭은 바로 규칙적으로 모이는 이들을 빈정대면서 '규칙주의자들'(methodists)로 부르는 데서 비롯되었다. 1738년 5월 24일 존 웨슬리는 모라비아 선교부에서 성령의 불 체험을 하였다. 그는 "내 가슴이 이상하게 뜨거워짐을 감지할 수 있었다."고 기록하고 있다. 이 성령의 불은 위대한 복음의 폭발이 되어 영국 전역을 휩쓸다가 아일랜드와 미국 식민지와 세계 구석구석으로 확산되어 나갔다.

웨슬리는 그의 전 생애 동안 영국 교회를 떠나지 않았으나 그의 추종자들이 영국과 미국에서 독립된 조직체로 발전시켜 나가 영국 감리교가 미국으로 건너가 미국 감리교로 독자적으로 발전했다. 미국 감리교는 1784년 웨슬리가 파견한 선교사 코크가 세웠다. 감리교 순회목사들(circuit riders)은 미국 미개척 지역의 정착지에서 정착지로 돌며 개척자들을 전도하고, 결혼시키고, 장례를 집행하고, 세례를 베풀었다. 감리교는 놀라울 정도로 빠르게 성장하여 1820년에는 세계에서 가장 큰 교단이 되었다. 1920년까지 그 교세를 유지해 오다가 그 후 교회 제도와 교리 문제로 남북 감리교로 분열되었다가 다시 합동하여 연합감리회를 이루었다. 근래에 와서 미국 감리교는 독일 모라비아 계통을 이어 받은 복음주의 연합 형제 교단(Evangelical United Bretheren Church)과 연합하여 미 연합감리교(the United Methodist Church)가 되었다. 감리교는 1881년 세계감리교협의회(the World Methodist Council)를 런던에 조직하여 오늘에 이르고 있으며 '세계교회협의회'(WCC)와도 적극적인 협력 관계에 있다.

감리교는 존 웨슬리의 신학적 가르침에 따라 그들의 신앙과 관행 형성을 오직 성서에만 둔다는 생각을 고수하고, 그들의 교리와 삶의 중요한 원천으로 전통적 기독교 신앙과 교리의 체험을 수용한다. 이는 복음의 본질을 선포하고 기독교의 정통성을 보존하려는 교회의 노력이기 때문이다. 그래서 고대 교회의 66권의 정경을 그대로 받고, 니케아 신조(325 AD), 콘스탄티노플 신조(381 AD), 칼케돈 신조(451 AD)와 사도신경을 기독교 신앙의 표준으로 받아들인다.

그리고 "오직 믿음으로 의롭다함을 얻는다."는 루터의 주장과 그의 개혁 정신을 체계화한 '아우그스부르크 신앙고백'(1529)과 츠빙글리와 칼뱅이 이끌었던 스위스 개혁교회가 작성한 '하이델베르크 요리문답'(1563) 그리고 성공회가 종교개혁자들의 신학을 중심으로 만든 '42개조 종교강령'(1553)과 '39개조 종교강령'(1562)을 받아들인다.

존 웨슬리는 전통적인 신앙과 교리를 유산으로 받으면서 성공회의 '39개조 종교강령' 가운데 칼뱅의 예정론이 들어간 17조, 칼뱅의 출교 명령을 반영한 33조, 영국 성공회가 세속 권세에 복종할 것을 강조하는 37조 등 모두 14개조를 삭제하고 25개조로 줄여서 '감리회 종교강령'(1784)으로 발표하였다.

25개조 안에는 삼위일체 교리를 비롯하여 구원의 책으로서의 성서, 원죄와 자유의지, 믿음의 열매로서의 선행적 은혜, 칭의와 회심을 통한 성령의 확증, 성화와 완전 등의 기독교의 참된 구원의 진리와 경건을 생활 속에서 실천하는 것을 강조한다. 그들은 개인과 사회, 체험과 판단력, 설교와 성례, 복음과 사회 활동 간의 균형이 내포된 믿음으로의 접근을 옹호한다. 성례에는 세례와 주의 만찬이 있는데, 세례는 중생과 신생의 표가 되는 것이며, 주의 만찬은 그리스도의 죽으심으로써 우리를 구속하신 성례다. 그러나 로마 가톨릭 교회의 화체설은 성서의 가르침에 위배되고 미신적인 것으로 받아들일 수 없다고 한다. 또한 연옥과 사죄와 성상과 유물에 경배하고 존중하는 로마 가톨릭 교회의 행위는 비성서적이기 때문에 거부한다.

감리교의 원래 형태는 경건을 실천하는 속회와 같은 모임을 통해 사랑의 돌봄과 양육을 목표로 하는 공동체다. 거기서 예배와 기도회, 절제와 금욕, 선행과 자비의 행위 등 개인과 사회를 성화시키는 복음적 삶의 훈련이 이루어진다. 성화의 삶은 인간과 사회에서 출발하여 자연과 창조 세계 전체에 미친다.

한국의 감리교는 1884년 6월 24일 미국 북감리교의 일본 주재 선교사 맥클레이가 내한해서 국왕으로부터 "학교와 병원사업을 해도 좋다."는 허락을 받은 것으로 시작하여 1885년 4월 5일 부활주일에는 아펜젤라 부부의 내한으로 본격화되었다. 그는 교육, 의료, 문서사업 등으로 선교를 시작했다. 그 결과 1887년 7월 24일에는 서울 정동제일교회의 모체인 '벧엘 예배당'이 최초로 세워졌고 배재학당 학생 박중상이 첫 감리교 세례교인이 되었다. 또 하나의 선교는 개화파 지도자 윤치호가 망명 중인 1887년 4월 중국 상해에서 세례받고 한국 최초의 남감리교인이 되면서부터다. 그는 미국에 유학할 때부터 남감리회 해외 선교부에 한국 선교를 촉구하였으며, 1895년부터 헨드릭 감독 등 선교사들이 내한하고 선교 활동을 시작하여 1897년 5월 2일에는 고양읍에 첫 남감리교가 설립되었다. 1903년 원산에서 남감리회 선교사 하디의 회개로 시작된 영적 부흥 운동은 1907년 평양 대부흥 운동을 거쳐 1909년 백만 명 구령 운동으로 연결되었다. 한국인들은 이 부흥 운동을 통해 회개와 중생과 성결을 체험하였고 기독교의 가치와 윤리의식을 바탕으로 새로운 공동체를 형성하였다.

한국 감리교의 신학적 전통은 한 세기 역사를 통해 성서, 전통, 이성, 체험을 바탕으로 개인 구원과 사회 구원의 균형과 조화를 추구하는 웨슬리의 복음주의 신앙전통을 고수하며, 민족이 처한 사회적, 국가적 상황과 현실에 적극 참여하여 민족의 구원을 구현하는 민족주의 신앙전통과 한민족의 역사적 문화적 전통에서 복음을 주체적으로 해석하려는 토착화신학의 노력이 노병선과 최병헌에 의해 시도된 이후 그 작업을 계속하고 있다. 그러나 일제의 강요와 억압하에 '한국 감리회'는 신사참배를 하였고, 이어서 1943년 '일본기독교조선감리교단'으로 되었다가 1945년 7월말에는 '일본기독교조선교단'에 흡수되었다. 해방 직후 한국 감리교는 1954년, 1970년, 1974년에 각각 분열의 아픔을 겪었으나 다시 합동으로 "하나 된 감리교" 진동을 이어 나갔다. 감리교는 다른 교회와 협력 관계를 가지는 에큐메니컬 신앙전통을 수용하면서 민족의 통일과 세계 인류의 평화공동체 구현을 위한 사명을 확인하고 있다.

6) 성결교회

성결교회(Holiness Church)는 1800년대 후기에 주로 미국의 감리교의 신앙부흥 과정에서 성화와 완전성을 강조하고 나와 성장한 교단이다. 이들은 기성교단들의 관료주의를 반대하고 전통적 감리교 교리를 수용하면서 세례 후의 성령역사 체험을 강조하여 그리스도인의 완전성을 매우 강조하였다. 이 성결 운동에 많은 호응을 얻어 백만 명

이상의 교인들을 가지는 미국 내의 20여 개 종교단체들이 포함된다. 이들 중 몇몇은 성결이란 용어를 그들의 공식적인 교단 명칭들에 함께 사용하였다. 즉 성결과 감리교(1969년 북미 성결교와 병합), 미국 그리스도 성결과 교회, 불세례 성결과 교회 등이 있는가 하면 웨슬리파 교회, 북미 자유 감리교, 초대 감리교, 하느님의 교회, 기독교 선교 연맹, 구세군 등이 호응하며 좀 더 심오한 변화에 필요성에 관심을 모아왔는데, 이들 중 가장 큰 교단은 나사렛 교회(the church of Nazarene)다.

초기 성결 운동에 참여했던 오순절 교인들은 모두 감리교 교리 창시자 존 웨슬리의 가르침에 큰 강조점을 두어서 구원받은 자들은 완전히 성화 또는 성결의 은사를 받도록 열망했다. 1900년경 특별히 강렬한 성결 예배자들은 뜨거운 '성령의 은사'를 체험하기 시작했다. 이 체험으로부터 방언에 강조를 두는 오순절교회들이 태동하여 결국 열렬하게 시작한 성결 교인들이 오순절교회를 형성해 나갔으나 성결교회는 오순절교회 예배의 극단주의적인 경향을 배격하였다. 성결교회의 목적은 성결의 은사, 즉 성령세례를 전하여 교회가 더욱 성결과 영혼 구원을 위해 힘쓰도록 하는 것이며 신도의 윤리적 실천과 십자가의 복음과 주의 재림을 대망하도록 한다. 성결교회는 신구약성서를 경전으로 하고, 그 성서의 해설의 요제를 중생, 성결, 신유, 재림으로 한다.

한국의 성결교회의 모체는 동양선교회인데, 이는 1901년 미국인 찰스 카우만(Charles E. Cowman)이 일본에서 창설했다. 감리교 창설자 웨슬리의 정신을 따르며, 선교회로 유지되다가 1907년 한국 선교를 시작하면서 독립된 교파를 이루었다. 1962년 이후 두 교단으로 분열되었다.

7) 안식일교회

안식일교회(Seventh Day Adventists, SDA)는 '재림교회', '안식교', '예수재림교회' 등으로 불린다. 그러나 원명은 "제7일 안식일 예수재림교회"다. 창시자인 윌리엄 밀러(William Miller, 1782-1849)는 본래 침례교도였다. 그는 종말이 올 것이라고 예언했다가 침례교로부터 파문당했다. 그 후 그는 예수의 재림이 임박함을 알리는 재림교회를 세웠다. 밀러는 재림 연기를 여섯 차례나 했고, 결국 그의 재림 시기(1844. 10. 22)의 예언이 빗나가자, 그 원인 분석의 차이에 따라 여섯 개의 교파가 생겼다. 그 중에 에디슨과 화이트 부부가 토요일을 안식일로 지키며 예수 재림의 확고한 소망을 가지고 기다리는 신앙공동체가 되기로 마음을 먹고 1860년에 제7일 안식일교회를 세웠고, 1863년에는 드디어 하나의 교파로서 세계 선교를 위한 조직체를 가지고 제1차 총회를 개최하여 초대 총회장에 존 바잉턴(John Byington, 1799-1887) 목사가 취임하였다.

안식일교회의 기본 교리들을 상세하게 소개한 『미국 종교 신조들』(American Religious Creeds, ed. by F. Golden Mellton)을 보면 안식일교회는 성서를 유일한 신조로 받아들이며, 성서 진리의 충분한 이해를 위해 27개의 기본 교리를 가지고 있다. 즉 안식일교회는 교회의 머리는 오직 그리스도라는 것을 믿으며, 성서의 권위에 절대 복종한다. 삼위일체이신 하느님을 믿고 그리스도가 우리 죄를 대속하기 위해 십자가에 죽고 부활하셨음을 믿는다. 구원은 오직 믿음으로 얻는 선물이다. 그리스도인이 되는 증거로서 물에 잠기는 침례를 받는다. 성령은 그리스도의 말씀에 순종하고 행할 수 있도록 도와 주신다. 사람의 불멸은 그리스도의 재림시 부활과 함께 주어진다. 십일조와 헌금제도는 하느님의 교회와 복음 전파를 위해 제정된 성서적 제도다.

안식일교회의 특징은 다음과 같다. 첫째, 안식일교회는 금요일 저녁부터 토요일 저녁까지의 안식일을 예배일로 지킨다. 그것은 하느님께서 제7일을 창조한 후 안식하는 날로 정하여 창조와 구원의 기념일로 정했기 때문에 인위적으로 바꿀 수 없다는 입장이다. 따라서 교회는 토요일에 드리는 안식교만이 참교회이고 참예배라고 주장한다. 주일에 모이는 교회들은 666 교황 짐승표를 받는 것이라고 믿고 있다. 둘째, 안식일은 재림을 소망하는 날이다. 제7일 안식일은 창조의 기념일 뿐만 아니라 재창조인 구속의 기념일이며 메시아의 완전한 강림인 예수 재림 소망을 기념하는 날이라고 주장한다. 셋째, 음식과 몸에 관한 교리다. 우리의 몸은 하느님의 성전(고전 6:19)임을 인식하고 건전한 생각을 하며 깨끗한 음식물을 섭취하여 최선의 건강 상태를 유지하는 것이 하느님의 뜻임을 믿는다. 이들은 어떤 의미에서 채식주의자들이다. 넷째, 철저한 금욕과 지상 천년왕국을 주장한다. 금연과 금주는 필수사항이며 차와 커피와 육류까지도 가급적 삼가는 절제생활을 요한다. 다섯째, 재림에 관한 신앙이 철두철미하다. 그러나 연대기적 날짜 계산으로 말미암아 오류를 범하기도 했다. 특히 윌리엄 밀러는 기원전 457년을 2300년 시작으로 보고 1843년 3월에 예수가 재림할 것이라고 했었다. 그 후부터는 그들은 그리스도의 재림 예정일을 정하지는 않지만 임박한 재림을 믿고 있다.

안식일교회의 독특한 교리 때문에 '이단'에 대한 시비가 있었다. 그러나 "미국성서공회"와 "영국성서공회"에서 기독교의 한 교파로 취급하고 있다. 왜냐하면 이 교회는 사도신경의 기본 골격인 삼위일체, 천지창조, 예수의 인성과 신성, 동정녀 탄생, 십자가와 부활, 승천, 재림 등의 교리를 그대로 수용하고 있기 때문이다. 그들은 주일 중 첫째 날인 일요일 대신에 성서에 명시된 일곱째 날인 토요일을 안식일(창 2:1-3, 출 20:8-11, 신 5:15, 사 56:6, 58:1, 3, 14, 16:23, 렘 17:19-27)로 지킴으로써 성서의 율법에 충실했다고 볼 수 있다. 그러나 주일의 첫 날인 일요일은 부활 후 예수 그리스도가 안식일의 주인이라는 선언(막 2:28, 마 12:8)으로서 신학적 해석을 가능케 했다. 즉 주님의 날인 주일의 시작은 창조와 구속의 기념이요, 그리스도 안에서 누리는 참안식(막 11:28)과 장차 경험할 안식의 예표가 되었다고 볼 수 있다.

한국에 제7일 안식일 예수재림교회가 들어온 것은 1904년 여름 일본의 구니야 전도사와 일본 선교부 책임자로 있던 필드 목사가 내한하여 71명에게 침례를 베풀고 평안남도 지역 네 곳에 교회를 설립함으로써 본격화되었다. 1915년에는 재림교 최초의 한국인 목사가 탄생되었다. 안식일교회는 선교, 교육, 구호, 의료선교, 출판, 외국어 학원, 건강식품, 청소년 기술교육사업에 헌신하고 있다. 1904년에 하와이에서 온 유은환과 손흥조가 일본에 있는 안식교에서 침례를 받음으로써 시작되었고 1905년 11월 한국 최초 선교사 스미스(W. R. Smith)가 전파해서 오늘의 "시조사, 청량리 위생병원"을 설립했다. 삼육대학, 삼육학원 등이 있고 한국의 교세는 1984년에 696개 가량이 있고 신도는 6만 4,960명 가량이다.

8) 구세군

구세군(Salvation Army)은 영국 런던에서 1865년 8월 감리교 개혁파의 목사인 윌리엄 부스(William Booth)가 영국 내의 구원의 혜택을 받지 못하던 빈민들을 향해 "인간의 영혼 구원" 운동을 전개한 것으로부터 시작되었다. 창립 당시 영국의 사회 현실은 산업혁명 후기 증상으로 많은 실업자와 빈민들이 생겨나게 되었고, 정신적 타락과 알콜중독, 윤락 행위 성행 등의 제반 사회 문제가 심각해지는데도 교회가 아무런 제안을 제시하지 못하고, 당사자들도 교회에 무관심하자 부스 목사는 가난한 사람을 위한 교회 운동을 펼치게 되었고 그것이 구세군의 효시가 되었다. 부스 대장은 "내가 구원받은 것은 남을 구원하기 위함"이라고 하며 헌신했고, 1912년 5월 9일 영국 시민회관에서 83세의 고령임에도 지칠 줄 모르는 열의로써 "나는 소외된 자를 위하여 끝까지 싸우겠노라. 부녀자들이 울고 있는 한, 어린아이들이 굶주림을 당하고 있는 한, 가난으로 여인이 버려져 있는 한, 사람들이 유치장에 들락날락 하는 한 나는 싸우겠노라."고 기염을 토했다.

당시 구세군의 표어는 '3S' 운동이었다. 3S 운동이란 Soup(국), Soap(비누), Salvation(구원)의 영어 첫 글자로서, 글자 그대로 가난하고 소외된 이웃에게 전도지를 한 장 나누어주기보다는 먼저 따뜻한 국으로 몸을 지탱케 하고, 비누로 더러움(죄, 무지, 미 자립, 가난의 습관 등)을 깨끗이 씻어 내어 스스로 건전한 사회인이 되게 하며, 이와 더불어 복음(성서 말씀=예수 그리스도)을 전함으로써 참된 기독교적 구원을 받는 사람이 되도록 한다는 뜻 있는 운동이었다. 런던 빈민가에서 시작한 이 운동은 많은 가난한 사람들과 소외당한 사람들에게 새 힘을 불러일으켜, 기독교 정신 그대로 영혼이 구원받고 자립된 시민으로 살아가게 하는 생명력 있는 선교 운동이 되었다.

구세군은 창립 당시 강력한 선교 조직의 필요에 따라 준(準) 군대식으로 조직을 구성했다. 이에 따라 현재까지 군대식 특징과 용어 등을 사용하는 특색 있는 교회로 알려졌다. 구세군은 교회를 영문(corps)이라고 한다. 영문은 군대의 주둔지라는 개념으로 지역을 기반으로 한 지역 사회의 선교, 봉사를 목적으로 한다. 구세군의 일반 교인을 병사라고 하고, 목회자를 사관이라고 한다. 사관(officer)은 타교단의 신학교 과정으로 볼 수 있는 구세군사관학교를 나와야 한다. 구세군사관학교의 입학 조건은 특별한 것은 없으나 기혼자인 경우 부부가 함께 입교하여 교육을 받아야 하는 특색이 있으며, 교육 과정은 성서적이고 복음적이다. 또한 구세군 정신에 입각한 유능한 사관을 양성하는 것을 목적으로 한 만큼 대단히 엄격하고 빈틈없이 짜여져 있다. 구세군 사관은 군대와 마찬가지로 명령과 조직에 의해서 움직이게 되며 맡겨진 임무에 따라 일반 목회를 담당하는 목회사관과 구세군의 시설과 행정을 담당하는 행정사관 등으로 나뉘는데 순환하며 보직을 맡게 된다.

구세군 사관은 계급이 있다. 이는 구세군 조직상 일사불란한 지휘 체계를 갖추기 위한 것으로 하느님의 군대의 효율과 선교 그리고 사회사업을 위해서는 불가피하다고 할 수 있다. 사관학교 졸업 후 처음 임관되면 '부위'가 되고, 임관 후 5년이 지나면 '정위'로 진급하며, 정위 진급 후 15년이 지나면 '참령'으로 진급한다. '참령'은 사관학교 임관 후 만 20년이 지나야만 달 수 있는 영광스런 계급이다. 참령까지가 일반적인 구세군 사관의 계급이라고 볼 수 있다. 그 이후부터는 특별한 직책을 부여받을 때만이 진급할 수 있다. 참령 진급 후 특별한 직책이 부여되었을 때 맡게 되는 '부정령'이 있고, 부정령 진급 후 맡게 되는 직책으로 대개 '사령관'으로 임명되어야만 부여되는 영광스런 계급으로 정령이 있다. 장성사관으로 부장과 대장이 있는데, 부장은 전 세계 구세군의 주요사항들을 결정하는 의결권을 가지며 대장을 선출하는 투표권을 갖는 등 특별한 권한을 갖게 되고, 대장은 명실공히 구세군의 최고 지휘자 한 사람에게만 부여되는 구세군 최고의 계급이다. 구세군에서는 일반 교인을 병사라고 하며, 성도를 군우라고 호칭하는데 사관과 마찬가지로 일반 병사도 맡겨진 직분에 따라 계급이 있다. 따라서 구세군의 모든 교인은 하느님의 병사가 되는 영광을 갖는다.

일반 교회에 집사에 해당하는 직책이 부교이며, 정교는 일반 교회에 장로에 해당하는 직책이며, 부교 이상에 직책을 담당하는 모든 교인을 통칭해서 하사관이라 칭한다. 믿음을 갖고 어느 정도 영문에 출석하게 되면 신앙고백을 하게 되는데 신앙고백 후 받게 되는 것이 입대식이다. 입대식은 일반 교단의 세례와 비슷하다. 예비병은 일반 교단의 학습에 해당하는 것으로 영문 출석 후 최소한 6개월이 지나야만 받을 수 있다. 병사는 일반 교단의 세례에 해당하는 것으로 영문 출석 예비병 입대를 한 후 6개월이 지나야만 받을 수 있다.

붉은 방패(red shield)는 구세군의 봉사를 의미하는 것으로 국제적으로 널리 알려진 상징이다. 한 세기 동안 구세군의 상징으로서 사용된 것은 구세군이라는 글자가 장식된 은으로 된 방패였다. 방패는 많은 구세군 군우들에 의하여 군복의 장식으로 쓰였으며 사탄의 권세로부터 방어한다는 의미를 갖고 있다. 보어 전쟁 직후 호주 사관인 조지 카펜터 참령은 은빛 방패가 어두운 밤에 빛이 반사되어 적군에게 아군의 위치를 노출시킨다는 이유로 구세군 방패의 문제가 있음을 인식하였다. 그 결과 은빛 방패는 빨간 도료로 칠해지게 되었으며 그때부터 붉은 방패로 쓰이게 되었다.

구세군을 필요로 하는 곳의 봉사에 대한 상징으로 방패가 쓰이고 있다. 면류관(the crest)은 구세군인의 믿음을 의미한다. 윌리엄 엡돈 정위에 의해 1878년 디자인되었고 왕관을 기본 모델로 하여 제작되었다. 면류관은 원래의 디자인 그대로 지금까지 사용되고 있다. 면류관의 디자인들은 구세군의 교리를 여러 가지로 상징한다. 중앙의 원형과 둘레의 화염은 태양을 뜻하는 것으로서 거룩한 성령의 빛과 불을 상징한다. 면류관 중앙의 십자가는 구세군인의 믿음을 상징한다. 또한 'S'

자는 죄 가운데서 구원을 뜻하며, 죄에 대항하는 영적 전투를 의미한다. 총알(7개의 점)은 복음의 진리를 나타낸다. 왕관은 하느님의 말씀에 대하여 구세군의 표어인 혈화로서 믿음을 지키는 하느님의 상을 의미한다. 구세군의 혈화는 이렇게 설명할 수 있다. "예수께서는 모든 사람들을 구원하고자 십자가 위에서 피 흘리셨으며 거룩한 성령의 불을 통하여 믿음이 있는 자들을 깨끗케 하셨다."

군기(the flag)는 세상을 둘러싸고 있는 사회악과 죄에 대항하는 구세군의 전투의 상징물이다. 붉은 색은 예수의 보혈을, 푸른색은 청결을, 중앙의 노란색 별은 거룩한 성령의 불을 의미한다. 군기는 특별한 의식에 쓰이고 있다.(이를테면 결혼식, 장례식, 행진, 입대식, 송별식, 은퇴식 등이다.) 구세군 기는 1878년 캐서린 부스에 의해 도안되었고 영국의 코벤트리 영문에서 처음으로 사용되었다. 초기에 군기는 중앙에 빛을 의미하는 노란색 태양으로 만들어졌으나 1882년 별로 교체되어 현재에 이른다.

구세군의 군복(uniform)은 구세군 조직에 원리에 입각하여 만들어졌다. 구세군인들에게는 믿음에 대한 가시적인 표현이라고 할 수 있다. 또한 사회를 구원하기 위한 손길을 제공하겠다고 하는 다짐이라 할 수 있다. 군복은 초창기부터 여러 가지 모양으로 변형되어 현재에 이른다. 복음을 전하는 설교자들은 프록코트와 성직자 복장을 갖추었고 긴 모자와 검은색 타이를 착용했다. 여전도사들은 간소한 드레스와 퀘이커 교도 타입의 끈으로 고정하는 보닛(모자)을 착용했다. 1878년 구세군 출범 이후 군복 형태의 유니폼이 처음으로 채택되었다. 전직 굴뚝청소원이었던 엘리자 캐드먼 사관이 구세군 정위로 처음 진급하였을 당시 초기에 회의에서 결정되고 인정한 군복 형태의 복장을 착용함으로써 구세군인의 군복 착용을 촉구하였다. "내가 군복을 입는 의미는 세상을 구원하는 군대로서의 사명을 빈틈없이 수행하겠다는 것이며 이러한 사실을 누구든지(일반인들에게) 쉽게 알리려 하는 데 있다." 초기에 구세군 군복의 원형은 빅토리아 군대의 모델을 기초로 하여 만들어졌지만 역사가 변함에 따라 조금씩 시대적 감각에 맞게 개선되어 가고 있고, 현재도 개발되고 있다. 구세군 군복이 국제적으로는 조금씩 다른 모양을 갖고 있는데 그러한 이유는 각 나라의 기후와 환경에 맞게 수정되고 고쳐졌기 때문이다.

　　구세군은 성서를 신앙과 실천의 유일한 계시적 표준으로 믿는다. 구세군은 성결의 삶을 강조하고 복음의 열정적인 전파와 적극적인 사회봉사를 통해 성서적 신앙을 실제적 방법으로 증거하면서 그리스도께서 명하신 교회적 책임과 사명을 감당하고자 한다. 구세군은 교리적으로 구원과 성결의 교리를 강조함으로써 예수 그리스도를 개인의 구세주로 영접하는 사람은 누구든지 구원받을 수 있음을 믿는다. 또 믿는 자는 누구든지 하느님 앞에서 성결된 삶을 살아가야 하는 것이 구원받은 자의 축복이라고 믿는다. 구세군은 예배, 교육, 친교, 봉사를 선교이념으로 삼고 있으며 이 같은 선교 이념은 "마음은 하느님께, 손길은 이웃에게"라는 모토 아래 인류를 위한 개인 구원과 세상을 위한 사회복지와 지역 사회 발전 그리고 불우이웃에 대한 사랑으로 실천되고 있다. 가정과 학교, 직장에서 그리스도의 복음을 전하는 선교사로 생활하기 원하는 구세군은 남보다 더 열심히, 다른 사람이 하지 않는 일을 먼저 하는 마음가짐으로 살아간다.

　　구세군의 선교 활동은 현재 전 세계 104개국에서 복음 전도사업을 통한 영혼 구원과 사회사업을 통한 이웃 사랑을 전개해 나가고 있으며, 1990년과 1991년에는 동구권과 구(舊) 소련에서도 활동이 재개됨으로써 명실 공히 세계 구석구석에서 인류 사회의 영적 복지와 평화를 위해 활동하는 교회가 되었다. 세계 구세군은 영국 런던에 소재한 국제본영 산하에 북남미부, 아프리카부, 아시아부(중동, 인도), 극동 아시아와 태평양부로 구성되어 있다. 세계 구세군은 전쟁 난민 구조사업과 피해 복구사업 등 인류의 평화를 위해 봉사하고 있다.

　　한국에 구세군이 전파된 것은 1907년 구세군 창립자인 윌리엄 부스 대장의 일본 순회집회 때 참석했던 조선 유학생의 요청에 따라 1908년 10월에 영국인 정령 허가두 사관(Colonel Hoggard)에 의해 한국 선교가 이루어지게 되었다. 당시의 시대적 상황인 나라를 잃은 민중들에게 제복과 군사적 용어를 사용하는 구세군은 상당한 관심을 불러 일으킴과 동시에 급속한 발전을 하게 되었다. 1910년 11월 22일에 한국 구세군의 첫 번째 영문인 서울 제일 영(현재의 서대문 영문)이 당주동에 개영하게 되었다. 사회사업은 1918년 한 독지가의 기부금으로 서대문구 충정로에 아동구제시설인 혜천원(고아원)을 설립한 것을 시작으로 1926년에는 윤락여성을 위한 여자관과 교육사업인 학교를 설립하였다. 그리고 1924년부터는 천재지변에 구호를 실시하는 긴급구호를 시작하는 등 선교에 못지않게 사회사업에도 활발한 활동을 펴서 구세군에 대한 관심과 좋은 호응을 갖게 하였다.

한국 구세군은 선교의 현장인 '영문'(corps)과 '시설'(institutions), 각 영문과 해당시설을 감독하고 지원하는 9개의 지방본영(divisional headquarters) 그리고 중앙본부인 구세군대한본영(territorial headquarters)으로 이루어져 있다. 전쟁 후 지금까지 90년간 구세군은 역사의 흐름 속에서 민중과 함께 호흡하면서 크리스마스 때가 되면 집 없고 가난한 자들을 돕기 위하여 거리에서 자선냄비를 걸어 놓고 모금활동을 하는 것을 통하여 우리에게 친숙히 알려져 있는 교단이다.

9) 오순절교회

오순절교회(Pentecostal Churches)는 그 기원을 사도행전 2장에 나오는 오순절 성령강림 사건에 둔다. 그러나 실제적으로 이 땅에 "오순절교회"라는 이름을 가지고 세워진 것은 19세기 초부터다. 1890년대 중반에 노스캐롤라이나에서 "기독교도연맹"이라는 이름하에 100여 명 가량으로 구성된 성결파 조직 가운데서 발생했다. 이들은 방언을 체험하고 나름대로 성령세례를 받았다고 생각했고, 그 체험에 기초하여 훗날 주요 오순절파 교단이 되었던 "하나님의 성회"(Assemblies of God)[4]를 세웠다.

---

[4] "하나님의 성회"는 오순절교회의 한 파다.

이와 비슷한 영적인 각성 운동이 역시 1890년대에 테네시, 아이오와 및 그 외 지역에서 발생했다. 이 운동들 가운데 가장 폭넓은 영향을 끼친 것은 20세기로 접어들던 시기에 캔자스 토페카에 "베델성서대학"이라는 소규모 종교학교에서 발생한 운동으로 본다. 이 학교의 교장 찰스 폭스 파램은 성결 운동에 영향 받은 많은 목사들 가운데 한 사람으로 그 운동을 평가한다.

오순절교회가 탄생한 것은 당시의 교회가 너무 자만에 빠져 있고, 너무 성공에 매달려 있으며, 냉랭하게 식어 형식주의에 매달려 안주하고 있었기 때문이다. 파램은 이러한 형식주의에 빠져 냉랭한 교회가 부흥해야 하며, 그는 오로지 다시 한번 성령세례를 받음으로써만 부흥할 수 있다고 믿었다. 그러므로 그는 감리교, 퀘이커교, 성결교회에서 목사 임명을 받은 사람들이 대부분이었던 그의 학생들에게 기도하고 금식하고 성서를 연구하며, 사도행전에 기록된 사건들과 흡사하게 임할 오순절의 축복과 권능을 기다리라고 가르쳤다. 1901년 1월1일 파램의 수많은 학생들 가운데 애그니스 N. 오즈먼이라는 여학생이 아무도 모르는 방언을 말하기 시작하면서 맨 처음으로 성령세례를 체험했다. 그 뒤 오순절 운동에 가담한 사람들은 대부분 방언이 진정으로 성령세례를 받았음을 보여 주는 '최초의 증거'라고 주장했다.

오순절교회는 이와 같이 초대 그리스도인들이 신령한 기쁨이나 영감적인 능력을 받았던 것처럼, 오늘날에도 냉랭하고 형식주의로 되어 버린 교회의 부흥을 위해 하느님께서는 신자들에게 특별한 영적 은사, 특히 그들의 일반적인 특색인 '방언' 체험을 허락하신다는 믿음을 가지고 있다. 방언기도는 성령의 외적 표현으로 어떤 것에 의해서도 방해받지 않고 하느님의 뜻에 합당한 기도를 드릴 수 있다는 것이고(롬 8:27), 방언으로 찬양하는 것은 예배자가 그의 본래의 언어의 제한 없이 하느님에 대한 그의 사랑을 자유롭게 나타내게 허용한다는 것이다.

오순절교회의 특징으로는 기도회 중에 탄생했기 때문에 기도의 능력에 많은 강조를 둔다. 오순절교회의 신앙과 교리는 방언을 강조하는 것 외에는 다른 교단과 거의 다른 것이 없다. 오순절교회는 의식에 얽매이지 않고 자발성과 표현의 자유를 최대한으로 활용하는 예배를 드린다. 물론 다른 예배와 마찬가지로 기도, 성서 읽기, 음악, 헌금, 찬양, 간증, 설교, 마지막 기도 등이 있으나 통성으로 기도할 때 방언으로 말하는 것이 포함된다. 이 방언은 세 가지 방향으로 사용된다. 기도, 찬양 그리고 성령을 통한 하느님으로부터 메시지 전달이다. 오늘날 오순절교회는 상점 앞이나 다락방이나 소규모의 공간을 임대하여 시작한 것에 비교해 보면 매 해 수천 명의 새신자들을 맞아들여 미국에서 가장 빨리 성장하는 교단이 되어 가톨릭 교회와 루터교, 감리교, 장로교 등과 함께 네 번째로 크게 발전하고 있다.

정리해 보자. 기독교란 무엇인가? 현실적으로 기독교를 나무로 비유한다면 많은 교파들은 그 나무의 가지들이라고 말할 수 있을 것이다. 가지들이 잘리어 나무에 붙어 있지 않으면 말라죽어 버린다. 요한복음에 나오는 포도나무 비유는 우리에게 많은 것을 시사해 준다. 그리스도는 포도나무요, 그리스도인들은 그 가지들이다. 그런 의미에서 기독교에 속할 수 있는 교파들의 자격을 몇 가지를 제시할 수 있을 것이다. 첫째, 삼위이신 하느님을 믿는다.(구속사적 신관) 둘째, 성서가 성령의 영감으로 기록된 하느님의 말씀으로 믿으며, 신앙의 완전한 규범으로 삼는다.(성서적 신앙) 셋째, 십자가의 죽음으로 말미암은 속죄와 부활의 소망과 장차 심판이 있음을 믿는다.(종말 신앙) 넷째, 확고한 믿음과 분명한 소망이 있기 때문에 이에 합당한 생애를 살고자 하느님과 사람 앞에 양심에 거리낌없이 살아간다.(실천 신앙)

왜 기독교 안에는 많은 교파들이 생겼는가? 그것은 기독교가 역사의 종교라는 것을 보여 주는 것으로 때로는 불가피한 것일 수 있다. 그러나 우리는 기독교의 수많은 교파들을 보면서 왜 '그리스도의 몸'인 교회가 이렇게 사분오열하게 되었을까 하는 생각을 갖게 한다. 한 나무에 너무 많은 가지는 좋은 열매를 맺지 못하게 한다. 그래서 농부는 가지를 잘라 주는 일을 한다. 마찬가지로 기독교의 교파는 정리될 필요가 있다. 이제 '교회연합 운동'(ecumenical movement)은 교회의 중요한 과제가 된 것이다.

X _ 보수주의 신학

보수주의 신학은 루터와 칼뱅의 종교개혁자들과 그 뒤를 이은 루터주의자들과 칼뱅주의자들의 정통주의 신학 그리고 자유주의 신학의 반동으로 나타난 미국의 근본주의 신학, 신앙과 생활의 불가분리성을 강조하고 계율의 엄격성(술, 담배, 오락, 성수주일)을 말하는 청교도주의 신앙, 교리적인 신앙에서 탈피하고 다시 종교개혁자들의 생명 있는 신앙으로 돌아가게 하는 18-19세기 부흥 운동 등의 일체를 일컬어서 사용하고 있는데, 신비주의, 경건주의, 세대주의 등의 혼합성 때문에 그 개념은 더욱 모호하게 상용되고 있다. 여기서 정통주의 신학, 근본주의 신학을 논하면서 한국 교회의 보수주의 신학의 특징을 밝히고자 한다.

1 _ 정통주의 신학

정통(ortho)의 본래 뜻은 '똑바른', '옳은'이란 뜻이다. 신약성서에서 정통 신앙은 구약성서의 예언의 성취로 메시아의 탄생, 고난, 십자가에서의 죽음, 부활, 승천, 재림 신앙을 말한다. 초대교회에서 그리스도론 논쟁 때 서로가 이 말을 썼다. 정통이 아닌 것은 '이단'으로 취급되었기 때문이다. 제일 오래된 '정통'이라는 말이 최초로 사용된 곳은 1054년 동방교회와 서방교회의 분열에서 생겨난 동방 정통교회(The Eastern Orthodox Church)의 이름에서다. 로마 가톨릭 교회는 이미 오래 전부터 '가톨릭'(보편적)이라는 말을 사용함으로써 그들 나름대로 자기들의 교회가 가장 정통적 교회라고 주장한다. 현재 한국에서 말하는 정통주의는 칼뱅주의적 정통주의를 말한다. 과거나 지금이나 어느 시대를 막론하고 자신들의 견해가 옳거나 좋다고 생각할 때, "우리는 정통이다."는 말을 사용한다. 그러나 그 내용을 잘 이해해서가 아니라 교회 싸움에서 유리한 고지를 차지하기 위해 이 말을 쓰는 경우가 있다.

그러나 신학사에서 정통주의 신학은 16세기 말에서부터 18세기에 유럽에서 비롯된 것으로 루터와 칼뱅 사상을 더욱 교리화하고 체계화시킨 루터주의와 칼뱅주의를 말한다. 정통주의는 종교개혁의 토대 위에서 발전된 스콜라 체계의 한 종류다.

1) 루터와 루터주의자들

마르틴 루터(Martin Luther, 1483-1546)는 로마 가톨릭 교회에 항거해서 개신교를 탄생시킨 독일의 개혁자다. 그는 부친의 요청으로 법과대학에 입학하였으나 동급생이 시험 직전에 늑막염으로 죽는 광경을 목도하고 인간의 죽음에 대한 심각한 문제에 눈을 뜨기 시작하면서 신학으로 옮기게 되었다. 그 후 그는 아우구스티누스파의 수도원에 들어가 죽음의 문제에 대해서 생각하기 시작하였다. 그는 새벽 한 시나 두 시에 종소리와 함께 일어나 십자가의 성호를 가슴에 긋고, 성수를 뿌리고 제단 앞에 무릎을 꿇고 기도하는 훈련 과정 속에서 1507년 4월 3일에 신부로 임명되었다.

1508년 비텐베르크대학 강사가 되었고, 27세에 여행을 하던 중 로마여행에서 참회자들의 불길한 모습과 수도사들의 무식과 무질서에

놀랐다. 그 당시 루터는 로마에서 빌라도의 계단을 무릎으로 기어올라갈 때, 주기도문(Pater noster)을 암송하며 계단마다 입을 맞추었다. 마지막 단계를 올라간 루터는 드디어 한숨을 내쉬며 "오직 의인은 믿음으로 산다."고 했다. 여기서 윤리와 행위가 아닌 '믿음으로만'(sola fide)을 바로 이해하게 된 것이다. 1512년 신학박사 학위를 취득하고 신학부 교수가 된 후, 소위 '탑의 체험'을 한다. 복음 이해의 빛이 비텐베르크대학 일각에 있던 탑에서 주어진 것이다. 그의 탑의 체험은 바로 "종교개혁을 위한 복음"(롬 1:16-17)이 되었다.

1517년 10월 31일 루터는 복음에 입각하여 교회의 오용에 대한 날카로운 비판을 내용으로 '95개조 논제'를 비텐베르크 성 교회 정문 앞에 붙였다. 그 내용은 면죄부 판매 등에 대한 문제점에 대한 비판의 칼이었다. 그는 면죄부가 신자의 영혼 구원과 성화에 아무런 도움이 되지 못한다고 본 것이다. 그가 95개 조항을 내건 것은 교수와 대학생을 상대로 토론을 전개하고자 하는 것이었지만, 그것은 예상을 뒤엎고 세계적 파문을 일으켜 반교회적 선언으로 종교개혁의 도화선이 된 것이다.

1520년 12월 10일 아침 천여 명의 학생과 교수들이 모인 자리에서 그는 스콜라신학의 무신론적 서적을 쌓아 놓고 불을 질렀다. 그리고 루디는 교회이 보낸 교시를 이 불 속에 던지면서 "니 거룩한 사람들을 괴롭히는 자여! 영원한 불이 너를 소멸시키리라."고 하였다. 그러자 교황은 1521년 루터를 파문시켜 독일 제국의 '죄인'으로 단정했다. 루터는 보름스 종교재판에서 하느님께 기도를 드렸다. "제가 여기에 서 있습니다. 나는 다른 것을 할 수 없습니다. 하느님이여, 나를 도우소서. 아멘."(Hier stehe Ich. Ich kann nicht anders. Gott, hilf mir. Amen.) 그 후 선제후인 프리드리히는 루터를 바르트부르크 성에 숨겨 주었고, 루터는 거기서 성서를 독일어로 번역하였다.

1524년 농민 전쟁이 일어났을 때, 루터는 사회개혁가인 토마스 뮌처(Thomas Müntzer)와는 달리 종교개혁에 충실하였다. 그것으로 그의 신앙이 교회 안에만 국한되었다는 비난을 받기도 했다. 루터는

『교회의 바빌로니아 감금』(Von der babylonischen Gefangenschaft der Kirche, 1520)의 저서에서 로마 가톨릭 교회의 일곱 가지 성례(sacraments) 중 다섯 가지는 성서적 근거가 없는 것이라고 비판하고, 세례와 성만찬 두 개만을 성례로 인정했다. 루터는 성찬식에서 신자들에게 잔을 돌리지 않는 기념설과 미사를 희생제사로 가르치는 화체설을 동시에 비판하고, 그 대신에 공재설을 주장하였다. 이러한 주장은 1529년 개혁자 츠빙글리와 성찬론의 불일치로 갈라서는 계기가 되었다. 바로 루터의 공재설과 츠빙글리의 기념설이 서로 대립된 것이다.

1530년 아우그스부르크 국회는 최초의 개신교 신앙고백서인 "아우그스부르크 신앙고백"을 세상에 내놓았다. 교황청으로부터 단절된 기독교, 즉 교황으로부터 독립된 민족교회가 독일, 스위스, 스코틀랜드, 영국에서 나타난 것이다. 1545년 트리엔트 종교회의에서 로마 가톨릭 교회는 개신교의 신학적 주장을 공식적으로 부인하면서 개신교(Protestantism)를 분리주의, 민족주의라고 비난하고, 이는 '개혁'(Reform)이 아니라, '종교개혁'(Reformation)이며, 새 신학 운동이라고 비판을 가했다. 1546년 루터는 95개 논제를 제시한 비텐베르크 교회 안에 유해가 안장되었다. 그는 죽었으나 아직도 살아서 우리에게 종교개혁의 깃발을 들고 있다. 그는 종교개혁의 과정에서 강의, 설교, 저술 등을 통해서 필립 멜란히톤(P. Melanchthon), 부처(M. Buccer) 그리고 마침내는 칼뱅에게까지 깊은 영향을 끼쳤다.

루터의 사상 가운데 두드러진 사상은 성서 강조(sola scriptura)에 있다. 그는 중세 가톨릭 교회에서 성서를 교권이 독점했던 것과는 달리 민중들에게 성서를 보급했다. 그는 교회가 '불가타'(Vulgata)라는 라틴어 성서를 그저 형식적으로 사용하고 있는 것에 대하여 민중이 알아들을 수 있는 '독일어 성서'로 번역한 것이다. 그것으로 성서의 권위(sola scriptura)를 세운 것이다. 루터는 성서에서 그리스도를 발견하였다. 따라서 성서가 권위를 가지는 근거는 성서의 말씀이 '그리스도의 요람'이기 때문이라고 한다. 이와 같은 의미에서 루터는 그리스도를 "믿음으로 의롭게 된다."(Justification by faith)는 칭의 사상을 기록한 로마서를 더욱 권위 있는 성서로 보고 '행함'을 강조한 야고보서의 가치를 '지푸라기 서신'으로 저하시켰다. 이와 같이 루터는 성서의 상대적 가치를 인정하고 성서의 각 책과 부분마다 차이를 두었다.

그러나 루터주의자들은 루터와는 달리 성서의 문자와 교리 내용을 더욱 강조하여, 어떤 차이가 있을 수 없는 성서의 절대적 가치를 인정하였다. 그들은 하느님이 모든 성서의 저자라고 주장하면서 그와 같은 차이를 반대하였다. 루터주의자들에 의하여 성서의 권위는 결국 성서문자주의가 되었다. 그들은 성서의 체계화와 신조를 만들어 제도화된 교회를 만들었다. 종교개혁 후 약 40년이 지난 1555년 신·구교는 전쟁을 종식시키면서 아우그스부르크 평화회의는 루터의 동료이자 후계자인 멜란히톤에 의해 작성된 '아우그스부르크 신앙고백'(Confessio Augustana)을 루터교의 가장 기초적인 신앙고백서로 채택한 것이다.

루터의 사상 가운데 또 하나는 신앙 강조(sola fide)에 있다. 그의 『그리스도인의 자유에 관하여』(*Von der Freiheit eines Christenmenschen*)에서 "그리스도인은 아무것에도 종사되지 아니한 자유로운 존재다. 그리스도인은 만민에게 봉사하며 섬기며 모든 것에 종속된다."고 하였다. 참된 신앙은 영적 노예 상태에서 신자를 해방시키고 이웃에 대한 사랑과 봉사를 다하는 것임을 천명하였다. 그가 쓴 『독일 그리스도인들에게 보내는 글』(*An den christlichen Adel deutscher Nation von des christlichen Stander Besserung*, 1920)에서 성직자와 평신도 사이에 본질적 차이가 없음을 말하고 '만인제사장론'을 주장하면서 교황의 절대권, 교황만의 성서 해석권, 교황만의 교회 소집권에 비판을 가했다.

루터가 1,000년 동안 유럽과 교회를 지배해 오던 국가권력과 교황의 권위 앞에서도 뜻을 굽히지 않고, 항거할 수 있었던 것은 '복음의 힘'과 '하느님 앞에서'(coram Deo)의 양심이었다. 그리스도인은 "의인인 동시에 죄인"(simul justus et peccator)이다. 인간이 의인이 될 수 있는 것은 "절대적인 하느님의 은총"(sola gratia)의 선물 때문이다. 그리고 "믿음으로 의롭다."(Justification by faith)는 의인 사상은 하느님과 인간의 수직적 관계를 바르게 정립해 주었다. 그러나 루터는 수평적 삶, 이웃과 공동체의 관계를 구체화하지 못했다. 그 당시 농민 운동을 관장한 토마스 뮌처(Thomas Müntzer)는 그 점을 보고 루터가 "달콤한 그리스도만을 말한다."고 비판한 것이다.

2) 칼뱅과 칼뱅주의자들

칼뱅(J. Calvin)은 루터보다 20년 후에 프랑스 노용에서 태어났다. 어릴 때는 교황제도에 무조건 헌신했으며 신부가 되기 위해 신학을 시작했다. 그러나 칼뱅은 그의 부친이 노용 성직회에 불만을 품어 신학 공부를 중단하고 3년간 문학과 철학, 법학 등을 공부했다. 그는 인문주의와 종교개혁의 신사상들에 접하면서 복음주의 운동에 가담했다. 그의 시편 주석 서문은 자신의 '급격한 회심'(conversio subita)의 과정을 시사해 주고 있다. 부친이 돌아간 후 그는 다시 신학을 연구하여 1536년에는 『기독교강요』를 출판하여 일류 학자로 인정받았다. 그의 책 서문에서 "나의 의도하는 것은 하느님에게 어떤 선한 뜻을 가진 사람들이 참된 경건을 배울 수 있는 원리를 가르치고자 하는 것이다."라고 밝힌다. 그 당시 칼뱅은 파리대학 장 니콜라스 코프의 취임 연설문을 초안해 주었는데, 그 연설문에서 성직자들을 비난한 것이 화근이 되어 파리에서 스트라스부르크로 도망가야 했다. 그가 더욱 연구하기 위해 스트라스부르크로 가던 중 그는 제네바에서 개혁자 파렐을 만나 종교개혁에 참가하게 된다.

당시 파렐은 칼뱅에게 이렇게 말했다. "만일 당신이 이토록 절실하게 필요로 하는 위급한 상황을 못 본척하고 단지 학문만을 위한 평온을 찾는다면 하느님께서 그 대의 평화에 저주하시기를 원하노라." 그가 로잔에서 로마 가톨릭 신학자들과 공개 토론을 한 후 명성을 얻고 곧 종교개혁을 단행하기 시작했으나, 개혁을 반대하는 자들의 세력 때문에 1538년 스트라스부르크로 추방되어야 했다. 거기서 3년간 가정을 이루면서 살고 있을 때, 그는 제네바 시가 로마 교황에게 복종해야 하는 것 때문에 난관에 부딪친다는 소식을 듣고 1539년 장문의 편지로 이에 답하여 제네바를 어려움에서 구출하였다. 그 후 칼뱅은 제네바 시의 초청을 받았으며, 개혁의 불길은 가속화된다.

칼뱅은 아우구스티누스와 루터로부터 영향을 받았다. 그는 그의 신학 사상을 1536년에 『기독교강요』라는 책에 체계화시킨 인물이었다. 1539년에는 아카데미를 세우고 교육이념을 '경건과 학문'(pietas et scientia)으로 정했다. 칼뱅은 루터와는 달리 사회 문제에 관심을 갖고 참여했다. 그는 사회개혁자이기도 했다. 그의 경제윤리는 공공복리 질서에 주안점을 두고 있다. 이익 수입은 5%로 제한하고, 빈자에게는 이자 없이 금전을 대여해 주라고 하였다. 시민의 번영은 하느님의 선이자라는 한 증상이며, 빈궁현상은 하느님의 진노의 전주곡으로 간주한다. "일하기 싫거든 먹지 말라."고 하여 노동을 하느님이 부여한 소명(calling)으로 보고, 노동을 신선함과 하느님의 은혜하에 놓인 인간의 의무로 규정하였다.

칼뱅의 개혁 사상은 로마 가톨릭 교회와 소종파 운동들과의 관계 규명에서 더욱 드러난다. 말하자면 가장 큰 적은 교황 중심의 로마 가톨릭 교회였고, 또 하나의 개혁의 걸림돌은 급진적이고 도발적인 재세례파 운동이었다. 우선 로마 가톨릭에 대한 논쟁점이 된 것은 미사와 성민찬의 문제였다. 1534년 이른바 "죄초의 칼뱅주의자 공회"라는 비밀 집회에서 칼뱅은 성만찬에서 그리스도의 임재 방식인 화체설과 그에 따른 미사의 희생제사를 교황주의의 오류로 여겼고, 1536년 『기독교강요』의 서문을 대신하여 프랑수아 1세에게 보낸 서간에서 그것들을 규탄했다. 칼뱅은 신적인 것, 영원한 것, 초월적인 것들을 인간적이고, 물질적이고, 유한한 것들 속에 가두어서 예배드리는 행위는 미신과 우상숭배나 다름없는 것으로 간주했다. 그래서 그는 희생의 미사를 예수 그리스도의 참되고 유일회적인 죽음을 간과하는 오류라고 비판했다. 그에게서 우상숭배는 신적인 것을 세상적인 것으로 혼동하여 동일시하거나 거기에 가두어 놓는 것이었다.

또 하나의 해결해야 할 점은 종교개혁의 좌파들(Left-Wing of

the Reformation), 말하자면 토마스 뮌처 등의 '급진적 종교개혁'(Radical Reformation)에 속하는 재세례파 그룹들과의 대결이다. 칼뱅은 성인 세례를 주장하는 재세례파들의 공세에 대해서 반박한다. 세례는 신자의 결단이나 의지에 관계되는 것이 아니라, 그리스도의 죄 사함과 구속의 은혜 그리고 그와의 사귐에 대한 표지로 생각하여 유아세례를 인정한 것이다. 칼뱅은 교회의 전통을 미신적인 방식으로 받아들여지지 않는다는 조건에서 그리고 교회의 질서와 평화를 위해서 존중해야 한다고 했다. 그러나 중요한 것은 전통이 아니라 성서가 어떻게 말하고 있는 것이냐의 문제였다. 그는 "오직 하느님의 말씀만을 통한 계시"인 성서에 신자들에게 그 계시를 믿고 깨닫게 하는 '성령의 내적 증거'가 있다고 했다.

칼뱅신학의 주요 원리는 '오직 하느님께만 영광'(soli Deo gloria), '오직 성서로만'(sola scriptura) 그리고 "신자들의 자기 부정과 개혁"이라고 할 수 있다. 첫째 원리인 '오직 하느님께 영광'은 신적인 것을 유한하고 물질적인 것 혹은 인간적인 어떤 요소에 가두고 그것과 동일시하는 그 당시에 만연했던 우상숭배의 풍조와 싸우기 위한 것이었다. 그것은 신 중심의 사상으로 하느님의 불가역성, 처분 불가능성으로 하느님의 절대 신성, 절대 주권, 절대 자유를 말하는 것이었다. 그것은 츠빙글리까지 소급되는 개혁교회의 명제인 "유한은 무한을 파악할 수 없다."(finitum non capax infiniti)는 것이었다. 하느님과 인간 사이의 모든 유비는 불가능하다. 오직 인간이 할 수 있는 일은 '지고하신 하느님'을 경외하며 영광을 돌리는 것이다. 하느님에게 영광을 돌리는 구체적인 실천만이 자신이 신이 되는 교만의 죄의 사슬을 끊는 것이 된다. 이러한 신 중심의 경외 사상은 하느님 중심의 절대적 섭리론과 절대적 예정론을 발전케 했다.

둘째 원리인 '오직 성서로만'은 사람들이 마음대로 상상하며 만들어 내는 미신과 그것을 섬기는 우상숭배에 대항하기 위한 것이었다. 지고하신 하느님은 인간들에게 자기 자신을 계시하셨다. 그래서 인간은 그를 알 수 있게 되었고, 그에게 다가갈 수 있게 되었다. 우리는 이제 오직 주어진 계시에 우리의 주의를 돌려야 한다. 하느님은 자신의 비밀을 계시하기 위해 아브라함을 택하고 이스라엘을 택하여 계명을 주시고, 마침내는 예수 그리스도를 통해 자신을 결정적으로 계시하셨다. 그것을 기록한 책이 성서다. 칼뱅은 그 성서 안에서 하느님을 찾아야지 성서 밖에서 찾는 것은 우상숭배에 해당한다고 본다. 그는 로마 가톨릭 교회가 성서의 권위 밖에 병렬로, 또 하나의 권위로 교회의 권위를 주장함으로써 성서의 권위를 무너뜨렸다고 한다. 따라서 교회의 권위로 만들어진 결정들, 그것이 회의든 관행이든 무엇이든 간에 신적인 것으로 격상시키는 것은 우상숭배나 마찬가지로 본 것이다.

셋째 원리는 '끊임없는 자기 부정과 개혁'이다. 인간은 피조물이며, 더욱이 죄에 더럽혀져 있는 왜곡된 유한한 존재다. 죄인인 인간은 하느님을 마주 대하며 자신의 유한성과 죄성을 인정하기보다는 오히려 하느님을 자신들 속에 있는 어떤 것, 말하자면 신 관념이나 물질적인 것으로 대치시켜 버린다. 때때로 인간은 육적인 안목으로 그리스도를 바라보는 종교적 유혹을 가진다. 예언자 이사야는 메시아에게서 육적으로 흠모할 만한 것을 찾을 수 없었다(사 53장)고 했지만, 인간은 상상의 날개를 펴 자신의 욕망 속에서 만든 하느님, 즉 우상을 섬기게 되고 만다. 칼뱅은 이런 형태를 죄인들의 '일탈된 종교의 미친 욕망'이라고 보았나. 칼뱅은 자기 부정을 십자가를 지고 그리스도를 따르는 십자가의 삶이라고 했다. 그 점에서 인간과 교회는 하느님의 말씀 속에서 하느님의 형상으로 다시 만들어져야 한다. 개혁교회의 원리는 바로 '다시 만든다'(reform)에서 나왔다. 따라서 그리스도를 따르는 교회는 '항상 개혁하는 교회'(ecclesia semper reformanda)이어야 한다고 본 것이다.

칼뱅은 교회 규칙에 반대하는 입장의 인사들을 모조리 추방하거나 분산시키기까지 했다. 오늘날 장로제도의 도입은 물론 목사, 교사, 집사의 선임과 교회 운영 방법은 칼뱅에게서 나온 것이다. 하느님의 계획 아래서 볼 때, 루터가 종교개혁의 선구자라면 칼뱅은 종교개혁의 완성자였다. 칼뱅이 죽은 지 50년이 지난 후 칼뱅의 후계자들이 아르미우스주의 신학 사상을 막기 위해 1618-1619년에 네덜란드 도르트에서 대회를 가져 신앙성명서를 발표함으로써 칼뱅주의는 정식으로 표면화되었다.

그것을 칼뱅주의 5대 강령(Tulip)이라 일컫는다. 첫째는 인간의 전적 타락(Total Depravity)이다. 이는 인간의 죄성과 전적 무능력을 말한다. 둘째는 무조건적 선택(Unconditional Election)이다. 이는 하느님의 주권과 선택을 말한다. 셋째는 제한된 속죄(Limited Atonement)다. 이는 하느님의 예정의 선택을 말한다. 넷째는 불가항력적 은혜(Irresistible Grace)다. 하느님의 은혜를 어떤 것으로도 방해할 수 없다. 다섯째는 성도의 인내(Perseverance of Saints)다. 성도는 하느님의 오래 참으심으로써 구원받는다. 위의 강령들은 19세기 네덜란드의 아브라함 카이퍼 등에 의해서 더욱 체계화되고 신조화되었다. 칼뱅주의자들 가운데 알려진 학자들 가운데는 헤르만 바빙크, 벤자민 워필드, 조나단 에드워즈, 벌카우어, 찰스하리, 그레샴 매첸, 코멜리우스 반틸, 프란시스 쉐퍼 등이 있다. 이들은 칼뱅의 하느님 중심 사상을 그대로 따르고 있으면서도 그의 사상을 체계화, 교리화시켰다.

칼뱅주의 사상 가운데 논쟁거리가 된 것은 성서와 예정에 대한 문제였다. 우선 성서에 대한 그들의 주장을 보자. 그들은 성서의 절대 무오성을 주장했는데 그것은 성서에 대한 충성심 때문이다. 그들은 칼뱅의 성서 관심(성서 주석 등)을 더욱 고조시켜 성서의 문자영감론을 내세우고 성서의 문자 그 자체에는 일점 일획도 오류가 없다는 주장을 하였다. 이것은 성서의 객관성을 주장함으로써 성서에 대한 비판을 차단하고자 한 것이다. 그 다음으로 예정에 대한 주장을 보자. 칼뱅주의는 이중예정론의 입장을 중요한 교리로 삼는다. 하느님께서는 미리 태초에 구원받을 사람과 구원받지 못할 사람을 미리 정해 놓았다는 입장이다. 그러한 예정의 배경에는 칼뱅의 하느님의 섭리와 하느님의 주권이 있고, 아우구스티누스의 절대 은총과 하느님의 예정이 있으며, 나아가 바울의 의인 사상과도 연결된다. 그러나 신학적 작업의 결여로 칼뱅주의의 이중예정론은 결국 기계적 이중예정론으로 가고 말았다.

칼뱅주의의 독특성은 현대주의에 대항하는 보수성에서도 나타난다. 아브라함 카이퍼는 현대주의와 맞설 수 있는 세계관은 칼뱅주의뿐이라고 한다. 로마 가톨릭 교회는 인간의 전적 타락을 부정하고 이성을 인정하므로 언제나 세상의 철학과 세계관에 대해 수용적으로 보는 스콜라철학이라고 그는 비판한다. 마찬가지로 루터주의에도 가톨릭의 잔재가 남아있는데 그것은 루터의 두 왕국설에서 잘 드러난다고 지적한다. 거기에는 현세적 일을 하느님 중심으로 고찰하는 통일된 사상 체계가 결여되어 있다고 본 것이다. 카이퍼는 루터의 종교개혁 원리가 칼뱅보다 협소함을 지적했다. 루터의 출발점은 구원론적 원리에 있음에 비해 칼뱅의 출발점은 그 보다 훨씬 범위가 넓은 하느님 주권이라는 일반적이고 우주적 원리에 있었다. 루터가 구원론적 영역만을 다루었다면, 칼뱅주의는 정치, 경제, 사회, 문화의 삶의 전 영역과 관련되어 있는 체계다.

카이퍼는 창조에 대한 신학적 재평가를 시도하면서 삶의 체계로서 기독교를 말한다. 구속은 한 개인의 죄와 절망에서 구원받은 것뿐만 아니라, 세계의 재창조이며 전 우주의 회복이다. 그리스도는 영혼의 구원만 아니라 세계의 재창조자다. 성령은 인간 안에 내재하시는 성화의 영이라기보다 세계를 창조할 때 활동하던 "하느님의 기운"(창 1:2), 즉 하느님의 영으로 더 부각된다. 칼뱅주의는 이러한 관점에서 세계를 파악했다. 그래서 세계의 멸시, 현세적 사물의 무시, 우주적 사물의 경위를 단호히 거절한다. 다시 말해 칼뱅주의는 땅의 것을 포기하지 않고 이 땅의 주인이 하느님임을 천명하고 있다. 이와 같이 칼뱅주의는 복음을 포괄적, 우주적으로 해석하는 '일반 은총의 교리'의 입장에 선다. 이것은 바로 '하느님 앞에서'(coram Deo) 살아가는 것이다.

카이퍼는 분명한 고백을 한다. "우리는 이 세상 철학으로는 살 수 없다. 우리는 칼뱅과 함께 기독교 철학, 즉 하느님 말씀에 기초한 철학을 계속 주장하지 않으면 안 된다."고 하였다. 그것은 개신교 스콜라주의였다. 칼뱅은 항상 인간은 구원을 받아야 하는 죄인으로 보았으며, 죄의 사실을 염두에 두고 정치, 경제, 사회 문제를 다루었다. 그는 인간을 과대평가하지도 않았지만 하느님으로부터 신적 명령을 부여받은 특수한 존재임을 간과하지 않았다. 그의 창조와 섭리의 교리는 인류가 하느님으로부터 문화적 사명을 받은 것을 알게 해 주는 것으로 모든 문화적 활동에 신적인 동기를 부여한다. 이 점에서 칼뱅과 칼뱅주의자는 우리에게 적어도 계시의 삶에 대한 이해에서 새로운 지평을 열어 주고 있다. 칼뱅의 '일반계시'는 세계를 포괄적으로 보는 입장을 시사해 줌과 동시에 또한 지성과 뜨거운 강력한 행동대로 하느님 앞에서 어떠해야 하는가를 보여 주고 있다고 할 수 있다.

이제 우리는 신학적 논쟁점이 될 수 있는 교리 몇 가지를 살펴보자. 첫째로, 칼뱅주의의 '제한적 구속'에 대한 교리는 그리스도가 오직 선택된 사람들만을 위해 죽었다고 함으로써 예수 그리스도의 은총의 사건을 축소하는 것처럼 보인다. 둘째로, '불가항력적 은혜'의 교리는 인간을 거대한 기계의 톱니바퀴나 컴퓨터처럼 만들 수 있다는 비판을 받을 수 있다. 따라서 '저항할 수 없는 은총'이라는 말보다 '압도적인 은총'으로 표현될 수 있다. 이 말은 "우리의 저항에도 불구하고 하느님은 우리를 포기하시지 않으신다."는 뜻이다. 셋째로, '전적 타락'이라는 말은 우리가 철저히 무가치하고, 비참하며, 단순히 찌꺼기나 벌레에 불과함을 의미하는 것이 아니라 우리의 타락의 정도가 총체적임을 의미한다. 우리의 타락은 우리 존재의 모든 구석까지 미치고 있으므로 우리는 하느님의 은혜로 구원받을 수밖에 없다. 이러한 교리의 엄격성 때문에 칼뱅주의는 근본주의나 자유주의라는 말처럼 경멸적으로 비판된다. 하느님의 절대 은총과 하느님의 주권을 편파적으로 강조함으로써 결과적으로 인간의 노력을 무시하는 '과도한 칼뱅주의'를 낳았다.

칼뱅주의는 신의 절대 주권과 예정을 강조하는 동시에 인간의 무능을 적극 주장하면서 신의 은혜에 의한 중상을 통하여 새로운 피조물이 된 자각을 가지고 더 강력한 윤리적인 동시에 복음적인 신앙생활을 강조하며, 단지 개인의 영혼의 구원이나 안식에 머무를 것이 아니라 세계 역사 전체의 흐름 속에 뛰어 들어가서 역사와 사회 전체를 개혁해서 기독교적 문화와 경제 체제와 세계관을 수립해 보려고 하는 면에서는 어느 신학 사상보다 적극성을 띠고 있다. 특히 미국의 자본주의 형성에서 칼뱅주의자 청교도들이 절대적인 영향을 주었다고 막스 베버(Max Weber)가 주장한다. 이 말은 곧 서구의 발전 뒤에는 칼뱅주의적 기독교가 있었다고 평가하는 말일 것이다.

현대신학에서 정통주의 영향력은 쇠퇴하지 않았다. 정통주의는 "믿음으로 의롭다."는 내용적 원리와 '오직 성서로만'(sola scriptura)이라는 형식적 원리로서 특성을 이루고 있다. 정통주의는 하느님의 초월성, 역사의 심판자로서 거룩성, 창조주로서 주권성을 강조하며, 기도, 찬양, 헌신의 뜨거움을 갖도록 하는 데 공헌하였다. 개인의 영적 구원과 전도를 강조하는 신앙을 강조한 나머지 현실과 역사에 대한 무관한 신앙관을 가르친다는 비판을 받고 있다. 죄의 사회성에 대한 침묵이 묵시적 동의가 아닌가라는 비판이 있다.

2_ 근본주의

1) 사상적 배경

19세기 말엽에서 20세기 초에 걸쳐, 유럽의 사유주의 신학의 서센 바람이 미국 개신교 교회에 휩쓸려 들어왔을 때, 정통주의적 보수 신앙은 자유주의 물결을 막을 수가 없었다. 여기에 보수적 신앙을 보다 철저하게 고수하고자 하는 자들이 현대주의와 기독교는 서로 용납될 수 없다는 주장을 함으로써 일어난 사상이 근본주의(Fundamentalism)다. 미국에 그 발상지를 둔 근본주의는 성서의 축자영감설을 기초로 한 구속 신앙을 주장하고 나섬으로써 현대주의에서 말하는 제1차 세계대전 이후 독일의 고등비평학, 자연과학, 특히 진화론적 사고와 세속화된 생활에 반기를 들고 나왔던 것이다. 이 운동의 적극적으로 참여하려는 사람들은 근본주의자들이라고 칭하고, 정통 기독교를 수호한다고 주장한 데서 이루어졌다. 근본주의자들은 제2차 세계대전 후 '복음주의자들'이라 불렀다. 과학의 진보로 말미암아 다윈의 진화론, 성서의 고등 비평 등 자유주의 신학 사상의 물결에서 성서의 최고의 권위를 지키기 위한 운동이다.

2) 근본주의 운동

운동의 시작은 1870년대에서부터 미국의 경건주의적이고 극단적인 보수주의자와 주의 재림론자들이 중심으로 이루어졌다. 이들은 지방별로 소위 성서회의(Bible Conference)라는 모임을 조직하고 보수 신앙에 가치를 돌렸다. 이들은 1895년에 나이아가라에서 대회를 갖고 자기들의 신조를 '근본신조'(Fundamentals)라고 불렀다. 근본주의자들은 '모던'과 함께 발생했다는 점에서 모던, 특히 다윈의 진화론에 대해 반대하는 입장을 말해야 했다. "인간이 원숭이의 조상이다."는 진화론의 입장은 근본주의 신앙을 형성하도록 촉진시켜 주었다. 소위 '나이아가라 신조'라고 불리는 5개의 근본신조(Fundamentals)는 '최소한의 신앙고백'을 내세움으로써 그 입장을 분명히 한 것이다.

첫째, 성서는 오류가 없는 하느님의 말씀으로 축자적 권위(authority)가 있다. 성서 무오설은 근본주의 전체 사상의 건물을 덮고 있는 우산과 같다. 따라서 성서 연구에서 역사비평적 주석 방법을 거부하고, 고고학적인 연구 결과를 활용한다. 근본주의자들은 1611년 판인 *King James Version*을 무오류 성서로 믿고 인정한다. 따라서 새로운 성서 번역에 대해서 부정적이다. 그들은 성서의 *The Revised Standard Version*을 불태웠다. 이들은 17세기 정통주의자들처럼 성서문자주의에 기인하여 성서의 신적인 저작권을 극도로 주장하고, 인간은 신의 계시를 그대로 받아쓰는 기계로 간주한다. 곧 성서가 말하는 하느님께 대한 신앙보다는 성서 자체를 믿는 신앙에 가깝다. 따라서 신학교보다는 성서에 대한 축자적 이해가 강조되어 성서학교를 더욱 선호하고 있다.

둘째, 그리스도의 동정녀 탄생과 신성은 하느님과 인간의 불연속성과 절대적 거리를 말해 주는 것으로 유기적으로 연결된 빠뜨릴 수 없는 중요한 기사다. 당시 보수 신학교로 알려졌던 프린스턴신학교가 현대주의를 받아들였을 때, 보수신학의 거장인 그레샴 매첸(Gresham Machen)은 신학교의 보수화를 고수하려다가 50여 명의 학생을 데리고 1936년 웨스트민스트신학교를 세워 정통 장로교를 형성하였고, 후에 다시 더 보수적인 성서장로교로 분열되어 현재에 이르고 있다. 매첸은 『그리스도의 동정녀 탄생』(The Virgin Birth of Christ)에서 예수에 관한 기사는 따로 떼어져 있는 것이 아니라 유기적으로 연결되어 있다고 함으로써 자유주의적 현대 사상을 비판했다. 예수에 관한 기사를 기록하고 있는 신약성서는 전체적으로 연결지어서 이해하지 않는다면 설득력이 없게 된다. 예수는 보통 출생 과정을 통해서 온 것이 아니라 성령에 의해서 마리아의 자궁에 잉태되었다고 했다.

셋째, 그리스도의 대속적 죽음으로 원죄가 상실되어 인간에게 구원이 가능하게 되었다는 속죄 사상을 주장했다. 넷째, 그리스도의 육체 부활은 역사적 사실이며 성서가 증언한다. 다섯째, 그리스도의 재림이다. 그리스도는 세상을 심판하고 성도를 구원하기 위해 다시 오신다.

근본주의가 내세우는 다섯 가지 신조는 가톨릭, 정통주의, 신정통주의에도 있다. 문제는 그것을 어떻게 받아들이며 해석하느냐에 차이점이 있다. 근본주의에서는 문자주의로 고착하기 때문에 축자적으로 이해되던 그 의미가 죽는다. 축자석 성서 이해는 기독교의 사랑과 은혜와 용서의 복음을 경시하는 일이다. 그래서 바르트가 정통주의나 근본주의에서처럼 성서만(sola scriptura)을 강조했을 때, 근본주의자들은 바르트의 신학에서 희망을 가지고자 했다. 그러나 바르트가 성서 비평학자들의 연구 결과를 받아들였을 때 그들에게서 바르트는 용납될 수 없었다. 여기서 차이는 근본주의에서는 성서 문자영감론에서 문자영감론을 강조하고 있고, 바르트는 성서 문자영감론에서 성서를 강조하고 있는 점이다.

이러한 신앙의 '객관성'은 그 내용이 놀랄 정도의 선택 때문에 흥미로울 것이 아니라 오히려 그 뒤에 있는 인간학적인 기본적 신념 때문에 흥미롭다. 말하자면 근본주의는 '모던'과 끊임없이 '대화'를 하고 있으며, 더욱이 모던 편에 서 있으며 모던을 원하고 있다. 육체의 부활, 그리스도의 재림, 천년왕국 신앙은 세상의 불투명한 사건들 속에서 길을 잃지 않는다. 미래는 불투명하고 계산될 수 있으며, 역사는 고백하는 자에게 구원사가 된다. 동시에 인간은 하늘이 아니라 땅에 있으면서 지상에서의 지배가 희망이 되고, 그것도 가까운 장래에 실현될 것을 희망한다. 근본주의자들은 진리를 자신들이 소유하고 있다고 믿고 있다. 때때로 그들은 진리를 독점한 것처럼 세상을 이길 권력을 얻기 위해 목숨을 걸고 투쟁을 하기도 한다.

초기 근본주의자들은 정치적 행동을 상대적으로 절제하고, 국가와 교회의 날카로운 단절을 주장한 반면에 신근본주의는 정치적 활동을 필연적으로 생각한다. 미국의 신근본주의자들이 대통령 선거 때마다 그들의 마음에 드는 후보를 지지하면서 자신의 유권자들을 배경으로 정치력을 행사하고, 미국이 다시 세계의 빛이 되기를 희망하는 것이 단적인 예증이다. 미래를 준비하고 선교를 위해서는 정치적 수단을 활용하고 특히 대중매체를 제한 없이 사용해야 한다는 것이 그들의 신념이다. 현대신학 사상에서 근본주의를 반현대적인 열광주의로 비판함에도 불구하고, 왜 근본주의가 많은 사람들에게, 특히 사회적으로 낮은 계층에 속한 사람들에게만 아니라 중산층으로부터 광범위하게 지지를 받게 될까? 근본주의에 대한 현대신학 사상의 평가는 대체로 부정적이고 기형적으로 보았던 것이 사실이다.

그러나 이와는 달리 다른 시각에서 살펴보면 우리는 근본주의 신학을 하나의 모던신학으로 생각할 수 있을 것이다. 오늘날에도 유럽이나 미국, 한국에도 아직 근본주의가 살아 있는 것이 사실이다. 근본주의 신학이 지나치게 자유주의 신학을 견제하고 성서 신앙의 순수성을 보수하려고 하는 한 그 노력과 공적에 대해선 긍정할 수밖에 없을 것이다. 그러나 한때 자유주의나 현대주의와 싸우기 위해 일어났던 운동이었으므로 이 대적이 완전히 사라지는 날 역시 그 사명을 가지고 사라져야 할 것이다.

3_ 보수주의와 신신학

보수주의는 정통주의, 근본주의, 청교도주의 등 혼합적인 신학의 움직임을 일컫는 말이다. 그러나 보수주의의 혼합성 때문에 그것이 무엇을 말하는 것인지 모호하며 정확한 개념이 설정되지 않은 채 성직자나 신학자들이 용어를 사용하고 있으며, 신비주의, 경건주의, 세대주의 등의 복합적으로 나타나 개념 설정을 더욱 어렵게 하고 있다. 한국 기독교에서 장로교의 경우 보수주의는 개혁주의, 칼뱅주의, 복음주의 등의 의미로 불리기도 한다.

초기 한국 교회는 보수주의 신앙과 신학을 가지고 시작했다. 한국에 온 선교사들이 청교도 사상을 근거로 선교를 했기 때문에, 교회에는 그 정신에 따라 성수주일을 중요시했고 춤, 도박, 술, 담배 등을 죄악시하였다. 신학교육은 성서를 연구하고 해석하는 신학교보다는 성서를 암기하고 성서 문자와 생활을 중요시하는 성서학교가 지배적이었다. 따라서 성서비평에 대해서는 강하게 보수적이었다. 1890년 한국에 온 모펫(Samuel Moffet) 박사는 한국 교회 50주년 기념보고서에서 한국 교회의 전도열과 구원론, 성서의 권위 문제에 관해 보수적인 평가를 내리고 있다. 그리고 한국에 온 초기 선교사들의 신학은 가상 보수적이라는 평가를 받았다.

데비우스 선교 방법의 중심 사상을 보면 성서를 그리스도인들의 생활의 기본으로 삼고 보수주의적 신앙생활을 권장하고 있다. 1907년 한국 장로교의 첫 총회의 신앙고백서와 교리문답은 대단히 보수주의적인 칼뱅주의 성격을 내고 있다. 1907년 보수주의인 평양장로교 신학교가 설립되었고, 여기서 모펫 박사는 일반적이고 평범한 보수주의가 아닌 철저한 개혁주의 신학을 가르쳤다. 신학적으로 보수주의는 성서의 축자영감과 그 권위, 그리스도의 임박한 재림을 주장하며 예배에서는 의식을 최소화하고 설교 중심을 골자로 했다. 특히 로마 가톨릭 교회에 대해서는 강한 회의적 태도를 갖고 있었다. 여기서 개혁교회를 중심으로 보수주의 신학의 특징을 정리해 보자.

첫째, 하느님의 절대적인 주권 사상을 신학의 가장 큰 주제로 삼고 있다. 하느님은 자연법칙, 도덕률의 입법자이며, 집행자다. 하느님은 진리와 예술을 주관하시고 법칙과 질서로 다스린다.

둘째, 성서의 객관적 권위를 내세운다. 성서는 축자영감으로 쓰였기 때문에 오류가 없다. 성서의 축자영감은 기계적 축자영감이 아니라 유기적 축자영감이다. 즉 신적인 요소와 인간적 요소가 조화를 이루어 성령의 주도적 인도와 영감하에서 이루어졌다.

셋째, 구원은 하느님의 전적 은혜다. 칼뱅주의의 5대 강령 원칙(TULIP)에서 그것을 밝히고 있다.

넷째, 그리스도 중심적 교회관이다. 개혁교회의 근본 원리는 그리스도만이 교회의 유일한 권위다. 교권은 그리스도에게 돌아가야 한다.

다섯째, 적극적 문화관이다.(창 1:28) 인간은 자연과 인간에게 내재된 모든 가능성을 발휘하며, 그것을 하느님께 드려야 할 의무가 있다. 왜냐하면 만물은 인간과 함께 하느님을 위하여 창조되었기 때문이다.

정리하면, 보수주의(conservatism)란 일반적으로 사회와 국가의 전통적 기존 질서에 대한 가치 경험을 그대로 고수하려는 일종의 정치적, 이념적 근본태도를 말한다. 따라서 보수주의는 그 구조와 원리를 고수하는 한 개혁과 갱신을 기대할 수 없다. 보수주의는 역사가 흐르는 동안 수많은 근본 사상이 형성되었다. 보수주의의 특징은 변화를 원치 않고 미지의 사실을 불신하며 이론보다 경험을 존중하는 데 있다. 우리는 앞에서 교리로 형성된 정통주의 신학과 근본주의 신학이 있음을 밝혔다. 보수는 신앙의 보수, 성서의 권위를 내세운 종교개혁자들의 전통에서 보수하고자 하는 운동이다.

신신학(New Theology)의 출발은 자유주의 신학이 20세기 들어와서 미국에 뿌리를 내리면서 1세기 동안 칼뱅주의 신학의 보루였던 프린스턴신학교의 신학적 기후 변화에서 나타난다. 이러한 변화에 대하여 보수신학의 대변자인 매첸(G. Machen)은 새로운 신학 사상과 갈등을 빚자 1929년 새로운 정통신학의 요람으로 웨스트민스트신학교의 분립을 선언한다. 이러한 결과 프린스턴신학교는 진보적 성향을 띤 '신신학'으로, 그리고 웨스트민스트신학교는 보수주의 사상을 대변하는 곳으로 양분된다. 이러한 진보와 보수는 그대로 한국 교회에 이어졌다. 미국에서 들어온 보수-진보 사상은 한국 장로교의 분열과도 무관하지 않다. 여기에 어느 쪽 하나는 '정통'이고 다른 한쪽은 '이단'이 되는 위험이 도사리고 있었다.

1930년대에 들어서면서부터 보수주의는 '신신학', 즉 소위 '자유주의 신학'의 도전을 받게 되었다. 신신학이란 보수주의나 정통신학에 대항하는 새로운 신학 사상을 말한다. 19세기 말엽 한국에 전래된 기독교는 정통주의(보수주의/근본주의)의 성서의 축자영감설과 성서무오설, 모세 오경의 모세 저작설이 지배적이었고, 그 외에 어떤 새로운 신학 사상도 '신신학'이라고 하여 부정적으로 사용하였다. 더 큰 문제는 정통 신앙은 반드시 신학에서는 보수적이고, 보수적이 아닌 신학은 신앙에서 반드시 정통이 아닌 이단이라는 도식적 사고로 빠지게 되는 데 있다.

한국 교회, 특히 장로교 내에서는 성서의 자료설, 문서설 등의 고등비평과 해석의 문제로 말미암아 보수와 진보가 갈리게 되었고, 결국 교파의 분열을 가져오는 결과에 이르렀다. 한국에서 교파의 분열은 예수 그리스도를 두 쪽으로 찢어 놓는 결과를 낳았다. 가령 예수 그리스도를 신앙의 내용으로 고백해야 할 텐데 한쪽 파가 "나는 예수파요.", 다른 한쪽 파가 "나는 그리스도파요." 하고 갈라진 것이다. 예를 들면 예수교장로교 그리고 기독교(그리스도교)장로교가 그것이다. 분리는 그리스도의 몸을 찢고 있는 것이다.

1938년 장로교 총회에서 신사참배를 하기로 결정하자 하느님의 율법, 하느님의 권위, 하느님의 명령에 순종해 온 한국 보수주의는 표류하기 시작했다. 더욱이 1940년 '자유주의 신학'의 학풍을 가진 조선신학교가 설립되어 신앙과 학문의 자유의 물결이 퍼지기 시작했다. 한국 보수주의에서는 신신학을 바르트와 브루너의 신정통주의를 두고 사용하며 대체로 부정적으로 사용한다. 그것은 새로운 신학 사상은 위험하고, 전통적인 재래적 신학은 다 좋다고 하는 잘못된 인상을 주는 용어다. 그러나 루터, 칼뱅도 그 당시는 신신학자였다. 신학은 언제든지 새로운 운동이어야 한다. 결국 하느님은 불변하시지만 그는 변하는 세상을 상대로 일하신다는 것을 모르고 하는 말이다.

최근 이스라엘 법원에 1900여 년 전에 빌라도에 의해 나사렛 예수의 사형 판결이 오판이었으므로 다시 재판해 달라는 신청서가 들어온 적이 있었다. 소위 예수 사형 판결 재심 청구를 통해 유대인의 얼룩진 명예를 회복하자는 것이었다. 물론 적법성이 없어 기각이 되기는 했지만 이성과 양심을 일깨워 준 사례였다. 기독교의 처음 순교자인 스데반이 유대교 지도자들의 거짓된 송사로 돌에 맞아 죽은 일(행 7장)과 사도 바울의 송사 사건(행 24:5-9)이 '이단'으로 몰린 것이다.(행 24:13-16) 교부 시대 니케아 회의에서부터 시작한 수차례의 종교회의들은 정통과 이단의 논리의 싸움이었다. 가톨릭 교회는 트리엔트 종교회의(1545-1563)의 결정에 따라 루터와 칼뱅 등의 종교개혁자들을 '이단'으로 정죄했다. 영국에서는 퀘이커교도들과 침례교도들이 국가 권력에 매이지 않는 신앙의 자유를 부르짖다가 '이단'으로 취급되어 처형되는 일이 일어난 것이다.

신학이란 살아 계신 하느님과 하느님의 아들 예수 그리스도를 구세주로 믿는 기독교에 관해 설명해 주는 지식 체계이고 이론이다. 그 설명은 그 설명을 듣는 사람들이 납득할 만한 언어와 논리로 설명되어야 한다. 그런데 그 설명을 듣는 사람들은 역사의 흐름과 문화의 변화에 따라 달라지기 마련이다. 사도 시대 바울은 로마인에게는 기원후 1세기의 그리스-로마문화의 언어와 사상과 논리로 설명해야 했고, 토마스 아퀴나스는 13세기의 언어와 논리로, 칼뱅은 중세문화가 무너지고 근세문화가 발흥하는 16세기 언어와 사상과 논리로 각각 설명해야만 했다. 보수신학과 신신학의 관계를 칼뱅주의 기준에서 보면 토마스 아퀴나스 신학은 보수주의 신학이고 칼뱅주의는 신신학이며, 존 웨슬리의 기준에서 보면 성공회와 칼뱅주의는 보수주의 신앙이고 웨슬리는 신신학이라고 할 수 있다.

로마 가톨릭 교회가 교황과 교회의 권위를 절대화하는 것이 문제가 되듯이 보수주의가 자기 방어를 위해 신조나 교리를 절대화할 때 문제가 된다. 교리와 신조는 언제나 교회의 신앙과 성서의 권위에 의하여 재비판되고 재해석되어야 한다. 보수주의 신학은 누구든지 그리고 어느 교단이나 학파를 막론하고 전통적인 것과 재래적인 것을 지키려고 하는 마음의 태도와 학문의 방법을 말한다. 그러나 때로는 잘못된 것을 깨닫지 못하고 열심히 지키려고 하기 때문에 진취성과 발전이 결여되기도 한다. 신학적 입장 차이는 어느 시대에나 존재하나, 문제는 그리스도인이 빛과 소금이 되어야 한다는 것이다.

이러한 보수주의의 사회성에 대한 비판의 대안으로 '신보수주의'가 등장했다. 신보수주의자로 불리는 브로멜레이(G. W. Bromiley), 벌카우어(G. C. Berkouwer), 빌리 그래햄(Billy Graham), 칼 헨리(Carl Henry), 카넬(F. J. Canell) 그리고 한국의 한철하, 박윤선, 김영한 등은 현대 세계의 질문들을 주제음으로 삼지는 않지만, 복음의 영원성을 포기하지 않으면서 그 질문들과 연결시키는 신학적 노력을 한다는 점에서 '열린 보수'라고 할 수 있을 것이다.

XI 신정통주의 신학

1_ 신학적 배경

19세기 말에 자유주의 신학이 개신교 교회를 완전히 지배하고 있었을 때 정통주의 신학은 이에 대항할 힘이 없었다. 그래서 미국 안에 있는 일부의 보수주의자들이 자유주의 신학에 반대하면서 기독교가 끝까지 보수해야 할 몇 가지 근본교리를 설정하고 그 근본교리를 지키려는 근본주의 신학 운동을 전개했다. 그들의 근본신조(Fundamentals)는 성서 무오설, 처녀 탄생, 신성과 대속적 죽음, 육체적 부활, 육체적 재림 등이다. 이들은 자유주의 신학에 반대하여 이른바 현대주의와 기독교는 서로 용납할 수 없다는 입장에 서서 철저한 성서의 축자영감설을 기조로 한 구속 신앙을 주장하고 나섰던 것이다. 그러나 이 운동은 얼마 못 가서 자체의 분열로 쇠약해지고 말았다.

결국 자유주의 신학의 극복은 20세기 말쯤의 신학자 칼 바르트를 비롯한 변증법적 신학자들의 새로운 신학 운동인 '신정통주의'(Neo-orthodoxy)에서 이루어졌다. 이들은 제1차 세계대전의 소용돌이 속에서 19세기 신학의 문제점을 보고, 자유주의 신학과 결별하고 하느님의 타자성을 강조한다. 이 신학 운동은 자유주의 신학의 성서 해석

방법을 사용하면서도 성서를 유일한 계시의 근거로 보고 있다. 그런 의미에서 정통주의와 같은 맥락에 있으나 옛 전통으로 돌아가지 않고 '하느님 말씀'을 수립한 점이 특유하다.

신정통주의는 기독교적 메시지의 근원을 위기에 놓인 문화를 초월한 데 두어야 한다는 데 정통주의와 일치하였다. 신정통주의는 우선 문화와 기독교의 자유로운 통일을 말하고 있는 19세기 '문화 개신교'(Kulturprotestantismus)에 대한 비판에 중점을 두었다. 그러나 신정통주의 신학은 19세기 자유주의 안에는 하느님과 인간이 하나로 혼합되었고, 계시가 인간의 감정, 가치, 역사, 현실성 속에 융해되어 있었다는 것을 간파하게 된 것이다.

2_ 신학적 방법론

신정통주의의 관심사는 종교개혁자들(칼뱅, 루터)의 정신을 이어 받은 사상으로 자유주의와 보수적 정통주의를 비판하고 나온 새로운 신학 방법론, 즉 변증법적 신학(Dialectical Theology)이다. 이들은 바울(Paul)과 아우구스티누스(Augustinus)의 전통에 서 있는 루터(M. Luther), 칼뱅(J. Calvin) 사상을 부흥시키려고 한 점에서 '신종교개혁 신학' 혹은 '신칼뱅주의 신학'이라고도 불렀다. 또 한편으로는 이들은 자유주의 낙관론을 비판하고 하느님의 말씀을 신학적 방법으로 한다는 의미에서 '하느님 말씀의 신학' 혹은 '복음주의 신학'이라고 불렀으며, 신의 절대성과 인간의 위기를 강조했다는 점에서 '위기신학'이라고도 일컫기도 했다. 이것은 자유주의 내재적 신학에서 잃었던 신의 초월을 다시 강조하면서 시작된 신학의 방법론이었다. 이제 그 특징을 살펴보자.

첫째, 성서의 권위를 강조한다. 성서의 저자는 하느님이다. 성서에는 독특한 지위를 부여하는 초자연적 요소가 들어 있다. 예를 들면 하느님의 성육신, 동정녀 탄생, 부활 등이 그것이다. 정경 66권(로마 가톨릭 교회는 72권이다.)에는 필연적으로 풍부한 문학적 양식과 다양한 도덕적 계명들 그리고 다양한 환경들과 상황들이 포함되어 있는 인간 품성의 모든 유형들이 나타나 있는 것은 거기에는 수많은 저자들에 의해 쓰였기 때문이다.

  둘째, 초월성을 강조하는 신학 방법론이다. 인간이 하느님과 비교할 수 있는 특성은 아무것도 없으며, 하느님은 '절대 타자'다. 하느님과 인간 사이에는 '무한한 질적 차이'가 있다. 그 차이는 "하느님은 하늘에, 인간은 땅에!" 있을 만큼 거리가 있어 인간 스스로는 하느님에게 도달할 수 있는 길이 없다. 하느님은 초월해 계신 분이다. 이것은 인간과 인간 문화로부터 오는 모든 출발을 멈추게(Stop!) 한다. 이것은 자유주의에서 본 문화 개신교에 대한 비판이 된 것이다.

  셋째, 계시를 신학의 방법론으로 삼고 있다. 하느님을 알 수 있는 유일한 길은 하느님의 자기 계시인 예수 그리스도에게서다. 특히 바르트는 신학의 중심의 축을 예수 그리스도에 두었다. 이러한 그리스도 중심적 사고는 종교개혁의 전통 '오직 그리스도로만'(solus Christus)과 일맥상통하고 있으며 그것은 바르멘 신학선언의 기초가 된다.

  넷째, 인간의 죄성(the sinfulness)을 강조하고 있다. 인간의 운명은 하느님과 이웃과의 올바른 관계에서 살아가도록 되어 있다. 키에르케고르는 기독교는 죄론과 함께 시작되어야 한다고 주장하였는데, 그 이유는 이러한 신념들이 인간 본성의 타락과 한계를 강조하고 있기 때문이라는 것이다. 그는 '인간의 실존'은 '인간의 사고'(이성)보다 앞선다고 주장했다. 따라서 우리는 하느님을 논리적으로 생각할 수 없다. 왜냐하면 하느님과 인간의 간격은 너무도 크기 때문이다. "하느님과 인간의 무한한 질적인 차이", 이러한 차이를 간과하는 것은 인간 편에서 보면 '무모한 짓'이요, 하느님 편에서 보면 그것은 '신성모독'이다.

  위에서 살펴본 대로 신정통주의는 실존적인 이해를 신학의 방법론으로 한다. 키에르케고르의 실존 이해는 신정통주의자들에게 진리에 대한 열정적 참여를 하게 했다. 키에르케고르는 덴마크 국교회의 생명력 없는 정통주의를 보면서 각개인의 실존적 참여를 부르짖었다. 바르트를 비롯한 신정통주의자들은 키에르케고르의 실존 이해를 신학에 적용하였다. 인간은 지금 여기서(here and now), 나(I)는 진리에 대한 참여와 결단(decision)을 통해 자신의 실존의 형태를 변화시키게 된다. 이러한 실존적 신학 방법은 형식에 치우친 정통주의와 무감각한 자유주의에 대한 하나의 해독제가 되었다. 더욱이 인간이 죄인이라는 입장을 견지한다는 의미에서 신정통주의와 정통주의는 일맥상통한다. 그러나 정통주의가 현실참여에 소극적이라면, 신정통주의는 매우 적극적이다. 인간의 실존적 사회참여는 예수 그리스도가 이 세상을 이겼다는 전제 속에서 가능한 것으로 보고 있다.

3_ 신정통주의 신학자들

신정통주의자들 가운데 바르트, 브루너, 고가르텐, 투르나이젠, 틸리히, 니버, 불트만 등을 들 수 있다. 이 가운데 다섯 신학자들의 신학을 간략하게 소개해 보기로 하자.

1) 칼 바르트

칼 바르트(K. Barth)는 쉴라이에르마허 이후 최대의 개신교 신학자였다. 그는 보수적인 개혁교회 전통 속에서 성장했으나 신학 교육을 통해 자유주의자가 되었다. 그러나 목회 활동을 통해 성서를 재발견하고, 전쟁정책을 지지하는 독일 지성인의 선언을 통해 자유주의 신학이 장래가 없다고 느끼고는 그것과 결별했다. 특히 『로마서 주석』 2판은 자유주의 신학에 대한 반대 선언서였다. 바르트의 신학은 자유주의 신학에 대한 반작용이었다. 특히 신학 방법론상에서 19세기 자유주의 신학과 정반대의 입장을 취했다. 전자가 인간의 경험이나 종교의식을 신학의 출발점으로 삼았던 데 반해, 바르트는 하느님의 말씀을 신학의 출발점으로 삼았다. 하느님의 말씀과 절대적인 그리스도 중심주의가 그의 신학의 특징이었다. 그는 예수 그리스도를 모든 신학적 진술의 궁극적 표준과 모든 신학의 기본이 되는 본문으로 간주했다.

바르트의 가장 큰 공헌은 하느님과 하느님의 계시보다는 인간과 인간의 경험을 신학의 중심으로 삼았던 신학의 흐름에 반기를 들고 이를 차단하려 한 것과 예수 그리스도 안에 나타난 하느님의 계시를 신학의 중심으로 삼은 것이다. 자유주의 신학과 신학자들을 비판하고 정죄했지만, 바르트는 그것과 완전히 단절하지는 않았다. 그는 자유주의 신학의 역사비평적 성서 연구 방법을 수용하여 성서의 무오성을 인정하지 않았으며, 성서와 하느님의 말씀을 동일시하지도 않았다. 그의 그리스도 중심적 신학은 19세기 신학의 시도를 완성한 것으로 이해된다. 한편, 바르트의 신학은 지나치게 하느님의 초월성을 강조한 것이라든지, 보편구원론적인 경향성을 지니고 있다는 것 등으로 말미암아 비판받고 있다.

그러나 그러한 말은 그의 신학에 대한 곡해다. 그에게서 신학한다는 것은 성서의 말씀을 세계 상황의 문제들과 요청들에 직면하여 거듭거듭 새롭게 증언하는 것이었다. 신학은 그에게서 살아 계신 하느님의 말씀을 움직이고 변화하는 세계에 증언하는 것이기 때문에 역사적이고 역동적이다. 그의 신학의 방법은 단순히 '위로부터'(von oben) 혹은 '신으로부터'(von Gott her) 출발하는 것으로 이해되어서는 안 된다. 위로부터 오시는 하느님의 말씀은 언제나 '아래서부터'(von unten) 들린다. '위로부터'와 '아래로부터'가 그에게서 이분법적으로 나누어지지 않는다. 그의 신학은 변증법적으로 서술 속에서 역동적이다.

2) 에밀 브루너

에밀 브루너(E. Brunner)의 신학은 바르트와의 논쟁에서 그 특징이 드러난다. 바르트와 브루너의 자연신학 논쟁은 예수 그리스도 이외에 하느님의 지식에 이를 수 있는 길이 있는가 하는 것이 핵심 문제였다. 바르트는 하느님의 계시가 전적으로 예수 그리스도 안에 있다는 것을 강조함으로써 일반계시와 자연신학의 가능성을 부정했다. 바르트에게서 계시는 항상 예수 그리스도 안에 나타난 하느님의 계시를 의미했다. 반면 브루너는 바르트의 절대적인 그리스도 중심주의를 받아들이지 않았다. 그는 칼뱅의 교리에 근거하여 자연 세계를 통해 나타나는 하느님의 일반계시가 있다고 주장했다. 그렇지만 인간이 일반계시를 통해 하느님의 지식에 이를 수 있다고 생각하는 독립적인 자연신학의 가능성에 대해서는 부정적이었다.

브루너가 칼뱅의 자연 이해를 따른다는 점에서 바르트의 견해보다 온건한 동시에, 더 종교개혁의 전통에 서 있는 것처럼 보인다. 루터와 칼뱅은 시편 19편, 로마서 1-2장들에 근거하여 일반계시를 인정했다. 자연을 통해서도 하느님을 알 수 있다는 것이다. 따라서 일반계시를 인정하는 브루너의 견해가 그것을 부정하는 바르트보다 더 종교개혁자들의 신학과 일치된다. 바르트는 그리스도의 유일성과 그리스도의 계시를 극단적으로 강조한 나머지 성서가 증거하고 있는 일반계시를 부정했다. 뿐만 아니라 이를 합리화하기 위해 성서 본문을 임의적이거나 독단적으로 해석한 경우가 없지 않았다.

그러나 브루너의 약점은 그가 일반계시뿐만 아니라 또한 자연신학을 신학의 방법론으로 삼은 점이다. 그가 인간이 타락으로 실질적인 하느님의 형상은 파괴되었으나 형식적인 형상은 상실되지 않았다고 주장한 것 등은 문제점으로 지적된다. 우리는 성서 저자들이 일반계시가 제공하는 증거에 근거하여 하느님의 존재를 논증하려 하지 않았다는 사실을 주목해야 한다. 자연, 역사, 인간의 양심을 통해 하느님의 일반계시가 나타난다. 그러나 성서는 자연신학을 건설하기 위해 그것을 사용할 수 없다는 것을 교훈해 준다. 일반계시는 인정된다. 그리고 그것이 신자와 불신자 사이의 접촉점이 될 수 있다. 그러나 일반계시는 인간을 성서의 하느님에게로 인도하거나 구원에 이르게 할 수 없다. 따라서 인간의 이성에 의해 하느님에 대한 참지식에 이르는 것이 가능하다고 주장하는 자연신학은 인정될 수 없다.

그리스도 안에 나타난 하느님의 계시를 통하지 않고는 하느님과 구원에 관한 진정한 지식에 접근할 길이 없기 때문이다. "나는 길이요, 진리요, 생명이다. 나를 거치지 않고서는 아무도 아버지께 갈 수 없다."(요 14:6) 한편 바르트와 브루너의 자연신학 논쟁은 이 문제를 현대신학의 새로운 관심사로 부각시킨 데 역사적 의의가 있다. 이 문제는 바르트와 브루너 이후에도 논란의 대상이 되었다. 바르트의 입장은 몰트만이나 틸리히 등으로부터 비판을 받았다. 그러나 후대 학자들은 브루너의 견해를 지지하는 쪽과 바르트의 견해를 지지하는 쪽으로 대부분 나뉘어진다. 알트하우스, 베일리, 벌카우어, 카이퍼 등이 전자에 속하며, 니젤, 토란스 등은 후자에 속한다.

3) 루돌프 불트만

루돌프 불트만(R. Bultmann)은 과학 시대에 살고 있는 현대인에게 어떻게 성서를 이해시킬 수 있을까 하는 관점에서 자신의 신학을 전개했다. 그가 일평생 신학적 주제로 삼았던 것은 신앙과 이해 문제였다. 그에 대한 방법론으로 제시한 것이 신약성서의 비신화화와 실존론적 해석이다. 이것은 자유주의 신학의 역사비평적 방법을 발전시킨 것이다. 따라서 불트만의 전체 신학 연구는 '비신화화'라는 주제에 집중되었다고 해도 과언이 아니다. 현대인의 이해를 위해 성서를 재해석해야 한다는 불트만의 문제 제기는 많은 공감대를 형성하고 긍정적인 반응을 얻었다. 하지만 그 문제에 대한 해결책으로 제시된 방법론과 신학은 그의 생존시부터 많은 논쟁과 논란을 일으켰다. 역사적 예수와 신앙의 그리스도, 신학과 역사의 관계성, 비신화화 논쟁 등이 그것이다.

불트만의 문제점은 몇 가지로 정리된다. 첫째, 불트만은 성서의 초자연적인 사건들을 신화로 취급하고 그 역사성을 인정하지 않았다. 동정녀 탄생, 그리스도의 신성을 부정하고 나사렛 예수와 그리스도를 분리시켰다. 불트만은 역사에 기초한 기독교를 신화에 기초한 기독교로 전락시켰던 것이다. 둘째, 불트만은 신약성서가 성령의 감동으로 쓰인 것이 아니라, 성서 저자들이 예수의 생애와 구전에 대한 전승과 고대 근동의 종교들로부터 유래한 자료들을 편집한 것이라고 주장했다. 따라서 그는 하느님의 말씀으로서 성서가 지니고 있는 권위를 인정하지 않았다. 셋째, 불트만은 하이데거의 실존철학의 영향으로 모든 기독교 신학이 인간 실존에 관계된다고 주장했다. 기독교 신앙은 내적인 동시에 주관적일 뿐만 아니라 실존적이다. 그의 신학은 역사성과 객관성을 결여하고 있다. 그가 신학의 영역을 인간의 주관적인 영역으로 축소시켰기 때문이다. 따라서 그의 신학은 인간 중심적인 신학이 되었다. 마지막으로 불트만은 신적 계시와 우주적인 측면을 과소평가했다. 하느님의 계시는 현재와 과거 그리고 미래적인 측면이 있다. 그것은 창조로부터 시작하여 시간적 종말의 세계 완성으로 끝난다. 그러나 불트만은 이 역사의 전 과정을 외면하고 단지 그 중에서 현재 속의 순간, 즉 인간의 실존에만 관심을 집중했다.

4) 파울 틸리히

파울 틸리히(P. Tillich)는 한마디로 문화의 신학자였다. 그의 평생 관심이 종교와 문화의 문제였으며, 그의 저서 대부분이 기독교가 어떻게 세속문화에 관계되는가를 논한 것이었다. 상관의 방법은 종교와 문화를 조정하고 중재하려는 그의 방법론이었다. 틸리히는 가장 영향력 있는 현대 기독교 사상가 중 하나다. 변증법적 신학의 초기에는 바르트의 동지로서, 그 후에는 바르트에 대한 비판가로서 독일 신학계에 명성을 떨쳤으며, 라인홀드 니버의 동료와 친구로서 미국 신학의 흐름을 주도했다. 그러나 그는 바르트처럼 개신교 신학에 강한 영향을 끼치지 않았으며, 그의 사상이 라인홀드 니버처럼 예언자적인 힘을 지닌 것도 아니었다.

틸리히의 탁월성은 오히려 현대의 역사적 관점과 인간의 실존적 상황에 근거하여 기독교 신학을 존재론적인 입장에서 해석한 것에 있다. 그는 '궁극적 관심', '새로운 존재', '상관의 방법' 등의 개념을 사용하여 현대인들에게 신학을 변증하고자 했다. 틸리히는 신정통주의와 자유주의 신학을 극복할 수 있는 제3의 길을 모색했다. 그는 신정통주의 신학자로 분류되고 있음에도 불구하고, 자유주의 신학의 공헌을 적극적으로 평가했다. 뿐만 아니라 그의 저서와 사상은 자유주의 신학과 많은 연속성을 가지고 있다. 바르트가 하느님의 초월성을 강조하고 성서의 메시지를 신학의 출발점으로 삼고 있는 데 비해, 틸리히는 인간, 역사와 문화에서의 하느님의 내재성을 강조하고 인간의 상황을 신학의 출발점으로 삼았던 것이다. 틸리히는 전통신학에 도전적인 신학자였다.

틸리히는 성서의 '비문자화'(deliteralization)를 주장하여 인격적인 하느님의 개념, 그리스도의 성육신 사건과 같은 기독교 신앙의 본질적인 요소들을 단지 상징으로 해석했다. 따라서 성서는 하느님의 말씀이요, 하느님은 인격적이며, 그리스도의 성육신은 역사적 사실이라고 믿는 전통적인 성서관, 신관 그리고 그리스도론과 다른 입장을 취했다. 틸리히는 역사적 사실에 근거한 기독교를 상징에 근거한 기독교로 전락시키고, 기독교 신앙의 역사적 토대를 손상시켰다는 비판을 받는다. 이 때문에 그의 신학은 '신변증법적 신학' 또는 '신자유주의 신학'으로 취급되거나 인간 중심적인 신학에로의 복귀로 간주되기도 한다.

5) 라인홀드 니버

라인홀드 니버(R. Niebuhr)는 사상가이며 동시에 행동의 사람이었다. 저술을 통해 현실 상황과 문제들에 대해 자신의 견해를 밝히고 사회와 정치 활동을 통해 그것을 실천에 옮겼다. 니버의 사상은 옛 것과 새것이 대립하여 변형하는 변증법적 과정을 통해 이루어졌다. 그의 신학 사상은 자유주의 신학으로부터 출발하여 신정통주의 신학으로, 그리고 정치와 윤리 사상은 자유주의와 평화주의로부터 출발하여 사회주의를 거쳐 기독교 현실주의로 이동하는 과정을 통해 발전했다. 니버의 인간관은 인간의 두 측면, 즉 하느님의 형상과 죄인, 또는 자유와 유한성을 동시에 강조하는 것이 특색이다.

인간은 하느님의 형상을 지닌 고귀한 존재인 동시에 죄로 말미암아 비극적인 운명 속에 있는 존재다. 정통주의 기독교와 자유주의 기독교 인간관은 인간의 두 측면 중 어느 하나만을 강조하는 경향이 있다. 정통주의적 기독교는 인간이 하느님의 형상으로 지음을 받았다는 것을 소홀히 다루었던 반면, 인간이 죄인이라는 것을 지나치게 강조하는 비관주의적 인간관을 주장했다. 이와 대조적으로 자유주의적 기독교는 인간이 죄인이라는 사실을 소홀히 다루었던 반면, 하느님의 형상으로서의 인간의 창조적 노력을 지나치게 강조하여 인간성을 신뢰하고 역사와 사회의 진보를 믿는 낙관주의적 인간관을 주장했다. 니버는 정통주의 기독교와 자유주의 기독교의 이러한 결점을 발견하고 그것을 극복하려 했다. 그는 인간을 낙관적 혹은 비관적으로 볼 것이 아니라 인간을 현실 그대로, 즉 하느님의 형상이면서 죄인인 존재로 보아야 할 것을 주장했다. 이러한 인간 이해는 그의 사회윤리학과 역사 해석의 토대가 되었다.

니버의 죄관은, 인간은 초월적이면서도 유한한 존재인 까닭에 자신의 유한성으로 항상 불안해 한다는 사실에 착안하여 죄를 해명한 것이 특징이다. 그는 불안을 죄의 전제 조건 또는 죄의 계기로 봄으로써 죄의 근원을 불안에서 찾았다. 이것은 그의 독창적인 사고라기보다 키에르케고르의 불안의 개념에 힘입은 바 큰 것으로 이해된다. 니버의 공헌점은 그의 인간 해명에 있다. 그는 성서와 현실주의에 근거하여 낙관주의와 비관주의를 극복할 수 있는 길을 모색했다. 또한 인간 본성에 대한 기독교적 이해에 기초하여 인간의 사회적 현실을 새롭게 이해하려는 기독교 현실주의를 전개했다. 이것이 현대 사상에 대한 그의 큰 공헌이며 아직도 계속되고 있는 그의 영향력이다.

4_ 신정통주의의 특징

신정통주의 기치를 내걸은 인물은 칼 바르트(K. Barth, 1886-

1968)였다. 바르트를 중심으로한 신정통주의자들은 정통주의자들이나 근본주의자들처럼 성서를 해석할 때 편협한 보수주의자들은 아니었다. 성서의 많은 부분들이 과학적으로 타당하거나 역사적으로(historisch) 사실이라고 생각하지 않았다. 성서는 하느님 지시대로 쓰인 것이 아니라 인간에 의해 쓰였다고 했다. 그들은 모두 비평의 결과를 받아들였다. 예를 들면 모세는 오경의 저자가 아니라는 것, 창조에 관한 두 기사가 있었다는 것, 마가복음은 다른 세 복음서보다 먼저 쓰였다는 것 그리고 아마도 신약성서 서신 중에서 바울이 쓴 것은 단지 몇 편에 불과하다는 것 등이다.

성서는 하느님에 관한 인간의 사고가 아니라, 인간에 관한 하느님의 사고를 담고 있다. 즉 성서는 우리가 어떻게 하느님에 대해 말해야 하는지를 말해 주는 것이 아니라, 하느님께서 우리에게 무슨 말씀을 하고 계시는지를 말해 주고 있다. 성서는 우리가 어떻게 하느님을 찾을 수 있는 것이 아니라 그분이 우리를 어떻게 찾고 계시는가를 말해 주고 있다. 성서는 신과 올바른 관계가 무엇인가를 말해 주기보다는 이미 아브라함과 이삭, 야곱 마침내는 예수 그리스도 안에서 주셨던 계약의 말씀을 들려 주고 있다. 성서는 계시된 책이다.

따라서 성서의 진리는 이미 주어진 것(das Gegebene)이다. 바르트는 정통주의의 중요성을 재강조하면서도 새로운 신학의 방향과 재해석을 주장하고 나왔다. 그는 성서를 성서 되게 하는 것은 성서가 인간의 문자에 얽매이지 않고 오히려 하느님의 영의 창조적 현실성에 있다고 보았다. 정통주의에서 문자영감론을 강조하는 성서 문자영감론이라면 바르트에게서는 성서를 강조하는 성서 문자영감론을 주장한 것이다.

바르트가 그의 책 『로마서 주석』(Der Römerbrief)에서 보여 준 신학적 외침은 서구 기독교 문명과 자유주의 신학에 대한 비판이었다. 서구 기독교 문명이 담보해 온 신이란 신이 아니라 우상이고, 그래서 신은 '절대 타자'라고 외쳤던 것이다. 이러한 비판은 자본주의 세계에 대한 비판의 계기를 열어 놓았다. 바르트 신학은 기독교의 성서적 복음과 신앙을 마르크스주의 혹은 사회주의 자체와 동일시하지 않고, 그러나 자본주의적 반공 기독교를 넘어서 만날 수 있는 계기를 열어 놓았다. 그것은 일종의 '하느님의 혁명'이었고, 종말론적 사건이었다. 서양의 근본주의 기독교 혹은 자본주의 기독교 그리고 한국의 반공 기독교는 바로 반민족적 분단 세력의 종교적 지주 노릇을 수행해 왔다.

바르트의 비판은 '역사적 예수'가 아니라, 19세기 자유주의 신학의 역사과학 방법론과 이 방법이 내세운 역사적 예수의 상이었다. 즉 역사적 방법론이 케리그마를 배제하고 역사적 예수를 관념적으로 이상화시킨 것을 비판하였다. 바르트나 불트만에게서 부활은 종말론적 사건으로서 역사과학적으로 실증될 수 있는 사실의 차원이 아니라, 신앙 안에서만 파악된다. 불트만에게서 부활은 객관화될 수 없으므로 단지 초대교회의 케리그마로 본다. 그러나 바르트에게서 부활은 주관적 신앙을 뛰어넘는 '객관적 사실'(das objektive Faktum)로 받아들인다. 어쨌든 바르트에게서는 역사적 사건이 케리그마에 선행하는 사건이다. 이 예수 사건은 이 신앙 선포를 가능케 한 신적인 계시 사건이다. 이 객관성은 인간의 객관화가 아니다.

바르트는 '하느님의 말씀'이 우리를 사로잡기까지는 우리는 불안한 상태로 남아 있다고 말하였다. 인간은 불안한 감정으로 위기의식을 느낄 때 하느님을 찾게 되며, 절망과 삶의 의미를 상실한 것 같은 위기에 처해 있을 때 하느님을 만난다. 이런 의미에서 『죽음에 이르는 병』은 신이 자기 계시의 필수적인 서곡으로 특별한 의미를 가진다고 본 것이다.

신정통주의자 가운데 또 하나의 중요한 인물은 라인홀드 니버(R. Niebuhr, 1892-1971)다. 그는 산업단지 내에 산재해 있는 수많은 사회 문제들과 직접 접하면서 인간의 능력을 낙관주의로 보고 있는 자유주의가 이러한 사회적인 난제들을 효과적으로 다루기에는 너무도 무력하다는 것을 깨달았다. 그는 그의 책 『인간의 본성과 운명』에서 인간 본성의 악마적 기질들을 파악하지 못하고 있는 오늘날의 교인들의 의기양양한 양심을 집요하게 공격하였다.

정통주의적 기독교는 인간이 하느님의 형상으로 지음받은 사실을 소홀히 다루었던 반면 인간이 죄인이라는 것을 강조하는 비관주의적 인간관을 도출해 냈다고 비판했다. 이와는 대조적으로 자유주의적 인간관은 인간이 죄인이라는 사실을 소홀히 다루었던 반면에 하느님의 형상으로서의 인간의 창조적 능력을 지나치게 강조하여 인간성을 신뢰하고 역사와 사회의 진보를 믿는 낙관주의적 인간관을 주장했다. 니버는 이 두 인간관의 결점을 발견하고 변증법적으로 극복하려고 하였다. 그는 인간을 비관적 혹은 낙관적으로 볼 것이 아니라 인간을 현실 그대로, 즉 하느님의 형상으로 지음받은 존재이면서도 죄인인 존재로 보아야 할 것을 주장하였다.

니버는 윤리학자로서 현실 상황과 문제들을 중요시한 기독교 현실주의자였다. 그의 사상은 현실 문제들과의 대결 과정에서 형성되었다. 그는 인간의 역사적 현실과 사회적 현실을 그대로 고찰하고 기독교의 사랑의 관점에서 해결책을 모색했다. 현실을 극복할 수 있는 방법은 완전한 사랑의 실현에서 온다고 하는 사랑의 윤리를 제시하였다. 이 사랑은 타인을 위해 자기를 희생하는 예수의 사랑을 의미한다. 그는 이 사랑의 윤리를 '불가능한 가능성'이라고 하였다.

5_과제와 의미

거의 30년 동안 개신교 신학을 주도해 온 신정통주의 신학은 1960년 초에 이르러 그 세력이 약화되었는데, 그 이유는 다음과 같다. 첫째, 하느님과 인간, 계시와 이성의 분리로 이원론적이고 초자연적 신학이 현실의 문제에 민감하지 못하다는 것이었다. 신정통주의는 '신앙의 도약'(leap of faith), 즉 인간의 주도권을 넘어선 채로 영원히 남아 있는 초자연적인 세계의 존재에 머물고 있다는 인상을 받은 것이었다. 다시 말해서 신학의 세속화(secularization)를 요구하고 나선 것이다. 더욱이 계시에 대한 특수한 이해, 이성적이고 경험적인 차원을 넘어선다고 주장하는 이론은 과학 문명의 발달한 세계 속에서 현대인들에게 이해하기가 어려웠다. 다시 말하면 어떻게 성서가 여전히 최고의 권위를 지닌 권위서인가? 어떻게 종교다원주의 시대에 다원화된 세계 속에 살면서 기독교 계시의 우월성과 유일성을 교리적으로 계속 주장할 수 있을까 하는 과제를 남겼다.

둘째, 앞에서 말한 바와 같이 신학은 '하느님에 관한 학문'이다. 그런데 이 하느님은 어디까지나 인간과 그의 세계와의 관계 속에 있다. 인간과 그의 세계와 관계없는 '하느님 자체'(Gott an sich)에 대하여 성서는 아무 관심도 가지지 않는다. 그러므로 신학은 인간과 그의 세계와의 관계 속에서 하느님에 관하여 연구할 수밖에 없다. 이러한 연구는 서로 다른 인간의 역사적, 문화적, 종교적, 정치적 상황과 인간의 제한된 언어와 논리와 사고방식을 취한다. 그러므로 다양한 형태의 신학들이 형성될 수밖에 없다. 해방신학, 아프리카신학, 흑인신학, 민중신학, 제3세계신학, 여성신학, 생태신학 등이 그것이다.

셋째, 우리는 신학과 교파 이름에 종종 '정통', '순', '절대' 등의 단어를 붙여 사용하고 있는 것을 본다. 그러나 무엇이 정통이고 무엇이 '순'이며 무엇이 절대인가는 하느님만이 아신다. 엄격한 학문이 세계에서 이러한 단어는 사용될 수 없다. 기독교 신학은 형이상학적인 고찰이나 신적 사물에 대한 철학적 연구가 아니고, 또한 지적 욕망의 만족도 아니다. 신학은 먼저 신의 본질과 존재에 대한 학문이 아니고 하느님이 역사에서 행동한 사건에 관계할 때에 하느님의 본질과 존재에 관한 것이다. 그리스도인이 만나는 하느님은 계시된 하느님이며 그 하느님은 성서에 나타난 하느님이다. 하느님은 인간에게 전적 타자다.

넷째, 한국 교회 일부에서는 신정통주의를 자유주의, 신신학 운동이라고 해서 이단시하는 경향이 있으나 이것은 그릇된 이해다. 우리는 새로운 신학의 발전을 가리켜 무조건 '신신학'으로 이단시하는 태도를 가져서는 안 될 것이다. 이단시하는 그 사람의 입장도 결국 인간의 자기 판단에 의한 것이기 때문에 그의 입장도 제한된 것일 수밖에 없다. 사실 신정통주의 신학은 자유주의 신학을 강력하게 비판하고 나온 하나의 대안의 신학이었다. 그것은 자유주의 신학을 비판하고 정통주의 신학을 새롭게 이해한 '변증법적 신학'이었다. 이것은 또한 로마 가톨릭 신학의 신학에 대한 비판과 도전이기도 하였다.

제 IV 부

에큐메니컬 신학

XII 기독교와 한국 교회의 미래
XIII 에큐메니컬 신학
XIV 에큐메니컬 운동의 실제
XV 생태신학

XII_ 기독교와 한국 교회의 미래

요즈음 신학자들 가운데는 '열린 보수'와 '열린 진보'를 말하는 학자들이 늘고 있어 한국 교회에 새로운 방향 전환을 모색하게 한다. 사실 한국 교회는 극단적인 신학자들을 빼놓고는 모두가 복음주의자들이다. 한국 교회를 염려하는 복음주의자들은 한국 교회의 병폐를 교파주의, 개교회주의, 물질주의라고 지적한다. 우리는 여기서 기독교가 어떤 종교인가를 살펴보고, 그 다음에 한국 교회의 복음의 자유성을 막는 비신학적 근거를 살펴보면서 한국 교회의 미래를 전망해보고자 한다.

1_ 기독교란 어떤 종교인가

첫째, 기독교는 인간적인 종교다. 인간을 떠난 그 어떤 것도 절대시될 수 없다. 기독교는 너와 나의 인격적 대화가 사라지고 성전이라는 장소에서 제사라는 의식과 제사장이라는 교직과 율법이라는 책 위에 종교의 권위를 세우며 전통을 내세우는 종교와는 다르다. 그리스도의 성육신은 이러한 외부적이고 물상적인 데서 인간을 해방시킨다. 기독교는 그 어떤 것도 인간 위에 두지 않는다. 만약 그런 일이 일어날 때 그것은 우상숭배를 하고 있는 것이다. 성전, 교리, 의식, 율법 그 어떤 것도 인간들의 아름다운 삶을 위해 있다. 이 세상에서 가장 큰 보배는 인간이다. 인간은 천하보다도 더 귀하다. 인간은 자유인이다.

둘째, 기독교는 윤리적 종교다. 하느님은 이 세상을 극진히 사랑하셨다. 이제 인간을 사랑하신 하느님은 세상에서 선을 행하라고 하신다. 우리는 앞에서 그리스도의 성육신 사건은 인간을 더 이상 그 어느 누구로도, 그 어느 것으로도 매이지 않는 자유인이 되도록 한 복음이었다고 하였다. 자유인의 실현은 주께서 명령한 계명들을 지키는 것으로 시작된다. 자유인이 가는 곳마다 윤리적 갱신이 일어나야 한다. 자유인은 늘 하느님과 교통을 하고, 이웃을 사랑하는 자다. 자유인은 하느님의 주어진 선물이라는 점에서 항상 하느님과 관계를 맺고 이웃과 관계를 가진다. 이것은 그리스도께서 우리에게 주신 계명이며 동시에 '작은 복음'이다. 왜냐하면 하느님을 사랑하는 일과 이웃을 사랑하는 일은 언제나 그리스도의 희생을 근거로 하고 있기 때문이다. 비윤리적인 행위는 기독교에 대한 가장 파괴적인 이단이다. 왜냐하면 교리 자체는 선을 위한 질서에 세워져 있는데 오히려 악을 행한다는 것은 자기 모순에 빠져 있는 것과 같기 때문이다.

셋째, 기독교는 세상의(universal) 종교다. 백인종, 흑인종, 황인종을 구별하지 않고 인종을 초월하며, 아프리카, 유럽, 아메리카, 아시아를 구별하지 않고 지역을 초월하여 모두가 똑같이 하느님을 아버지라고 부르는 하느님의 자녀들이다. 하느님을 아버지라고 부르는 그리스도인은 자유인이다. 자유인의 관심은 세상을 향해 열려 있어야 한다. 그리스도께서 세상의 구원을 열망했던 것처럼, 이 세상에 대하여 관심을 갖고 있어야 한다. "너희는 세상의 소금이다.", "너희는 세상의 빛이다."는 자유인에게 주는 메시지다. 어떻게 기독교가 세상의 빛이며 소금이 될 수 있을까? 교회는 세상의 한복판에, 상가 옆에, 주택가 속에, 다시 말해서 인간이 사는 곳이면 어느 곳이나 교회가 있어야 하고 그 교회는 세상을 섬기고 봉사하는 센터가 되어야 한다. 그것은 진리로 우리에게 계시된 예수 그리스도의 사랑의 정신이기도 한 것이다. 이제 하느님의 백성의 사명과 범위는 확실해졌다. 하느님의 관심이 세상이라면 하느님의 백성들의 모임인 교회는 세상을 섬기는 종이 되어야 한다. 따라서 교회가 주님의 교회라면 세상을 섬기는 모임으로 인식의 전환을 할 수 있어야 한다.

넷째, 기독교는 구원의 종교다. 그리스도는 생명의 주이시다. 생명의 주이신 그리스도가 말씀하시기를 그를 믿으면 영생을 얻을 것이라고 했다. 그리스도의 생명은 이 세계가 비록 사망의 음침한 골짜기에 처해 있더라도 절망하지 않는다. 왜냐하면 "예수 그리스도-세상의 빛", "예수 그리스도-세상의 희망", "예수 그리스도-세상의 생명"이기 때문이다. 이제 세상은 그리스도의 성육신으로 말미암아 선물로 인간에게 주어진 빛과 희망과 생명을 어떠한 것으로도 멸할 수 없다. 지금 무엇이 세상을 망가뜨리고 있는가? 오늘의 정보화 시대, 우주 시대, 생명과학 시대에서 우리는 무엇을 보는가? 여전히 우리는 인간 소외를 경험하고 있다. 우리가 살고 있는 이 세계는 스스로가 만든 전쟁, 기아, 질병, 차별, 생태계 파괴 등이 곳곳에 도사리고 있다. 인간은 세상을 아름답게 건설하는 것이 아니라, 오히려 멸망에 가담하고 있다. 세상을 구원하는 신학 운동이 일어나야 한다.

2_ 한국 교회의 새로운 미래를 위해

1) 방향 모색

지금 우리는 포스트모던(Postmodern) 시대를 맞이하여 지금까지 누려 왔던 모던 시대의 문명을 총체적으로 비판하며 보다 인간을 중요시하는 삶의 방식을 모색하고 있다. 다원화된 사회의 인정, 자연과의 합일된 삶, 생명과학에 대한 열띤 논의 등이 그것이다. 사실 어떻게 해야 행복한 인간의 삶이 이 땅에서 구현될 수 있을까? 우리는 아직도 기독교에 그 희망을 두는 자들이다. 그러나 소위 기독교 왕국으로 불릴 수 있는 서구 국가들이 후기 기독교(Post-Christianity), 탈기독교 시대 (Post-Christian Era) 등을 말하고 있어 기독교에 희망을 건 사람들에게 당혹감을 주는 것 같다.

그러나 포스트모던 사회에서 만난 탈기독교의 움직임이 콘스탄티누스 대제 시대의 국가교회 체제의 기독교, 교황을 중심으로 만들어진 로마 가톨릭의 기독교, 정통주의를 고수하면서 진리를 자신의 교리에 가두어 두는 기독교 그리고 하느님을 역사와 문화 속에 흡수해 버린 자유주의 신학의 기독교와는 다른 새로운 복음의 틀을 마련할 수 있다면 긍정적 접근도 가능할 것이다. 우리는 여기서 다시 한번 한국 교회의 신학 사상을 검토하면서 바람직한 신학 운동의 방향을 모색하고자 한다.

한국 개신교의 역사(1884년 시작)는 서구 기독교의 2,000년 역사에 비교하면 매우 짧고 그리고 젊다는 데 특징이 있다. 따라서 지금은 우리가 경험한 교회 역사와 현실 교회를 탐구하고 보다 신학적 방향을 제시함으로써 한국 교회 전체가 하나의 교회, 하나의 신학적 방향으로 자리매김을 할 수 있을 때라고 본다. 이 점은 이미 오랜 전통과 교권과 교리로 말미암아 더 이상 좁혀질 수 없는 서구 교회들과는 달리 우리 한국 교회의 역사는 매우 짧기 때문에 대화가 열린다면, 그만큼 새 역사를 펼칠 수 있는 기회요, 동시에 그것은 한국 교회가 지금 세계교회를 향해 공헌할 수 있는 점이기도 한 것이다. 그래서 나는 우선 전반적인 한국 교회의 게토화(ghetto)된 보수성의 근원을 밝히고, 그것이 한국 사회를 새롭게 하는데 역부족이었던 것을 신학적으로 논하고자 한다. 그리고 대안으로 신학 교육을 통한 새로운 신학 운동의 요청을 촉구하고자 한다.

2) 한국 개신교의 보수성

한국 교회의 보수성이 어디서 왔을까? 한국 교회의 보수성은 우선 한국이라는 밭과 복음이라는 씨앗을 담은 그릇에서부터 생각할 수 있다. 전자는 한국의 종교적, 문화적 전통을 말하는 것이요, 후자는 선교사로부터 전수받은 정통주의 신학이다. 우선 후자인 한국이라는 밭에서부터 시작해보자.

첫째, 한국 교회의 보수성은 유교에서 왔다. 복음이 한국에 들어오기 전 한국은 정치적으로는 조선 왕조 500년의 마지막을 장식하고 있었다. 중요한 것은 유교가 조선 왕조의 국교가 된 점이다. 유교는 원래 중국 고대로부터 내려오는 하늘(天)과 조상에 제사하는 민속적 제사의 종교였다. 그 외에도 사람들은 천신(天神), 지신(地神), 인귀(人鬼) 등의 신령의 세계를 믿고 있었다. 이러한 민속적 제사와 종교를 공자는 윤리화시켰다. 공자는 윤리와 도덕의 생활화를 강조하였다. 우리는 이러한 유교를 신(新) 유교라고 한다. 이 신유교는 침체하다가 송나라 시대에 와서 다시 활기를 띠면서 조선에 들어온 것이다. 조선 왕조가 신유교를 '국교'로 받아들이자, 유교는 개인, 가정, 사회, 국가 안팎 생활에 깊게 침투한 것이다. 그러나 예절과 형식을 중요시하는 유교는 조선 왕조 말기에 양반과 상인, 노론과 서론, 남자와 여자 등의 형식적 분류는 분리를 가져왔고 결국은 나라의 쇠망을 가져다준 것이다.

신유교의 도덕적 형식과 성리학 등의 이치를 따르는 사상적 보수성은 정통주의 신학의 보수성과 일맥상통하고 있었다. 그들을 다 함께 보수적, 계율적, 고정관념을 가지고 있었다. 그래서 정통주의적 기독교를 받아들이는 데 용이했다. 예를 들면 유교의 천(天)이 기독교의 하느님으로, 유교의 삼강오륜(三綱五倫)이 구약의 십계명으로 바꾸어 적용할 수 있었다. 계율주의는 기독교의 청교도 윤리적 계율주의를 용이하게 받아들일 수 있었다. 예를 들면 주초를 엄금하고, 제사 행위를 우상숭배와 동일시하여 엄금하고, 십계명을 지키는 것을 구원의 조건으로 생각하면서 이를 엄수했다. 특히 제7계명 간음에 대해서 지적한 것은 당시 여성에게만 적용되었던 것에 비교해 보면 하나의 변화였다. 그러나 계율주의에 빠져 인간을 자유롭게 하지 못하게 한 것은 복음의 자유 정신의 빛에서 보면 위반이었다. 이러한 계율주의는 1930년대 이후부터 일본의 신사참배 강요에 우상에게 절하지 말라는 계명을 수호하는 것에도 나타났다. 신사참배 거부는 십계명의 제1계명을 사수한다는 율법주의적 확산이 앞섰던 것이다.

　　기독교가 민중의 종교가 될 수 있었던 큰 이유는 복음이 약자를 편들면서 평등 사상을 함축하고 있었기 때문이었다. 그리스도가 이 땅에 오셔서 우리 인간을 향해 준 첫 메시지는 자유의 복음이었다. 그는 고향 마을 회당에서 인간답지 못하게 하는 모든 노예의 사슬에서 해방을 선포한다. 그것이 자유의 복음이었다. "주님의 성령이 나에게 내리셨다. 주께서 나에게 기름을 부으시어 가난한 이들에게 복음을 전하게 하셨다. 주께서 나를 보내시어 묶인 사람들에게는 해방을 알려 주고 눈먼 사람들은 보게 하고, 억눌린 사람들에게는 자유를 주며 주님의 은총의 해를 선포하게 하셨다."(눅 4:18-19) 기독교의 평등주의는 양반, 향반, 중인, 서자, 상민, 천민 등으로 나뉘어진 유교적 계급 사회에서 사회의 다수를 차지한 상민, 천민들에게 환영을 받게 되었다. 교회 안에서는 계급이 무너지고 모두가 하느님의 자녀로 하느님 아버지 앞에서 평등하다는 것으로 통했다. 이 점에서 기독교는 인간을 평등하게 하는 자유의 복음이었다. 이런 이유 때문에 한국에 전래된 기독교는 다수의 대중적 호응을 받을 수 있었다.

　　다시 말하면 소수의 양반 계급 안에서 오랫동안 억눌려 온 다수의 한(恨)의 민중은 하느님 앞에서 모두가 평등하다는 기독교 사상에 매혹되었던 것이다. 그래서 한국적 기독교, 소위 토착화가 용이하게 된 것이다. 하늘(天)을 섬기고 삼강오륜(三綱五倫) 등을 생활윤리로 삼은 유교는 곧바로 기독교의 하느님 사상과 율법 사상에 접목된 것이다. 이제 보이지 않는 하느님께 빌고, 성서에 나오는 율법의 말씀을 그대로 지키는 것으로 바뀐 것이다.

　　둘째, 한국 교회의 보수성은 샤머니즘(shamanism)에서 왔다. 샤머니즘은 민속 신앙으로서 한국에 들어오는 모든 사상에 영향을 끼쳤다. 우선 불교는 억불숭유(抑佛崇儒) 정책으로 은둔적으로 되었으나 민간인의 불교는 샤머니즘화하여 복을 비는 기복 사상으로 기울었다. 칠성각, 산신각이 그것을 말해 준다. 그것은 유교에서도 마찬가지다.

유교에서는 사교를 배척하지만 일반 서민층은 어려울 때나 불안할 때면 언제나 이 민속 신앙에 의지하였다. 기독교도 예외가 아니다. 오히려 샤머니즘의 신앙 구조는 기독교 신앙을 접목시키는 데 매우 용이했다. 샤머니즘은 하나의 무속 신앙으로서 신령한 존재를 믿는 신앙이다. 그것은 어떤 이치가 아니라 인격적인 존재들, 말하자면 악귀, 사귀 등을 믿는 믿음이다. 그들은 신령들과 사귀(邪鬼)들이 인간 생활에 복을 주거나 화를 준다고 믿는다. 특히 병이나 재액은 악귀의 영향에서 오고, 복(福)과 잘되는 것은 신령의 도움이라고 본다. 무당과 샤먼은 춤과 노래와 주술을 통해 신령에 접하여 악귀를 물리치고 재액 예방 등의 능력을 가진 중계자라고 믿는다.

우리는 여기서 샤머니즘적 기독교를 샤머니즘 신앙과 좋은 대조를 만들어 볼 수 있을 것 같다. 사람들은 신령한 존재인 하느님을 믿고 귀신을 믿는다. 하느님은 복을 주지만, 귀신은 화를 주는 신이다. 목사는 거룩한 영을 받고 귀신을 쫓고, 복을 내리게 빌어 주는 하느님과 인간의 중개자가 된 것이다. 이렇게 하느님을 천신(天神) 사상에, 악귀와 사귀들을 악귀(惡鬼) 사상에, 성령의 감동을 접신(接神)에 응용하였다. 그리고 기도와 찬송을 춤, 노래, 주문 등에 사귀를 쫓고 병 고치는 시녀를 무당의 굿거리에 맞추어 넣을 수 있었던 것이다. 따라서 한국 기독교의 보수성은 또 하나의 샤머니즘적 방향에서 뿌리를 내렸다고 볼 수 있다. 우리는 지금까지 복음이 뿌려질 한국의 정신적, 종교적 토양을 살펴보면서 한국에서 기독교의 전파가 어떻게 용이했는지를 생각해 보았다.

이제 한국에 뿌려진 복음과 함께 들어온 정통주의 신학을 살펴보자. 우리는 앞에서 한국의 기독교가 유교의 보수적이고 계율적인 지극히 형식적이고 율법적인 테두리에 매이게 된 것이 문제임을 밝혔다. 이러한 율법적 신학은 500여 년간 '국교'로 지배해 온 유교적 계급의 생활 습관을 들 수 있으나 더욱 가속화되어 교리화, 교권화로 형식화된 것은 선교사의 신학과 정통주의 신학의 책임이 크다고 볼 수 있다. 이러한 계율을 강조하는 곳에서는 이미 교회 자체의 권위가 형성되어 목사, 장로, 집사, 평신도 등으로 이어지는 계급적 의식이 싹트고 있었다. 불행하게도 한국에서 정통주의 신학은 복음의 자유를 개발하지 못했다. 오히려 유교 사상을 기독교라는 언어만 바꿔 이어온 셈이다. 그래서 정통신학을 이어 받은 교회는 성서를 암기하고, 성수주일하고, 십일조를 하고, 간음을 하지 않는 등의 계율을 강조하는 데 열심을 다했으나 복음의 정신이 인간과 사회와 세상에 어떻게 구현되어야 하는지를 소홀히 했다. 이러한 한국의 교회의 형성, 특히 장로교의 형성은 칼뱅주의에 의해 더욱 의존하여 한국 보수교회의 하나의 유교적 기독교의 패턴을 만든 것이다.

     유교적 형태의 기독교와 더불어 또 하나의 한국 교회의 보수 신앙은 샤머니즘적 기독교다. 다시 말하면 샤머니즘 경향의 기독교라고 할 수 있을 것 같다. 그것은 앞에서도 언급했듯이 한국의 민속 신앙인 샤머니즘에서 비롯된 기독교가 더욱 국민적으로 나타날 수밖에 없었다. 한국에서 불교의 발달도 샤머니즘이라는 종교적 토양 속에서 더욱 발전할 수 있었다. 대중은 이 세상의 권위보다는 저 세상의 행복을 더 추구했다고 볼 수 있다. 마찬가지로 기독교가 민속 신앙에 접하면서 또 하나의 한국 기독교회의 전형을 이루었던 것이다. 그것은 이 세상에 대한 관심보다는 저 세상에 대한 관심으로 일관된 점이다. "꿈 같은 이 세상 취할 건 무어냐?"라고 노래 부르면서 천당을 상상할 때 한국 기독교는 피안으로 도망가고 있었다. 이렇게 대 사회적 활동에 대한 것보다는 타계적인 삶을 동경했다.

     그러나 여기에서 이중성이 도사리고 있었다. 어떻게 피와 살을 가지고 있는 현실적 존재가 타계적 신앙만으로 만족할 수 있을까? 총체적 인간의 삶이 영과 육을 포함한 것으로 볼 때 이 세상을 도피하는 신앙으로 만족하지 못한다. 신앙인은 어느새 현실에서 기복 신앙을 요구하게 된다. 이리하여 한편으로는 저 세상을 택하면서 이 세상을 버렸지만, 그것이 현실이 아니라는 것을 알고 난 후 다시 현실에서 복을 구하게 된 것이다. 그것은 하나의 딜레마이었다. 이러한 딜레마 속에서 한국 기독교의 보수 신앙은 뿌리를 박고 있었다. 그것은 때때로 하나의 흑과 백으로 나누는 갈등과 구조 속에서 양자택일을 요구하기도 한다. 하느님이냐 인간이냐, 교회냐 세상이냐, 정신이냐 물질이냐, 거룩이냐 속된 것이냐, 고난이냐 안전주의냐, 영혼이냐 육체냐 등등. 이러한 도식은 한국 기독교의 보수 신앙에서 계속 이어진다. 교회는 거룩하고, 세상은 속되다. 왜냐하면 교회는 그리스도가 지배하고, 세상은 악마가 지배한다고 믿기 때문이다. 믿는 사람은 하느님의 자녀요, 믿지 않는 사람은 마귀의 자식이다. 따라서 믿는 사람은 천당 가고, 믿지 않는 사람은 지옥 간다고 가르친 것이다.

여기서 우리는 한국 개신교의 보수성의 원인을 선교사들이 가지고 온 복음이라는 씨앗이 유교와 샤머니즘의 토양에 떨어져 자랐기 때문이라고 정리할 수 있을 것 같다. 유교적 기독교 신도들은 엄격한 훈련을 통하여 교회의 전통과 질서를 잘 지키는 장점을 가지고 있다. 여기서는 이 세상 일에 대한 관심보다는 하느님께 충성을 다하는 매우 좋은 점을 가지고 있다. 그러나 유교의 가부장적인 권위주의가 교회 안에 들어와, 남자와 여자, 어른과 젊은이를 가르고 결국 엄격한 교권주의, 교리주의, 교파주의라는 병을 가지게 된 것이다. 샤머니즘적 기독교는 냉냉하고 근엄해 버린 교회 신도들을 찬양과 춤과 간증으로 신앙의 활력을 불러일으키고 있다는 점에서 긍정적이다. 그러나 자신의 욕심을 극대화시키기 위해 성령을 부리므로 비신학적이고 물질적인 유혹에 빠지는 기복신앙에 안주하는 단점을 가질 수 있다.

이제 기독교의 유교화나 기독교의 샤머니즘화에서 벗어나 복음의 씨가 한국문화 속에 깊은 곳까지 들어가서 거기에서 변화를 일으키는 그런 교회가 되어야 한다. 기독교의 복음은 그 복음 자체의 위력 때문에 유교, 불교, 샤머니즘, 전통문화 그리고 기술문화 속에 파고 들어가서 그것을 변화시키고 그것을 구원하는 그런 복음으로 바꾸어져야 할 것이다. 오늘 한국 안에는 한국기독교교회협의회 계통의 교회뿐만 아니라 한국기독교교회협의회 계통에 속하지 않는 교회들도 다 조금씩 장점을 가지고 있고, 조금씩 단점을 가지고 있기 때문에 서로 각각 남의 장점을 볼 줄 알고 서로 단점을 고칠 줄 아는 교회가 되어서 진정한 하나의 교회가 되어야 한다.

이제 우리는 바른 신학적 사고를 시작할 필요가 있다. 신학적 사고는 몸의 사고요, 쪼개는 사고가 아니라 통일된 하나의 사고다. 어떻게 지고하신 하느님과 피조물인 인간이 대화할 수 있을까? 어떻게 인간을 행복하기 위해 오신 하느님의 뜻에 맞게 우리의 삶이 정초될 수 있을까? 사고의 틀이 바뀌어야 한다. 아니 세상의 틀을 바꾸어야 한다. 유교적 보수주의와 정통주의적 사고의 틀은 우리에게 계율주의, 형식주의 등의 고정 사상을 만들어 놓았다. 세상은 변하고 있지만 교회는 오직 교회가 유일한 고장이요, 교회에서 신앙생활이 전부였다. 말하자면 외곬이었다. 선교사 시대와 일제 시대에 한국 교회가 정통주의적 사고로 교회에 일관했다면, 포스트모던 시대에 이야기하는 오늘은 이 세계에서 살아가신 하느님을 만나도록 새로운 신학이 정립되어야만 한다.

3) 에큐메니컬 사고로의 전환

에큐메니컬적 사고로의 전환은 무엇을 의미하는가? 그것은 사고의 변화다. 어제의 옛 사고, 죽음의 사고, 부자유의 사고, 게토화된 사고가 잘못되었다는 인식의 전환이 이루어지는 변화다. 그래야 옛 사고의 틀에 균열이 생긴다. 그것은 과거의 사고에 머물러 있지 않고 미래를 향해 창조적 결단을 하는 사고가 될 것이다. 다음과 같은 사고의 두 틀을 보면서 변화를 모색해 보자.

첫째, 그것은 교파를 초월한 에큐메니컬 사고다. 전에는 자기가 속해 있는 교파지상주의에 매여 제각기 자기 교파만이 유일한 참교회라는 굳은 신념에서 타교파에 도전하거나 무시하거나 그렇지 않으면 무관심하였다. 그리고 대부분은 자기 교파 이외의 교파에는 구원이 없다고까지 극언했던 것이다. 그러나 지금은 전 세계교회가 하나의 교회로 인정되고 교파는 많아도 교회는 하나라는 일체감에서 그리스도 안에서 일치를 지향하는 에큐메니컬 운동을 전개하고 있다.

둘째, 그것은 교회가 교회 자체를 위해 있지 않고 세상을 향해 피투된 주님의 몸이라는 것이다. 그러므로 교회가 변해야 한다. 전에는 교회는 거룩하고 세상은 속되다는 전제하에서 세상을 가까이 하면 교회가 속되어질까 봐 발에 먼지를 털며 경계했다. 그러나 지금은 교회와 세상이 다 한 하느님의 사랑의 경륜 안에 포섭되어 있음을 강조하고 교회의 세속화를 외치며 교회가 세속에 들어가 세속 속의 거룩을 인식해야 한다고 한다. 말하자면 교회와 세속의 일체감이 고조되는 것이다. 믿는 사람과 안 믿는 사람의 차이는 그 바탕에 있는 것이 아니라, 그 사고방식이나 생활 방향에서 다른 점이 있을 것이라고 본다. 그리스도는 오히려 믿지 않는 사람들을 더욱 사랑하여 그들의 친구가 되고 그들을 대신하여 속량의 죽음까지도 사양하지 않으셨다고 본다.

셋째, 그것은 영과 육이 하나 된 몸의 사고다. 전에는 흔히 하느님이냐 돈이냐 하여 하느님을 참으로 잘 믿는 사람은 돈에 뜻이 없을 뿐 아니라 돈을 거부하고 무소유로 살아야 한다고까지 했다. 그러나 지금은 하느님과 돈이 한 프로젝트 안에서 일체가 되지 않고는 아무 일도 할 수 없다고 본다. 경제제일주의를 부르짖어도 아무도 이상하게 생각하지 않게 되었다. 전에는 정신과 물질, 영혼과 육체를 대립시켜 신자는 정신을 높이고 물질을 멸시해야 하며, 영혼이 제일이요, 육체는 썩을 것, 더러운 정욕의 소굴이라 하여 저주했다. 그러나 지금은 정신과 물질, 영혼과 육체가 이론적으로 분별은 되어도 실존적으로 분리시킬 수는 없는 한 생명체로 통전된다고 본다.

넷째, 그것은 교회가 그리스도의 세상에 대한 지극한 사랑의 관심을 깨닫고 실천하는 데 있다. 전에는 믿는 사람과 안 믿는 사람을 완연하게 구분하여 믿는 사람은 하느님의 자녀요, 믿지 않는 사람은 마귀 자식이라고까지 극언했다. 그래서 아주 질적으로 다른 존재인 것같이 여겼다. 그러나 지금은 믿는 사람, 안 믿는 사람이 다 같이 인간이어서 다 같이 하느님의 사랑 안에 있는 존재라고 본다.

전에는 믿는 사람은 천당에 가고 믿지 않는 사람은 지옥에 간다고 서슴지 않고 선언할 수 있었다. 그러나 지금은 그런 것은 정신적 테러리즘이라고 배척한다. 그런 것은 하느님과 그리스도의 하실 일이요, 겨우 불 속에서 끄집어 낸 타다 남은 부지깽이 같은 인간들이 감히 선언할 수 있는 일이 아니라고 한다. 우리는 원수라도 사랑하라는 명령을 준행할 의무를 가진 종이요, 남에게 그런 엄청난 선고를 전달할 상전은 아니라는 것이다.

다섯째, 그것은 교회가 세상을 섬기는 일에서 일어난다. 전에는 교회는 그리스도의 몸이므로 그리스도는 교회 안에 좌정해 계시고 세상은 악마의 지배하에 있기 때문에 장차 멸망할 장망성(將亡城)이라고 했다. 그래서 세상에서 떠나 천성으로 순례의 걸음을 옮기는 것이 존 번연(John Bunyon)의 천로역정이란 우화였다. 그러므로 교회는 세상에 도전하여 한 사람이라도 더 많이 악마의 손에서 빼앗아 내고 교회 안에 모아 놓고 경건으로 훈련하여 죽을 때 천당 가게 하려는 것이라 했다. 그러나 지금은 교회가 그리스도의 몸이기 때문에 오히려 그리스도가 세상에 오셔서 세상을 섬긴 것같이 교회도 그리스도와 함께 세상의 최전선인 정치, 경제, 문화 등 각 생활 부문 속에 들어가 봉사한다고 한다. 그리스도는 교회당 안에 부처님처럼 도사리고 앉아서 선남선녀의 절이나 받고 흐뭇해 하는 분이 아니라 전 우주와 역사의 주재자로 세상의 구원을 위해 분주히 일하시는 분이라는 것이다.[1]

3_ 종교개혁을 위한 길

어떻게 종교개혁이 가능한가? 어떻게 하느님의 백성들의 모임인 교회가 새로워질 수 있을까? 어떻게 우리가 사는 세상이 아름다워질

---

1) 김재준, 『장공 전집 1』(한신대학, 1971), 272-273.

수 있을까? 교회를 걱정하는 사람들은 제2의 종교개혁이 필요하다고 한다. 루터의 종교개혁(Reformation)의 시작은 로마 가톨릭 교회가 교황권을 발동하여 면죄부를 팔고 있었을 때, 그 문제를 간과하지 않고 로마 가톨릭 교회의 구조적 타락을 '95개 조항'으로 열거하여 비텐베르크대학 교회 정문에 붙인 것이 개혁의 도화선이 되었다. 그때 루터는 교황과 교회의 제도와 형식을 비판하고 '오직 성서'(sola scriptura)와 '오직 신앙'(sola fide)으로 교회를 개혁했던 것이다. 이러한 개혁의 뒷받침은 성서에 대한 올바른 해석, 즉 신학적 작업이었다.

　　루터의 종교개혁이 신학적 작업에 그 뿌리를 두고 있는 것처럼 한국 교회의 개혁도 신학의 혁신에서부터 시작되어야 한다고 본다. 오늘의 한국 교회는 선교 역사상 유래 없이 급성장을 하여 세계의 주목을 받고 있다. 그러나 그 이면에는 비판받아야 할 점이 많다. 교회가 이미 세워져 있는데 그 옆에 다시 교파를 달리한 교회가 있는가 하면, 심지어는 한 상가 건물에 서너 개의 교회가 있고, 특히 대형 교회의 비대함에 비해 수많은 소형 교회들이 초라하게 널려 있는 모습도 실망스럽다. 교회란 무엇인가? 교회는 신학적으로 '하느님의 백성들의 모임', '주님의 몸'이라는 것을 감안한다면 이웃 교회에 대한 무관심은 잘못되었다. 한국 교회의 교파 분열을 보고 그리스도와 예수가 싸우는 교회들이라고 비판하고 있다면 한국 교회는 이제 교권주의, 교파주의, 물량주의에서 벗어나 어떻게 제2의 종교개혁을 할 수 있을까 모색하여야 할 것이다.

　　어떻게 지고하신 하느님과 대화를 할 수 있을까? 성서를 통해서 그 해답을 찾을 수 있다. 성서는 하느님을 이렇게 계시하고 있다. "말씀이 사람이 되셔서 우리와 함께 계셨는데 우리는 그분의 영광을 보았다. 그것은 외아들이 아버지에게서 받은 영광이었다. 그분에게는 은총과 진리가 충만하였다."(요 1:14) 하느님이 인간의 몸으로 오신 것이다. 그는 세상을 흑암에서 구원하기 위해 이 세상에 오셨다. 이제 우리는 인간이 되신 하느님을 신뢰하고, 인식하고, 고백하고, 선포하며 세상을 새롭게 하는 일에 참여한다. 그런데 세상은 여전히 진리를 받아주지 못하고 있다.

　　요한은 복음과 현실을 이렇게 말한다. "말씀이 곧 참빛이었다. 그 빛이 이 세상에 와서 모든 사람을 비추고 있었다. 말씀이 세상에 계셨고 세상이 이 말씀을 통하여 생겨났는데도 세상은 그분을 알아 보지 못하였다. 그분이 자기 나라에 오셨지만 백성들은 그분을 맞아 주지 않았다."(요 1:9-11) 이것이 우리의 현실이다. 우리가 사는 세계에는 빛과 진리와 생명의 길이 제시되었지만 어둠과 거짓과 죽음의 길이 여전히 세력을 과시하고 있다. 그리스도의 복음은 성령의 역사 속에서 우리가 더 이상 구습에 머물러 있지 않게 한다. 성령은 우리를 낡은 사고에서 '새로운 사고'로의 전환을 시작케 한다.

　　그리스도의 성육신, 하느님 나라 시작, 십자가의 수난, 부활의 일련의 사건들은 하느님의 뜻을 이루는 거룩한 사건들이었다. 인간은 죄인이다. 그리스도는 인간의 죄를 짊어지시고 십자가에 달리셨다. 우리의 죄가 용서받은 것이다. "진리가 너희를 자유케 하리라." 바울은 "그리스도께서 우리를 자유케 하셨으니 그러므로 굳게 서서 다시는 종의 멍에를 메지 말자."고 하였다. 자유인은 세계의 구원을 위해 하느님의 구원의 역사에 참여한다. 그것은 세상 것이 아닌 새로운 차원의 하느님 나라다. 이분을 보라(Ecce homo)! 십자가에 달리신 분은 다시 부활하셔서 "내가 세상을 이겼다!"는 희망을 우리에게 쏟아 부어 준다.

XIII 에큐메니컬 신학

1 _ 에큐메니컬 사고의 요청

21세기는 인터넷이라는 정보통신 매체의 급속한 발달로 지구촌을 형성해 주고 있다. 정보화 사회는 모두가 최대한의 정보를 평등하게 누릴 수 있음을 전제로 하고 있지만, 그 이면에는 정보에 대한 새로운 소외 계층의 증가, 저질 정보의 무분별한 유입, 정보의 편식증, 이로 말미암은 왜곡된 문화 인식으로 정체성의 위기를 맞고 있다. 그뿐만 아니라 "세계를 하나로!" 묶어 주는 정보통신망에도 불구하고 세계 곳곳에서는 절대적 빈곤과 기아, 지역간의 분쟁, 각종 차별(유색 인종, 여성, 어린이, 노인, 장애자)이 그치지 않고 있으며, 생명공학의 발달은 인간 생명 자체의 조작을 가능케 하는 복제인간 문제까지 등장하여 인간성 자체를 뿌리째 흔들어 놓고 있으며, 그칠 줄 모르는 인간의 탐욕은 지구의 생태계 전체에 위협을 가져다주고 있다.

그러나 이러한 정보화 시대에 우리가 필요한 정보 교환과 선택적 메뉴를 잘 활용할 수 있다면 그 어느 때보다 평화로운 지구촌을 건설할 수 있다고 생각된다. 우리는 그 희망을 "그리스도 안에서 하나!"라는 에큐메니컬적 사고와 실천에서 성취할 수 있다고 확신한다. 왜냐하면 기독교의 에큐메니컬적 이해는 수많은 교파로 분열된 기독교회뿐만 아니라 각 민족과 나라와 인종으로 나누어져 분열과 시기와 쟁투가 있는 세상 속에서도 중요한 의미를 갖게 하기 때문이다. 문제는 우리가 아직도 그러한 공동체 의식을 가질 만큼 에큐메니컬하지 못한 데 있다. 오히려 우리 교회는 한동안 교회 자체의 내부적인 일들에 많은 시간과 정력과 돈을 소비하느라 주변 세계의 신음소리에 거의 귀를 기울이지 못했다. 지도자 가운데는 오늘 세계의 희망과 미래의 선교를 위해서는 우선 교회가 에큐메니컬해야 한다고 한다. 그러나 지금도 우리 한국 교회 현실은 여전히 교파 중심적이고 개교회 중심적이 되어 에큐메니컬의 의미를 소극적으로 사용하거나 심지어는 부정적 의미로 생각하는 교회들이 많다.[1)]

이제 우리는 교회와 세계와의 관계 속에서 왜 기독교가 에큐메니컬적이어야 한다는 것을 신학적으로 밝히고자 한다. 그것을 위해 첫째로, 에큐메니컬의 언어적 의미와 그 변천 과정을 살펴볼 것이다. 여기서 우리는 에큐메니컬의 본래적 의미가 어떻게 정치, 역사 속에서 편협적이고 지엽적으로 사용되었는가를 밝히게 된다. 둘째, 에큐메니컬의 성서적-신학적 의미를 다루어 에큐메니컬의 정당성을 입증하고자 한다. 셋째, 세계교회의 에큐메니컬의 활동을 보기 위해 세계교회협의회(WCC)가 형성되기까지의 배경과 성격을 다룬다. 여기서 우리는 세계교회협의회의 필요성을 감지하게 될 것이다. 넷째, 에큐메니컬 운동에서 실제적으로 논의되었던 선교와 사회참여 문제, 다양성과 일치 문제를 다루어 에큐메니컬의 신학적 이해를 마무리한다. 끝으로 해결되어야 할 생태계 문제 등을 과제로 제시하고자 한다.

---

1) 에큐메니컬에 대한 부정적 시각의 책으로는 R. S. Rapp, *Trends in the Modern Ecumenical Movement*(The Korea Branch of Westminster Biblical Missions, 1980)을 참조하라. 이 책은 '세계교회협의회'를 용공주의 집단으로 비판한다. 여기에 대한 변호는 정하은, "에큐메니컬 신학자의 공산주의관", 『기독교사상 강좌 제4권』(대한기독교서회, 1964), 54-67을 보라.

2_ 에큐메니컬의 의미와 그 변천

우리가 사용하고 있는 '에큐메니컬'(ecumenical)이나 '에큐메니즘'(ecumenism)이라는 용어는 신약성서의 '오이쿠메네'(oikoumene)와 통하는 언어다. 형용사 에큐메니컬(ecumenical)은 헬라어 '오이코스'(oikos)에서 나왔다. 이 말은 '집' 혹은 '주거'를 의미하며, 때로는 한 집 안에 있는 모든 방들이나 온 식구들 혹은 집 안에 사는 사람 전부를 의미한다. 또한 헬라어 '오이케오'(oikeo, '거주하다')에서 나온 오이쿠메네는 "사람들이 들어가 살 수 있는 땅", "사람이 사는 땅", "세계 전체의 거주민"이란 뜻을 가지고 있고, '오이쿠메니코스'(oikoumenikos)는 "사람 사는 땅에 관련된 것" 혹은 "사람 사는 땅"을 의미한다.[2]

그러나 시간이 가면서 에큐메니컬의 의미는 왜곡되어 각 시대의 권력에 편승되어 사용되기도 하였다. 역사적으로 살펴보면 그리스의 알렉산더 대왕은 주변의 각 나라들을 정복하여 헬라화하고, 헬라문화의 영향권 아래 있는 모든 지역을 일컬어 '오이쿠메네'라고 하였다. 그는 헬라문화권 밖에 있는 민족들은 오이쿠메네 건너편에 살고 있기 때문에 야만인으로 취급하고, 단지 헬라문화가 미치는 지역을 오이쿠메네로 제한한 것이다. 헬라문화권에 들지 못한 민족은 에큐메니컬로 인정받을 수도 없었고 그리고 사람 대접도 받지 못했다.[3]

이러한 에큐메니컬의 정치문화적 이해는 그리스의 뒤를 이은 로마 사람들에게도 마찬가지였다. 그들은 로마가 점령한 모든 지역을 포함한 로마 제국을 "사람이 사는 땅", 즉 오이쿠메네라고 불렀다. 로마의 황제는 사람이 살고 있는 땅의 '주'(Lord)로 숭배되었다. 누가복음 2:1을 보면 로마 황제 아우구스투스가 "온 천하에 호구 조사령을 내렸

---

2) W. A. Visser't Hooft, "Geschichte und Sinn des Wortesökumenisch", *ökumenischer Aufbruch, Hauftschriften II*, Stuttgart-Berlin, 1967, 11-28; 참조, 행 17:31, 마 24:14.
3) 존 매카이, 민경배 역, 『에큐메닉스』(대한기독교서회, 1993), 37-38.

다."는 말이 있는데, 여기서 '온 천하에'(πᾶσαν τὴν οἰκουμένην) 의미를 오이쿠메네로 사용한 것이다. 따라서 오이쿠메네는 로마 제국을 의미했다. 그 당시 로마 제국에 속하지 않는 세계, 예를 들면 중국, 인도, 소련, 스칸디나비아의 여러 나라들은 로마 사람들에게는 "사람 사는 땅"(oikoumene)에 속해 있지 않는 곳으로 여긴 것이다.[4]

여기서 교회가 권력과 타협했을 때 그것을 에큐메니컬이라고 과연 할 수 있겠는가를 살펴볼 필요가 있다. 기독교가 로마의 국교(313 AD)로 선언된 이후, 교회는 정치권력의 보호를 받아 외적으로 크게 발전되었다. 전에는 로마의 핍박을 받던 기독교가 이제는 로마의 비호 아래 오히려 이교도를 핍박하는 종교로 바뀌었다. 이제 '그리스도의 평화'(Pax Christi)와 '로마의 평화'(Pax Romana)는 대치 관계가 아니라 협력 관계로 발전되었다. 그들은 세계를 정복하여 지배하고자 하는 '로마의 평화'를 '그리스도의 평화'로 간주한 것이다. 그러나 정치적 개념 속에서 발전된 '로마의 평화'는 위장된 거짓 평화였다. 왜냐하면 '로마의 평화'는 로마 밖에야 어찌되었든 관심 밖에서 제외하는 제국주의적 평화를 의미하기 때문이다.[5] 따라서 그것은 또한 복음의 에큐메니컬적 이해가 될 수 없다.

이와 같이 권력과 타협한 기독교는 로마권력의 시녀로 전락하여 그 자신의 정체성(identity)을 점점 잃게 되었고 결국 생명력을 상실한 종교가 된 것이다. 이렇게 세속 정치와 종교가 밀착한 상황에서 오이쿠메네에 대한 이해도 로마 교황이 주도하는 모임이 '에큐메니컬'이란 의미를 갖게 되었다. 로마의 황제 콘스탄티누스가 기독교를 로마의 국가교회(state church)로 삼았을 때, '전 기독교 교회의', '교황이 소집해서 열리는 공의회의', '교파를 초월한 세계 교회적인' 등의 에큐메니컬적 의미가 사용되었다.

그 당시 '그리스 정교회'(동방교회)와 '로마 교회'(서방교회)는

---

4) *Ibid.*, 38.
5) "샬롬"에 대한 성서적-신학적 이해에 대해서는 김창락, "기독교와 평화", 『기독교와 문화』(한신대, 1988), 181-208을 보라.

서로 다른 입장의 그리스도관을 가지고 있었지만 일곱 차례의 회의(325-787 AD)를 통해서 '정통적 그리스도론'을 얻어 냈다. 그 당시 회의들은 서로 다른 입장을 가지고 있는 각 교회들이 한곳에 모여 의견을 모으고 '하나의 교회'를 구현하기 위한 것이었다. 그 결정은 교회생활에서 '사도의 가르침'대로 믿는 교회들의 보편적(universal) 합의를 도출해 냈기 때문에 에큐메니컬 회의였다고 평가한다. 그러나 아쉽게도 동방교회와 서방교회는 교리 문제 때문에 다시 분열한다. 제7차 회의에서 동·서방의 교회가 서로의 다른 교리적 입장을 견지하면서부터 분열되어 서방교회는 일찍부터 로마를 중심으로 한 교황이 '에큐메니컬한 자'(ho oikoumenikos)로 통하게 되었고, 이에 대항하여 동방교회에서는 콘스탄티노플을 중심으로 하여 대장로가 '에큐메니컬한 자'로 불리어 동방 정교회와 서방 가톨릭 교회는 각자가 자기의 교회를 보편적인 교회로 주장하기에 이른 것이다.6)

　우리는 앞에서 에큐메니컬의 개념이 교리와 정치권력 속에서 어떻게 편협적이고 지엽적으로 사용되었는가를 살펴보았다. 에큐메니컬의 의미는 그 어떤 교회라도 그 신학적 주장이나 그 교회의 지리적 조건을 가지고 배타적으로 사용할 수 없다. 그것은 이탈리아에 있는 로마 가톨릭 교회, 그리스 콘스탄티노플의 동방교회, 영국의 성공회, 독일의 루터교회 등과 같은 어느 특정 지역에서 일어난 신학적 주장이나 교리를 배타적으로 사용할 수 없다는 의미이기도 한 것이다. 근대에 접어들면서 에큐메니컬의 의미는 교회의 일치와 갱신을 위한 운동을 하나의 축으로 하고, 동시에 하느님의 화해와 세계 구원 역사에 교회가 참여하는 운동을 또 다른 축으로 하는 양면의 운동을 오이쿠메네 운동이라고 부르고 있다. 여기서 우리는 그리스도가 중심이 되어 하나를 이루어 나아가는 에큐메니컬의 성서적, 신학적 의미를 보기로 하자.

---

6) 존 매카이, *op. cit.*, 38.

3_ 에큐메니컬의 성서적, 신학적 의미

성서에서 에큐메니컬(ecumenical)의 의미를 고찰하려면 적어도 두 가지 의미를 전제하고 들어가야 한다. 앞에서 밝힌 바대로 우선 언어적으로는 '전반적인'(general), '보편적인'(universal), '세계적인'(worldwide) 의미를 가지고 있어야 하고, 그와 아울러 신학적 의미로는 특별계시인 이스라엘 역사와 예수 그리스도 사건을 중심으로 하여 전개되어야 한다.

이런 의미에서 보면 성서에 나타난 기본 정신은 에큐메니컬적이라고 할 수 있다. 예를 들면 창세기에 나오는 노아 홍수 사건을 통한 세계 심판(창 6:5-9, 17), 그 홍수 사건 후 하느님과 노아와 맺은 우주적 계약(창 9:9-17), 아브라함에게 고향과 친척과 아비의 집을 떠나 큰 민족이 되게 하겠다는 하느님의 명령과 약속(창 12:1-3), 이스라엘 백성의 출애굽 사건(출 12:37-42) 등을 들 수 있다. 이러한 일련의 사건들은 하느님이 이 세계 전체 역사에 개입하시는 방법을 제시하고 있다. 베버(H. R. Weber)는 이러한 일련의 사건들을 '오이코노미아의 신비'(Mysterium der Oikonomia)라고 하였다.[7)]

에큐메니컬의 신학적 입장은 이스라엘 예언자들의 외침 속에서 더욱 뚜렷하게 나타난다. 야훼 하느님은 처음부터 이스라엘 백성에게만 믿도록 된 것이 아니라 이 땅 위에 있는 모든 민족이 마땅히 믿고 섬겨야 할 우주적 하느님이었다. 우리는 그것을 이스라엘 백성에게서 신앙 형성의 중심지인 성전에서 발견한다. 솔로몬 왕은 예루살렘 성전을 완성한 다음 봉헌기도에서 그 성전이 만민을 위한 성전임을 이렇게 선언한다. "당신의 백성 이스라엘이 아닌 외국인이라도 그가 당신의 명성을 듣고 멀리서 찾아오거든 당신께서 손을 펼치사 위력을 드러내시어 널리 알려진 당신의 명성을 듣고 와서 당신께서 사시는 전을 바라보

---

7) H. R. Weber, "Die Verheiβung des Landes", ökumenische Rundschau, 1972, 335.

며 기도드리거든 당신께서는 자리잡으신 곳, 하늘에서 들으시고 그 외국인의 청을 들어 그대로 이루어 주십시오. 그리하시면 이 지상의 모든 백성들이 당신의 백성 이스라엘처럼 당신의 이름을 알게 되고 당신을 경외하게 될 것입니다. 그리고 소인이 지은 이 전이 당신의 성전임을 알게 될 것입니다."(왕상 8:41-43) 이사야는 야훼 안에서 이방인과 이스라엘의 장벽을 무너뜨린다. "외국인들도 야훼에게로 개종하여 나를 섬기고, 야훼라는 이름을 사랑하여 나의 종이 되어 안식일을 속되지 않게 지키고 나의 계약을 지키기만 하면 나는 그들을 나의 거룩한 산에 불러다가 나의 기도처에서 기쁜 날을 보내게 하리라. 그들이 나의 제단에 바치는 번제물과 희생제물을 내가 즐겨 받으리라. 나의 집은 뭇 백성이 모여 기도하는 집이라 불리리라."(사 56:6-7)

따라서 에큐메니컬의 신학적 접근은 "무엇이나 좋다."(Anything goes.)는 것이 될 수 없고 오직 하느님 말씀에 순종하느냐 하지 않느냐에 달려 있다. 다윗은 모든 열방들이 야훼의 이름을 경외하게 될 것이라고 한다. "야훼의 명성 시온에 울려 퍼지고 그 찬미 소리 예루살렘에 자자한 가운데 임금마다 그 백성을 거느리고서 야훼를 섬기러 모여들리라."(시 102:21-22) 예레미야는 예루살렘을 세계 신앙의 중심지로 생각한다. "그때 사람들은 예루살렘을 야훼의 옥좌라 부를 것이며 모든 민족이 예루살렘에 모여와 나의 이름 야훼를 불러 예배할 것이다. 그리고 다시는 그릇된 생각에 끌려가지 아니하리라."(렘 3:17) 예레미야가 눈물을 흘리며 외친 메시지는 이스라엘과 야훼와 맺은 계약—이스라엘은 야훼의 백성, 야훼는 이스라엘의 하느님—을 바로 세우는 일이었다. "나의 말을 들어 시키는 대로 다하면 너희는 나의 백성이 되고 나는 너희의 하느님이 되리라."(렘 11:4)

이스라엘 신앙인들이 가졌던 선교정신은 하느님의 능력에서 오는 그 우위성과 신실성에서 비롯되었다. 그러나 야훼 하느님께서 이스라엘 민족을 택한 것은 그 민족이 우수하기 때문이 아니라 그 민족을 통해서 세상을 구원하기 위해서였다. 이스라엘과 이방인의 구별은 단지 이스라엘 백성들에게 먼저 야훼 하느님이 계시되었다는 사실뿐이다. 이스라엘의 예언자들은 하느님 말씀으로 인간의 죄를 통박했을 뿐만 아니라, 야훼의 권고를 우주적 역사관에서 전파하므로 야훼의 계획이 전 세계에 미친다는 사실을 당대의 사람들에게 일깨우려고 했던 것이다.[8]

이러한 하느님의 메시지는 예언자들을 통해 이스라엘의 국경을 뛰어넘어 세계적이고 보편적 역사로 나타난다. 엘리사는 적대국의 장군인 나아만의 문둥병을 고쳐 주었고, 룻기에 나오는 주인공 룻은 이방 사람이었지만 이스라엘의 족보를 형성한 여인으로 그의 자손에서 하느님의 아들 예수 그리스도가 탄생하는 역사가 일어났다. 그 후손인 다윗과 솔로몬으로 이어지는 이스라엘의 가계는 도덕적으로 그렇게 자랑할 만한 가계가 아니었지만 죄를 통회한 그들에게 하느님은 은혜를 더하셨다. 요나서의 주인공인 요나는 이스라엘의 민족주의를 신랄하게 비판하고 있다.[9] 출애굽기를 보면 아론과 미리암은 모세가 흑인인 구스 여인과 결혼한 것을 보고 불만을 토로하다가 그 대가로 하느님으로부터 벌을 받았다.(출 2:16ff.) 이와 같이 구약성서에 나타난 근본정신은 어떠한 민족주의도, 인종주의도 허락하지 않는다. 성서는 민족과 인종을 뛰어넘어 에큐메니컬적 입장에 서 있다.

이러한 성서의 에큐메니컬적 이해는 신약성서에 와서 더욱 분명해진다. 우선 그리스도의 오심은 온 인류를 구원하기 위한 시작이었고, 그의 하느님 나라 선포의 메시지는 가난하고 병들고 갇히고 소외된 백성들에게 제1차적 관심 속에서 행동으로 나타났다. 그가 십자가에 달리심으로 온 인류의 구원이 현실이 되었으며, 그의 부활과 그가 보낸 영을 통해 이 세계는 인류의 희망이 되었다. 누가복음에 나오는 "진정한 이웃의 비유"(눅 10:25-37)는 하나의 전형적인 에큐메니컬 본문이다. 강도 만난 사람을 보고 제사장과 레위인은 못 본 척하고 지나가 버렸으나 낯선 이방 땅에 살고 있는 사마리아 사람은 그를 돌보아 주었

---

8) G. von Rad, *Die Botschaft der Propheten*, München, 1970, 251.
9) 참조, H. W. Wolff, "Jonabuch", *RGG*. Bd. III, 853ff.

다. 이에 대하여 예수는 전통적, 직업적, 제도적으로 조직화된 교리주의와 교권주의를 반대하고 원수를 사랑한 이 이방인을 분명하게 부각시켰다. 루터가 해석한 바대로 주막집이 교회를 뜻한다면 사마리아 사람은 예수 그리스도라고 할 수 있다.[10] 예수 그리스도가 보여 주신 사랑을 통하여 만물이 새롭게 되며 하느님 자신이 그 속에 임재하는 것이다.(요 14:8, 16)

나사렛 예수의 주변에는 항상 유대인을 뛰어넘어 이방인이 있었다. 그 가운데는 시리아 여인(마 15장), 시리아 문둥병자(눅 17장), 로마 군인들(마 8장), 헬라인들(막 7:26, 요 12장), 아프리카 사람(마 27:32), 동방박사(마 2:1ff.), 이집트로 도피한 일(마 2:13ff.), 로마 총독 빌라도의 최후 판결(마 27장, 막 15장, 눅 23장, 요 18장) 등을 들 수 있다. 예수는 그의 활동 속에서 유대인과 이방인의 구별을 철폐하고 범세계적, 다시 말해서 그는 늘 에큐메니컬의 지평에 서 있었다.[11]

예수가 승천한 후 오순절에 마가 요한의 다락방에 내린 성령강림 사건은 모두가 하나가 되는 공동체를 이룬 사건이었다. 이 공동체는 "주님도 한 분이시고, 믿음도 하나이고, 세례도 하나이며, 만민의 아버지이신 하느님도 하나이십니다."(엡 4:5-6)라는 고백을 하게 되었다. 그렇기 때문에 교회의 머리 되시는 주도 하나며, 그의 몸인 교회도 하나이며, 그 안에서 역사하시는 이도 하나이기 때문에 교회는 에큐메니컬한 '하나의 교회'(a church)일 수밖에 없다. 엄격하게 표현한다면 교회는 세상에 하나만 있을 뿐이다. 성령을 고백하고 있는 교회는 모두가 하나의 교회이며, 교회의 분열은 결코 있을 수 없다. 왜냐하면 "거룩한 공회와 성도가 서로 교통하는 것"을 고백하는 교회는 주님의 몸인 공동체를 떠나서는 존재할 수 없기 때문이다.

복음의 에큐메니컬적 이해가 더욱 구체적으로 나타나는 것은 바울에게서다. 바울은 그리스도의 복음에는 유대인과 헬라인, 종과 자유

---

10) G. Schiosser, *Dr. M. Luther's Ein-Predigten*, Frankfurt am Main, 1883, 480ff.
11) 김철현, "교회연합 운동을 추구하며", 『성서신학과 선교』(한신대, 1974), 570.

인, 남자와 여자 모두가 차별이 없다고 말한다.(갈 3:28) 왜냐하면 모두가 한 성령으로 세례를 받았기 때문이다.(고전 12:13) 그리스도는 만민의 주이며, 그의 이름을 부르는 자는 누구든지 구원을 얻는다.(롬 10:12-13) 그리스도 안에서 누구든지 새 인간성을 가지게 되면, 유대인이나 헬라인, 할례인이나 무할례인, 자유인이나 노예, 자국인과 외국인의 구별이 철폐된다.(골 3:11) 바울은 유대인이나 헬라인 할 것 없이 모든 인류가 다 죄 아래 있기 때문에 구원에 이르기 위해서는 오직 예수 그리스도를 믿음으로 가능하다고 했다.(롬 3:9ff.) 이러한 우주적 구원을 베푸시는 하느님은 어느 한 사람도, 어느 한 민족도 버리시지 않으시고 구원하시고자 하신다는 것이 에큐메니컬의 성서적, 신학적 이해다. 이와 같은 바울의 인간 이해는 성서의 우주성, 즉 에큐메니컬적 지평을 열어 주고 있다.[12]

위에서 살펴본 바대로 성서 자체는 우주적이고 세계적인 선교의 관점에서 쓰인 하나의 에큐메니컬 책이다. 따라서 에큐메니컬적인 이해 없이는 신학도, 그리스도에 대한 이해도 불가능하다. 마찬가지로 성서와 그리스도에 대한 고백 없이 에큐메니컬의 이해도 불가능하다. 따라서 교회의 일치와 세계의 일치를 위한 에큐메니컬 운동(an ecumenical movement)은 바로 주 예수 그리스도를 통하여 하느님의 백성을 한데 불러모았다는 성서적 증거에 기인한 것이다. 이러한 운동의 세계적 모임은 다음에서 다룰 세계교회협의회(WCC)다.

4_ 세계교회협의회의 형성 배경과 성격

세계교회협의회(WCC)의 형성 배경은 갈라진 교파의 일치 모색과 복음 전파에 대한 효과적 수행 그리고 교회의 세계 문제 참여 등 여러 가지 이유를 가지고 있다. 우선 교회사적으로 보면 16세기 '종교개

---

[12] 참조, E. Käseman, "An die Römer", *HNT*, 8, A, Tübingen, 1973, 19.

혁'(Reformation)으로 말미암아 기독교는 로마 가톨릭 교회에 저항하는 개신교(Protestantism)가 분리되어 나왔고, 그 후 개신교는 분열을 거듭한 나머지 소위 '교파 시대'를 탄생케 했다. 더욱이 19세기에 이르러 선교에 대한 각 교파의 각축전으로 말미암아 선교의 전성기를 이루었고, 그것은 곧 각 교파의 특수성을 더욱 견고케 하는 것이 되었다. 이 점에서 개신교는 로마 가톨릭 교회와는 달리 다양성을 지니고 있었다. 그러나 교회는 교파주의 아래서 점점 더 게토화되어 더욱 분열되기 시작했고, 그에 대한 부작용으로 사회의 교회에 대한 인식도 부정적으로 비치기 시작했다.

이렇게 되자 각 교파로 나누어진 교회는 일치와 협력을 모색하기 시작했다. 국제적 초교파 모임은 1846년 복음주의자들이 중심이 되어 일치 운동에 대한 움직임의 필요와 책임을 느끼고 '복음주의연맹'이란 단체를 만들었을 때다. 이 단체는 교파를 초월하여 교회의 공식 위임이나 대표성 없이도 개인 자격으로 교회일치 운동을 위해 매년 1월 첫 주간을 일치를 위한 기도 주간으로 정하고, 국제회의를 소집하는 국제적 모임이었다. 그 후 교파간의 국제적 접근을 시도하면서 교파들의 연맹체가 조직되었다. 각 교파 안의 연합 모임 가운데, 예를 들면 세계성공회연합조직(Lambeth Conference, 1867), 세계개혁교회연맹(World Alliance of Reformed Churches, 1875), 세계감리교연맹(World Methodist Council, 1881), 루터교세계연맹(Lutheran World Federation, 1947) 등이 활성화되고 있었다.[13] 이 교파 전통별 연합체들은 후에 조직될 세계교회협의회(WCC)와 유기적 협력 관계를 맺어 에큐메니컬 운동에 활성화를 줄 수 있는 단체들이었다.

에큐메니컬의 신학적 이해는 1900년 뉴욕에서 모인 선교 집회를 시작하면서 '에큐메니컬 선교 회의'라는 간판을 달면서 부각되기 시작했다. 그 당시 선교 회의에 모인 지도자들은 선교사들이 앞으로 선

---

13) 참조, 박종화, "에큐메니컬 운동과 신학의 동향과 전망", 「현대와 신학」, 제17집(연합신학대학원, 1993): 137.

교해 나아갈 '오이쿠메네'(사람이 살고 있는 땅)를 에큐메니컬의 용어로 생각했던 것이다.14) 이와 같이 에큐메니컬적 모임은 선교와 관련해서 조성될 수 있는 기운이 짙어지게 되었다. 그 후 1910년 영국의 에든버러(Edinburgh)에서 열린 '국제선교대회'(World Missionary Council)는 에큐메니컬 운동을 선교의 차원에서 부각시킨 첫 대회였다. 여기서 '오이쿠메네'라는 용어는 뜻에 대한 광범위성 때문에 사용하지 않았지만, 선교적인 관심에 집중하여 에큐메니컬에 대한 관심을 가진 것이다. 그 대회의 주제인 "우리 세대에 세계를 복음화하자"(The evangelization of the world in this generation)는 슬로건은 그 당시의 낙관적 세계관과 결부되어 세계가 곧 기독교화되는 것을 꿈꾸고 있었다. 그것도 서구 선교단체들이 중심이 된 '백인 대회'로서 세계의 '서구식 기독교화'를 생각한 것이다.15)

'세계의 복음화' 또는 '세계의 기독교화'의 열망은 1914년 제1차 세계대전과 함께 하나의 '상황'(situation)을 만들어 냈다. 이제 상황은 전쟁의 참화와 더불어 인간의 가능성 확대와 세계에 대한 소유욕의 충돌, 문화적 인간의 산물로서 신전의 붕괴, 즉 인간성과 인간 실현의 담보로 여겼던 종교가 그 한계를 드러내고 있었다. 이제 신학계는 물론 교회들은 낙관주의 대신에 인간과 인간 사회의 죄악성을 통감하고, "하느님은 하늘에, 너 인간은 땅에!"라는 메시지를 들어야만 했다. 전쟁 중에 교회는 국가의 시녀로 전락하여 형제를 서로 원수로 대하게 되었고, 교파별의 에큐메니컬 운동도 그 한계를 드러내고 말았다.

이런 상황에서 에큐메니컬 운동은 새로운 국면을 맞이하게 되었는데 그것은 다음과 같은 세 가지 대회에서 특징적으로 나타난다. 첫째, 유명한 선교 전략가 모트(John R. Mott)16)는 에든버러 대회(1910)

---

14) *Eccumenical Missionary Conference*, New York, 1900, I, 10.
15) 박종화, *op. cit.*, 138-139.
16) Mott는 선교전략에 관한 책들인 *Strategic Points in the World's Conquest, The Evangelization of the World in this Generation, The Decisive Hour of Christian Mission* 등을 펴낸 선교 전략가였다. W. Visser't Hooft, 박상증 역, 『에큐메니컬 운동의 미래』(대한기독교서회, 1994), 12.

에서 나라와 민족과 교파가 서로 다르지만 모두가 그리스도 안에서 하나됨을 강조하면서 결론짓기를 에큐메니컬 운동은 지구 곳곳에 "복음을 전하는 것"(=선교)이라고 한 바 있었다. 이러한 '선교'(mission)에 대한 관심은 에든버러 대회 이후 1921년 미국의 레이크 몽크(Lake Mohonk)에서 '국제선교협의회'(International Missionary Council)[17]가 창설됨으로써 다시 세계 선교는 에큐메니컬 운동의 하나의 특징을 이루게 된 것이다.

둘째, 1920년 제1차 세계대전이 끝난 직후 에큐메니컬의 활성화를 위해 1927년 스위스 로잔(Lausanne)에서 '신앙과 직제 세계대회'(World Conference on Faith and Order, F & O)[18]가 열렸다. 이 운동을 주도해 온 브렌트(Charles Brent) 감독은 "교파들간의 일치점과 상이점을 주의 깊게 서로 인식하는 것"이 대회의 목적이라고 밝혔다. 그것은 신학적인 입장이었다. 그러나 보다 중요한 관심은 복음의 진리인 화해의 복음과 보이는 교회의 일치를 중요하게 여긴 것이다.

셋째, 죄더블롬(N. Soederblom)[19]은 전쟁으로 말미암아 핍절된 사회적 정황에서 인간의 종교적, 도덕적, 사회적 관심을 갖고 기독교 세계를 대변할 '에큐메니컬 교회협의회'(An Ecumenical Council of the Churches) 구성을 제안하였다. 또한 그는 신앙과 직제 문제에서 교파 사이의 일치가 쉽지 않다는 결론을 내리고, 교회의 합의 없이도 함께 생활하고 함께 일할 수 있기 위해서 공동으로 대처할 것을 계속 제의해 왔다. 그것이 바로 1925년 스웨덴의 스톡홀름에서 창립한 '생활

---

17) 이에 대한 상세한 역사적 발전 과정에 대해서는 R. Rouse and S. Ch. Neill, eds., *A History of the Ecumenical Movement 1517-1948*, Vol.1, WCC, 1986(3rd. ed.), 353-404를 참조하라.
18) *Ibid.*, 405-444.
19) 웁살라의 대주교인 N. Soederblom은 교회통합 운동과 세계 평화에 이바지한 공으로 노벨평화상(1930)을 수상한 종교학자다. 그는 일치의 진정한 목적은 교리(Dogma)가 아니라, "함께 섬기는 것"(serve together)에 있다고 보았다. 그는 『살아계신 하느님』(*Living God*)이라는 책을 써서 살아 계셔서 온 세계를 주관하시는 하느님의 구속의 손길을 증거하려고 하였다. W. Visser't Hooft, *op. cit.*, 13.

과 사업 세계기독교대회'(The Universal Christian Conference on Life and Work, L & W)다.[20] 이 실천적 주제는 에큐메니컬의 중요한 하나의 명제, 즉 "교리는 갈라놓지만 봉사는 하나 되게 한다."(Doctrine divides while service unites.)는 슬로건을 만들어 냈다.

이제 에큐메니컬 운동은 앞에서 언급한 '복음주의연맹'의 모임이라든지 교파간의 연합 운동 그리고 선교(IMC), 신학(F & O), 봉사(L & W)의 운동 등 모두가 힘을 합쳐 강력하고 조직화된 운동으로 발전시켜야 할 도전적 상황에 처하게 되었다. 그것은 전쟁으로 말미암아 낙관주의 세계관에서 비관주의 세계관으로 뒤바뀐 급격한 위기의식의 상황이었던 점에서다. 아시아에서는 일본의 제국주의가 고개를 들고 일어났고, 유럽에서는 이탈리아의 무솔리니 파쇼정권과 독일 히틀러의 나치정권이 등장하면서 전 세계를 공포의 도가니로 몰아넣고 있었다. 여기서 기독교는 기독교적 양심과 신앙고백의 결단에 따라 인류와 세계 구원을 위한 '에큐메니컬 운동체'를 형성해야만 했다.[21]

에큐메니컬 운동체는 '국제선교협의회'(IMC), '생활과 사업 세계기독교대회'(L & W) 그리고 '신앙과 직제 세계대회'(F & O)의 세 기구를 축으로 하여 발전되었다. 우선 '생활과 사업 세계기독교대회' 기구가 앞장서서 정교회가 제기한 '연맹'의 실체로 '세계교회협의회'(World Council of Churches, WCC) 창설을 주창하고 나섰다. 그것에 대해 '국제선교협의회' 기구와 '생활과 사업 세계기독교대회' 기구는 거부와 유보를 했지만, '신앙과 직제 세계대회' 기구는 얼마 후 태도를 바꾸어 '세계교회협의회' 창립에 동조했다.[22] 1937년 7월 두 기구(L & W[Oxford], F & O[Edinburgh])는 같은 시간에 각기 세계대회를 열고 '에큐메니컬'이란 용어가 사용되면서부터 본격화되었다.

그것은 "교회를 교회 되게 하라."는 것이었다. "교회의 첫째 의

---

20) F & O는 보이는 일치를 중요시했다. 여기에 대해 동방교회는 귀를 기울였으나 로마 가톨릭 교회는 거부했다. Ibid., 12-13.
21) 박종화, op. cit., 140.
22) IMC는 1962년 뉴델리 총회에서 세계교회협의회에 흡수 통합되었다.

무와 세계에 대한 교회의 최대의 봉사는 교회가 그 한 걸음 한 걸음 옮길 때마다 교회 그것이 되는 일이다. 곧 참신앙을 고백하고, 그리스도의 뜻을 수행하는 데 전력을 기울이며, 사랑과 봉사로 그리스도 안에서 하나가 되는 일이다."[23] 이윽고 이 두 기구는 '세계교회협의회'의 공동 창립을 결정한 후 양측의 대표들이 대회 마지막 날 런던(London)에 모여 정식으로 '세계교회협의회' 창설에 합의했다. 그 후 세계 제2차 세계대전 전후인 1948년 네델란드의 암스테르담(Amsterdam)에서 44개국의 147교회를 창립 회원으로 하여 창립총회가 열린 것이다.[24]

우리는 지금까지 '세계교회협의회'의 형성 배경에 대해서 살펴보면서 결국 교파들이 하나의 일치를 지향하여 있음을 보았다. 그러나 아직도 많은 교파들과 교회들이 교회연합 운동에 대한 필요성을 인정하고 있지만, '세계교회협의회'의 노선과는 다른 입장을 가지고 있다. 이들 가운데는 앞에서 언급한 '복음주의연맹'이 거기에 속한다. 그들은 에큐메니컬 운동을 '선교'에 국한시키고자 한다. 여기에 반해서 '세계교회협의회'는 선교의 차원을 '선교'에 국한시키지 않고 '신학'(F & O)적인 문제와 '봉사'(L & W)에까지 넓히고 있다. 이러한 견해 차이는 '세계교회협의회'를 둘러싸고 찬반에 대한 논란과 이에 따른 교파간의 분열을 더욱 가속화시키기까지 했다. 더욱이 거기서 교파와의 갈등이 첨예화될 경우 정통과 이단 시비가 그치지 않게 뇌고, 모두가 서로의 다양성을 인정하여 각기 교파를 인정한다하더라도 그것은 그 자체 안에 여전히 신학적 문제로 남아 있게 된 것이다. '세계교회협의회'와의 갈등은 비단 선교 문제만이 아니다.

'세계교회협의회'의 용공 시비 문제는 교회 분열을 가속화했다. 한국 전쟁이 발발하자 '세계교회협의회'는 국제연맹(UN)과 마찬가지

---

23) J. H. Oldham, *The Oxford Conference-Official Report*(Chicago, 1937), 45.
24) 세계교회협의회 명예회장인 Hooft는 제1차 세계교회협의회 대회에서 우리의 실존을 적나라하게 지적한다. "우리는 서로 갈라졌다. 교리와 질서와 전도에서만이 아니라 우리는 죄 된 자만심, 계급적 자만심, 인종적 자만심에서 그렇다." W. A. Visser't Hooft, *ökumenisch Konferezen und ÖRK*, RGG IV, 1576.

로 북쪽의 남침을 공개적으로 규탄하고 남쪽에 구호물자 제공을 비롯한 협력사업에 나섰다. 그러자 북한의 남침에 동조했던 중공의 입장을 견지한 중국교회로서는 '세계교회협의회'의 이 같은 행동에 반기를 들고 탈퇴를 했다.[25] 미국교회협의회는 미국 정부가 중공을 승인함으로써 세계 평화의 구조적 틀을 놓고 있었다. 여기에 매킨타이어(Carl McIntyre)를 중심으로 한 반에큐메니컬 반공주의를 표방하는 복음주의 그룹(American Council of Christian Churches)은 교회협의회 운동을 용공주의로 매도하였다. 미국기독교교회협의회와 유대를 같이하는 한국기독교교회협의회는 물론 그 회원 교단에 대한 용공 시비가 매킨타이어를 중심으로 하는 집단으로부터 불붙기 시작했다. 결국 한국 교회는 에큐메니즘이 용공이라는 등식의 갈등과 대립의 여파로 분열하기 시작했고, 장로교의 경우 합동측과 통합측의 분열로 귀결된 것이다.[26]

'세계교회협의회'의 이단 시비는 로마 가톨릭 교회와의 관계를 모색한다는 것에도 있다. 그러나 '세계교회협의회'가 그 설립 목적의 취지대로 실행해 나가기 위해서는 로마 가톨릭 교회와의 대화가 불가피하다. 로마 가톨릭 교회는 기독교 교파 중 가장 오랜 전통과 역사를 가지고 있고, 지금도 가장 큰 교파로 활약하고 있지만 '세계교회협의회'에 가입하지 않았다. 그러나 다행히도 20세기에 들어서서 로마 가톨릭 교회는 '세계교회협의회'를 중심으로 활발하게 진행하는 에큐메니컬 운동에 대한 어느 정도 이해를 하기 시작했다.

1962년과 1963년에 소집되었던 '제2차 바티칸 공의회'는 다른 교회와 교파들을 참석시키고, 그 공의회를 '에큐메니컬 회의'라고 하였다. 가톨릭 신학자 큉(H. Küng)은 2차 바티칸 공의회가 "교회가 법률적, 제도적 성격을 넘어 영적–성례전적 성격을 갖는다."는 의미를 부여했다.[27] 그것은 곧 에큐메니컬에 대한 긍정적 견해의 피력이었다.

---

25) 중국교회협의회가 다시 세계교회협의회에 복귀한 것은 1981년 캔버라에서 제7차 총회 때 일이다.
26) 박종화, "한국 교회와 에큐메니컬 운동", 「신학사상」(1998): 255f.
27) H. Küng, *Konzil und Wiedervereinigung*, Erneuerung als Ruf zur Einheit, 1960.

그 당시 교황 바오로 6세는 기독교의 분열에서 로마 가톨릭 교회도 그 책임의 일부를 지어야 한다고 선언함으로써 개신교에 일방적 책임을 전가시켰던 주장에서 4백 년만에 종지부를 찍고 일대 전환의 움직임을 보여 주었다. 그 당시 회의 내용 가운데는 에큐메니즘과 종교의 자유 문제가 토론되었으며 폐쇄된 세계를 박차고 현대 세계와 관계를 맺어야 한다는 주제를 다루었다. 특히 1054년 동·서방교회로 갈라져 나간 이후 양 교회가 모여 화해와 공동의 미사를 드리게 되어 일치로 성큼 다가섰다.

갈라진 교회들이 서로 만나서 함께 예배를 드리는 것은 에큐메니컬적이다. 그러나 에큐메니컬의 의미가 "무엇이나 좋다는 것"(anything goes)을 뜻하지는 않는다. 그 의미가 결실을 맺기 위해서는 그리스도에 대한 바른 신앙고백이 있어야 한다는 것은 두말할 필요가 없다. 1954년 미국 에반스톤에서 제2차 '세계교회협의회'가 소집되었을 때, '신앙과 직제'(F & O) 부서는 '세계교회협의회'의 성격과 권한과 교파간의 상호 인정 문제를 보다 철저하고 분명하게 다룬 바 있었다. 거기에는 적극적인 면과 소극적인 면을 함께 다루었다. 우선 적극적인 면으로서는 다음과 같은 것이 있다. 첫째, 대화와 협력과 공동 증언은 그리스도가 교회의 머리가 되신다는 공통적인 인식을 토대로 한다. 둘째, 신구약성서를 토대로 하여 하나의 그리스도의 교회를 믿는다. 셋째, '세계교회협의회' 회원 교파들은 그리스도를 주로 고백하는 사람들과 자기 교파와 다른 교파와 친교를 가지며, 타교파도 '거룩한 공교회'로 인정한다는 것이었다.

그러나 소극적인 면으로 '세계교회협의회'가 할 수 없는 일은 다음과 같은 것이다. 첫째, '세계교회협의회'는 어떤 초월교회(Super Church)나 세계교회(World Church)가 아니며, 사도신경에 나오는 거룩한 공교회도 아니다. 회원 교파나 교회가 원치 않으면 '세계교회협의회'의 결의사항을 거부할 수도 있다. 둘째, '세계교회협의회'의 목적은 회원 교파들 사이에서 합동을 협상하는 데 있지 않다. 그것은 개개 교파들 사이의 접촉이 용이하도록 마련할 뿐이다. 셋째, '세계교회협의회'는 어떤 특정한 교회의 개념을 기초로 할 수 없다. 예수 그리스도를 하느님과 구주로 고백하는 교회는 다 자유롭게 가입해서 친교를 나눌 수 있다. 넷째, '세계교회협의회' 회원 교파는 자기 교파의 교회 개념을 단순히 상대적인 것으로 취급함을 의미하지 않는다. 또한 그것은 교회의 통일성의 개념을 어떤 특정한 교리로 규정하는 것을 목적으로 하지 않는다는 것이었다.[28]

'세계교회협의회'는 '하나의 교회'(a Church)가 아니라, 인류를 향한 '기독교 운동'(Christian Movement)과도 같은 것이었다. 제3차 뉴델리(New Delhi) 총회(1961) 헌장의 기조는 다음과 같이 '세계교회협의회'를 정의한다. "'세계교회협의회'는 성서의 가르침에 따라 주 예수 그리스도를 하느님과 구세주로 고백하며, 성부와 성자와 성령, 곧 한 분이신 하느님의 영광을 위하여 함께 부름 받은 소명을 공동으로 완수하려는 교회들의 친교 공동체다."(The World Council of Churches is a fellowship[29] of churches which confess the Lord Jesus Christ as God and Saviour according to the scriptures and therefore seek to fulfill together their common calling to the glory of the one God, Father, Son and the Holy Spirit.)[30]

위의 기저는 '세계교회협의회'의 성격을 규정하고 있는데, 요약하면 그것은 그리스도의 우주적 주권을 제시하고 있고, 신조적인 의미를 부여하고 있으며, 성서의 바탕을 강조하고 있다. 또한 삼위일체적

---

28) 세계교회협의회 중앙위원회가 1950년 세계교회협의회 교회론 문제를 다루어 소위 '토론토 선언'(Toronto-Statement)을 발표하고, 이것에 대한 신앙선언을 1954년 에반스톤 총회에서 작성하여 1961년 뉴델리 총회에서 채택한 것이다. 선언에 대한 상세한 내용은, W. A. Visser't Hoot, *op. cit.*, 112-120을 보라.
29) 친교(fellowship)는 헬라어 '코이노니아'(κοινωνία)의 의미에서 나온 것이다. 이 말은 친교, 교제, 사귐, 나눔이라는 뜻이다. 세계교회협의회가 이 언어를 택한 배경에는 소외, 단절, 격리감이 심화되어 가는 현대 조직 사회에서 참공동체의 모형을 생각한 것이다. 더욱이 신앙고백적 역사적 배경이 다른 교회들이 진정한 합의와 일치에 도달하기 위해 '친교'는 세계교회협의회의 성격 규정을 위한 중요한 술어가 되었다.
30) W. A. Visser't Hooft, *op. cit.*와 Marlin Van Elderin, *Introducing the World Council of Churches*(WCC, 1990)을 참조하라.

틀에서 그리스도 중심주의를 명확히 선언하고 있으며 하느님의 영광을 위해 부름받은 친교의 공동체로서 선교와 교회일치를 추구하고 있다. 이와 같이 '세계교회협의회'는 전통적 교회관에서 얻은 "그리스도의 몸으로서의 교회"가 세계 선교공동체로서 교파와 교파, 하느님과 세계의 화해와 일치를 추구하도록 돕는 역할을 하는 것을 특징으로 한다.

마지막으로 '세계교회협의회'의 상징으로 사용하고 있는 휘장을 살펴보자. 이 휘장은 제2차 세계대전 때 독일의 한 기독교 모임에서 고안해 낸 것으로 그리스도 안에서 순종함으로써 교회가 일치가 되어 사명을 수행한다는 의미를 가지고 있다. 이 표지에는 세상을 상징하는 바다에 교회를 상징해 주는 배가 떠 있고, 배 한가운데는 십자가로 된 돛대가 서 있다. 여기서 배는 박해 속에서도 견디어 낸 초기 교회요, 거친 물결은 교회가 직면하지 않으면 안 되는 풍랑을 의미한다. 십자가 모양의 돛대는 교회 안에 계신 그리스도의 현존을 의미한다.(참조, 마 8:23-27) 그리고 그 둘레에는 헬라어 'OIKYMENH'를 영어식 표기인 'OIKOUMENE'로 한 글자가 배 위로 둥글게 되어 있는데, 그것은 "사람이 살고 있는 땅"(oikoumene), 즉 전 세계 안에서 그리스도인이 된다는 것이 무엇을 의미하고 무슨 일을 함께해야 하는지를 말하는 사명의 완전성을 드러내고 있다.[31]

다시 말해서 '세계교회협의회'의 목적은 위에서 설명한 휘장이 가르치듯이 인간 생활의 전 폭과 전 세계에 대한 전체 교회의 종합적인 사명을 말하는 것으로, 하느님의 백성들이 예수 그리스도를 믿고 순종하므로 모두가 일치에 이르도록 하는 것에 있는 것이다. 그것에 대한 현실성은 그리스도의 십자가가 하느님의 살아 계신 능력과 진리의 살아 있는 상징으로서 이 세상을 치유하고, 위로하고 구원의 신비를 체험하도록 하기 때문이다. 따라서 십자가는 교회를 교회 되게 하는 밑거름이 되며, 동시에 그것은 분열된 교회를 일치시키고 전 피조세계를 하나로 묶는 '사랑의 끈'의 역할을 하는 것이다.

---

31) 휘장에 대한 설명은 『하나님의 백성』(한국기독교장로회 총회교육원, 1985), 32를 보라.

5_ '에큐메니컬'을 위한 신학적 논제들

1) 하느님의 선교[32]

우리는 앞에서 에큐메니컬 운동의 시작을 1910년의 에든버러에서 열렸던 세계대회(World Missionary Conference)에서 비롯되었다는 것을 말했다. 역사적으로 로마 가톨릭 교회를 제외하고 기독교는 19세기를 '대선교의 세기'로, 20세기를 '에큐메니컬 세기'라고 일컬어 왔다. 사실 '선교와 에큐메니컬'이란 주제는 결코 둘로 분리시킬 수 없다. 헨드릭 크래머(Hendrik Krämer)가 '선교신학'을 강조한 이래 '세계교회협의회'를 중심으로 한 전 세계교회는 선교 문제에 대한 깊은 관심을 가지게 되었다. 각 교단에는 선교국 또는 선교부를 두어 선교에 관심을 쏟았고, 각 신학교에서는 '선교학'(missiology)을 커리큘럼 속에 개설하였다. 그리고 1960년대에 이르러 기독교 신학계는 '하느님의 선교'에 대한 새로운 용어가 등장하여 논쟁점이 되기도 하였다.

'하느님의 선교'(missio Dei)는 종전에 사용되던 '교회의 선교'(missio ecclesiae)와 어떻게 다른가? 18세기 이래 '선교'의 개념은 주로 해외를 향한 기독교 문화와 기독교 세력의 확장을 위한 전도사업을 말하는 것으로 이해되었다. 여기서 '선교'는 소위 '복음화', 즉 개인의 영혼을 멸망받을 세상으로부터 선택받은 구원의 방주인 교회로 인도하는 것이 전부였다. 이와 같이 재래식 선교의 개념에서는 선교의 주체가 교회였다. 교회는 선교의 출발점이었으며 목표였던 것이다. 이러한 선교 이해의 핵심에는 세계로부터 도피를 주장하는 관념론적 신앙 이해와 교권을 확장하려는 지배 욕구가 자리잡고 있었다. 더욱이 이때 선교 활동은 식민 제국의 세력 확장에 편승하여 전개되었으며 선교사들은

---

32) 하느님의 선교(missio Dei)에 대해서는 G. F. Vizedom, *Missio Dei*, München, 1958 을 참조하라.

자신도 모르게 식민주의적 사고에 빠져 있었다.[33]

이에 반하여 '하느님의 선교'(missio Dei)에서 말하는 선교의 개념은 선교의 주체가 삼위일체 하느님이라는 확신으로부터 출발한다. 선교란 인류를 구원하기 위한 하느님의 역사하심으로 이해한다. 교회는 더 이상 '구원의 방주'가 아니라 하느님의 선교를 위한 하나의 도구에 불과하다. 여기서 교회는 세상을 변혁시키려는 하느님 나라의 표징(Zeichen)이며, 미래에 완성될 나라의 전조(Vorzeichen)로서 선교 활동을 위해 봉사해야 하는 '전위대'로서 이해된다.[34] 따라서 교회의 존재의 의미는 그 교회 자체가 아니라 선교를 위한 것으로 바뀔 때 그 의미가 있는 것이다.

이것은 선교학자 호켄다이크(H. C. Hoekendijk)는 교회의 존재 의미를 '하느님의 선교'에 참여하는 것으로 '사도직의 한 기능'으로 이해한다. "사도직의 공간은 세계다. 사도직의 내용은 하느님 나라의 구원의 표지, 즉 샬롬의 표지를 세우는 것이며, 사도직의 실현은 샬롬을 선포(케리그마)하고, 샬롬에 협동적으로 참여(코이노니아)하며, 샬롬은 봉사(디아코니아)를 통하여 이루어진다."[35] '하느님의 선교'(missio Dei)란 글자 그대로 하느님이 이 세속 사회 속에서 선교의 역사를 진행하고 계신다는 의미를 지니고 있다.

그러나 '하느님의 선교' 사상이 등장한 이후 전통적인 전도의 의미는 약화되고 단지 세계의 정치, 경제, 사회, 문화, 군사 등의 문제에 치우친 느낌이 든다. 우리는 그 예를 '세계교회협의회'의 활동에서 볼 수 있다. '하느님의 선교' 사상은 1961년 인도 뉴델리(New Dehli) 대회에서 등장하여 1968년 웁살라(Uppsala) 총회 이후에는 그 의미가

---

33) 참고, A. von Harnack(1851-1930)은 복음의 빛에서 문화와 기독교의 합일을 주장하는 소위 '문화 기독교'(Kulturprotestantismus)를 만들어 냈다. 그 실례로 그의 저서 *Das Wesen des Christentums*, 1900을 들 수 있다.
34) H. Küng, *Die Kirche*, München, 1977, 118.
35) J. C. Hoekendijk, "Notes on the Meaning of Mission", *Planning for Mission*, ed. Thomas Wieser(WCC, 1966), 43f.

세속 사회(Secular City) 속에 하느님의 역사하시는 일에 관심을 집중시킨 나머지 "세계교회협의회"는 세속기구인 국제연맹(UN) 집단처럼 변질되는 것 같았다. 그 당시 기독교 각 교파 지도자들이 모인 세계적 기구(WCC)는 인류의 사회 문제, 경제 문제, 정치 문제에 집중적인 관심을 가지고 발언권 행사는 물론 사업까지 계획하게 되었던 것이다.

이에 대하여 다음과 같은 비판의 소리가 쏟아져 나왔다. 첫째, '하느님의 선교'(missio Dei)를 슬로건으로 내건 '세계교회협의회'는 기독교의 본질적 사명이 '사회참여', '역사참여'라는 말로 대치해 버려 일방적인 극단론을 양성화했다. 둘째, '세계교회협의회'는 교회란 구심점을 흐려 버리고 어느 국, 어느 위원회, 어느 특별기관 등이 중심이 되어 방대한 인류문화 문제를 요리하는 세계적인 기구로 전락해 버릴 위험이 도사리고 있다. 셋째, 예수 그리스도의 구속의 복음을 증거하는 것을 제1차적 사명으로 하는 그리스도의 몸 된 교회가 기독교적 사회 기관이나 인류의 복지 사회 건설단체와 동일시 취급되고 있다.[36]

이러한 교회의 현실참여는 '이웃 사랑'에 대한 구체적이고 실천적인 교회론의 한 발전적 양상이라고 볼 수 있으나, 그것은 인간의 피조성을 깨닫고 하느님께 예배와 찬양과 감사로 "하느님을 사랑하라."는 계명을 소홀히 하여, 결국 교회론의 한 위기를 드러내게 되었다. 이 위기는 더욱 심각하여 '교회'(ecclesia)란 말 자체까지도 이 현대적인 '하느님의 선교'(missio Dei) 신학 사상에서는 쓸 수 없다고 할 만치 교회의 모습이 변질되어 기존 질서를 거부하고 뒤집어엎는 '혁명단체'로까지 인상을 주고 있었다. 그런 점에서 '하느님의 선교' 신학은 금세기 또 하나의 '위기신학'이었다.[37]

에큐메니컬의 의미에서 선교는 "전 세계에 걸친" 선교다. 그때 선교적 의미는 땅끝까지 이르러 "예수가 그리스도"라고 증언하는 일, 즉 그는 우리의 주님이시며, 역사의 시작과 마지막이며, 지금도 역사의

---

36) 김정준, "선교의 신학", 『구약신학의 이해』(한신대, 1973), 355f.
37) 참조. Ibid., 356f.

중심임을 전하는 일이어야 한다. 따라서 선교는, 먼저 예수 그리스도의 복음을 들어 보지 못한 사람들과 나아가 복음과 접촉해서 살아 보지 못하는 이들에게 공개적으로 복음을 전한다는 의미에서 선교다. 또한 선교는 날로 새로워지는 세계의 평화(샬롬)를 위하여 비그리스도인들과 함께 일하며, 목회와 치유와 섬기는 일을 포괄한다. 이와 같은 두 가지 의미에서 볼 때 '선교'는 교회의 진정한 삶에 속한다고 볼 수 있다.

2) 다양성과 일치 문제

역사적 실체의 교회의 다양한 모습은 그 나름대로의 전통을 가지고 있다. 동방교회(=그리스 정교회)가 서방교회(=로마 가톨릭 교회)와 분리, 로마 가톨릭 교회에서 개신교(protestantism)의 분리, 개신교는 군소 교파로 나뉘어 분열을 거듭하였다. 이러한 수많은 교파들의 발생과 각 교파들의 계속적인 분리들은 그 교회들이 처한 역사적 상황에서 일어났다. 교회가 역사적으로 성장과 발전을 해감에 따라 교리와 신학이 생기고, 예배의식과 예전을 만들어 내고, 교회의 구조와 직제가 자리잡고, 몸담고 살아가는 사회를 향한 선교와 봉사의 틀이 잡혀 갔다. 이런 전통(tradition)의 사회 구성체적 표현이 바로 교파(confession/denomination)가 된 것이다.[38]

따라서 에큐메니컬 운동은 각 교파전통의 교회들이 지니고 있는 다양한 교회론을 어떻게 수렴해야 하는가의 현실적 문제에 봉착했다. 서로 다른 기독교 정통들 — 동방 정교회, 로마 가톨릭 교회, 성공회, 루터교회, 장로교, 감리교, 침례교회, 성결교회 등 — 은 그들 나름대로의 특징적인 전승과 일정한 통전성을 가지고 있다. 그러나 이제는 어느 교파를 보아도 아름다운 전통은 사라지고 단지 교리(dogma)만을 강조하고 있을 뿐이다. 교파간의 차이는 명칭과 의식뿐, 적어도 특징적으로는 교파간의 차이를 찾기가 점점 어려워졌다. 교회가 획일화된 것이다.

---

38) 박종화, *op. cit.*, 133.

적어도 평신도 사이에서는 차이가 없어진 것이다. 이제는 교파주의를 넘어설 수 있는 각오가 있지 않으면 안 된다.

신학의 문제를 다루는 '신앙과 직제'(F & O) 부서는 교회의 일치의 틀을 '획일주의'(a uniformity)가 아니라 "다양성 속에서 일치"(a unity in the diversity)를 모색했다. 그러나 여기서 "다양성 속에서 일치"는 교파전통에 뿌리를 두고 있는 다양한 교회론을 의미하는 일종의 '비교 교회론'(comparative ecclesiology)으로 차이점을 그대로 인정하는 근거에서 일치 형태인 셈이었다.[39] 또한 교회의 분열과 다양성은 같은 교파전통을 가진 교회라 하더라도 그 교회가 처한 역사적 상황에 따라 교회의 삶의 양식이 다양할 수밖에 없다. 교회가 처한 실존적 상황은 각기 다르기 때문에 일치를 위해서는 일종의 '비교 상황론'(comparative context)이 나타난다. 결국 "무엇이나 좋다."(Anything goes.)는 '비교 교회론'이나 '비교 상황론'의 나열식 일치의 모색은 신학적 이해가 되지 못하고 단지 역사적 교회 현실에서 나타난 것을 그대로 방치해 버리는 나태한 결과일 뿐이다.

다양성 속에서 일치는 "무엇이나 좋다."는 방식에서 일치가 아니라 일치를 위한 구심점이 설정되어야 하는데 바로 그것은 '그리스도론적 접근'(christological approach)에서 시작되어야 한다. 이것은 교파를 비교하여 일치를 이루고자 하는 '비교 교회론'이나 '비교 상황론'과 다르다. 이러한 접근들은 분열을 치유할 수 없을 뿐만 아니라 일치를 위한 모색도 불가능하다. 그러나 그리스도 중심주의는 기존의 전통들에 담긴 분열의 요인들을 극복할 뿐만 아니라 교회 자체의 갱신을 통한 일치를 모색하는 신학적 이해에 돌입한다. '신앙과 직제'(F & O) 제3차 대회(Lund, 1952)는 일치를 위한 전제로 그리스도를 내세운다. "우리는 교회의 본질에 대한 다양한 해석과 우리 교회들의 전통들을 비교하는 것만으로는 실질적인 일치를 진척시킬 수 없음을 알게 되었다. 우리가 그리스도에게 보다 가까이 갈수록 서로의 일치를 보다 더

---

39) *Ibid.*, 134, 150f.

이룰 수 있음을 알게 되었다."⁴⁰⁾

'세계교회협의회'의 뉴델리(New Delhi, 1961) 총회는 진정한 일치가 어떻게 이루어지는지를 표현한다. "모든 인류와 피조물을 향한 삼위일체 하느님의 사랑이 일치의 원천이고 목표이며 … 예수 그리스도의 교회에서 이 일치에 동참함으로 … 진정한 일치를 추구할 수 있다."⁴¹⁾ 여기서 일치는 교파주의의 종식을 전제로 하는 "그리스도 안에서 하나"라는 유기체적 일치를 말한다. 교파주의 오류는 다양성을 넘어서 이미 분열을 고착화한 데 있다. 처음에 교파들은 그들 나름대로의 역사적 특성과 복음의 전통들을 가지고 출발했지만, 지금은 그 특성들이 현실적으로 거의 없어졌다. 무특성적인 획일화 현상은 다양성을 빼앗아 갔고, 결국 그것은 활기 있고 살아 있는 교회를 병들게 만든 결과를 빚어내고 말았다.

사익스(Stephen Sykes)는 "그리스도인들의 획일적 이념에 일치의 위험"에 대해 이렇게 경고한다. "만일 하느님의 사업이 대단히 다양한 형태들의 인격적이고 세계 속에서 수행되어야 하는 것이라면 우리는 서로 다른 경건과 신앙의 전통 속에서 부름받았다고 믿을 수밖에 없다. 따라서 그리스도인 모두를 획일적 이념에 일치시키려는 노력은 큰 오류와 위험에 빠지게 될 것이다."⁴²⁾ 물론 우리가 교파주의를 넘어서 새로운 특징 있는 많은 공동체의 탄생을 전망할 때, 각 교파들이 가졌던 아름다운 전통들이 다양한 형태로 유지되는 방식으로 되어야 할 것이다. 왜냐하면 분열을 통한 교파들의 발생은 기독교 신앙에 대한 중요한 산 증언으로 긴요한 사회학적 표현일 수 있기 때문이다. 그러나 각 교파들은 이미 그 특징을 잃었다. 어느 교파의 교회를 보아도 차이가 없어졌다.

여기서 우리의 신학적 과제는 우선 특징 없는 다양한 교파들이 해체되고 어떻게 그 대신에 그리스도 안에서 일치된 다양한 형태의 교

---

40) L. Vischer, *Die Einheit der Kirche*, München, 1965, 96f.
41) *New Delhi Report*, 3 Unitz, 1. 1.
42) Stephen W. Sykes, *Christian Theology Today*(Morbrays, 1971), 33.

회들이 다시 출현되느냐에 있다. 성서에서 인간은 수많은 양태로 하느님을 경험한다. 이제 교파의 일치는 과거처럼 어느 특정한 교파로의 일치를 모색한다는 것은 불가능할 뿐만 아니라 그것을 시도하는 것조차 무의미한 일이다. 오히려 기존 교파들이 '해체'되고 "교파를 초월한 수많은 새로운 형태의 교회"가 탄생되어야 한다. 오늘의 '탈현대주의'(postmodernism)는 단일한 특징 없는 교회의 획일성이 해체되고 특징 있는 다양한 교회들을 요청한다.

미래 교회의 모델은 특성 없는 대형 교회들이 아니라, 서로를 아는 가운데 함께 대화하고 사고하며 필요한 삶의 규범을 만들어 낼 수 있는 다양한 작은 공동체들로 부각된다. 이 공동체의 구성원들은 교파가 서로 다를지라도 그리스도의 역사라는 하나의 원리를 통해서 서로 연결된다. 다양성을 중요시하는 미국 사회에서 "다음 주 예배는 당신이 선택하는 교회에서!"라는 슬로건은 획일적인 예배에 변화를 모색하고 있는 증거다. 그것은 하느님의 말씀이 모든 서로 다른 집단들과 개인들에게 여러 가지 방식으로 말해져야 한다는 사실을 포착한 것이라 생각한다. 더 이상 교회가 특징 없이 마치 모델하우스 같은 획일성을 가져서는 안 된다는 요구이기도 한 것이다. 더욱이 기독교의 번창이 단일 교파에 속해 있는 나라들보다 다양한 교파들이 있는 나라에서 더욱 번창하고 있는 것은 흥미 있는 일로 주목된다. 다양성 속에서 그리스도인의 모습은 여러 가지 면에서 모험적이며 상상력이 넘치고, 화해적이며 가치 창조적인 요소들이 들어 있다. 그리스도인들이 예배를 통하여 공동의 관심사를 가지고 함께 모여 봉사의 삶을 살기 위해 형성된 '떼제공동체'도 그 한 예가 될 수 있을 것이다.

6_ 의미와 제안

우리는 에큐메니컬에 대한 신학적 이해를 위해 에큐메니컬의 의미와 그 의미에 대한 역사적, 성서적 그리고 신학적 의미를 고찰해 보았다. 교파의 일치는 다양성 속의 일치, 즉 공동의 선을 향해 차이를 극복해 나가는 것을 말한다. 그 일치는 둘 사이의 차이를 부정하고 거부하여 파멸에 이르는 것이 아니라, 차이를 인정하는 것을 통해서 시작되어야 한다. 에큐메니컬 이해는 일치에 대한 이야기 없이 강단 교류나 사회의 해결되어야 할 문제를 주제로 하여 협력사업을 통해 가능할 것이다. 이 일은 오랜 시일을 두고 이어 가며 발전시켜야 한다. 그러기 위해서는 노력과 인내가 요구된다. 그러한 노력과 인내는 갈라진 교파들에게는 '초교파적'(super-denominational) 의미를 주고, 각 민족과 백성들에게는 인류를 하나로 묶는 '가족'(family)의 의미를 주며, 나아가 지구 환경적 의미에서는 자연과 인간이 화친하는 '샬롬'(평화)의 의미를 제공해 준다. 그것은 곧 성서의 뜻이며 정신이기도 하다.

끝으로 에큐메니컬의 실천적 이해를 위해 신학, 영성, 운동 그리고 삶 등의 네 가지로 제안하면서 이 글을 마치고자 한다.

첫째, 우리는 현대를 넘어선 '탈현대주의'(postmodernism) 시대를 맞아 다양성, 다원성을 말하는 다원주의 물결에서 '정체성'(identity)의 위기를 맞고 있다. 에큐메니컬 신학은 '열린 신학'으로 다원주의적 시대 상황에 대하여 적극적인 이해와 참여를 통해 예수 그리스도의 복음에 충실하게 서도록 한다.

둘째, 우리는 하느님께서 죽음과 어둠을 생명과 빛으로 만들기 위해 압박당하고 투쟁하는 편에 서 계신다는 것을 믿고 있다.(시 103:6) 에큐메니컬의 영성은 소비 지향성, 개인의 이기적 탐욕에서 벗어나 '강도 만난 이웃'과 다른 억압받는 자들과의 연대성(solidarity)을 실천하는 일을 우선으로 하는 것이어야 한다.

셋째, 에큐메니컬 운동은 지구인 전체를 파멸시킬 수 있는 핵과 살상무기 앞에서 전쟁에 반대하는 일에 연대하고, 샬롬 운동에 적극적으로 가담하는 일에 연대를 하는 것으로 시작되어야 한다.

넷째, 지구 생태계의 위기[43]는 지구 안에 살고 있는 인간 모두를

---

43) 생태계 문제에 대해서는 『정의, 평화, 창조 질서의 자료집』(한국기독교사회문제연

묶는 '운명공동체' 의식을 갖게 했다. 이제 우리는 하느님은 한 분이시라는 신앙 속에서 하느님-이웃-자연이 어우러지는 삶의 '호프'(Hof)[44]를 이루면서 살아가야 할 것이다. 이것이 에큐메니컬적인 삶이다.

여기서 우리가 어떻게 희망을 가질 수 있을까?! 우리가 공동의 희망을 포기할 수 없는 것은 하느님은 인류에게 빛과 생명으로 예수 그리스도를 주셨기 때문이다. 바울은 그리스도 안에서 일치와 평화를 이렇게 말한다. "그리스도야말로 우리의 평화이십니다. … 또 십자가에서 죽으심으로써 둘을 한 몸으로 만드셔서 하느님과 화해시키고 원수 되었던 모든 요소를 없이하셨습니다. … 이렇게 그리스도께서는 세상에 오셔서 … 평화의 기쁜 소식을 전해 주셨습니다. … 이제 여러분은 외국인도 아니고 나그네도 아닙니다. 성도들과 같은 한 시민이며 하느님의 한 가족입니다."(엡 3:14-19)

구원, 1990)을 참조하라.
44) 독일어 'Hof'는 '마당', '뜰'이라는 의미를 가지고 있다. 집으로 들어가기 위해서는 마당을 통과할 수밖에 없듯이, 우리 삶은 나-이웃-자연-하느님과 마당을 이루는 '호프'(Hof)가 형성되어야 한다. 최종호, "호프 신학과 성령 안에서 생활", 「기독교사상」(1995. 5): 145-154을 참조하라.

XIV 에큐메니컬 운동의 실제

1_ 일치 운동을 위한 출발

지난 천 년 동안은 교회의 분열의 시기였다면, 이제 새로운 천년은 일치의 시기로 향하고 있다. 1910년 에든버러에서 이미 선교의 중요성이 강조된 후 1921년에 미국의 레이크 몽크에서 창설된 '국제선교협의회'(International Missionary Council, IMC)는 선교를 통한 일치와 더불어 세계복음화를 공동으로 추신하사는 운동을 벌린 바 있다. 1925년 스웨덴의 스톡홀름에서 창립된 '생활과 사업'(Life & Work)은 "교리는 갈라지게 하지만 봉사는 하나 되게 한다."는 슬로건을 내걸고 봉사를 통한 교회의 하나 됨을 추구한 바 있었다. 1927년 스위스 로잔에서 창립된 '신앙과 직제'(Faith & Order) 운동은 다양성 속에서 일치라는 모토를 내걸고 교회일치의 모델을 제시하기도 하였다.

이제 교회의 일치와 갱신 그리고 화해와 세계 구원의 역사에 교회가, 각 교파가 그리고 각 구성원 하나가 각 지역에서 이 실제적인 문제에 돌입할 필요가 있다. 여기서 필자가 살고 있는 부산에서 에큐메니컬 운동을 조사해 보고자 한다. 하안토닉 신부가 있는 동항당 가톨릭 교회에서 일어난 일을 중심으로 서술하고자 한다. 그는 기도로 시작한다.

1) 기도

일치를 위한 첫 출발은 기도에서부터다. 에큐메니컬적 사고를 가진 사람들은 기도 외에는 일치를 위해 다가갈 수 없다는 것을 인식하고 '기도주간'[1]을 만들고 함께 기도하기 시작했다. 일치를 위한 기도는 그리스도인의 삶에서 필수적이며, 기도만이 기독교의 여러 종파들을 하나로 묶을 수 있다. 이제 교회는 일치를 위하여 함께 모여 기도하고 돕는다. 우리는 삼위의 하느님에서 일치를 배운다. 성부, 성자, 성령의 하느님은 하나의 신비적이고 역동적 공동체를 이루는 코이노니아를 이루고 있다. 예수가 아버지와 일치를 위해 기도한다. "아버지, 이 사람들이 모두 하나가 되게 하여 주십시오. 아버지께서 내 안에 계시고 내가 아버지 안에 있는 것과 같이 이 사람들도 우리들 안에 있게 하여 주십시오. 그러면 아버지께서 나를 보내셨다는 것을 세상이 믿게 될 것입니다."(요 17:21)

일치에 대한 그리스도의 간절한 기도는 성부와 성자 사이에는 아무런 장벽도, 어두움도 그리고 흐림도 없이 온전한 사랑과 진실로 결합된 완전한 일치가 있을 뿐이라는 사실을 보여 준다. 이러한 일치의 본은 그리스도인의 삶의 좌표가 된다.

신앙이란 자기의 전 존재를 걸고 삶과 죽음을 모험하는 결단과 행위라고 전제할 때, 우리는 살아 계신 하느님의 말씀에 충실해야 한다. 그것은 적당하게 그때그때에 따라서 변하는 카멜레온 신학이 아니라, 하느님의 뜻이 이루어지도록 하는 '기도의 신학'이어야 한다. 주

---

[1] 1908년 성공회 사제 프란시스가 영국에서 1월 18일에서 25일까지의 기독교 일치를 위한 세계 기도주간을 만든 것으로부터 처음 시작된다. 그리스도인 일치 기도주간을 지키기 위해 '세계교회협의회'의 신앙직제위원회와 로마 교황청 그리스도인 일치 촉진평의회는 1966년부터 공식적으로 자료를 준비해 왔으며 1968년부터 그 자료에 기초하여 이 기도주간을 지켜오고 있다. '한국기독교교회협의회'(KNCC)는 1986년부터 가톨릭, 정교회, 성공회 등과 함께 그리스도인 일치 기도주간 합동기도회를 주최해 왔으며, 2001년에는 1월 18일 정동제일감리교회에서 가톨릭, 루터교, '한국기독교교회협의회' 회원교단 등과 함께 기도회를 개최했다.

님께서 가르쳐 준 기도처럼 우리는 하느님의 세계가 어떻게 이루어져 이 땅을 고치고 새롭게 할 수 있는가에 관심을 집중해야 한다. 인간은 영과 육으로 된 존재이며, 그리스도는 인간을 축복하기 위해 성육신하신 분이다. 이 사실이 분명한 것을 믿는 자는 더 이상 이 세계와 저 세계, 육체와 영혼, 나와 너, 하느님과 인간을 분리시키지 않는다. 인간을 구원하시기 위해 오신 성육신하신 그리스도 안에서 통합된다. 따라서 이제부터는 서로 얽히고 의존하는 하나의 생명체적 사고를 해야할 것이다.

2) 하느님의 초청을 통해 모두가 새로운 공동체로 태어난다

우리는 세례를 받을 때 장로교 이름으로 세례를 받는 것도 아니고, 감리교 이름으로 세례를 받는 것도 아니다. 성부와 성자와 성령의 이름으로 세례를 받는다. 우리는 예배를 드릴 때 삼위일체 되시는 하느님께 예배를 드리고, 예배를 마칠 때 성부와 성자와 성령의 이름으로 축복을 받고 돌아간다. "한 세례—한 하느님." 이것이 우리의 신앙이다.

그리스도인 일치 기도는 새로운 공동체를 태어나게 했다. 2000년 그리스도인 일치 기도에서 그리스도 안에서 한 몸으로 묶어 주는 일들을 찬미하였다. 그리스도는 길이요, 진리요, 생명이다. 그리스도 안에서 공동 세례, 신앙의 토대인 성서, 세상에서 봉사에 대한 부름의 인식, 교회일치의 순례의 목표 등 그리스도인의 가시적 일치를 확인하였다. 2001년 그리스도인 일치 기도에서 목표를 향해 나아가는 길에 초점을 맞춘다. 일치를 위한 순례자의 길에서 혼자가 아니라, 길이신 그리스도가 동반자요, 안내자임을 믿게 된 것이다. 오직 그리스도만이 일치의 근거가 된다는 것을 확인한 것이다.

이제 우리는 지금까지의 일치의 장애가 되어 온 많은 것들, 즉 옛 사고방식, 여러 가지 편견들에서 탈출하여 일치를 위한 하느님의 초청에 응답해야만 한다. 구체적으로 말해서 자신이 하느님의 사랑을 받고 있다고 느끼고, 또 자신도 하느님을 사랑하며 하느님의 말씀을 듣고 기도와 침묵하는 마음을 통해 하느님의 말씀에 귀를 기울이고 이에 답하는 사람이 되어야 하는 것이다. 그리고 그 마음이 언제나 희망과 기쁨으로 차 있고 어떤 어려움에 처해서라도 하느님의 위로를 받고 있다고 느끼며, 하느님의 섭리에 깊이 신뢰할 줄 알아야 한다. 왜냐하면 신자는 하느님의 아버지 집에 태어난 사람이기 때문이다.

이러한 칭송과 감사하는 마음, 그리고 겸손과 사랑하는 마음이 결국 일치 운동의 기초가 되는 것이다. 우리 모두는 한 분 예수 그리스도 안에서 나왔고, 그러므로 바로 이분 안에서 서로 모든 사람의 종이 되겠다는 각오로 서로에게로 나아가야 한다. 주도 하나, 세례도 하나, 성령도 하나이기 때문이다. 이제 우리는 그리스도와 함께 일치라는 모험적인 사업에 더 깊이 그리고 더 성실하게 관여하지 않으면 안 된다. 예수는 서로 자리다툼을 하는 제자들 가운데 아이 하나를 가운데 세우고 "여러분들은 아이들같이 되지 않으면 하늘나라에 들어갈 수 없습니다."라고 말했다. 하느님의 초청에 응답하는 에큐메니컬 신학과 교회는 사랑과 화해의 공동체이어야 한다.

3) 공동찬송가와 공동번역성서

우리가 오늘날 선교의 사명을 다하기 위해서는 게토화된 우리의 모습을 반성하고 거기서 깨어나야 한다. 우리의 인습, 우리의 전통, 우리의 교파, 우리의 파벌, 우리의 신학, 그것들은 결국 우리를 왜소하게 했고, 나아가 우리를 병들게 했으므로 모든 것을 털고 일어나 새로운 선교 전선을 향하여서 걸어가는 교회가 되어야 한다. 그것은 이 땅에 평화를 실천하는 일이다. 그것은 분열의 벽을 깨는 일이 될 것이다. 동과 서의 분열, 남과 북의 분열, 교파와 교파 간의 분열의 벽을 깨는 일을 시작해야 한다. 그것은 공동의 작업에서 실천이 된다.

한국 교회에서 개신교 공동찬송가와 가톨릭 교회와 개신교의 공동번역성서는 일치 운동의 중요한 단계를 시작한 것이라고 할 수 있다. 교회의 일치는 서서히 모든 단계를 하나씩 밟아 가야 이루어질 수 있다. 에큐메니컬 교회는 형식적 어떤 기관에서보다는 성서에서 그 근거를 찾을 수 있다. 구약의 백성들은 이미 일치를 이루고 있는 하나의 단일체라는 것을 깨달았다. 그것은 한 분 하느님이 이스라엘 백성을 그 조상 아브라함을 통해 처음으로 하느님의 백성으로 선택하시어 새로운 구원의 은총으로 사명을 깨닫게 해 주셨기 때문이다.

신약에 와서는 한 분뿐이신 성자와 그를 통해 이룩된 구원에 대한 신앙으로 하나의 단일체를 이룬다. 신약의 백성이 구약의 백성과 다른 점은 이제 예수 그리스도로 말미암아 이방인까지 포함한 '새로운 이스라엘'이 형성된 것이다. 그리스도의 몸을 상징하는 떡을 모두가 함께 나눌 때, 그 떡을 먹은 사람은 하나의 공동체를 이룬 것이다. 그것은 모든 지체가 연합하여 하나의 몸을 이루는 것과 같다. 그 공동체에 속한 구성원 각자는 서로가 서로를 연결하는 유기적 공동체가 된다. 한 사람이 기쁘면 온 구성원이 기뻐하고, 한 사람이 아프면 구성원 모두가 함께 아파하면서 그 문제를 해결한다. 주님의 몸을 이룬 공동체이기 때문이다.

2_ 일치를 위한 구체적 프로그램

1) 함께하는 절기 운동을 통한 일치 모색

(1) 감격적인 부활절

온 세계의 모든 그리스도인은 같은 날 그리스도의 부활축제를 공동으로 거행한다. 이것은 교회는 모두가 주 안에서 하나라는 일치를 고무시켜 준다. 1963년 독일군이 스타린그라드로부터 후퇴를 하는 길에 어느 큰 집단농장에 묶고 있을 때 겪은 것이다. 당시 소련 사람들은 독일 병사들을 가까이 하지 않았다. 그런데 부활절 날 소련의 그리스도인들이 집단농장에 찾아와 "그리스도 부활했네."(Christus Voiskres.) 하고 주님의 부활의 소식을 알렸다. 그러자 독일 군인들은 거기에 응답으로 "예, 진정 그리스도가 부활했네."(Woishinie Voiskres)라고 하였다. 모두가 주님의 부활을 통해서 기쁜 얼굴을 하고 즐거운 인사를 나누었다. 숨어 있던 신앙심이 갑자기 폭발한 것이었다.

　　부활은 모든 곳에 일치를 가져온다. 할렐루야! 소리가 승리의 외침으로 나타난 것이다. 부활의 복음은 우리의 일치에 대한 보장이다. 주님의 무덤을 막아 놓은 저 무거운 돌들을 누가 굴릴 것인가? 그 돌이란 큰 일치를 이룩하는 데 방해하는 장애물이다. 그것들은 편견, 아집, 오해, 탐욕, 오해, 교만 등이다.

(2) 수난절을 함께

　　대형 십자가를 신부와 목사가 들고 거리로 행진하는 모습은 주님의 십자가 앞에서 모두가 하나라는 것을 보여 주는 예가 될 수 있다. "무엇이나 다 정한 때가 있다. 하늘 아래서 벌어지는 무슨 일이나 다 때가 있다. … 찢는 때가 있으면 기울 때가 있고."(전 3:1, 7) 교회가 찢김을 당할 때가 있고 하나로 돌아올 때가 있는데, 지금이야말로 분열을 그치고 하나를 지향할 때다. 전 세계는 하나로 뭉쳐 가고 있는데 하나로 뭉쳐야 할 기독교 신자들만이 분열한 채로 자족하고 있다. "이 위선자들아, 너희는 하늘과 땅의 징조는 알면서도 이 시대의 뜻은 왜 알지 못하느냐?"(눅 12:56) 이 시대를 분별치 못하고 아직도 교회 분열을 조장하거나 이미 분열된 자기 교회 위주로 생각한다면 외식하는 자에 대한 주의 질책을 면할 길이 없다.

(3) 성탄절을 함께

　　그리스도가 이 땅에 태어난 성탄절이 자본주의와 결탁되면서 변질되어 가고 있다. 성탄절은 그리스도가 인간의 몸을 입고 태어난 날이다. 우리는 예수 그리스도의 탄생을 기점으로 하여 연대기를 셈하고 있다. 예수 탄생 전을 '주전'(Before Christ, BC)이라고 하고, 예수 탄생 후를 '주후'(Anno Domini, AD), 즉 '주님의 해'라 하여 연대기를 헤아리고 있다. 그리스도 탄생이야말로 이 역사가 이야기(story)를 갖고 시작한 날이다. 그리스도의 교파들은 모두가 하나 되어 그리스도의 탄생을 알리는 프로그램을 교회와 사회에 이벤트 행사를 통해서 할 수 있어야 한다.

2) 교파의 일치를 위한 실천 모색

마태복음에는 겨자씨 비유(마 17:20)가 있다. 이 비유에서 볼 때 분열병의 원인은 신앙이 크지 못한 데 있다. 즉 믿음이 없는 데 있는 것이 아니라 믿음이 얕은 데 있는 것이다. 이제 우리에게는 장애가 되는 것들을 제거할 수 있는 신앙이 필요하다. 종교개혁(Reformation) 당시 루터와 칼뱅의 간절한 소망은 종교개혁이 아니라 교회 혁신이다.

에큐메니컬 교회는 다양성 속에 일치를 얻고 일치 속에서 다양성을 인정한다. 신약성서에 등장하는 교회들 가운데 예루살렘 교회, 고린도 교회, 안디옥 교회 그리고 로마 교회로 이어지는 길은 일치 속에서 다양성을 추구하는 길이었다. 그리스도 안에서 모두가 하나 되는 교회들이었지 결코 경쟁 상대의 교회들이 아니었다. 그 교회의 사명은 그 교회가 어디에 위치해 있든지 세상에 복음을 전해야 할 사명을 가지고 있다는 점에서 모두가 하나였다. 이제 실제로 일치를 위해 구체적 예를 제시하면서 생각해 보자.

첫째로, 교회는 주님의 몸을 이룬 주님의 공동체다. 교회는 한 교회 안에 모인 '하느님의 백성들'이 '주님의 몸'을 이루어 하나의 '유기적 공동체'를 형성한다. 마찬가지로 각 지역에 흩어져 있는 각 개교회들도 서로가 연결된 '유기적 공동체'를 형성하여야 한다. 그렇게 될 때, 교회를 새로 짓는 일을 어느 지역에서 하고 있다는 정보를 받으면 즉시 또 다른 지체인 교회가 교회를 여러 측면에서 지원하고 도울 수 있을 것이다. 뿐만 아니라 교회가 세상을 섬기기 위하여 함께 전략을 세울 수 있을 것이다.

둘째로, 강단 교류는 하느님 말씀을 함께 나누는 일이다. 각 교파간의 강단 교류를 통해 교인들의 신앙의 성숙을 기하고, 그것으로 말미암아 지역 교육과 지체로서 주님의 몸을 이룬다는 것을 인식케 한다.

셋째로, 일치의 수도회와 기도원을 건립한다. 사도행전에서는 신도들이 성령 강림 후 하나로 뭉쳐 있었다고 기록되어 있다. 그들은 사도들의 가르침을 듣고, 서로 도와 주며, 빵을 나누어 먹고, 기도하는 일에 전념을 다하였다.(행 2:42) 그러나 고린도 교회에서는 분열의 위험이 농후했기 때문에 바울은 서로 하나를 이루는 유기적 공동체를 역설한다. "이것은 몸 안에 분열이 생기지 않고 모든 지체가 서로 도와 나가도록 하시려는 것입니다."(고전 12:25)

넷째로, 유럽 어느 가톨릭 교회 묘지에는 가톨릭 신자 밖에 못 묻히게 되어 있는데 마을 어느 가난한 개신교 신자가 죽어 이 묘지 담 밖에 묻히게 되었다. 그런데 얼마 지난 후 보니 누가 밤중에 와서 본래의 담을 헐어 버리고 이 개신교 신자의 무덤까지 들어가게 묘지를 더 넓혀 새로운 담을 쌓았다는 아름다운 이야기가 있다. 이것은 에큐메니컬의 실천적 예다. "너희가 많은 열매를 맺고 참으로 나의 제자가 되면 내 아버지께서 영광을 받으실 것이다."(요 15:8)

3_ 사회에 사랑의 실천을 위한 프로그램

예수께서 우리에게 준 계명은 위로 하느님을 사랑하고, 아래로 이웃을 사랑하라는 사랑의 계명이었다. 우리의 이웃은 가난한 자들과 하느님을 믿지 않는 자들이 될 수 있다. 에큐메니컬 운동은 가난한 사람을 도우며, 비그리스도인들에게 죄의 용서와 복음의 기쁜 소식을 전하며 서로 일치하기 위해 노력하는 하느님의 사업이다.

1) 가난한 사람 돕기

이에 대한 예를 들어 보면 다음과 같다.
첫째로, 빈궁한 사람들에게 쌀을! 사랑의 실천을! 굶주린 형제들을 도웁시다! 자선냄비를 통해 모두가 참여하여 사회가 하나 되는 공동체를 형성해 나간다.

둘째로, 병자를 위한 간호와 기도를!(행 3:1-10) 나사렛 예수의 이름으로 걷도록 한다. 하느님의 교회가 걸어야 한다.

셋째로, 죄로부터 자유하는 복음을! 그리고 평화! 자유! 기쁨을! 동포들을 죄로 유인하는 주위환경으로부터 해방시키는 데 협력하고 연대해야 한다.

2) 비그리스도인과의 대화

우리는 삼일 운동 때 기독교와 불교가 서로 힘을 모아 독립을 위해 일본 제국주의에 대항하여 싸웠듯이 이제 함께 평화 운동, 생태계 운동 등을 위해 연대해야 한다. 더욱이 이제 동포들을 물질로부터 해방시키기 위해서도 서로 협력해야 할 것이다. 즉 연합기도회(가톨릭, 개신교) 같은 것을 통하여 어느 교파의 사람이든 예수의 마음만큼 넓게 가지는 훈련이 필요하다.

하느님은 이 세상 모두가 구원받기를 원하신다. 그것은 그의 무조건적인 아가페적 사랑이다. 예수는 사랑으로 묶어 주시는 분이시요, 또 서로 대화를 나누고 이해할 수 있도록 마음의 문과 입을 열어 주시는 분이시다. 또 눈에 보이지 않는 장애물과 담을 헐어 버리시며 새 생명과 희망과 용기를 주시는 분이시다. 사랑의 속성으로 볼 때, 사랑은 일치를 위한 띠다. 사랑은 대화를 가능하도록 마음의 문과 입을 열게 한다. 사랑은 장애물과 담을 헐어 버리게 한다. 사랑은 새로운 생명을 탄생케 한다. 사랑을 통해 교회가 에큐메니컬해야 한다.

구약 시대 사람들은 자신들의 힘으로 바벨탑을 짓기 위해 일치를 이룩하려고 했으나 실패했다. 그러나 이와는 달리 신약 시대에 오순절 성령강림 사건이 있은 후에 예루살렘에서는 일치란 전혀 문제가 되지 않았고 도리어 언어의 다양성에 대한 이야기로 시작된다. 다시 말해서 성령은 다양성을 허락하셨고, 여러 가지 언어를 주시되 이 언어들을 각기 제 나라 말로 알아듣게 하셨다. 이것은 성령만이 하실 수 있는 일이다.

이제 우리는 모세와 같이 신도들이 하나로 일치된 형제적 교회를 갈구하는 새로운 정신으로 채워 주어야 한다. 그리스도는(엡 2:14) 유대인과 이방인을 갈라놓았던 담을 자신을 희생함으로써 헐어 버리시고 서로 원수가 되었던 그들을 화해시켜 하나로 만드셨다. 인간을 혼란시키고 분열시키는 죄의 권세로부터 인간을 해방시키는 것은 인간의 힘과 지혜로 되는 것이 아니라, 오직 그리스도의 십자가를 통해서만 가능하다.

예수께서 당신의 어머니와 그 곁에 서 있는 제자들을 보고 "어머니, 이 사람은 당신의 아들입니다."라고 한 것은 당신에게는 나 외에 또 다른 아들들도 있다는 뜻이며, 십자가 아래 서 있는 우리 모두를 두고 하신 말씀이다. 그의 십자가의 죽음은 모든 사람들에게 생명을 주시기 위한 죽음이다. 십자가 위에서 예수의 정신적 갈증, 즉 사랑과 일치에 대한 당신의 열망은 당신의 육체적 갈증보다 훨씬 더한 것이었다.

웁살라에서 개최된 교회일치평의회 제4차 총회에서는 '세계적 보편성'에 대한 새로운 해석이 시도되었는데, 이에 따르면 세계적 보편성이란 인간적인 장벽은 모두 무너지고 종족과 문화 그리고 계급이 다른 사람들이 함께 하느님을 함께 칭송하게 될 때 비로소 이루어지게 된다고 보았다. 그래서 이 세계적 보편성 역시 우리가 성취시켜야 할 중요한 과제 중 하나다. 하느님께서는 인간들에게 철근과 콘크리트보다 더 단단하게 결합시키는 재능을 그리스도인들에게 주셨다. 즉 예수 그리스도를 통해 당신 사랑을 우리에게 부어 주시되 우리 모두가 한 형제가 될 수 있게 하시고 정의와 사랑 그리고 믿음의 공동체를 이룩하게 하시는 것이다.

우리는 그리스도와 함께 이 일치라는 모험적인 사업에 더 깊이 그리고 더 성실히 관여하지 않으면 안 된다. 다시 말해 인간은 하느님에 대해 절대적인 예속 관계에 있기 때문에 하느님에게 무엇을 요구할 권리는 전혀 없으며 결국 결정적인 역할을 하는 것은 어떤 업적이나 정의가 아니라 믿음을 담은 겸손이다. 이제 교회가 모든 사람을 화해시켜 하나의 공동체로 끌어올 수 있는 능력과 자격을 갖추게 되었나 하는 것이 문제다. 인간적인 장벽은 무너지고 종족과 문화 그리고 계급이 다른 사람들이 함께 하느님을 칭송하게 될 때 비로소 세계적 보편성이 이루어질 것이다. 이 보편성은 에큐메니컬 신학과 교회가 성취시켜야 할 과제다.

XV 생태신학

　　21세기를 맞아 우리는 인류 최대의 위기를 맞이했다. 이 위기는 지금까지 인류가 경험해 온 위기와는 그 성격이 다르다. 생태계의 파괴로 말미암은 위기가 그것이다. 생태계의 위기는 전 지구적 차원에서 경각심을 주기 시작했고, 그것은 바로 현대문명의 스캔들이 되었다. 지금까지 세계는 지난 300여 년 동안 계몽주의의 이성과 경험주의 과학기술을 바탕으로 진보와 성장의 기치 아래 현대문명을 만들어 냈다. 그러나 현대문명의 급속한 '발전'과 더불어 인류는 고도로 발전된 국가와 저개발 국가, 가진 자와 못 가진 자, 이로 말미암아 전보다 더 깊은 좌절, 더 큰 미움, 더 큰 악이 생겨나게 되었다. 과학기술은 진보되었지만 그것이 '인간의 진보'를 가져다주지 못한 것이다. 이와 같이 인류는 편리함과 불편함, 부유함과 가난함, 건설과 황폐 등 과거 어느 때보다도 더 광범위하고 복잡하며 다양한 흔적을 '지구'라는 위성에 새겨 놓은 것이다.

　　신학의 은사(charisma)[1]가 현실을 문제 삼는 것이어야 한다고

---

[1] 신학의 은사는 다음과 같다. 첫째, 신학은 내용인 예수 그리스도를 다룬다. 둘째, 신학은 신앙을 기초로 한다. 셋째, 신학은 성서를 해석한다. 넷째, 신학은 교회에 봉사하는

볼 때, 21세기의 신학은 제3세계신학을 비롯하여 흑인신학, 여성신학, 성령신학, 생태신학 등이 화두로 등장할 수 있을 것이다. 이 신학의 이름들의 성격은 한결같이 '해방'이라는 의미를 내포하고 있다. 제3세계는 제1세계로부터, 흑인은 백인으로부터, 여성은 가부장적 사회로부터, 성령은 기독교로부터, 자연 생태계는 인간 중심으로부터 각각 해방을 원하는 포스트모던적(postmodern)인 특성을 지니고 있다. 그것은 제각기 자신들이 처한 문화적 상황을 이해하고 그곳에서 어떻게 그리스도의 복음이 전파되어 신앙의 공동체와 하느님 나라를 이룩해 낼 것인가를 모색하고 있다. 이렇게 각자의 상황 속에서 시작한 '지역신학'(local theology)에 대한 열정(pathos)은 결국 '지구촌신학'의 형성을 이루는 계기가 될 것이다.

이 글은 그 중에서 가장 중요하면서도 심각한 '환경 파괴', '생태계 오염'을 문제 삼고자 한다. 오늘의 신학적 과제는 환경 오염과 생태계 파괴로 말미암아 생명이 죽어가고 있는 상황 속에서 구원이란 무엇인가를 새롭게 묻는 것이다. 이 위기의 극복은 문명사적 대전환에서 시작될 수 있다고 본다. 그것은 오늘의 신학의 중심의 축이 단순히 영혼 구원론이나 창조론을 말하는 것이 아니라, 생태학적 구원론 또는 구원론적 생태학으로 패러다임의 전이(paradigm shift)를 말하고 있는 것이다. 지금까지 신학은 인간 구원을 말해 왔다. 그러나 지구가 멸망해 가고 있는 상황에서 구원의 의미는 인간 중심이 아닌 인간이 포함된 생태계 중심에서 제기되는 구원 문제를 다루어야 할 것이다. 그것은 자연이 지닌 '생명'의 의지에 관계하는 신학, 즉 '생태신학'[2]을 논하는 일이라고 본다.

학문이다. 다섯째, 신학은 현실을 문제 삼는다.
2) 생태신학은 환경 보존의 신학, 창조신학, 자연신학 등으로 불리는 신학으로 다른 어떤 상황신학(context-theology)보다 더 근본적으로 취급해야 할 것이다. 왜냐하면 우리의 정치, 경제 등 어떤 문제도 이 자연의 세계 속에서 이루어 나가야 하기 때문이다. 일반적으로 학자들은 생태신학이라는 이름 대신에 "생태계의 신학적 이해"(오영석), "생태학의 위기와 신학"(김균진), "생태학과 성서"(G. Friedrich), "생태학적 창

1 _ 생태계의 위기

생태신학은 지구의 파멸을 가져다주고 있는 오존층 파괴, 지구의 온난화 문제 그리고 공해 문제[3] 등을 문제 삼는다. 오존층 파괴는 지구 생태계를 파멸로 몰고 갈 수 있다. 지구의 '오존층'[4]이 사라지면 지구의 생태계는 종말을 고한다. 왜 오존층이 중요한가? 그것은 지구와 태양의 관계를 살펴보면 알 수 있다. 태양은 9개의 행성을 거느리는 별이다. 그러나 9개의 행성 중에 오직 지구에만 생물이 존재한다. 지구는 물과 공기와 흙이 있어 사람을 비롯한 생물이 살기에 좋은 땅이다. 태양은 거대한 핵융합발전소와 같은 것으로 표면의 온도가 무려 6000도가 된다. 태양은 불타면서 빛을 내는데, 그 빛은 우리 눈으로 볼 수 있는 가시광선과 눈으로 볼 수 없는 자외선과 적외선으로 구성되어 있다. 태양이 내는 강력한 자외선은 오존층에 대부분 흡수되고 아주 적은 양의 자외선만이 지구 표면으로 들어와 살균작용으로 이용된다. 따라서

조 신앙"(J. Moltmann), "생태학적 신학"(G. Altner), "생태학과 신학"(이정배)이라는 이름으로 생태학적 위기를 논하고 있다. 생태신학은 생태계의 일원이며, 생물학적 인간이 생태계의 조절 기능을 훼손시키고 있다는 점을 지적하고 신학적 방향을 제시하는 것이다.

3) 1971년도 제정 공포된 공해 방지법에 의하면, 공해란 매연, 먼지, 악취와 가스 등으로 말미암은 '대기 오염'과 폐기물에서 나오는 화학적, 물리적, 생물학적 요인에 의한 '수질 오염'과 '소음' 등으로 말미암아 국민의 건강에 끼치는 재해를 말한다고 했다.

4) 오존층이 무엇인가? 오존층은 지구 표면에서 30-50km 높이에 있는 대기층을 말한다. 사람은 공기를 마시면서 살고 있다. 지구의 공기층은 일정하지 않고 여러 층으로 되어 있다. 사람이 숨쉬며 사는 공기층을 '대류권'이라고 부른다. 그것은 지구 표면에서 약 12km 상공까지에 해당한다. 이 공기층은 공기가 따뜻해지면 위로 올라가고 차가워지면 아래로 내려오면서 대류 현상을 하면서 형성된 것이다. 대류권 위에는 성층권이 있다. 비행기를 타고 내려다보면 구름이 더 이상 올라오지 않고 멈추어 있는 면이 대류권과 성층권의 경계다. 성층권은 지표에서 약 12km에서 약 53km까지 분포되어 있어 여기서는 약간의 공기의 교환이 이루어질 뿐 거의 공기가 순환되지 않는 공기층이다. 바로 이 성층권 안에 오존층이 있다. 오존층은 성층권 내부 약 20km에 걸쳐 분포하고 있다.

오존층은 지구 생태계를 보호하는 거대한 방패막이 된다. 그러나 오존층의 파괴로 말미암아 자외선을 많이 쬐면 피부암이 생기고 눈에는 백내장이라는 병을 일으킨다. 만약 태양에서 나오는 자외선을 막아 주는 오존층이 없이 그대로 지구 표면까지 도달한다면 모든 생물은 더 이상 살 수 없게 된다. 냉동기용으로 사용되는 프레온가스와 염화불화탄소(CFCL) 등이 오존층 파괴의 주범이다.[5]

지구의 온난화는 지구에 엄청난 재앙을 가져다줄 수 있다. 오늘의 산업은 주로 석탄과 석유의 산업으로 이루어져 있다. 이산화탄소, 질소산화물, 메탄가스 등의 배출로 말미암아 온난화 현상이 일어났다. 예를 들면 이산화탄소는 식물들에게 필요한 것이지만 여기서 문제가 되는 것은 원래 이산화탄소가 공기 중 약 1만분의 12 정도 포함되어 있는 것이 생태계 순환 과정에 필요한 적정량인데 화석연료 사용의 급증으로 이산화탄소가 적정량보다 과잉 배출됨으로써 지구 생태계가 망가져 가고 있는 것이다. 태양 빛은 지구 표면에 부딪쳐 다시 우주로 되돌아간다. 그러나 태양 빛이 지구에 도착했다가 우주로 돌아가지 않으면 지구는 점점 뜨거워질 수밖에 없다. 그러면 지구의 대기 온도는 점점 상승하게 된다. 결국 순환 과정이 균형을 잃게 되어 지구는 온실효과로 말미암은 온난화 현상이 일어나게 되는 것이다. 이렇게 되면 '기상이변'이 일어나 빙하가 녹고, 바닷물의 높이가 올라가 많은 육지가 바닷물에 잠기게 된다. 과학자들은 2100년이 되면 공기 중에 이산화탄소의 양이 지금의 2배로 증가하여 평균 기온이 3도 상승하고 해수면이

---

[5] 지구상에 생물이 살 수 있는 것은 태양으로부터 오는 강한 자외선을 오존층이 막아 주기 때문이다. 오존층 파괴하는 주로 냉동기용으로 사용되는 프레온가스는 분해되어 '염소 원자'(cl)가 나와 오존을 파괴하기 시작한다. 프레온가스 한 개가 분해되어 생긴 '염소 원자'는 약 10만 개의 오존을 파괴한다고 한다. 그렇게 되면 태양에서 보내는 강력한 자외선은 오존층에 걸리지 못하고 그대로 지구 표면으로 도달하고 마는 것이다. 이미 북극과 남극 위에 있는 오존층에는 커다란 구멍이 뚫렸다. 인공위성 '님버스'에서 찍은 오존층 파괴 사진을 보면 점점 오존층이 얇아지면서 계속해서 구멍이 뚫리고, 그 구멍은 점점 넓어지고 있음을 알 수 있다. 프레온가스 사용을 중단한다 해도 이미 사용하여 대기 중에 떠돌아다니는 프레온가스는 계속 오존층을 파괴할 것이다. 오존층 파괴는 심각한 위기다.

65cm 올라간다고 한다.[6] 산업혁명 이전 1만 년 동안 대기 온도가 섭씨 1도 미만으로 유지한 것에 비하면, 그것은 충격적이다. 지구의 온도가 올라가면 높은 산의 만년설과 남극과 북극의 빙하가 녹아 내려서 바닷물의 높이가 올라가고 마샬군도와 방글라데시 등 지구의 상당 부분이 바다 속으로 잠기게 되어 생태계가 균형을 잃게 될 것이라고 한다.

공기 오염은 인간의 생명을 불가능하게 한다. 사람은 물론 모든 동물과 식물은 공기가 없으면 살 수 없다. 사람이 숨쉴 때 몸 속의 허파는 공기 중의 산소를 들여 마시고 몸에서 발생한 이산화탄소를 내보낸다. 지구를 둘러싸고 있는 모든 공기, 즉 대기는 산소가 21%, 질소가 78% 그리고 약간의 이산화탄소와 아르곤, 네온 등 기타 미량 원소들로 구성되어 있다. 그러나 이러한 균형이 깨지고 있다. 이산화탄소가 공기 중에 적정량보다 많아지면 숨쉬기가 어려워진다. 일본 동경의 교통경찰들은 모자라는 산소와 일산화탄소의 중독을 피하기 위해 두 시간마다 산소를 마시고 있다고 한다.

오염으로 말미암아 산소가 부족할 때 숨쉬기가 어렵고, 심하면 폐와 기관지가 상하게 되어 폐렴과 기관지염이 발생하고 때로는 목숨을 잃게 되는 경우가 발생한다. 1956년 '런던 사건'은 대기 오염의 심각성을 보여 준 좋은 예다. 아황산가스의 과다한 배출로 무려 4,000여 명이 죽었던 사건이었다. 이것은 석유, 석탄, 천연가스 등의 화석연료의 지나친 사용이 얼마나 공기를 오염시키는가를 보여 주었고,[7] 오염 방지를 위한 기술 개발과 에너지 절약이 얼마나 중요한가를 알게 해 준

---

6) 고드원 오바시 세계기상기구(WMO) 사무총장은 2000년도 올 한해 세계 기상관측 분석 결과를 발표하면서 "태평양 연안 라니냐 현상에 따른 저온 효과에도 불구하고 온난화 현상이 뚜렷하다."고 말했다. 세계기상기구가 분석한 올 한해 동안 지구 평균 기온은 20세기 초반에 비해 0.6도 높아진 것이다. 특히 지난 10년간 온난화 현상의 가속화로 세계 각지에서 태풍, 홍수 등 이상 기후 현상이 속출했다고 보도했다. 「중앙일보」, 2000년 12월 20일자 신문의 "빨라지는 지구 온난화"의 글을 보라.
7) 1인당 에너지의 소비량을 보면 선진 자본주의 국가는 개발도상국 국민들의 10배 이상을 소비하고 있는 셈이다. 아황산가스나 질소화합물 등 각종 유독 화학물질에 대해서도 선진 자본주의 국가의 배출량이 최대다. 따라서 깨끗한 공기, 푸른 숲, 풍부한 담수 등 지구 생태계 복구를 위한 선진 자본주의 국가들의 비용이 요구되는 것은 당연하다.

계기가 된 것이다.[8]

　물은 생명이다.[9] 물의 오염은 공기 오염과 무관하지 않다. 화석연료를 태우면 황산화물과 질소산화물이 생기고 그것은 공기 중의 수증기와 섞여 산성비를 만든다. 산성비는 황산화물이나 질소화합물이 비에 녹아 삼림을 파괴시키고 강과 호수를 오염시킨다.[10] 산성비는 쇠까지 녹일 정도로 강력한 오염 물질로서 강을 오염시키며 굽은 물고기를 만들어 내고, 산성비를 맞은 나무는 잎이 마르고 나무가 죽게 된다. 노르웨이, 핀란드 등 선진국에서 그것을 경험하고 있다. 또한 가정에서 하수구로 버리는 음식찌꺼기, 특히 샴푸와 가루비누와 같은 합성세제[11]가 지하수와 강을 오염시킨다. 그리고 공장에서 발생하는 폐수나 해충을 없애기 위한 살충제와 제초제 같은 농약 등도 호수나 강물에 유입되면 중금속이나 유해한 물질들 때문에 더 이상 생물이 살 수 없는 환경으로 바꾸어 버린다.[12]

---

8) 예를 들면, 온실가스 배출 감축전을 판매하는 배출권 거래제도, 청정에너지의 개발로 세계 산업구조 변화, 대중교통 수단을 이용하는 시민들의 의식 변천, 대체에너지로 무공해 청정에너지 개발 등이다. 가령 영국의 풍력에너지와 태양광 발전설비, 미국과 일본의 태양발전 위성 등을 들 수 있다.
9) 강과 늪, 지하수, 해수, 북극과 남극의 빙산과 높은 산정에 있는 만년설 모두가 물이다. 우리의 신체를 살펴보면 신체의 약 10분의 7이 물이다. 사람은 매일 1.5리터의 물을 마셔야 하며, 물을 마시지 않으면 죽게 된다. 우리 지구에 물의 구성 분포를 보면 바닷물이 97%, 빙하가 2%, 강과 지하수가 1%인데, 이 1%가 우리가 일상생활에 사용하는 생활용수다.
10) 오염의 정도는 ppm으로 표시한다. 물의 오염은 BOD로 표시하는데, 이것은 물 속에 사는 미생물이 유기물질을 분해하는 데 얼마나 많은 산소가 필요한가를 나타낸 수치다. 그러므로 BOD가 높으면 물 속에 그만큼 많은 유기물질이 들어 있다는 뜻이다. 깨끗한 물은 BOD로 1ppm 이하가 되어야 한다. 5ppm을 넘으면 악취가 풍겨나기 시작한다.
11) 합성세제가 일으키는 거품은 공기 중의 산소가 물 속으로 들어가는 것을 방해하여 분해되지 못하기 때문에 미생물의 먹이가 되지 못한다. 그래서 오염 물질이 처리되지 못하여 결국 물고기는 죽고, 강은 더욱 오염이 되는 것이다. 이것을 방지하기 위해서는 미생물이 분해하지 못하는 ABS 계통의 합성세제 대신에 미생물이 분해할 수 있는 LAS 계통의 합성세제를 사용하는 일이 필수적이다.
12) 우리나라 정수장에서는 염소를 가지고 물 속의 병원균을 죽인다. 그런데 만약 다른

삼림이 황폐되어 가고 있고, 하천과 강과 바닷가 오염되어 썩어 가고 있다. 이대로 가다가는 지구 전체 삼림의 3분의 1이 사라질 것이라고 한다. 지구의 허파인 삼림이 사라진다고 생각해 볼 때, 그것은 참으로 끔찍한 일이다. 그로 말미암아 태풍, 홍수, 한발 등 엄청난 기상이변을 낳아 지구 전체가 흔들리고 있다. 신학자 몰트만(J. Moltmann)은 이 환경 위기를 단지 지나가는 현상으로 보지 않고 돌이킬 수 없는 '묵시문학적 위기'라고 일컬었다.[13] '자연'[14] 파괴는 생명공동체로 함께 어우러져 있는 인간의 생명 파괴를 의미한 것이다. 이제 생태계의 문제는 한 지역의 국한된 문제가 아니라 전 지구촌의 관심사가 되었다.[15]

독성 물질이 있다면 어떻게 될까? 대구에서 일어났던 페놀 사건이 그 예다. 페놀이 공장에서 강으로 흘러 왔다. 취수장에서는 이런 사실을 모르고 염소로 소독을 했다. 염소와 페놀이 화학반응을 일으켜 암을 일으키는 새로운 독성물질인 염화페놀을 만들어 낸 것이다.

13) J. Moltmann, *Gott in der Schöpfung, Ökologische Schöpfungslehre*, Kaiser, München, 1985, S. 34.
14) '자연'이란 사람의 힘이 가해지지 않은 천연 그대로의 모든 것, 즉 지리적, 지질학적 환경과 조건을 가리키는 말로 쓰인다. 예를 들면, "우리나라의 자연은 아름답다."고 할 수 있다. '자연'이란 뜻의 더 큰 의미는 사람까지 포함한 온 세상의 모든 것을 뜻한다.
15) 환경에 대한 세계적 노력은 1972년에 나온 "성장의 한계"라는 충격적인 로마클럽 보고서에서 영향을 받고 유엔은 이미 1972년 6월 스톡홀름에서 "인간 환경에 대한 유엔회의"(The United Nations Conference on the Human Environment)가 120개국이 참석한 가운데 열렸다. 여기서 해양 오염, 토양 오염, 경제성장과 환경 오염, 과학기술, 환경관리, 인구 증가 등이 집중적으로 논의되었다. 1975년에는 멸종 위기에 놓인 야생 동식물 국제 거래 규제를 정했고, 1983년에는 "세계환경개발회의"(WCED)를 상설하였으며, 1985년에는 오존층 보호법을, 1989년에는 유해 폐기물 수출 금지 등 200여 개의 국제협약을 채택했다. 특히 1992년 6월 브라질의 리오 데 자네이루(Rio de Janeiro)에서 각국 수뇌들의 환경에 대한 '지구 정상회담'(Global Summit)에서 지구 온난화 방지를 위한 기후변화협약은 세계적 이목을 집중시켰다, M. Strong, ed., *Who speaks for Earth?*, 김용준 역, 『지구의 대변자』를 참조하라.

2_ 창조된 생태계

생태계(ecosystem)란 하느님이 지으신 이 세계라는 '집'(oikos)을 말한다. 여기서 집은 자연의 각 존재, 또는 존재 전체의 서식지를 말한다. 생태계는 무생물적 요소와 생산자, 소비자, 분해자의 네 가지 요소로 구성된다. 무생물적 요소에는 물, 흙, 공기, 빛 등이 있다. 생산자는 환경으로부터 태양에너지와 무기물질을 받아 유기물질을 만들어 내는 생물로서 녹색식물 등이 그것이다. 소비자는 스스로 먹이를 만들지 못하고 다시 생물이 만들어 놓은 먹이를 먹고사는 동물을 말한다. 분해자는 동식물의 시체나 배설물을 무기물로 분해하여 무기물적 환경 속으로 되돌려 보내는 것으로 곰팡이와 세균 등을 말한다. 이와 같이 생산자, 소비자, 분해자로 이어지면서 생태계는 평형을 유지한다. 생태계는 생물, 물질, 에너지 등의 복합적 구조를 이루고 있다.

지구 표면은 이끼광이 무리에서 시작하여 거대한 삼림, 미생물을 이루는 작은 세포에서 거대한 동물, 그리고 바다 속의 셀 수 없는 작은 플랑크톤과 물고기, 어패류 등 각종 생물로 가득 차 있다. 지구가 아름다운 것은 그 안에 각종 생물에 의해 덮인 생물권으로 되어 있기 때문이다. 모든 생물이 존재하는 생물권은 지구를 둘러싼 기체의 외피를 이룬 대기권과 고체 표면 사이에 형성되어 있다. 이렇게 지구는 그 자체가 이미 한 생명체로서 모든 생명체들이 역동적인 상호 관계성 속에 있다. 우주선을 타고 지구를 본 우주인은 다른 별과는 달리 지구가 생명체의 활동으로 가득한 것을 보고 감탄한다. "지구는 아름답고 매력 있는 청록색의 망토를 두르고 있다. 지구는 광막한 우주 속에 떠 있는 일엽편주와도 같은 작은 섬에 불과하지만, 대단히 많고도 다양한 생물이 번성하고 있는 독특한 특성을 가진 위성으로서 태양계에서는 오직 하나밖에 없는 존재다."[16]

---

16) R. Dubos, *A God Within*, 김용준 역, 『내재하는 신』(탐구당, 1975), 47; 오영석, 『조

생태권에 존재하는 모든 생물들은 그들을 낳고 키우는 주위의 자연환경에 적응할 뿐만 아니라 의존하면서 존속한다. 어떤 생명도 단지 먹는 것으로만 생명을 유지하지 않는다. 생태계는 먹고 먹히는 먹이사슬의 관계가 아니라 유기체적 생명사슬로 얽혀 있다.[17] 생태계는 구성 원자 사이에 어떠한 내적 질서, 연관, 조화, 통일적 원리 등이 작동하면서 자기 자신 안에 관계성을 갖고, 끊임없는 구성 요소들의 교환, 대치, 보충 등 상호 작용을 통해 자신의 전체적 생명 형태, 생명 존재 양식을 보존하고 지탱해 가야 하는 생명 세계다. 생태계의 모든 생명체들은 상호 의존, 상호 관계의 역동적 개방성을 통해서 공존하고 공생한다. 인간도 예외가 될 수 없다. 인간의 생명은 태양의 빛과 열, 곡식과 채소와 과일, 동식물, 물고기, 물, 공기, 흙이 없이는 유지될 수가 없다. 생태계 위기 속에서 인간은 비로소 생태계의 한 일원임을 자각하게 된 것이다.

지구 자연계 물질들은 태양으로부터 에너지를 받아 항상 물리적, 화학적으로 변화하고 있다. 생태계가 형성된다는 것은 순환이 생기고 지구 표층부에서 하나의 평형을 유지하는 것이다. 생물들이 살고 있는 공간, 즉 지구의 표면 약 3km의 두께로 지구를 둘러싸고 있는 공간을 '생물권'이라고 하는데, 이 생물권 밖에서는 생물이 살 수 없다. 생물들이 살 수 있는 생태계(ecosystem)는 식물, 초식동물, 육식동물, 세균, 흙 등이 하나의 유기적 관계 속에서 하나의 '삶의 그물'을 이룬다. 식물이 위에서 태양의 열을 받고 아래서 흙으로부터 수분과 광물질을 받아서 영양분을 만들면 초식동물은 그 식물을 먹고, 육식동물은 초식동물을 그 양식으로 삼는다. 그러다가 수명이 다하여 죽으면 세균은 그

직신학 이해』(대한기독교서회, 1992), 339.

[17] 생태계를 먹이사슬로 이해하는 것은 '약육강식'의 논리에 의해 그려낸 기계론자들이 스스로 피라미드의 맨 꼭대기에 위치해 있는 것으로 착각한 데서부터 온 것이다. 그들은 한 개체가 자신보다 약한 다른 개체를 섭식하는 방식을 통해 생명을 보전한다는 방식의 이해를 정당화하였다. 그러나 그것은 생명에 대한 그릇된 관념과 생명의 피상성에서 비롯된 것이다.

것을 해체해서 흙으로 돌아가게 하고, 다시 식물은 그 흙에서 광물질을 뽑아 올려서 에너지의 흐름과 광물질의 환류가 계속된다. 이렇게 하여 생물에 포함되어 있는 이들 원소는 모두 순환하게 된다. 이와 같이 하느님이 지으신 생태계는 순환 속에서 운행된다.

태양은 지구 생태계에 빛과 따스함을 주고 순환 과정을 통해 물을 주고 생명과 아름다움을 준다. 물의 순환 과정은 생태계에 필수적인 것이다. 태양은 지구 표면에 있는 물을 끊임없이 수증기로 만들어 하늘로 올려 보낸다. 수증기는 성층권 밑까지 도달해 떠다닌다. 만약 성층권과 대류권이 순환을 한다면 수증기는 더욱 높은 상공으로 올라가 지구는 사라질지 모른다. 태양은 수증기를 위로 올려 보내고 수증기가 위로 올라가 구름이 되면 다시 비가 된다. 식물들도 잎을 통해 호흡을 하는데 이때 수증기를 내보낸다. 이러한 순환 과정 속에서 강과 늪 등에 물이 있게 되는 것이다. 이와 같이 물질을 구성하는 여러 가지 원소는 대기권, 육지권, 해양권 사이를 이동한다. 하느님은 지구를 만드실 때, 물의 순환을 통해 생태계를 보호하도록 하셨다. 생태계의 순환에서 또한 중요한 것은 공기다. 바다의 플랑크톤을 비롯한 모든 녹색식물은 햇빛과 함께 잎을 통해 이산화탄소와 작용하여 영양분을 만들고 산소를 내놓는 광합성 작용을 한다. 이 산소는 인간을 비롯한 모든 생물체에게 호흡을 위해 필수적인 것이다.

자연은 인간에게 자원(생산 원료), 자정 능력, 휴식처 또는 심미적 가치를 제공한다. 특히 자정 능력은 인간이 만들어 낸 폐수, 쓰레기 등 각종 오물을 스스로 알아서 처리해 주는 역할을 한다. 강의 상류에 버린 적은 양의 유기물은 강물이 흐르는 동안 다시 정화된다. 여기서 정화 작용을 일으키는 것은 강물에 사는 작은 미생물들이다. 현미경을 통해서 볼 수 있는 이 미생물들은 강물에 들어온 유기물질을 산소를 이용해 먹어 치운다. 그래서 강을 오염시키는 유기물질은 없어지게 되어 생물들이 깨끗한 물에서 살 수 있게 된다.[18] 그러나 미생물들이 처리할

---

18) 정화 작용을 통해 오염된 물이 깨끗해진 것이다. 그러나 그것은 지금까지 일종의 자

수 있는 양보다 오염물질이 많아 유기물질이 과다하면 '부영 작용'이 일어나 산소가 부족하게 되고 결국 호흡하는 모든 생물들이 죽어 간다. 이것을 막기 위해 음식물 쓰레기 분리수거는 물론 정화시설이 필수적이다. 수초가 생활 오수를 처리하는 '수초하수처리장'[19] 같은 시설은 더욱 좋은 예가 될 수 있을 것이다. 이와 같이 자연은 인간을 비롯한 모든 생명체의 원천으로서 하나의 법칙에 따라 끊임없이 변화하면서 질서와 조화를 이루고 있다.

여성 생태학자 이네스트 킹(King)은 생태학이란 분열과 전문화 시대에서 통합적 학문이며 자연환경과 조화를 이루면서 인간 사회를 재건하려는 문명 비판을 목적으로 한다고 정의 내린 바 있다. 그녀는 생태(eco)라는 접두어를 붙여서 나타난 학문들로서는 생태기술학, 생태정치학, 생태사회학, 생태윤리학 등을 소개한다.[20] 우선 생태기술학(ecotechnology)은 성장 모델이나 그에 상응하는 발전 패러다임을 변경 없이 환경을 보존하고자 기술 개발에 박차를 가한다. 어떻게 하면 지금까지 걸어온 산업 구조의 부정적 효과를 최소화할 것인가에 주목하고 있다. 예를 들면, 기술 개발을 통해 독가스를 여과하고, 소음을 최소화하며, 강과 호수의 오염을 막을 것인가를 추구한다. 그럼에도 불구하고 이 길은 단지 결과만 따지고 문제의 근본적 원인을 보지 않고 있는 한계점이 있다. 그것은 마치 늑대의 포악성을 그대로 방치하면서 늑대의 이빨을 무디게 하는 것과 같다. 달리 말하면 질병을 야기하는 원인을 방치한 채 치료약을 만드는 것과 같은 의미를 줄 뿐이다. 생태기

유재로 간주되어 아무런 대가도 지불되지 않았다. 신고전주의 경제학자들은 이것을 '시장의 결함'이라고 일컫는다.

19) 경남 남해군이 국내서 처음으로 수초가 생활오수를 정화하는 생태형 마을 하수처리장 50여 곳을 신설하고 있다. '수초하수처리장'이란 마을의 생활하수가 모이는 곳에 연못을 만들어 바닥에 오염되지 않은 깨끗한 모래, 자갈을 2-3 두께로 깐다. 그 위에 갈대, 부들, 세모고랭이, 노란 꽃, 창포, 붓꽃 등 10여 가지의 수초를 심어 생활오수를 정화한다. 수초가 질소와 인을 흡수하는 성질을 이용한 것이다. 그들은 종전의 "기계식 대형 하수처리장"을 짓는 것 자체가 환경파괴 행위라고 인식하고 있다. 『중앙일보』, 2000년 11월 6일자 신문을 참조하라.

20) Leonardo Boff, 김항성 역, 『생태신학』(가톨릭출판사, 1996), 27ff.를 참조하라.

술학은 무제한 성장 모델 안에는 노동자 계급에 대한 착취, 주변부 저 국가들의 저발전과 자연 파괴라는 악마가 자리하고 있다는 것을 간과하고 있다.

생태정치학(ecopolitics)은 생태적 의식이 제기한 근본 문제의 관점에서 발전 개념을 재고하지 않고 있다. 1987년 유엔의 브룬트란트(Brundtland) 위원회는 "미래 세대의 필요 충족 가능성을 위태롭게 함이 없이 현재의 필요에 부응하는 발전"을 지속 가능한 발전이라고 했다. 이와 같이 정치가들의 생태에 대한 관심은 항상 생태적으로 지속 가능한 발전 등을 입안하고 실행하려고 한다. 생태적 요인을 고려해서 도로, 주거, 식량 등의 측면에서 인간의 질적 향상을 가져왔다. 우리는 이것을 '생태적 발전'이라고 부른다. 그러나 발전과 생태 사이에 갈등이 나타날 때는 일반적으로 생태계에 미치는 해를 감수하면서 발전의 입장에서 결정을 내린다. 결국 자본주의적 탐욕이 자연 생태계를 짓밟게 된다. 더욱이 생태정치학은 더욱 근본적인 문제, 즉 가난한 농민, 소외된 도시 주민, 굶주리는 아이들을 배려하지 못하고 있는 것이 문제점으로 드러나고 있다.

우리나라는 환경주의자들의 노력으로 정책적으로 환경을 생각하는 2000년 6월 5일 국가의 환경선언을 선포했다. 그것은 국가가 경제와 환경을 함께 생각하겠다는 출발의 선언이었다. 국가가 정책적으로 환경의 사고를 가지고 모든 정책을 수행하는 소위 환경의 정치화를 선언한 것이다. 환경 문제가 정치화됨으로써 환경 운동의 정체성이 확립되어 가고 있고, 환경기술이 개발되어 생태마을 등 생태환경이 조성되고 있다. 그러나 환경 문제가 국가적 차원으로 전개되려면, 문명전환 운동이 있어야 한다. 어린이와 어른과 가난한 자와 약한 자를 돕는 공동체 의식과 성장지상주의에서 생태계 중심의 생명존중 운동으로 미래를 위해 바꾸어져야 한다.

생태사회학(ecosociology)은 사회가 원하는 바에 따라 발전 모델을 제시한다. 그런데 우리가 사는 사회는 에너지를 먹어 치우는 사회다. 인간 사회는 자연 세계에서 개인적 세계로, 개인적 세계에서 문화적 세계로 옮겨 왔다. 이 모든 단계에서 인간은 항상 자연 생태계와 상호 작용을 가져왔고, 그런 식으로 사회 생태계는 항상 자연 생태계와 연결되어 있어야 했다. 따라서 생태사회학은 생태계와 상호 작용에 있는 사회 체제를 연구하는 것이다. 사회 조직 형태가 자연을 통합하고 보호하는가, 아니면 자연을 해치고 파괴하는가? 어떻게 갈등을 야기하지 않고 자연적 순환과 생태적 시간을 존중하면서 연대적 형태로 필요를 만족시키는 방법이 무엇인가? 지구를 어떻게 다룰 것인가? 상품을 만들어 내는 '자연자원'으로 다룰 것인가, 아니면 자연과 대립함이 없이 자연과 함께 일하면서 우리 몸의 일부로서 다룰 것인가? 자연에 호감을 갖고 다시 매혹되고 존중하는 계약을 맺기 위해 어떤 교육이 필요한가? 우리를 자연적 재앙에서 해방할 수 있는 기술은 어떤 것인가? 우리의 영성을 살찌우고 한 지역의 생태 균형을 바로잡을 수 있는 기술은 어떤 것인가? 이와 같이 생태사회학은 좋은 생태학적 사회를 위한 인간적 노력을 시도한다. 그러나 인간의 윤리적 참여 문제가 여전히 문제로 남아 있다.

생태윤리학(ecoethics)은 앞의 생태사회학에서 제시한 문제들에 대한 참여를 다룬다. 윤리에서 가장 중요한 것은 우리가 원하는 것이나 권력이 강요하는 것이 아니라 현실이 각 개인에게 요구하는 것과 관계를 가진다는 의미에서 사회적 특성을 지니고 있다. 지금까지 사회윤리는 공리주의적이고 지극히 인간 중심적 사고가 지배적이었다. 즉 인간은 자연의 주인이고 자연은 인간의 필요와 욕구를 위해 있다고 보았던 것이다. 여기서 문제점은 인간이 중심의 축에 있다는 데 있다. 만약에 중심의 축이 인간이 아니라 생태계를 중심의 축으로 놓아 진정한 '생태윤리학'을 전개시킨다면, 파괴된 생태계가 복원되고 자연과 인간이 조화된 삶을 살 수 있을 것이다. 그러나 여전히 문제로 남는 것은 인간의 죄성이 그 일을 해낼 수 있을까 하는 물음이다. 그것은 신학적 문제로 갈 수밖에 없다.

3_ 생태계와 신학적 고찰

생태신학(ecotheology)은 그것이 신학이라는 점에서 종래의 창조론과 통한다. 그러나 생태신학은 생태계의 위기에 대해 신학적 입장을 말한다는 점에서 고전적 창조론을 넘어선다. 신학도 생태계의 위기 속에서 과학으로부터 '자연'을 이해하는 방법을 '생태학'(ecology)에 적용한다. 생태신학이란 말은 어원적으로 헬라어 '오이코스'(oikos)와 '로고스'(logos)의 합성어로서, "집에 관한 학문"을 뜻하며, '생태학'(ecology)이란 말을 처음으로 사용한 것은 독일 생물학자 에른스트 헤켈(Ernst Haeckel, 1834-1919)에 의해서다. 그는 생태학을 정의하기를 "생물들과 그것들을 둘러싸고 있는 자연환경 사이의 모든 관계에 관한 연구"[21]라고 하였다. 이런 의미에서 생태학은 살아 있는 유기체(생물)와 비유기체(무생물) 사이의 상호 의존성과 상호 작용에 관한 것을 연구한다. 생태학은 한 개체군만을 다루지 않고, 다양한 동식물과 미생물로 이루어진 복수의 개체군을 다룬다. 그들은 같은 생물 환경을 중심으로 상호 의존하며 함께 생물공동체 즉, 생물군집을 형성하면서 생존한다.[22]

생태신학은 지구 생태계가 자연적으로 이루어진 것이 아니라 하느님이 지으신 '아름다운 작품'이라는 신앙고백을 기초로 하고 있다. 따라서 반(反) 생태계적 개발을 반대하고 친(親) 생태계적 입장에 서 있다. 갯벌을 하나의 예로 들어보자. 1960년부터 정부는 갯벌을 개발하여 산업을 발전시키고자 했다. 그러나 갯벌의 개발은 득보다는 실이 많은 생태계의 균열을 가져오는 행위임을 알아야 한다. 갯벌은 각종 어류의 산란 장소인 살아 숨쉬는 땅으로 낙지, 숭어, 게, 조개 등이 서식하고 있고, 천연기념물로 저어새, 노랑부리, 백로, 검은머리 갈매기, 황

---

21) G. Olivier, *L'ecologie Humane*, 강숙돈 역, 『인류생태학』(삼성문화, 1978), 5.
22) *Ibid.*, 11

색 오리 등 110여 종의 물새들이 살고 있는 천혜의 보고다. 또한 갯벌은 거대한 자연 정화조 역할을 하고 있을 뿐만 아니라, 조개, 게 등의 생물이 자라 우리의 삶의 활력소를 주고 있으며, 고기잡이 나간 배를 기다리는 모습이나 갯벌에 박힌 닻은 그 자체가 우리의 삶의 정서를 풍요롭게 하고 있다. 우리는 갯벌을 영구 보전하여 후손들에게 그대로 전할 수 있도록 해야 한다. 해양생태계 보고에 따르면 갯벌의 가치는 어떤 것으로도 환산이 불가능하다고 한다. 갯벌을 개발하는 행위는 생태계를 파괴하는 행위요, 죄 된 행위다.

생태신학은 파괴된 세계의 무질서에 대해서 질서를 말하는 신학이다. 구약학자 베스터만(Westermann)은 창세기 1:1-2:3의 제사문서(P문서)에서 중요한 신앙고백을 말한다. 온통 물로 뒤덮인 지구 위에서 하느님(엘로힘)은 창조 활동을 하시고 있다. 이것은 이스라엘 백성이 조국을 잃고 디아스포라 신세로 바빌로니아 제국의 노예생활을 하던 시절에 홍수가 범람하던 나일강 일대를 그 배경으로 하고 있다.[23] 한편 폰 라트(G. von Rad)는 이스라엘 백성은 출애굽, 계약, 땅의 점령 등과 같은 일련의 사건들을 통해 하느님의 역사 하심을 경험하고 난 후 창조 사건을 통해 이 세계의 주인이 하느님이라는 신앙을 정립한다.[24] 어쨌든 "무로부터 창조"(creatio ex nihilo)의 기사는 생태계의 주인이 하느님이며, 이 세계가 하느님처럼 영원 전부터 있는 것이 아니라, 하느님으로부터 비롯된 것이라는 것을 가르치고 있다. 생태신학은 바로 이 창조의 교리에 근거를 둔 신학이다. 그러므로 신학자가 자연과 세계를 이야기할 때는 언제나 단순히 '자연'이나 '세계'가 아니다. 그 자연은 "하느님이 지으신 자연"이요, 그 세계는 "하느님이 지으신 세계"라는 것을 전제하고 있다. 그러므로 온 세계와 우주가 하느님에 의해서 지어졌다는 창조 신앙은 생태신학의 기초가 된다.

생태신학은 자연의 아름다움을 보고 창조주께 영광 돌리는 신학

---

23) C. Westermann, "Genesis 1-11", *Biblischer Kommentar* AT I/a, 1974.
24) G. von Rad, *Theologie des Alten Testaments II*, 1962, S. 225.

이다. 인간은 하느님이 지으신 세계를 보고 하느님을 찬양하며 영광을 돌린다. 아름다운 폭포, 울창한 숲, 신비한 동굴, 각종 나무들, 공중에 나는 새들, 산과 들에 피어 있는 각종 꽃들 … 창조는 하느님의 질서 정연함을 반영해 주고 있다. 사람들은 하느님의 작품을 보고 감동되어 예술, 그림, 노래, 글, 드라마 등을 통해 창조주에게 영광을 돌린다. 그가 지은 세계를 음미하기 시작하면 놀라움과 경외 속에서 창조주에게 찬양과 경배를 드린다. 욥은 하느님께서 지으신 창조물 가운데, 땅의 기초와 별들과 바다를 보면서 하느님을 찬양한다.(욥 38:1-11) 한 시인은 하느님이 지으신 땅의 깊음과 산봉우리와 바다와 마른 땅과 지구와 하늘을 보면서 하느님께 감사와 예배를 드린다.(시 95:3-5, 102:25-27) 예언자들은 하느님께서 지은 땅, 하늘, 바다, 구름, 빛, 바람 등 자연 현상을 보고 하느님을 드높이고 있다.(사 48:12-13, 렘10:11-13)

시편 8:5 이하를 보면 인간은 "하느님 다음 가는 자리에" 지어진 존재다. 하느님은 인간에게 "존귀와 영광의 관"을 씌어 주셔서 인간의 위치를 확고히 한다. 창세기 1-2장의 창조 신앙은 하느님께서 세상을 창조하실 때 인간에게 부여한 특권을 엿볼 수 있다. 우선 하느님은 인간이 살아갈 수 있는 조건을 만드시고 맨 나중에 인간을 창조하셨는데, 그것은 인간에 대한 특별한 배려로 여겨진다. 그 다음으로 생각할 수 있는 것은 인간이 다른 피조물과는 달리 '하느님의 형상'(imago Dei)으로서 최고의 걸작품으로 지으셨다는 사실이다. 더욱이 하느님께서는 오직 인간에게만 만물을 돌보라고 한 '위탁'(commitment)은 인간에게 주어진 영예(honor)다. 마지막으로 하느님께서는 인간 아담에게 동물들의 이름을 짓도록 허락함으로 인간의 영역을 더욱 확고하게 하고 있다. 그러나 창조 기사는 존귀와 영광의 관을 쓴 인간이 자연 없이, 홀로 자연 위에서 살 수 있는 존재가 아니라 오직 자연과 함께 창조되었다는 것을 말하고 있다. 따라서 생태계는 '인간의 지배'나 '인간의 정복' 대상이 아니라, '생명공동체'로 이해되어야 한다.

여성신학은 지금까지 남성 중심의 기독교 신관에 내포된 성 차별적 요소와 함께 반(反) 생태학적 요소에 주목한다. 여성 신학자들 가운데는 이스라엘의 유일신 전통이 간직하고 있는 신관과는 달리 생태계의 풍요로움을 공급해 주는 여성 신을 내세운다. 여성 신학자 류터(R. R. Reuther)는 그의 책 『생태계와 하느님』(Gaia and God)에서 신은 초월적이기보다는 내재적이고, 남성적이기보다는 여성적이고, 지배적이기보다는 관계적이며, 상호 교류적이고, 단원적이기보다는 다원적인 성격을 갖는다고 한다.[25] 이러한 신에 대한 특성의 배경에는 신에 대한 표상들이 은유의 성격을 가지고 있기 때문이라고 한다. 여성 신학자 맥패이그(McFague)는 신을 어머니, 애인, 친구로서 은유하고자 한다. 어머니로서 신은 심판자나 구원자라기보다는 우주 전체를 바르게 정돈하고, 생명을 보존하며, 모든 것에게 혜택을 주는 세계를 사랑하는 자이며, 애인으로서 신은 생명의 가치를 인식하고 세계의 소중함과 매력을 발견한다. 그리고 친구로서 신은 세계 만물의 성취를 향한 사업에 동료 일꾼으로 우리가 필요한 자로 이해했다.[26] 이러한 신과 자연의 밀착된 이해들은 인간 중심적 세계관이나 자연과 인간의 주객 도식의 이분법적 사고와는 달리 신학적 방향이 친(親) 생태계적으로 가도록 안내해 주고 있다.

여성 생태학자들의 생태계에 대한 구체적 관심은 남성적 힘의 문화에서 여성적 '지혜'의 문화로 바뀌어야 한다는 에코페미니즘(eco-feminism)[27]에서 볼 수 있다. 에코페미니즘이란 여성의 피지배성과 자연의 피지배성 사이의 상호 연관성을 관련시켜 생태학적 여성론이 결합한 사상이다.[28] 에코페미니스트로 알려진 프랑스의 프랑수아 드본드

---

25) R. R. Reuther, *Gaia and God*(San Fransisco: Harper & Row, 1992), 247.
26) McFague, *Models of God: Theology for an Ecological, Nuclear Age*(Philadelphia: Fortress Press, 1987); 이문균, 『포스트모더니즘과 기독교 신학』(대한기독교서회, 2000), 245.
27) 에코페미니즘이란 용어는 프랑스의 프랑수아 드본느의 저서 『여성해방인가 아니면 죽음인가?』(1974)에서 처음 등장한다.(Merchort, 1990, 1992) 그 후 에코페미니즘의 이론적 논의는 제2의 여성해방 물결을 일으킨 마리델이의 『여성과 생태학』(1978), 수잔 그리핀의 『여성과 자연』(1978), 캐틀린 머찬트의 『자연과 죽음』(1980) 등을 들 수 있다.
28) 에코페미니즘과 생태계 위기에 대해서는 문순홍, "에코페미니즘과 여성의 정치세

는 자연 파괴와 여성 억압적 남성 중심 사회를 연결지어 우리 삶의 직접적 위협이 되고 있는 것은 인구 과잉과 지구 자원의 파괴로 볼 수 있는데, 그것은 남성 중심적 태도 때문이라고 지적하였다. 그녀는 이어서 지구의 생태계 위기에서 탈출은 여성이 가지고 있는 잠재력을 발휘할 때만 가능하다고 한다. 그것에 대한 구체적인 작업은 에코페미니스트들이 지금까지 여성과 자연이 억압된 문화와 사회로 진화된 것을 지적하면서, 이제 인간 사회는 서로 다른 속성을 가진 것들 사이에 '더불어 사는 삶의 방식'으로 방향을 전환할 것을 말한다. 따라서 생태계 회복은 더불어 사는 삶으로의 전환을 통해서 이루어진다고 본 것이다. 에코페미니즘은 제1세계와 제3세계의 삶의 전반 분야, 즉 경제, 문화, 사회, 정보 등 어느 곳에서나 하나의 생태공동체(ecocommunity)를 구성하고 있다는 것을 말하고 있다.[29] 이러한 생태공동체를 이루기 위해서는 생태학적 시각에서 세계를 보기 시작해야 한다. 이와 같은 노력들은 생태신학이 자리매김하기 위해서는 지금까지의 진보, 발전, 남성, 강자, 문명의 이데올로기에서 조화, 여성, 약자, 자연을 중심의 축으로 바뀌는 전이가 있어야 된다는 것을 시사해 주고 있다.

생태신학은 생태계에 대한 깊은 관심을 가지고 있는 점에서 과정신학[30]으로 여성신학과 맥을 같이한다. '과정신학'(process theology)에서 신론은 '자연신학'을 말해 주는데, 거기에서 신과 세계의 관계성을 생태학적으로 다루고 있다. 전통적인 자연신학적 신관에서는 '유신론'(theism)과 '범신론'(pantheism)으로 집약되어, 현대인들이

력", 「대화」, 제3호(1994)를 참조하라.
29) 여성 운동과 환경 운동은 반핵, 반군국주의 운동에서 그 예를 볼 수 있다. 가령 1973년 프랑스 라작 지방의 군사훈련장 건설 반대 운동, 1975년 독일의 핵발전소 건설 반대 운동, 1980년 영국 그린햄 코몬 핵발전소 건설 반대 운동 그리고 1980년 "여성과 지구의 삶"이란 주제로 열린 미국 여성 펜타곤 운동 등을 들 수 있다.
30) 생태신학적 시도를 한 학자들은 주로 과정신학자들인데 화이트헤드(Whitehead), 샤르댕(Teihard de Chardin), 콥(J. Cobb), 비만(H. Wieman) 등이 있다. 이들은 '계속적인 창조'를 말하며 지금 존재한 세계는 불완전한 것임을 강조하고, 진화 도중에 있는 우주적 과정에서 인간과 자연의 조화와 통일을 강조한다.

어느 신관에도 만족을 하지 못하고 있을 때, 과정신학은 둘을 다 포괄할 수 있는 '범재신론'(Panentheism)이란 새로운 '자연신학'을 제시했다. 범재신론에서 신과 세계의 관계는 "만물 위에(above) 계신 하느님"(유신론)이나 "만물 안에(in) 계신 하느님"(범신론/존재론) 대신에, "만물을 통하여(through) 일하시는 하느님"이 전면에 나타난다. 여기서 신과 세계와의 관계는 '상호 협동', '창조를 위한 공동투쟁', "공동 전선을 펴나가는 동반자와 반려자"가 된다. 다시 말해서 신과 세계의 관계는 유기적 관계를 가진다. 창조(creation)와 구속(redemption)은 별개로 구분된 신의 행위가 아니다. 세계의 구원과 신의 구원이 동시적으로 요청된다. 그러므로 창조의 과정이 곧 구속의 과정이 된다.[31] 이러한 범재신론을 주장한 과정신학은 17-18세기의 근대 자연과학의 실재관과 유신론적 또는 범신론적 신관을 뒤바꾸어 놓은 생태학적 세계관의 틀을 마련했다고 볼 수 있다.

우리는 앞에서 동양의 신비 사상, 과정신학 그리고 여성신학의 신관이 전통적인 유일신적 신관는 달리 관계적이고 다원적이며, 특히 생태학적 신관을 갖도록 했다는 것을 말했다. 그러나 생태신학은 창조 신앙을 무시하고 인간이 지극히 작은 생물이 진화하여 되었다는 진화론이나, 자연과 인간과 신을 일치시키는 범신론적 이해와 동양의 신비주의 사상 등과 거리를 취한다. 과정신학의 경우를 보면 창조자로서 신이나 초월자로서 신을 모두 거절하고 단지 시간적이고 사건과 사물을 통해서 표현되는 신을 이해하고 있다.[32] 따라서 그러한 신 이해는 창조의 신앙과 다르다. 몰트만은 『창조 안에 계신 하느님』에서 생태학적 위기 극복을 위해 삼위일체적으로 생태학적 창조론을 발전시킨다. 하느님은 생명을 사랑하는 영이며, 그의 영은 모든 피조물들 안에 있다. 우리가 창조자, 그의 창조 그리고 창조의 목적을 삼위일체론적으로 본다면 창조자는 그의 영을 통하여 창조 전체와 개개의 피조물 안에 거하시

---

31) 김경재, 『하늘과 땅의 변증법』(한신대학교, 1980), 73-74.
32) Ewert H. Cousins, ed., *Process Theology*(New York: Newman Press, 1972), 205.

며 그의 영으로써 창조를 유지하고 존속케 한다. 창조의 목적과 미래를 질문한다면, 그것은 새 하늘과 새 땅을 이루는 곳으로 삼위일체 하느님이 거하는 곳이다.[33] 해방신학자 레오나르도 보프(Leonardo Boff)는 삼위일체 신을 '생태학적 신'으로 언급한다.[34] 그에 의하면 기독교의 신은 일치의 신, 관계의 신, 사랑의 신이면서도 동시에 하나의 신이다.[35] 여기서 인간은 단지 수동적으로 머무는 것이 아니라, 보다 적극적으로 하느님의 창조 행위에 계속적으로 참여하게 된다. 그것은 성령의 새 역사 창조에 관계를 가지는 것이다.

4_ 생태계 위기에 대한 신학적 반성

생태신학은 하느님이 지으신 '아름다운 지구'가 멸망해 가고 있다는 비보를 듣고 생태계의 위기를 극복할 수 있는 대안을 모색하는 신학이다. 신학자 몰트만(J. Moltmann)은 지금 우리가 겪고 있는 생태계의 위기는 단순히 자연의 위기가 아니라 산업화된 삶의 구조 자체에 있음을 지적한다.[36] 현대문명은 자연을 정복해서 얻은 결과물이다. 인간은 자연에게서만큼은 지배자요 군림하는 왕이었다. 인간은 지구상에 등장하면서부터 사연의 인간화를 위해 끊임없이 노력해 왔다. 오늘날에는 과학적 지식을 기술로서 생산에 적용함으로써 그 결과 대규모의 생산 활동이 이루어졌고, 더욱이 탐욕이 가세하여 대량의 지하자원이나 생물자원의 남획으로 토지의 열화, 삼림 파괴, 사막화, 생물 종의 멸종 등이 이루어지고 있고, 오존층 파괴, 온난화, 산성비, 유독 물질의 오염 등 폐기물이 방출되어 지구 생태계의 붕괴를 가져왔다. 자연을 정복한 인간의 지배의 논리는 어느새 성장과 소비를 미덕으로 하는 현대

---

33) J. Moltmann, 김균진 역, 『창조 안에 계신 하나님』(한국신학연구소, 1987), 10.
34) Leonardo Boff, *op. cit.*, 55.
35) *Ibid.*, 53ff.
36) J. Moltmann, *op. cit.*

사회의 그릇된 가치관을 선전해 왔고, 인간을 대상화시키는 강대국들의 경제적, 군사적, 정치적 지배이데올로기를 만들어 놓았다. 생태계 위기는 바로 자연이 인간에게 정복되어 인간의 소유물이 되고 문화가 되며 그것을 인간이 승리로 자처하는 바로 거기에 있다.

산업혁명 이래 거대한 생명체로 된 지구, '가이아'(gaia)[37]는 질병을 앓고 있고 상처를 입었다. 생태 문제에서는 인간이 생물 생태계의 파괴자라고 하는 데 그 심각성이 크다. 우리가 공동으로 살고 있는 집이 위아래로 금이 갔고, 따라서 집이 무너질 수도 있다면, 여기에 반성과 대책이 요구된다. 우선 문제로 떠오른 것은 현대문명을 이루고 있는 데카르트의 주객도식과 베이컨의 이원론적 자연관의 이분법적 사고에 있다고 본다. 주객도식에서 인간은 주체이고 자연은 객체로 파악된다. 근대의 성장과 진보는 바로 이 주객도식에 근거한 자연과학 덕택이라는 것이 학자들의 공통된 견해다. 자연과학의 방법은 자연을 '지배'하고 '사용'하는 것을 목적으로 삼는다. 다시 말하면 자연과학은 자연을 '객체화'시키고 '분석'하고 최소의 부분으로 '환원'하고 '재구성'하는 작업을 통해서 인간의 삶을 편리하게 만들어 주는 일을 한다. 여기서 "지식은 힘이다."는 베이컨의 말은 주객도식의 자연과학 방법론을 더욱 가세화시켜 주었다. 인간은 '과학적 지식'을 통하여 자연을 대상화하여 정복할 수 있고 이용할 수 있으며 자기 실현을 할 수 있다고 믿게 된 것이다. 결국 인식의 주체로서 인간은 지배자와 정복자가 되고, 객체로서 자연은 피지배자와 피정복자로 전락하게 되어 생태계에 치명적 손상을 입히게 된 것이다.

이와 같이 자연과 인간을 분리시켜 놓은 '계몽주의의 프로젝트' (Enlightenment Project)에서 인간은 자연을 정복하면서 세계를 만들었다. 자연은 인간의 이성과 과학기술에 의해서 인간을 위한 물건에 지나지 않았던 것이다. 여기에 대해서 생태신학은 자연을 인간과 구별하

---

[37] 지구를 하나의 거대한 생명체로 보면서, 지구를 헬라어 '가이아'(gaia)로 표시하곤 한다.

나 그러나 결코 '분리'시키지 않는 신학이다. 어느 곳에서도 인간이 주인이고 자연이 객이라는 말을 하지 않는다. 중요한 것은 인간에 대한 하느님의 배려는 결코 자연을 인간의 지배의 대상으로 말하는 것이 아니었다.[38] 생태계의 위기는 인간이 그 자신을 자연의 한 지체로 이해하지 않고 자연을 대상화시키며 분석하고 재구성할 수 있는 자유와 재량권을 가진 존재로 이해한 것에서 비롯된 것이다. 만약 인간이 탐심이 발동하여 인간이 주인이 되고 자연은 객이 되어 자연과 인간을 분리해서 인간 중심적으로[39] 생각할 경우, 인간은 생태계를 파괴하게 된다. 성서는 결코 계몽주의자들처럼 자연과 인간의 분리, 하느님과 인간의 분리를 말하지 않는다. 자연과 인간의 분리는 하느님과 인간의 분리처럼 죄라고 규명할 수밖에 없다. 인간은 자신의 욕망 충족을 위해 하느님의 청지기의 사명을 저버리고 자연을 착취해 온 것이다. 그 결과 자연은 황폐화되고 더 이상 회생 불가능한 지경에 이르고 있다.

서구문명의 기술과 발전은 계몽주의의 유산인 진보에 대한 무제한한 신앙에서 온 것이다. 진보에 대한 무제한한 신앙은 생태계 파괴와 무관하지 않다. "역사는 발전하고 진보한다."(토인비)는 것이 지금까지 역사관이요, 세계관이었다. 현대문명은 자연을 매개체로 해서 발전된 문명으로, 그 문명이 계속되면 될수록 지구를 더욱더 중병이 들게 할 뿐이다. 지금 지구가 망해 가고 있다는 급보를 듣고 우리가 할 수 있는 유일한 일은 우선 관점을 바꾸는 일이다. 그것은 역사의 관점을 바꾸는 일이며, '발전'과 '진보'가 아니라, '생태 중심', '약자 중심'의 세계관으로 전환을 의미한다. 그것은 문명사적 대전환을 의미하는 것이다. 그래야 산다. 인간은 더 이상 자연 세계에 군림하는 존재가 될 수 없는 것이다. 많은 신학자들 가운데는 생태계 파괴의 결과를 인식한

---

38) L. White, "The Historical Roots of our Ecological Crisis", Science 155(1967): 1203ff.

39) 이러한 인간 중심적 사고는 서구 기독교와 서구문명 발달에도 밀접한 관련을 맺고 있다. 왜냐하면 기독교는 헬라문화권에서 주체와 객체, 영과 육, 인간과 자연의 이원론을 받아들였기 때문이다.

후, 다시금 하느님 중심 세계관을 강조하면서 하느님이 인간에게 배려한 관심과 축복을 책임 있게 수행할 것을 강조한다. 그러나 이러한 해석은 이미 지구 생태계가 상당히 파괴된 이 시점에서는 근본적인 문제 해결이 될 수 없다. 왜냐하면 축이 바뀌지 않고 인간 중심에서 자연을 생각하고 있기 때문이다. 오직 해결 방법은 창조 신앙의 새로운 시각, 즉 생태신학적으로 이해되어야 할 것이다. 그렇게 할 때만 "가꾸고 지키라."(창 2:16)는 하느님 말씀이 오늘의 환경 위기를 극복하는 데 도움이 될 것이다.

생태계의 위기가 기독교의 창조 신앙에서 왔다고 하는 학자들이 있다.[40] 미국의 역사학자 린 화이트(Lynn White)는 유대 기독교의 전통이 인간을 모든 창조물의 군주 자리에 앉혀 자연을 모독하게 하는 정신적 기반을 조성했다고 비판한다. 그는 "땅을 정복하여라. 바다의 고기와 공중의 새와 땅 위를 돌아다니는 모든 짐승을 부려라."(창 1:28)는 창조 신앙이 받아들여지는 곳에서는 언제나 인간 중심주의적 세계관이 형성되었고, 그것은 바로 자연에 들어 있다는 혼령 사상을 비신격화, 세속화, 비신성화하여 자연에 대한 거룩한 감정이나 신비한 의식을 사라지게 하고 자연을 인간의 필요를 채우는 착취물로 보았다고 비판한다.[41] 그러나 오늘의 생태계 위기를 기독교의 창조 신앙에서 찾는다는 것은 이치에 맞지 않다. 린 화이트의 해석은 전혀 본문의 배경을 무시한 하나의 피상적 이해에 불과한 것이었다. "자연을 다스리라. 정복하라."는 창조 신앙의 본문이 말해 주는 의미는, 그 당시 사람들이 바위나 산이나 별들을 믿고 경배하는 시대에 자연은 하나의 피조물에 불과한 것으로 우리의 숭배의 대상이 아님을 말하는 메시지였다. 그것은

---

40) 생태계의 위기를 기독교의 인간 중심의 창조 신앙으로 보고 있는 학자들 가운데는 미국의 칼 아메리(Carl Amery), 린 화이트(Lynn White), 독일의 가톨릭 신학자 오이겐 드레버만(Eugen Drewermann), 에리히 그래서(Erich Graesser), 게르하르트 카데(Gerhard Kade) 등의 학자가 있다.
41) 린 화이트(Lynn White)는 반생태학적 기독교의 창조 신앙을 포기하고 불교나 범신론적인 인도의 종교들의 자연관을 부각시켜 기독교의 자연 정복의 세계관을 대체해야 한다고 주장한다.

우리의 오직 숭배의 대상이 자연이 아니라 창조주 하느님이라는 신앙을 말하려는 것이었고, 인간에게는 관리의 책임을 맡겼다는 내용이었다.[42] 생태신학은 자연을 착취와 수탈의 대상으로 보지 않지만, 그렇다고 경배의 대상으로도 보지 않는다.

생태계의 위기는 인간의 탐욕에서 왔다. 이 교만과 탐심은 인간의 비극의 뿌리로 이해되었다. 창세기의 이야기를 보면 선악과를 따먹은 행동은 인간의 한계성을 넘으려는 교만, "하느님과 같이 되려는 욕망"이라고 할 수 있을 것이다. 하느님께서는 인간에게 에덴 동산이란 아름답고 선한 세계에서 살도록 하시면서 하나의 계율을 주셨는데, 그것이 선악과다. 인간은 하느님의 명령에 불순종하고 선악과를 따먹었다.(창 3:6) 성서는 이것을 '죄'라고 규정한다. 그때부터 생태계는 파괴를 가져왔다. 땅에는 곡식을 방해하는 가시덤불과 엉겅퀴를 내기 시작했다.(창 3:18) 하느님이 지으신 아름다운 세계가 부서지는 것은 인간의 탐욕에서 왔다는 것을 입증해 주는 최초의 사건이다. 아담과 이브의 범죄 이후 땅은 엉겅퀴와 잡초를 내게 되는 변화를 일으키게 되었고, 사람들은 잡초를 제거하기 위해 제초제, 살충제 등 독한 화학 약품을 쓰고 있으며, 그것은 생태계에 치명적 손실을 가져다주는 결과를 빚어냈다. 인간과 그의 세계와 하느님 사이의 관계에서 '더 좋은 것'을 추구하는 인간의 끊임없는 욕구가 생태계를 파괴시킨 것이다. 그것은 피조자인 인간이 피조 세계에서 창조주인 하느님과 '같은' 지배의 무제한성을 주장한 자유에서 나온 것이다.

그러나 오늘의 위기의 극복은 단순히 자연에 대한 새로운 인식을 통해서만 이루어질 수 없다. 그것은 지금까지 현대문명이 몰고 온 반(反) 생태 중심의 삶의 해체를 의미한다. 따라서 인간의 구원은 탐욕으로 이루어진 인간중심주의에 대한 자각이 있어야 한다. 이제 기독교 신학은 변화된 현실에 적합하도록 성서를 해석하는 것으로 만족할 수

---

42) 예를 들면, 프렐리히(Froelich)는 생태학적 위기를 기독교의 창조론에 책임 지우는 것을 거부한다, *Christian Century*(Oct. 1970).

없다. 근본적으로 자연과 대치되는 인간 중심의 세계관에서 하느님과 생태계 중심으로 바뀌어야 하며, 이러한 생태계의 위기에서 그리스도인이 할 일은 우선 각종 오염으로 주위의 식물과 동물이 죽어 가는 것을 슬퍼하는 법을 배워야 한다. 다시 말해 생태계 파괴에 대해서 민감해져야 한다. 예를 들면, 예배를 드릴 때 인간과 자연이 함께 어우러지는 예배를 드릴 수 있고, 성찬식은 생활의 장식품이 아니라 슬픔을 표현하기 위한 공간으로 만들어 생태계에 대한 이해를 새롭게 할 수 있을 것이다.[43]

서구의 기독교 신학의 오류는 자연과 인간의 생태학적 관계를 말하지 못한 데 있다. 그 결과 서구의 산업 구조가 표방하는 발전과 성장이 무조건 기독교적으로 승인되는 데는 걸림돌이 없었다. 오늘날 생태계 위기로 말미암아 지구가 파멸될 수 있다는 비보를 듣고 교회와 신학은 생태 신학적 사고를 하도록 요청받고 있다. 그러나 교회는 하느님이 지으신 '아름다운 지구'를 망가뜨린 책임도 느끼지 못하고 있는 것 같고, "자연을 잘 돌보고 가꾸라."는 '청지기 사명'에도 투철하지 못한 것 같다. 지금 교회는 물질적 사회에 포로가 되어 있다. 그러나 심각한 문제는 그것이 포로 상태라는 사실을 모른다는 데 더 문제가 있다. 어떻게 기도해야 할지를 모르는 교회, 그것은 병든 교회다. 벌써 죽음에 이르렀다. 책임과 사명을 잃으면 교회가 존재할 이유가 불투명해진 것이다. 그것은 심판이다. 생명을 사랑하지 못하는 교회, 생명을 위해 나서지 않는 교회에는 예수가 계시지 않는다. 잠깐! 그러나 생태계 회복을 위해 어떻게 기도해야 할지 몰라 '신음하는 교회'(groaning church)가 있다면 거기에는 희망이 있다. 왜냐하면 성령은 그 신음 소리를 듣고 우리를 구원시키기 위해 오시고 있기 때문이다.(롬 8:26)

---

43) 참조. D. Sölle, 서광선 역, 『현대신학의 패러다임』(한국신학연구소, 1993), 78; D. Sölle/F. Steffensky, *Franziskus in Gorleben, Protest für die Schöpfung*, Frankfurt am Main, 1981.

5_ 생태신학의 과제

창조의 사역은 성령의 역사를 통해서 계속된다. 성령의 새 창조 역사는 하느님이 지으신 세계를 단지 보존하고 지키는 일에 국한시키는 것이 아니라 지금까지 존재하지 않았던 새로운 미래를 향한 창조의 사역으로 드러낸다. 하느님의 창조는 아직 끝나지 않은 작업이다.[44] 우리는 생태계 회복을 위해 하느님-자연-인간의 관계, 즉 '삶의 마당'(Hof)[45]을 연상한다. '호프'(Hof)의 구성은 하느님이 '창조주'로서, 인간은 '하느님의 형상'으로 지음받은 자로서, 자연은 하느님의 창조의 '아름다운 작품'으로서 서로가 관계할 때 이루어진다. 오늘의 생태계 위기는 하느님-자연-인간으로 이루어진 창조의 세계인 '호프'(Hof)를 깨뜨리고 스스로 교만해져 '발전'이라는 미명 아래 하느님과 자신(인간)을 분리시키고 나아가 자연을 지배하고 정복하면서부터 온 것이다. 그것은 하느님에 대한 도전이요, 죄악이다. 그 죄악은 생태계 파괴로 지구의 종말을 가져올 수 있을 만큼 심각한 것이었다. 인간에게 주어진 책임은 하느님께서 주신 자원을 사용하는 동시에 보존하는 일이다. 피조물에 대한 인간의 자세는 지배하고 군림한 자세가 아니라 섬기고(serve), 돌보고(care), 치유하는(cure) 일이다. 여기서 창세기 1:26-28은 하느님-자연-인간의 관계를 삶의 광장(Hof), 즉 '생명공동체'로 생명이 충일한 세계를 전망하면서 생태신학적으로 해석되어야 한다.

---

44) D. Sölle, op. cit., 75.
45) 독일어 '호프'(Hof)란 오랜 전통을 가진 단어다. 문자적으로 말하면 집이나 건물 앞에 혹은 뒤에 있는 '넓은 마당'을 말한다. 우리나라로 말하면 시골의 마당 같은 것이다. 여름날 온 식구가 함께 멍석을 깔고 식사를 하고, 담소를 나누며, 자연과 함께 어우러져 지내는 공간을 말한다. 이 외에도 마당은 추수한 곡식을 떠는 일이라든지, 옛날 결혼식이나 장례식 때 마을공동체가 모여 크고 작은 일들을 치르는 중요한 공간으로 이용되곤 했다. 이렇게 '호프'는 없어서는 안 될 매우 중요한 공간이다. '호프'(Hof)에 대해서는 최종호, "호프신학과 성령 안에서 생활",「기독교사상」(1995. 5): 145-154를 참조하라.

생태신학은 하느님-자연 생태계-인간이 하나의 유기적 관계 속에서 지구가 마치 '하나의 가정'(a home)을 이루고 있다는 것을 나타내 준다. 하느님은 이 세계의 창조자일 뿐만 아니라 이 세계의 유지자다. 하느님은 창조의 위대함과 아름다움을 나타내면서 경외와 신뢰의 근거가 된다. 우리는 창조 안에서 창조자를 인식한다. 여기서 창조에 대한 신뢰와 경외의 느낌을 갖는 것은 매우 중요하다. 그래서 '반짝 반짝 빛난 별'(twinkle twinkle little star)과 같은 아이들의 노래는 창조신앙을 불어넣는 첫 단계로 가치가 있다.[46] 하느님이 인간을 처음 지었을 때, 하느님은 이미 자신이 말씀을 통해 만들었던 '흙'(아다마)으로부터 '사람'(아담)을 만들었다.(창 2:7) 그 후 인간은 흙을 일구면서 살라는 명을 받았고, 죽으면 흙으로 돌아간다고 했다.(창 3:17-19) 이와 같이 인간은 자연과 뗄 수 없는 관계 속에 있다. 자연으로부터 만들어졌고, 자연과 함께 살아가야 하며, 또 마침내는 자연으로 돌아가는 것이다. 이리하여 인간은 창조의 법칙에 묶여 흙에서 와서 흙으로 다시 돌아가는 생태학적 존재가 된 것이다.[47]

프란시스(St. Francis of Assisi)가 오랜 병상에서 일어났을 때 금빛 태양이 온 우주와 아시스의 푸른 들판에 쏟아지는 정경을 보고 이렇게 경탄과 찬미를 하였다. "나의 주님, 당신은 형제인 바람과 공기, 흐리거나 맑은 모든 날씨를 통해 찬양을 받으소서. 당신은 이것들을 통해 당신의 피조물들을 번성하게 합니다. 나의 주님, 당신의 자매인 물을 통해 찬양을 받으소서. 물은 아주 유익하고 겸허하며 지극히 순결합니다. 나의 주님, 당신은 우리의 자매이며 어머니인 땅을 통해 찬양을 받으소서. 땅은 우리를 먹여 주고 부양해 주며 온갖 열매를 맺고 다채로운 꽃들과 풀들을 냅니다." 하느님-인간-자연의 관계는 그가 지은 찬송에서도 나타난다. "금빛 나는 밝은 해, 은빛 나는 밝은 달, 힘차게 부는 맑은 바람, 흘러가는 물, 우리에게 고귀한 땅, 땅 위의 꽃과 열매들,

---

46) D. Sölle, *op. cit.*, 66.
47) 참조, *Ibid.*, 67.

지저귀는 새들과 더불어 하느님께 찬양을 돌리라. 할렐루야." 여기서 여성 신학자 죌레(Sölle)가 말한 대로 창조 세계에 대한 긍정은 생태계 파괴로 말미암아 피조물의 수난, 고통, 아픔 등의 원인을 외면할 수 없다는 것은 당연하다.[48] 창조 세계를 보고 하느님을 찬양하는 것은 생태계와 그 환경을 파괴하는 것에 대한 "분노하는 '아니오!'"(Angry No!)를 포함하고 있기 때문이다.

부서진 생태계의 회복은 인간의 탐욕을 회개하고 자연을 가꾸는 청지기 일을 시작하는 것이다. "자연을 다스리라."는 청지기직을 소홀히 해서 하느님-자연-인간의 '호프'(Hof)가 망가졌기 때문이다. 무너진 관계 회복을 위해서 자연과의 관계에서 탐욕의 죄를 회개하고 하느님이 우리 인간에게 맡겨진 청지기 사명을 바르게 수행하는 일이다. 우리는 하느님께서 세계를 지으셨을 때 자연 생태계를 보시고 '우'를, 사람을 지으셨을 때는 '수'를 각각 주었던 것을 회상하면서 지금 깨어진 생태계를 바로 세우는 데 최선을 다해야 한다. 그것은 "한 처음에 하느님께서 하늘과 땅을 지어 내셨다."(창 1:1)로 시작하는 하느님의 창조 세계를 회복하는 운동이 될 것이다.

더 나아가 인간의 청지기 직분은 자연 생태계보다 더 아름답게 지어진 인간에게 '우'로 평가된 자연도 '수'를 맞도록 다스리라는 적극적 이해로 파악할 수 있어야 할 것이다.[49] 우리는 여기서 자연에 대해 확실히 할 필요가 있다. 자연은 인간의 것이 아니다. "땅과 그 위의 있는 것 모두가 하느님 야훼의 것이다."(신 10:14) "땅은 내 것이요, 너희는 나에게 몸 붙여 사는 식객에 불과하다."(레 25:23) 인간은 결코 땅을 황폐시킬 권한이 없다. 우리의 사고의 관점이 인간 중심 사고가 하느님-자연 생태계-인간이 어우러지는 '삶의 마당'(Hof)을 형성하는 생태신학적 사고로 바뀌어야 한다.

---

48) D. Sölle, 박재순 역, 『사랑과 노동』(한국신학연구소, 1987), 90.
49) 달란트 비유(마 24:14-30, 눅 19:11-27)에서 청지기의 사명은 보다 적극적이어야 함을 보여 주고 있다.

세계교회협의회(WCC)가 생태계의 위기를 느끼고 창조 세계에 대한 신학적 관심[50]을 구체적으로 표명한 것은 1983년 캐나다 벤쿠버에서였다. 거기서 "예수 그리스도-세상의 생명"이라는 총 주제 속에서 죽음, 생명의 약속, 생명의 축제 등을 토론의 내용으로 삼고, 마지막 분과 토의에서는 "지금 죽음의 현실이 어떻게 진행되고 있는가?"에 집중하였다. 교회가 어떻게 "예수 그리스도-세상의 생명"이라고 고백할 수 있을까? 그것은 파괴와 살상무기로 세계를 죽음으로 몰고 가는 세력과 생태계를 분별 없이 파괴하는 세력에 대하여 "분노하는 '아니오!'"(Angry No!)를 하는 것으로부터 시작한다. 오늘의 총체적 생태계 위기는 근대의 세계관과 자연관의 결과이므로 여기에 새로운 혁명적 전환이 요구된다. 그것은 이기주의적이고 소비 지향적 삶에서 새 시대적인 생태학적 영성에 눈을 뜨고 실천에 임하는 것이다. 이제 생태신학이란 오늘날 환경위기 상황에서 '-의 신학'이 아니라, 신학 자체의 본질이다. 그것은 인간 존재방식의 우주론적 지평 획득이다. 그것은 생명에 대한 우주적 각성 자연에 대한 생태학적 각성, 그리고 사회에 대한 공동체적 각성이다.

"예수 그리스도-세상의 생명"의 주제는 삶을 축제로 만든다. 삶의 축제는 나누는 성례전적 삶에서 나타난다. 시인 김지하는 예수의 탄생의 자리를 이렇게 말한다. "풀, 벌레, 짐승들, 흙, 먼지, 바람, 태양, 즉 온갖 것을 포괄하는 우주적 생명인 중생의 우주적 차원에서 인간의 밥, 인간의 똥만도 아닌, 인간의 밥, 인간의 똥보다도 더 더러운 인간의 밥, 인간의 똥이라는 더러운 것, 고상한 자들에 의해 더러운 것으로 외

---

[50] 세계교회협의회(WCC)가 생태계에 대한 관심을 가진 것은 1975년 나이로비에서 열린 총회에서 생태학적 위기에 대한 문제 의식을 갖고 이것을 신학과 교회의 핵심과제로 설정하고 이 위기를 성서적 창조 신앙에 근거하여 극복할 것을 촉구했다. 1983년 뱅쿠버 총회에서는 자연보전의 문제가 신학적 토론과 실천 과제임을 천명하였고, 1990년 서울에서는 "정의, 평화, 창조의 보전"을 신학적 주제로 새롭게 부각시켰고, 1991년 호주 캔버라 총회에서는 "성령이여 오시옵소서!"라는 주제 속에 부제를 창조 보전으로 삼음으로써 환경과 생태 문제를 평화와 정의 문제와 관련하여 계속해서 포괄적으로 계속 다루어 왔다.

면당한 그것들까지 다 포함하는 짐승의 밥, 짐승의 똥의 한복판에서 그가 태어났다."[51] 김지하는 예수를 "하늘에서 내려온 밥"이라고 하면서 함께 나누어야 할 밥을 말하고 있다. 교회가 "예수 그리스도-세상의 생명"을 믿고 있다면 그것은 함께 나누는 삶에서 이루어져야 한다. 어떻게 궁핍한 지구인 3분의 2에 해당하는 사람들에게 희망을 줄 수 있을까? 여기서 생태신학은 생태학적인 건강과 사회적 경제적인 정의를 동시에 추구해야 하는 '생태 정의'(eco-justice)를 묻지 않을 수 없다. 정의란 인간과 인간 사이에, 그리고 사회와 자연 사이에 존재하는 진정한 상호 관계의 형식이며, 상이한 삶의 조직들간의 공생의 근거이고 인류 공동을 위한 기초가 된다.[52]

이제 우리는 실천적 의미에서 생태신학이 기여할 수 있는 것을 살펴 보고자한다. 우리는 제1세계와 제3세계의 빈부의 격차에서 이 지구촌에서 '하나의 지구'나 '아름다운 지구'가 아니라 '분열된 지구' 또는 '상처 난 지구'를 만나게 되었다. 이제 예수는 지금 어디에 현존하는가? 성서에서 예수는 예루살렘에서 처형당한다. 그러나 그는 다시 부활해서 갈릴리로 향했다. 생명 되신 그리스도는 갈릴리의 그리스도로, 곧 고난받는 민중의 생명으로 이 세상에 오신 분이다. 갈릴리의 생명 되신 그리스도께서 오늘날 현존해 계시는 곳은 제3세계다. 왜냐하면 그리스도는 소외된 자들의 위안지로 그들의 구원자가 되시기 때문이다.

이제까지 우리는 제3세계를 경제, 정치, 사회 문제 안에서만 생각해 왔다. 그러면 환경 문제에서 제3세계란 무엇인가? 그것은 파괴되고 고통받는 창조 세계다. 예수는 고통받는 창조 세계의 생명으로 오신 것이다. 예수는 가난하고 눌려 신음하는 현장에 현존한다. 청지기로서의 인간은 창조 세계의 보존에 대한 책임이 있음을 피할 수 없다. 따라

---

51) 김지하, 『밥』(분도출판사, 1984), 80-81. 사실 예수는 '마구간의 여물통', 즉 이것은 바로 '짐승의 밥' 가운데 태어났다는 것이고, 마구간은 또한 짐승의 똥이 가득 널려 있는 곳이다.
52) J. Moltmann, "Schöpfung als Offenes System", *Zukunft der Schöpfung*, Kaiser München, 1977, 137.

서 이 소리에 자신을 개방하면 교회도 세상의 생명이 될 수 있으나, 개방하지 않으면 돌 하나 돌 위에 놓이지 않고 무너지는 예루살렘 성전과 같이 될 것이다.

지난 30년 동안 소위 녹색혁명이라는 슬로건 아래 식량 생산량은 엄청난 증가를 보이고 있지만, 전 세계의 기아의 인구는 오히려 더 증가하고 있다. 세계식량계획기구(WFP)에 의하면 현재 전 세계 식량 생산량이 소비량보다 1.5배 이상 더 많은 상황에서 10억 명 이상이 굶어 죽어가고 있다고 밝히고 있다. 우리는 "예수 그리스도-세상의 생명"의 모토에서 생태학적 자아를 발전시킨다. 생태학적 자아란 본질적으로 자신보다 더 약한 존재의 존재방식, 곧 생명 중심의 존재방식에로의 자신의 변화를 말한다. 그것은 세계 자체가 성육화된 신의 몸으로 가시적 공간일 뿐만 아니라, 바로 내 자신의 몸이기에 연약한 부분들 하나하나에 대한 크나큰 연민이 어느 때보다 요구되고 있기 때문이다. 생명이신 예수를 따르는 일은 사회와 환경 문제 전반에 걸쳐 생명의 실천력을 자신의 몸으로 매개한다는 것을 의미한다. 그러므로 그것은 새로운 공동체를 만들어 가는 환경을 조성하게 된다. 여기서 생태신학은 적극적으로 인류의 해방을 위한 범지구적 관심을 설정하여 나아가는 것을 과제로 삼고 있다.

6_ 실천적 과제

산업화의 문명은 하느님의 창조질서를 무너뜨리고 인류가 환경오염과 생태계 파괴라는 새로운 위기를 맞이하고 있는 이때, 함께 더불어 사는 생명공동체의 선언이 요구된다. 생명공동체 운동은 혼자서는 할 수 없는 일들을 여럿이 함께 노력해 삶을 완성해 나아가는 것이며, 생태학적인 삶을 살아가는 것이다. 그것은 맘몬 시대에 자신을 비울 줄 아는 영성을 형성하고 모두가 부름받은 자로서의 사명을 감당할 때 형성된다.

생태신학은 생태계의 보존을 위한 모든 노력들을 가치 있게 생각한다. '아름다운 지구'를 회복하기 위해 무엇이 요구되는가? 그것은 생태신학적으로 대전환을 하는 것이다. 왜 그렇게 해야 하는가? 첫째, 하느님께서 인간에게 자연을 다스리고 돌보라고 했기 때문이다. 둘째, 하느님은 자신이 지은 세계가 아름답게 회복되기를 바라고 있다고 믿기 때문이다. 셋째, 무엇보다도 '하느님의 형상'(imago Dei)으로 지어진 인간의 청지기 직분을 발휘하여 '우'로 창조된 자연이 '수'가 되기를 하느님께서 바라고 있다고 믿기 때문이다. 마지막으로 만물의 회복을 위해 세상의 생명이신 예수 그리스도가 이 땅에 오셨고, 그리고 성령은 피조 세계의 파괴를 슬퍼하고 만물의 회복을 위해 특별하게 지음 받은 인간과 함께 재창조를 실현하고자 하시기 때문이다.

어떻게 생태계를 다시 복원할 수 있을까? 발전과 진보의 이데올로기로 엮인 현대문명에서 생태계 중심의 문명사적 대전환이 이루어지면 가능하다. 그러기 위해서는 비움의 영성으로 단순한 삶을 추구하고 생명문화를 살리는 '같이 살기' 운동을 시작해야한다. 다시 말해서 탐심을 버리고 인간 중심에서 자연 중심으로, 강자 중심에서 약자 중심으로 전환하는 일을 해야 한다. 이러한 인식의 전환과 함께 청지기 직분이 수행될 때 이 세계는 '아름다운 세계'로 바꾸어질 것이다. 그것은 '하느님-자연-인간'의 '호프'(Hof)를 형성하는 삶을 말한다.

이제 하느님은 인간으로 하여금 안식일을 지키도록 하여 '자연과의 평화'를 갖도록 한다.[53] 안식일은 다시 안식년(출 23장)과 희년(레 25장)의 전통으로 더욱 확장된다. 인간이 이 축제에 참여하기 시작할 때 새 일이 일어난다. 그것은 땅의 회복을 말하며, 모든 굴레로부터 해방을 뜻한다. 이 일이 사건이 되도록 성령은 예수 그리스도가 세상의 빛과 희망과 생명과 화해로 임하도록 역사 한다. 이리하여 인간에 의한

---

53) 안식일 계명 중 특히 주목할 것은 사람은 물론 동물에게도 그리고 경작된 밭에도 쉼을 말하고 있는 것이다. 십계명은 이스라엘 백성이 430년간의 이집트 종살이로부터 해방된 후 하느님으로부터 직접 받은 것으로 최소한의 율법, 즉 '작은 복음'이다, 참조. H. W. Wolff, *Anthropologie des Alten Testaments*, 202f.

인간의 착취, 인간에 의한 자연의 파괴가 중지되고 사귐의 관계가 곳곳에서 일어난다. 그것은 하느님 나라가 하늘에서 이루어진 것처럼 이 땅에서도 이루어지는 것을 의미한다.